BEI GRIN MACHT SICH IHR
WISSEN BEZAHLT

Bibliografische Information der Deutschen Nationalbibliothek:

Die Deutsche Bibliothek verzeichnet diese Publikation in der Deutschen National-
bibliografie; detaillierte bibliografische Daten sind im Internet über http://dnb.d-
nb.de/ abrufbar.

Coverbild: Alistair Scott @Shutterstock.com, Peter Stein @Fotolia.com

Impressum:

Copyright © 2016 GRIN Verlag, Open Publishing GmbH
Druck und Bindung: Books on Demand GmbH, Norderstedt Germany
ISBN: 9783668368583

Dieses Buch bei GRIN:

http://www.grin.com/de/e-book/350457/die-wiedergeburt-des-populismus-das-
ende-der-europaeischen-weltherrschaft

Adrian Drockur

Die Wiedergeburt des Populismus. Das Ende der europäischen Weltherrschaft?

Gegenworte zu Merkel – für eine neue Aufklärung

GRIN Verlag

GRIN - Your knowledge has value

Der GRIN Verlag publiziert seit 1998 wissenschaftliche Arbeiten von Studenten, Hochschullehrern und anderen Akademikern als eBook und gedrucktes Buch. Die Verlagswebsite www.grin.com ist die ideale Plattform zur Veröffentlichung von Hausarbeiten, Abschlussarbeiten, wissenschaftlichen Aufsätzen, Dissertationen und Fachbüchern.

Besuchen Sie uns im Internet:

http://www.grin.com/

http://www.facebook.com/grincom

http://www.twitter.com/grin_com

Adrian Drockur

Die Wiedergeburt des Populismus.
Das Ende der europäischen Weltherrschaft?

oder

Gegenworte zu Merkel – für eine neue Aufklärung

Für Luise Jenny

Mathew, 24:37 – As it was in the days of Noah, so will it be at the coming of the Son of Man.

Inhalt

Abkürzungsverzeichnis

Vorwort

Abkürzungsverzeichnis

AFD	Alternative für Deutschland
AMRAAMS	Advanced Medium-Range Air-to-Air Missile
APC	Armoured Personal Carrier
AFV	Armoured Fighting Vehicle
AQIM	Al-Qaeda in the Islamic Maghreb
BBC	British Broadcasting Cooperation
BIS	Bank for international Settlement
BMW	Bayerische Motoren Werke
BOJ	Bank of Japan
BRD	Ein einzige Staat mit Weltfrieden in der Verfassung
BRIC	Brasilia Russia India China
BRICS	Brasilia Russia India China South Africa
BTU	Börsenkürzen der Peabody Inc.
	Britsh thermal unit
CCCP	Union of Soviet Socialist Republics
CDU	Christlich Demokratische Union
CEO	Chief Executive Officer
CNN	Cable News Network
CNGF	Common New Generation Frigate
CSI	China Security Index
CSU	Christlich Soziale Union
DAX	Deutscher Aktien Index
DDR	Deutsche Demokratische Republik
ECB	European Central Bank
ETF	Exchange Traded Fund
EONIA	Euro OverNight Index Average
ETA	Euskadi Ta Askatasuna
EU	Europäische Union
FAZ	Franfurter Allgemeine Zeitung
FED	Federal Reserve System
FPÖ	Freiheitliche Partei Österreichs
FDP	Freie Demokratische Partei
FT	Financial Times
FX	Foreign exhange
G8	Group of eight

GI	US Soldat
GDP	Gross Domestic Product
GOP	Grand Old Party
GROKO	Grosse Koalition
IMF	International Monetary Fund
ISIS	auch ISIL, IS: Islamic State of Iraq and the Levante
MP	Member of Pariament
NATO	North Atlantic Treaty Organisation
NPL	Non Performing Loan / Fauler Kredit
NPC	National Peoples Congress
NSU	Nationalsozialistischer Untergrund
NZZ	Neue Züricher Zeitung
OPEC	Organization of the Petroleum Exporting Countrie
OSCE	OSZE, Organization for Security and Cooperation in Europe
PKW	Personen Kraft Wagen
Pis	Law and Justice Party in Polen – Prawo i Sprawiedliwosc
RAF	Rote Armee Fraktion
S.	Seite
SPD	Sozial Demokratische Partei Deutschlands
SUNE	Börsenkürzen für Sun Edison
SWIFT	Society for Worldwide Interbank Financial Telecommunication
TAZ	Die Tageszeitung
TFC	Trilateral Frigate Cooperation
TTIP	Transatlantische Handels- und Investitionspartnerschaft
UAE	United Arab Emirates
UDSSR	Union der sozialistischen Sowjetrepubliken
UK	United Kingdom
US	United States
USD	US Dollar
USA	United States of America
VDMA	Verband Deutscher Maschinen- und Anlagebauer
vs	versus
VW	Volkswagen
WDR	Westdeutscher Rundfunk
WWW	World Wide Web
ZDF	Zweites Deutsches Fernsehen

Mr Basu [Kaushik Basu, chief economist of the World Bank] remains optimistic that something close to the present pattern of growth will eventually return to the developing world. But he is also wary at risks that could set back years of progress: The slowing Chinese economy, new technologies such as robots and 3D printers and a world where wages represent a falling share of gross domestic product. **The world is at an infection point he says, one that it may not quite have registered. „I think it is a very important moment in global economic history", Mr Basu says, „But it is a very strange moment because the biggest underlying challenges are not the most visible challenges."** [Eigene Hervorhebung]

Financial Times (FT), 14. April 2014

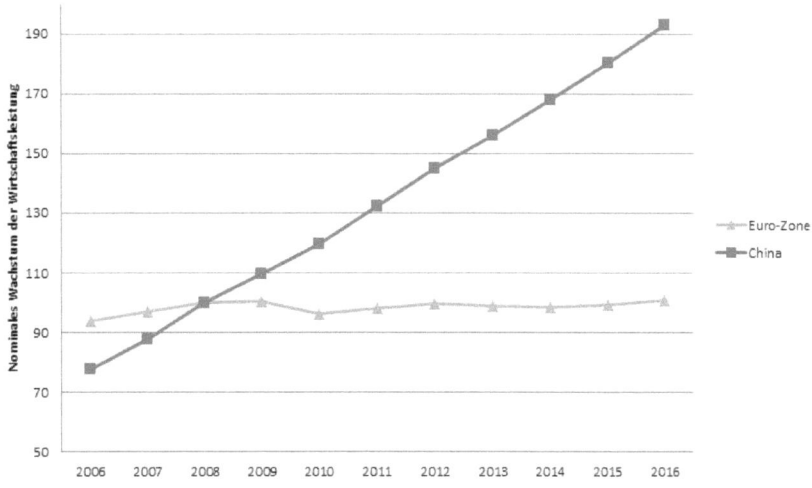

Quelle: eigene Grafik, auf Basis einer Bundesbankpräsentation und Statistica.de

Vorwort

Das Jahr 2015 begann mit der Verschärfung mehrerer direkt Europa bedrohender Krisen. Und 2016 ging es dann richtig zur Sache auf den Spielfeldern, nicht nur der Europa-Meisterschaft 2016 in Frankreich, BREXIT, das Attentat in Nizza, Donald Trump, der Militärputsch in der Türkei, Attentate in Deutschland, die europäische Bankenkrise, die Deutsche Bank in der Krise, AFD... Die Bürger werden unsicher und fragen sich:

„Warum wurde Donald J. Trump Präsident der USA?"

„Wie lange werden die USA denn Europa noch militärisch schützen wollen?"

„Warum kommt Europa seit 2008 nicht mehr aus der Dauerkrise heraus?"

„Wo und wie kann ich überhaupt noch sinnvoll **mein Geld** anlegen?"

Dieses Buch will dem Leser durch die neue, schwierige, komplexe und anfangs sehr unüberschaubare Welt begleiten. Daher werden alle Entwicklungen historisch belegt! Fast schon vergessen ist, dass der Schweizer Franken plötzlich Mitte Januar 2015 bei Pari mit dem Euro stand. Wer denkt noch daran, dass die Griechen plötzlich mit Alexis Tsipras einen, dem griechischen und europäischen Establishment sehr unangenehmen, Ministerpräsidenten wählten und die Polen darin bald folgen sollten. Der ISIS (auch Daesh, ISIL oder IS) führte erfolgreich Anschläge durch in Paris, Brüssel, Nizza, Tripolis, Bagdad, Kabul und vielen anderen Orten – und eroberte bis Jahresmitte 2015 fast alle syrischen Ölfelder. Die Ölfelder in Libyen sollten bald folgen. Russland begann im Osten der Ukraine eine neue Offensive, die bis Juli 2015 äußerst professionell die Wirtschaft des Landes am Schwarzen Meer in den Ruin trieb. Die ISIS verübte auch in Deutschland Attentate: Hamburg, Ludwigshafen, Ansbach, Würzburg. Alle Krisen waren hausgemacht von der EU – das Resultat einer zu ignoranten deutschen und europäischen Politik, die keinerlei Rücksicht mehr auf die Werte fremder Kulturen und Nationen nahm. Im Juli 2016 entschieden sich dann die Briten für den BREXIT. Und alle Werte, die von 1949 bis 1969 den Wohlstand und die Prosperität Deutschlands garantierten, werden in diesem Umfeld in Frage gestellt. Doch seit November 2014 gab es nichts mehr zu retten, um die Krise abzuwenden. Unzählige Menschen hatten sich in Deutschland die Hände wundgeschrieben, in dem Versuch die öffentliche Meinung zu beeinflussen. Doch der deutsche Staat funktionierte mit der medialen Opfersemantik der ersten deutschen Kanzlerin wie immer stets optimal pro Merkel. Nur die realen

Krisen nehmen an Schärfe zu (und in Jura Vorlesungen fressen sich Männer die Fingernägel weg):

Syrien, Irak, Türkei, Griechenland, Italien, Frankreich, UK, Ukraine, Libyen, Puerto Rico, China, Brasilien, Russland, Venezuela, Südafrika, Nigeria,…. Um nur einige Länder zu nennen, in denen es brennt. Damit entziehen sie sich den in der EU verfügbaren Lösungsmechanismen – es ist ernst geworden für den „Schönwetterverein" der alten EU und für dessen perfekte „Sonnenkönigin" Angela Merkel.

Dieses Buch ist meist in einem moderaten Ton geschrieben. Angesichts der anschwellenden Krise in vielen Staaten dieser Welt, etwa in Venezuela, FT, 4. Februar 2016, auf S. 9:

*„The year 2015 was an **annus horribilis** in Venezuela with a 10 per cent decline in gross domestic product, following a 4 per cent fall in 2014. Inflation reached over 200 per cent. The fiscal deficit ballooned to 20 per cent of GDP, funded mainly by the printing press. In the free market, the bolivar has lost 92 per cent of its value in the past 24 months, with the dollar costing 150 times the official rate: the largest exchange rate differential ever registered. Shortages and long queues in the shops have made daily life very difficult. "*

In Venezuela brach in 2015 das Bruttosozialprodukt um 10 Prozent ein, nachdem es bereits 2014 um vier Prozent gesunken war. Die Inflation lag im selben Jahr bei 200 Prozent, der Staatshaushalt hatte ungedeckte Ausgaben in Höhe von 20 Prozent der Wirtschaftsleistung – die Notenpresse brummte. Die Währung, der Bolivar, war in den vergangenen 24 Monaten gegenüber dem US Dollar um 92 Prozent gefallen. Oder in Bloomberg „Venezuela to Shut Down for a Week to Cope With Electricity Crisis" von Andrew Rosati am 16. März 2016, denn das Land ist zusätzlich von einer einmaligen Dürre getroffen und das Wasser wird immer knapper – die Folge des Wassermangels: Die Stromerzeugung durch die Wasserkraftwerke bricht weg:

„The government has rationed electricity and water supplies across the country for months and urged citizens to avoid waste as Venezuela endures a prolonged drought that has slashed output at hydroelectric dams.... Last week, the energy minister warned that water levels at the Guri dam, one the country's principal sources of power, had fallen below the level of the turbines. "

Der geneigte Leser möge dies bedenken und den gewollt flapsigen Duktus genießen oder falls er das nicht kann, dann doch wenigstens dem Autor verzeihen, wenn ihm „der Gaul durchgegangen" sein sollte. Wir leben in turbulenten Zeiten, die nach der langen Zeit der political correctness einfach erneut offener und vielleicht befremdlich klar wirkender Worte bedürfen. So als Hommage an die großen Demokraten Herbert Wehner, den ehemaligen Bundesminister für gesamtdeutsche Fragen und Franz Josef Strauß, das CSU-Urgestein. Denn wir sind angekommen: „Am Ende der Weltherrschaft"... der Europäer! Und so folgen hier die Worte – „Gegenworte zu Merkel – für eine neue Aufklärung"! Doch: Warum?

„Für frei fallende Bezugssysteme nahmen sie andere Formen an als für ruhende." Newtons Gleichungen genügten diesen Bedingungen nicht. In Einsteins Augen hafteten ihnen ein ‚erkenntnistheoretischer Mangel' an."

Dies zur Motivation des Autors: aus „Freiheit für die Fantasie" geschildert, in „Cicero", November 2015. In dem vorliegenden Buch geht es um die Bereinigung des Mangels in der heutigen politischen Ökonomie. Die Volkswirtschaftslehre benötigt einen totalen Paradigmenwechsel: Weg vom Rechnen und hin zum Denken. Weg von der Mathematik hin zur Philosophie und zur Sozialwissenschaft! Ich bitte Sie um Ihre Unterstützung! Gleichzeitig warne ich: Lesen Sie dieses Buch keinesfalls von hinten nach vorne. So wie es oft die Angewohnheit ist, um von der letzten Seite aus ein davor liegendes Sujet zu erschließen. Sie gehen hier auf eine Gedankenreise, in der Sie einen Fuß vor den anderen setzen. Gleich einem Fluss können Sie seinen wahren Charakter nur erfassen, wenn Sie sich von der Quelle bis zur Mündung treiben lassen. Sie können sich nicht von A nach Z beamen. Dieses Buch ist nicht linear geschrieben, es ist ein Puzzle, in dem fast alle Teile gleichwertig nebeneinander liegen. Doch auch Sie, liebe Leserin und lieber Leser, werden Ihre Freude haben... an der neuen post-faktischen Welt, deren Ende ich hier erklären werde...!

Die Wiedergeburt des Populismus.

Das Ende der europäischen Weltherrschaft?

Gegenworte zu Merkel – für eine neue Aufklärung

1. Merkel-Deutschland

Denn die Wucht und Intensität der heutigen Konflikte kann man nur erfassen, wenn man begreift, dass gegenwärtig drei theoretische Großerzählungen in ihrem weltpolitischen Alleinvertretungsanspruch aufeinanderprallen: der radikale Islamismus mit der Idee einer allumfassenden «umma» (Gemeinschaft), der gegenwärtig oft populistisch agierende Rechtsextremismus mit der Idee einer völkischen Segmentierung der Welt und der Liberalismus mit der Idee einer aufgeklärten Universalität.

NZZ, 19.02.2016, Samuel Salzborn, „Weltpolitische Hegemonieansprüche"

Griechenland zeigt deutlich das vollständige Versagen der deutschen Europapolitik, gestaltet von den beiden führende CDU-Politikern: Dr. Wolfgang Schäuble und der Parteivorsitzenden und Kanzlerin Dr. Angela Merkel. Auch im Sommer 2016 gibt es keinen Kurswechsel, denn für beide ist die von Deutschland implementierte Krisenpolitikmatrix alternativlos – alternativlos in der moralischen Ausprägung. Nur haben einzelne EU-Mitgliedsstaaten ihre Schmerzgrenze inzwischen erreicht, denn diese moralische Dimension heißt für die anderen Eurostaaten fast immer Austerität. Sparen bis zum Anschlag ist das alleinige deutsche Mittel der Wahl – die alleinige moralische Maxime im Einklang mit dem Euro und der Erfindung der Nullzinsen. Doch ist das in irgendeiner langfristigen Dimension eine volkswirtschaftlich sinnvolle Politik?

Gerade hieran ist die Politik der CDU nach 2014 vollständig gescheitert – an einer scheinheiligen Moral. Politik hat heute in Merkels-Europa keine ökonomische Dimension mehr – Politik hat heute lediglich noch eine moralische

Dimension. Wirtschaftliche Probleme lassen sich nunmehr nicht mehr lösen. Es fehlt auch inzwischen die Kompetenz dazu. Am 30. November 1966, vor 50 Jahren, verließ der letzte CDU-Wirtschaftsminister sein Bundesministerium. Wer erinnert sich an seinen Namen? Ein Tipp: Es ist nicht Ludwig Erhard. Die Folge – Entfremdung im Denken. Das Magazin „Cicero" berichtet im September 2015 darüber, auf Seite 24 von Alexander Marquier in „Die Wohlstandillusion":

„‚Eine Entfremdung zwischen Politik und Wirtschaft' habe da stattgefunden. ... ‚Wir kriegen hier keine Perspektiven, sondern werden immer nur vor neue Probleme gestellt.' .... Von der angeblich unternehmerfreundlichen CDU hätte er [der Oelder Unternehmer Reinhold Festge und Präsident des VDMA] sich jedenfalls anderes erwartet."

Die Schwesterpartei CSU war dann kurz in den vier Jahren von 2005 bis 2009 mit Gloss und zu Guttenberg im Bundeswirtschaftsministerium aktiv. Doch de facto kann man sagen: Die CDU hat schlicht und einfach kein Interesse mehr an der Wirtschaft – egal ob Betriebs- oder Volkswirtschaft. Die CDU-Mittelstandsvereinigung ist fast in der Bedeutungslosigkeit verschwunden. Ihr Vorsitzender (Dr. Carsten Linnemann) gibt sein Bestes, in den Medien ist er unbekannt und ungehört. Denn die CDU hat sich von der Produktionsseite des Volkseinkommens abgewandt und der Verteilungsseite zugewandt: Es gilt, mit Rekordsteuereinnahmen Deutschland, Europa und die Welt umzugestalten. Folglich stellt die CDU, im Wechsel mit der CSU, traditionell auch den für die Steuereinnahmen verantwortlichen Bundesfinanzminister (männlich(!)). Ob Schäuble oder Waigel, sie bleiben – auch im internationalen Gedächtnis. Doch damit verabschiedet sich die CDU von einer Denk- und Kommunikationsfähigkeit, die international zwingend erforderlich geworden ist, besonders nach 2008, gerade in Zeiten der Bankenkrisen. Zugleich ging parteiintern die Kompetenz des globalen wirtschaftlichen Denkens verloren. Die Realität des wirtschaftlichen Zwanges ist nur noch ein Randprodukt eines höheren moralischen, juristischen Anspruchs.

Der echte und erste Christlich Demokratische EUropäer ist immer ein Euro-Befürworter. Das ist die Schmerzgrenze der CDU, leider eine moralische, nicht eine wirtschaftliche. Und die gefühlte und gelebte deutsche Superiorität ist leider eine derart partielle, wie sie nur aus einer gebrandmarkten Geschichte resultieren kann. Kein anderer europäischer Staat erträgt diese Moral. Spannend ist das Ausblenden aller harter Fakten in der Erweiterung des moralischen, deutschen Imperativs. Während Irland, Portugal und Spanien „wunderbar" durch die verordnete Austerität den Weg zur Genesung abarbeiteten, scheiterte Griechenland. Dabei war Griechenland das einzige finanziell angeschlagene Euro-Land, welches von Deutschland überfallen worden war. Von April 1941 bis November 1944 war das Land von deutschen Truppen der Wehrmacht und der SS okkupiert und wurde ausgeplündert. Eine denkbar schlechte Ausgangslage – moralisch gesehen – für erfolgreiche Verhandlungen. Griechenland besitzt keine einheitliche Landmasse, benutzt nicht das lateinische Alphabet und konnte wirklich nichts für die extreme Finanzmarktkrise des Jahres 2008 – dies stört nur wenige, wenn sie sich über die Unfähigkeit der „Griechen" empören, zentrale Reformen umzusetzen – oder sie des Bilanzbetrugs bezichtigen. Liebe Beschwerdeführer, dann geht doch rüber zur Deutschen Bank und nehmt euch euren Kontoauszug: Ohne Bilanzbetrug wäre die nämlich 2008 oder 2009 schlicht und einfach insolvent gegangen und wohl verstaatlicht worden.

Und es darf nicht vergessen werden: Griechenland erlangte erst durch das militärische Eingreifen Russlands, Frankreichs und Englands die Unabhängigkeit vom osmanischen Reich im Jahre 1830. Mehrere bedeutende Kulturepochen wie eine eigene koloniale Expansion (Portugal, Spanien, Frankreich und Großbritannien), die Aufklärung oder die industrielle Revolution fanden schlicht und einfach in Griechenland niemals statt. Stattdessen profitierte das griechische Volk von der Epoche des Klassizismus, die letztlich jene militärische Intervention der europäischen Großmächte bewirkte, ohne die es nie eine Unabhängigkeit Griechenlands gegeben hätte. Doch entwickelte sich in Griechenland, welches 400 Jahre unter osmanischer Herrschaft stand, einfach eine andere Kultur. Eine Kultur, die mit der vor 2000 Jahren verschwundenen hellenistischen Kultur nicht mehr wirklich viel gemeinsam hatte. Zwangsweise war eine Art europäische Sonderkultur entstanden, geprägt von dem jahrhundertelangen osmanischen Druck. Griechenland wurde dadurch aber viel früher unabhängig als andere Balkanländer, etwa Bulgarien (1879) oder Rumänien (1861).

Doch man könnte sagen: Diese Griechen sind genauso erfolgreich im Umsetzen von Reformen wie es die deutschen Gebietskörperschaften beim Umsetzen einer Sparkassen-Reform oder beim Bau des Berliner Flughafens BER sind. In beiden Ländern kommt nichts voran, da notwendige Reformen von hinten torpediert werden. Die Sparkassen leiden jetzt unter einem Nullzins-Regime – die

Griechen unter der Troika. Beide werden früher oder später insolvent, da ein funktionierendes Geschäftsmodell fehlt.

Wenn Anfang 2015 ein leitender Mitarbeiter der Bundesbank formulieren konnte – „Es gibt keinen Rechtsanspruch auf Zinsen", dann entzieht er somit letztlich der sozialen Marktwirtschaft des Ludwig Erhard die Funktionsgrundlage. Verfassungsrechtlich vielleicht sauber, ökonomisch hochgradig gefährlich und unverständlich ist dieser kafkaeske Irrsinn. So verwundert es nicht, wenn die deutsche Politik im Kreuzfeuer amerikanischer Nobelpreisträger der Ökonomie steht. Kapitalismus ohne Zinsen, das geht nicht. Mit Zinsen von Null gibt es keine funktionierende Finanzmathematik mehr – wie sollen und können jetzt Banken und Versicherungen rechnen? Auch unter Merkel bleibt die Division durch null mathematisch verboten, auch wenn sie vielleicht moralisch möglich wäre. Eine Volkswirtschaft ohne „Zins" war die DDR, ihr Ende ist bekannt: Zentrale Planung, fehlende Innovation, zentrale Unterdrückung durch das Ministerium für Staatssicherheit, zentrale Bedeutungslosigkeit und dann zentrale Insolvenz.

Auch in den Bundesländern hat die CDU völlig den Zugang zur Wirtschaft verloren oder vielleicht sollte man besser sagen: verdorren lassen. Im Sommer 2015 gibt es in keiner deutschen Großstadt mehr einen CDU-Bürgermeister und lediglich noch im Saarland, in Sachsen, in Sachsen-Anhalt und in Hessen Ministerpräsidenten der Christlich Demokratischen Union. CDU-Wirtschaftsminister auf Länderebene gab es genau drei: Mit Cornelia Yzer aus Berlin, Stefan Rudolf in Mecklenburg-Vorpommern und Hartmut Möllring in Sachsen-Anhalt, also in drei Ländern der früheren DDR. Die CDU regiert lieber aus der Staatskanzlei und dem Finanzministerium heraus, dort braucht sie sich auch nicht so sehr mit der wirtschaftlichen Realität auseinanderzusetzen, dort herrscht die juristische Realität. Doch es geht auch anders – die Erfolgsstory Bayerns mit Ilse Aigner von der CSU zeigt es.

Kanzlerin Merkel hat sich letztlich Machterhalt, Moral und historische Aufgaben auf ihre Fahnen geschrieben – anstelle volkswirtschaftlicher Prinzipien oder der Bewältigung der historischen Finanzkrise von 2008. Nur im Jahr 2016 gilt: Großprojekte, gelingen in Deutschland nicht mehr. Wie es uns der neue Flughafen der Hauptstadt Berlin ganz offenkundig zeigt. Marktwirtschaftliche Prinzipien werden aufgegeben, nicht reformiert, heute gilt: Zuerst die Moral (etwa bei CO_2, bei den Flüchtlingen), dann die Anerkennung wirtschaftspolitischer Prinzipien. Die weltweite Abschaffung der umfangreichen

Subventionierung von fossilen Brennstoffen, die es schließlich auch jahrzehntelang bei der Steinkohle in der BRD gab, würde deren Verbrauch drastisch reduzieren. Doch, so wird Kohleverstromung verteufelt. Komme, was da wolle: ‚Kohle ist moralisch schlecht' predigt Kanzlerin Merkel im Kanon mit Präsident Obama. Nur es nutzt nichts die Besitzer der Kohleminen zu enteignen. Denn diese aggressive und schlecht getimte CO_2-Politik führte lediglich in die totale globale Rezession. Beispielsweise in den USA werden zeitgleich im April 2016 das weltweit größte private Kohle-Bergbauunternehmen – Peabody (BTU) und der größte Anbieter von Solar- und Windenergie SunEdison (SUNE) insolvent. Der Jahresumsatz von Peabody lag 2014 bei 6,8 Mrd. US Dollar, der von SunEdsion bei 2,5 Mrd. US Dollar. Für die Aktionäre meist der Totalverlust – das ist Kahlschlag, das ist Enteignung, das ist keine Wirtschaftspolitik! Nun ja, doch wohl, aber nur für das Tandem Merkel – Obama.

Da hört die Moral der deutschen CDU-Wähler dann aber auf, wenn es implizit heißt, auf Arbeit, Mittelschicht, Zinsen, Eigentum und Wohlstand gibt es keinen Rechtsanspruch. Das ist Politik aus dem Mittelalter für eine Erde, die eine Scheibe ist. Selbst die eigene Machtbasis wird in Frage gestellt: Die Sparkassen stehen 2016 ohne Geschäftsmodell da. Eine früher von der CDU ausgiebig geschützte Institution, da eine „Bank" und zugleich eine Körperschaft öffentlichen Rechts. Sie sponsert daher auch sehr umfangreich CDU-Veranstaltungen. Nur leider ist eine Sparkasse keine Bank, sie ist ein Kreditinstitut. Und um präzise zu sein, eine Regionalfiliale des Deutschen Sparkassen- und Giroverbandes mit ganz enger Anbindung an die kommunale Politik über den Verwaltungsrat. Mit einer Finanzinstitution wie Goldmann Sachs, HSBC oder der Commerzbank hat das gar nichts zu tun – es ist eher das genaue Antimodell, mit einer viel zu kleinen Betriebsgröße und 10 Jahren Nachholbedarf an Digitalisierung, Kostensenkung und insbesondere globalem Denken. Heute sind diese deutschen Sparkassen fast schon ein grotesker Fremdkörper im Gebiet der ECB. Über IT-Lösungen wie PayPal oder Fintech will ich hier gar nicht erst berichten. Da steht die deutsche Postkutsche dann neben einem selbstfahrenden, elektrisch angetriebenen Tesla.

Plötzlich, aber nicht unerwartet, gerät aber im Herbst 2015 Merkels zunehmend realitätsfernes Geschäftsmodell in eine bittere Phase des Taumelns. Grund sind die unbegrenzte Flüchtlingswelle, die schlummernde Bankenkrise sowie der VW-Skandal, an den sich fast gleich die Attentate von Paris und Brüssel anschließen. Und immer mehr Bürger stellen sich in Deutschland und vielleicht schon länger in Europa die Frage: „Wie sollen wir das nur schaffen?" Nun, VW hat technische Innovation bei den Schadstoffemissionen durch Marketing ersetzt und durch passende Erfolgsmeldungen an die Behörden. Dumm nur, dass es aufflog. Ja, eine Kultur der Arroganz, der Gleichgültigkeit und der geheuchelten Empörung ist entstanden, mit einer massiven unterschwelligen Angst sich gegen die Kanzlerin politisch zu positionieren. Das schafft zusammen mit der nahezu gleichgeschalteten deutschen Presse dann eine Art geistiger – medialer Parallelwelt. Deutlich wurde diese neue Arroganz parademäßig bei Volkswagen – schön beschaulich im provinziellen Wolfsburg gelegen, gefühlte Entfernung zur „state of the art"- IT in Silicon Valley - unendlich! „Cicero" vom April 2015 zitiert im Artikel „Apple und Autos bauen – wer glaubt denn so was?" den Vorsitzenden des Betriebsrates von VW, Bernd Osterloh, der im Aufsichtsrat 600.000 Arbeitnehmer vertritt:

„ Google und Apple wollen außerdem doch nicht ernsthaft Autos bauen, wer glaubt denn so was? Denen geht es doch nur um die Daten. "

Wirklich? Schon Anfang 2015 hatte Apple den „head of Mercedes Benz Silicon Valley research and development unit" Johann Jungwirt abgeworben, so die FT am 16. Februar 2015, Seite 8. Später wechselte er von Apple weiter zu VW. Und dann auf Seite 10 folgt eine fast monothematische Zeitungsseite zum Thema Google car. „Google aims to eat carmakers´ lunch" von Richard Waters und Andy Sharman mit der Kernaussage: Google wird auf den vollautomatischen Wagen setzen. Der halbautonome ‚PKW sei hierzu kein zwingender Zwischenschritt mehr:

„ "There´s a lot of really cool stuff, no doubt" he [Mr. Urmson, head of Google´s self driving cares project] says, listing Audi, BMW, Mercedes, Ford and General Motors as companies that have made headway. But he calls it ‚flawed' to see driver-assisted technology as a necessary point on the path to what Google has in mind: a fully autonomous car."

Doch Anfang 2016 sind sehr viele Unternehmen auf dem Feld der selbstfahrenden Fahrzeuge aktiv, Uber warb ein Team der Carnegie Mellon University in Pittsburg ab, Tesla forscht ein wenig im Verborgenen an self-driving cars, Google und Apple schwimmen im Geld und arbeiten an vollautomatischen Fahrzeugen und alle anderen Hersteller von Weltrang, wie etwa Toyota oder Ford (alles FT vom 06. Januar 2016, Seite 15) sind in Silicon Valley präsent. Und die Frage wird sein, wie lange wird der Wechsel von halbautonomen Fahrzeugen zu autonomen Fahrzeugen dauern. Da wird es wohl zukünftig ein wenig eng für den Diesel-Quasi-Monopolisten VW. Denn auch

China ist dabei mit seinem Faraday Future, einem neuen hochinnovativen Startup, das aus der Volksrepublik finanziert wird. Und das liest sich so:

„The 18 month-old California based company said in December, it would build a 3m square foot, $1bn manufacturing plant in North Las Vegas, ..."

Es könnte plötzlich vollständig neue Regeln auf den Automobilmärkten geben, schade für Deutschland. Und im „Cicero" im Januar 2016 war dann ein Abgesang zu lesen. Ein Abgesang auf den Diesel im Allgemeinen und auf VW im Besonderen: So Lutz Meier auf Seite 100 in dem Artikel „Den Antrieb verloren":

„Allerdings kommt das Herzstück dieser [elektrischen] Autos aus Korea, China, Japan, denn **die deutschen Hersteller haben bei den Batterien frühzeitig alle Ambitionen aufgegeben, und mittlerweile ist der Rückstand kaum noch aufzuholen.** *"* [eigene Hervorhebung]

Und Daimler hat bereits im Oktober 2014 sein visionäres vierprozentiges Investment in den ersten Serienhersteller von Elektrofahrzeugen Tesla verkauft – statt es 2013 strategisch aufzustocken. Vielleicht ein wenig voreilig, doch das wird die Zukunft zeigen. Und der Denkzettel der Wirklichkeitsverneinung geht auch an die „Es geht uns gut"-Regierung Merkels. Am Sonntag, den 29. November 2015, kommt die nächste Quittung:

„Mit dem Ergebnis des Referendums ist der Olympische Traum für Hamburg endgültig ausgeträumt. Nach dem Nein der Münchner zu Winterspielen 2022 der zweite herbe Rückschlag für die Olympische Bewegung in Deutschland; auch für alle Sportbegeisterten; für die Politik, deren übergroße Mehrheit die Bewerbung wollte; auch für die Medien, die sich unterm Strich ja ebenfalls klar für diese Spiele ausgesprochen hatten; und für jenen Teil der Hamburger Wirtschaft, der diese Bewerbungskampagne massiv unterstützt hatte. Alle, inklusive der Meinungsforscher, die bis zuletzt eine Mehrheit für die Bewerbung vorhergesagt hatten, haben sich kräftig getäuscht."

So meldet „Die Welt" am 29. November 2015 mit Ulrich Exner in „Das "Nein" ist ein Denkzettel für die Politik insgesamt". Nur, es interessiert Kanzlerin Merkel ganz offenbar nicht. Schwamm drüber im Zeichen der Raute – Kurswechsel undenkbar! Die Folgen: Diejenigen, die früher den Mund hielten, werden jetzt AFD, Front National, FPÖ, Movimento 5 Stelle oder PiS wählen bzw. haben bereits für den BREXIT gestimmt. Denn so funktioniert Europa im Jahr 2016 – Die Bürger stellen sich quer! Doch immer mehr Teile der deutschen

Bevölkerung denken – „Après moi la déluge", nach mir die Sintflut. Denn das, was die EU oder die deutschen Institutionen mit Korruption (Sommermärchen), Inkompetenz (Flughafen Berlin) oder Justiztotalversagen (NSU-Prozess) leisten ist unerträglich. Immer mehr Menschen haben ihre Zweifel, als es da hieß: „Wir schaffen das!" Doch woher nimmt sie denn diese Weitsicht? Wer viele kleine Projekte scheitern sieht, glaubt der noch an den Erfolg im Großen?

Doch besser nichts laut sagen, sonst kommen die Irren (die Gutmenschen oder die Wohlgesinnten). Diese linken „Useful-Idiots", ohne Sinn und Verstand und schwerbewaffnet mit der Moralkeule, gehen diese Deutschen dann in den Nahkampf! Also wie in der Grundausbildung der Bundewehr: „Maul halten", „Cicero" Januar 2016 von Frank Meyer:

„Diese Seite zwei symbolisiert die boulevardeske Quintessenz einer Debatte, die nicht stattfindet – nicht stattfinden darf! Sie schildert das Beschweigen. Und dessen Folgen. Zwar zerreißt der Zank um den Zustrom von Flüchtlingen so manche Familienbande. Zwar beherrscht die Zuwanderung das Gespräch in allen Kneipen. Zwar streiten Bürgerinnen und Bürger in der S-Bahn, im Supermarkt, am Arbeitsplatz über Merkel und die Migranten. **Doch dort, wo die Interessen des Volkes nach den Vorgaben der Verfassung erörtert und gewahrt werden sollen, also in Politik und Publizistik, herrscht Einvernehmen darüber, dass tunlichst nicht zu reden sei, über die Besorgnisse der Bürgerinnen und Bürger.***" [Eigene Hervorhebung]

Das ist fast schon der Todesschein der deutschen Demokratie und der Bedeutung des Bundestages. Und der Plenarsaal, er ist nur allzu oft menschenleer – während den Debatten! Es gilt alles, was Roger Willemsen in seinem Buch „Das hohe Haus" darstellte. Die Kultur der Kritik ist verschwunden, verschwunden hinter einem 2016er CDU-Feminismus in Reinkultur. Kritik an Frauen, an knallharten Politikerinnen ist im Jahr 2016 Sexismus:

„Doch beim Flüchtlingsthema gelten andere Sitten, vor allem im Umgang mit der Frau an der Spitze."

… und man möchte sagen, was die Superiorität von Frauen angeht ebenso:

„Dazu Claudia Roth, die grüne Vizepräsidentin des Bundestages: „Es gehört sich nicht, dass man eine Frau vor versammelter Mannschaft derart vorführt." Machiavella Merkel plötzlich eine schutzbedürftige Frau, daher mit besonderer Rücksicht zu behandeln? Man stelle sich vor, den Satz hätte ein Mann gewagt."

Und jene Europäer, die noch nicht der ideellen Unterdrückungsmaschinerie (hin zur totalen Infantilisierung) – auch Harmonisierung genannt – des deutschen Staates zum Opfer gefallen sind: Sie revoltieren gegen den Druck aus Staatsmedien, Sozialverwaltung, Staatsschutz, Justiz und Communities! Sie revoltieren zuerst gegen den neudeutschen Gesinnungsterrorismus und es ist kein Zufall, dass der Protest aus dem Osten Deutschlands kommt. Dort ist die Erinnerung an den demokratischen Erfolg von 1990 noch lebendig! Dort protestieren sowohl angeblich „rechtspopulistische" Ostdeutsche genauso wie Polen und wie Ungarn – sie dürfen jetzt ruhig unruhig werden geneigte Leserin! Denn die hinter einer hohen Mauer (dem sogenannten antiimperialistischen Schutzwall) aufgewachsene Kanzlerin –sie hat den Druck einfach zu hoch angesetzt? Oder hat sie gar nicht bemerkt, wie hoch sie den Druck auf die Menschen angesetzt hat! Hat es ihr vielleicht niemand gesagt? Doch die Ost-Länder der EU haben genügend eigene Probleme, um überhaupt noch im Ansatz Lust dazu zu verspüren sich an den hegemonial und konstruktivistischen Allmachts-Konzepten aus Berlin oder gar an höheren Aufgaben zu beteiligen. Das zeigt sich bereits im Herbst 2015. Denn die politische Kultur ist nach 16 Jahren Angela-Merkel-CDU irreversibel eine andere: „Die Welt" am 01. Dezember 2015 mit Thorsten Jungholdts online Beitrag „Nur von Krieg wollen sie nicht reden". Sie ist feminin, heimtückig, verlogen, intolerant und letztlich schwach.

*„Festzustellen ist mithin: Deutschland hat seine bisherige völkerrechtliche Praxis offensichtlich über Bord geworfen, und zwar ohne große öffentliche Debatte oder Erklärungen, sondern stillschweigend im Rahmen von juristischen Argumentationen in Mandatstexten. Der Sinneswandel vollzog sich offenbar so heimlich, dass er selbst der Vize-Regierungssprecherin und der Verteidigungsministerin entgangen ist. Denn wer Terroristen völkerrechtlich wie angreifende Staaten behandelt, der kann glaubwürdig kaum das Wort vom "Krieg gegen den Terror" zurückweisen. Offen freilich ist, ob all das mit dem Grundgesetz vereinbar ist. Ist ein derart weit ausgelegtes Selbstverteidigungsrecht noch unter den Begriff der "Verteidigung" des Artikels 87a zu fassen? Ist die von Frankreich in Europa geschmiedete Allianz noch ein Bündnis kollektiver Sicherheit nach Artikel 24? **Die Vorschriften sind im Kern auf dem Stand der Mitte des vorigen Jahrhunderts, sie beantworten diese Fragen nicht.**"* [Eigene Hervorhebung]

Ein Blick über die Landesgrenzen Deutschlands hinweg – ja, so etwas gibt es noch – beweist viele in der BRD juristisch geschulte Hirne scheuen die Anerkennung der Realität:

„(dpa) Für die Mehrheit der Deutschen ist der Syrien-Einsatz der Bundeswehr Krieg. In einer Umfrage des Meinungsforschungsinstituts YouGov für die Deutsche Presse-Agentur sagten 55 Prozent, sie würden die Unterstützung der Luftangriffe gegen die Terrororganisation Daesh, die sich «Islamischer Staat» (IS) nennt, als Krieg bezeichnen. Nur 35 Prozent würden das Wort nicht verwenden. **Die Bundesregierung vermeidet das Wort Krieg im Zusammenhang mit dem Syrien-Einsatz. Ihre Begründung: Krieg gebe es völkerrechtlich gesehen nur zwischen zwei Staaten und man wolle den IS nicht als Staat anerkennen.*** " [eigene Hervorhebung]

So zu lesen in dem Artikel „Mehrheit hält Bundeswehreinsatz in Syrien für Krieg" der NZZ, online vom 4. Januar 2016. Die Realität ist letztlich dann doch meist stärker als das Konstrukt: Die Welt ist zu oft einfach erklärt für den gutbezahlten deutschen Juristen – solange andere Nationen in der EU den Kopf hinhalten dürfen. Ja, nicht nur den Kopf – dafür ist die Diskrepanz zu groß, denn für die Deutschen bluten dann Länder wie Belgien, Frankreich, die Ukraine oder Griechenland. Die Situationen, in denen sich Deutschland elegant juristisch wegducken möchte, häufen sich. Das führt natürlich zu einer zwar formaljuristisch sauberen Situation, jedoch mit tiefsitzendem Hass unterhalb der erzwungen glatten, staatsrechtlich sauber und politisch korrekt ausformulierten Oberfläche. Doch die Spaltung ist da – sie ist real geworden! Zwischen Euro-Gewinnern und Euro-Verlierern ist die Brücke gebrochen. Beispielhaft wird es in der Frustration – in den Medien auch Populismus genannt – , der sich zunehmend gegen Deutschland und Luxemburg richtet. Der Focus schreibt am 24. Dezember 2015 online:

„Führende finnische Politiker distanzieren sich vom Euro. Schon 2016 sollen die Finnen per Volksabstimmung über den Verbleib in der Währungsunion abstimmen. **Die Euro-Hasser nehmen rapide zu.** *Nach Grexit und Brexit droht offenbar schon bald der Fixit. Finnlands Wirtschaft kämpft gegen steigende Arbeitslosigkeit und Staatsausgaben. 2016 droht das vierte Rezessionsjahr in Folge. Es wäre die längste Schwächeperiode seit dem Zweiten Weltkrieg, berichtet die „Welt".... [Eigene Hervorhebung]*

Fast richtig, präziser wäre jedoch: „Die **Deutschland-Hasser** nehmen rapide zu." Und nach Einführung der deutschen „Willkommenskultur" für Migranten bzw. Flüchtlinge im Herbst 2015 stieg deren Zahl europaweit an. Nur innerhalb Deutschlands gibt es eine präzise juristische Allzweckwaffe, mit der der Jurist alle mundtot bekommen kann, die allzu sehr gegen die Political Correctness verstoßen: Die Paragrafen des StGB 80, 89, 89a, 89b oder 130. Also die Paragrafen zu Angriffskrieg, Staatsgefährdung, Volksverhetzung und so weiter hebeln de facto das Grundgesetz und die darin dem Bürger zugesicherte Meinungsfreiheit aus. Diskussionen zu immer mehr Themen sind politisch nicht gewollt, da der Politik der GROKO (der Großen Koalition aus CDU und SPD) zu wenig konform und werden dadurch nahezu unmöglich. Der Widerspruch kommt dann eben zeitverzögert aus dem Ausland, so wie es die Kanzlerin selbst in den letzten Augusttagen des Jahres 2016 erleben musste. Als sich Österreich und besonders die Tschechei beim Staatsbesuch plötzlich ganz entschieden „querstellten". Die Zeitung „Die Welt" online mit der Überschrift: „Sogar Putin ist in Tschechien beliebter als Merkel" am 25. August 2016. Und die Kritik in den deutschen Medien wird sogar überraschend scharf, bis sie dann urplötzlich gänzlich verstummt:

„Wenn Angela Merkel heute nach Tschechien fliegt, kommt sie in ein Land, das ihrer Willkommenspolitik mit großer Skepsis begegnet. Manch ein Politiker in Prag würde der Bundeskanzlerin gern die Meinung sagen. "Ich würde ihr erklären, dass ich ihre Migrationspolitik ablehne, die ihr völlig aus der Hand geglitten ist", ließ Finanzminister Andrej Babis verlauten. Die CDU-Politikerin solle "aufhören, politisch korrekt zu sein, und endlich handeln", forderte der liberal-populistische Shootingstar."

So steht es online auf n-tv am Donnerstag, dem 25. August 2016, zu lesen unter der Überschrift: „ ‚Willkommenskultur ist Unsinn' Merkel besucht das skeptische Prag". Dies zu sagen oder zu schreiben darf sich der Deutsche in seiner Heimat selten trauen – höchstens hinter vorgehaltener Hand. Abserviert von der eigenen Presse stehen viele Deutsche in einem lauten Schweigen vor den Wahlkämpfen des Spätsommers 2016. Vorerst macht der Deutsche dann den Mund nicht mehr auf, außer auf Facebook und die Justiz freut sich: Geht es gegen Glatzköpfe, Dicke, Transsexuelle oder „Die Politik" – Jede unglücklich formulierte Pauschalaussage kann den User Kopf und Kragen kosten! Vielleicht ist der Job weg oder 10.000 Euro werden wegen Volksverhetzung fällig. Am besten „Maul halten", wütende Posts bringen den User unweigerlich in die rechte Ecke oder gar in die Nähe des „hatecimes"! Etwa bei dem Begriff „Lügenpresse". Denn sofort ertönen Rufe dich auf Facebook zu „isolieren". Selbst der in der DDR aufgewachsene Bundespräsident ist sich hier nicht zu schade (Spiegel vom 26. Februar 2016), in diesen Chor mit einzustimmen. Er muss das wohl leider in der DDR so gelernt haben. Der gebildete User wird still, die Demokratie allerdings auch gleich mit. Nur leider ist festzustellen: die Qualität der deutschen Zeitungspresse hat 2016 einen Tiefpunkt gefunden. Seit 20 Jahren nunmehr sinkt die Gesamtauflage der deutschen Tageszeitungen und damit auch ihre Qualität. Aber nicht nur das! Auch die Zahl der Mitglieder in den Parteien CDU, SPD und FDP sinkt seit 1995…! Totale Entfremdung – Entfremdung unter einer Top-Down-Demokratie (GROKO genannt)! Entfremdung in einer kranken, künstlichen Stille. Denn eine Partei ohne Mitgliederbasis ist alles, aber nicht mehr demokratisch oder staatstragend: Sie ist entweder elitetragend, käuflich oder Klientelpartei. Und man rottet sich zusammen im Jahr 2016 rechts wie links – oben genauso wie unten.

Das hatten die Deutschen unter Merkel begriffen: „Mund halten" wie bis 1945 bzw. bis 1990. Heute im Jahr 2016 besonders beliebt sind daher: Mund halten, Pornos schauen und zunehmend auch Drogen nehmen – Sehr beliebt sind heute die Kombinationen aus Alkohol und Tabletten. Und unter Drogen verstehe ich auch alle Formen von Psychopharmaka, mit denen Angstzustände, Erschöpfung, Schlaflosigkeit und Schmerzen behandelt werden. Oft auch zusammen konsumiert! … Sport treiben motiviert dagegen und ist – verpönt – zeitraubend, anstrengend und schweißtreibend. Ich sehe da ganz schwarz für die Bundeswehr. Wen möchte denn dieser Haufen noch anwerben, um im Dreck zwischen Mali, Kurdistan oder Afghanistan unter Kalaschnikowfeuer rumzurobben und das mit schrottreifer Ausrüstung? – Ein attraktiver Arbeitsplatz sieht 2016 anders aus. Meinungsfreiheit verteidigen übrigens auch. An die Selbstmordserie von 2015 an der Bundeswehruniversität in München sollte hier besser gar nicht erst erinnert werden. Wurde das überhaupt gründlich thematisiert? – Das sollten doch gerade psychisch besonders robuste junge Menschen sein. Wie sollen die denn sonst den Irrsinn des Krieges aushalten? Spezialkräfte sind schön und gut – es wird nur immer zu wenig geben, um damit – außerhalb eines Staatsgebildes in der Größe von Luxemburg – eine Frontlinie zu sichern.

Deutschland ist 2016 in eine DDR-artige Verwaltungsdiktatur übergegangen, formvollendet in einer Art Einheitsliste der Nationalen Front – sorry, der

GROKO. Der demokratische Prozess ist sui genesis verschwunden – also die politische Willensbildung im Volk. 2016 gilt „Top down" und „historische Aufgabe" das Kontrastprogramm zur „Basisdemokratie". Und keiner hat es gemerkt, wie auch, es sind alle resigniert und lenken sich ab: Dank Redaktionsnetzwerken, e-Bay, Facebook oder der pornographischen Industrie im WWW, die Dank des Smartphones auch mobil zu konsumieren sind. Soziales, ehrenamtliches Engagement wird immer politisch korrekter – ohne diese „Kür" ist keine Karriere in der Umma des deutschen Staatswesen mehr möglich. Nur an vielen Ecken und Enden brennt es. Bei den transatlantischen Partnern in NATO und EU und in immer mehr Nachbarländern hat eine neue Zeit Einzug gehalten. Eine neue Zeit, die gegen das Weltbild der CDU läuft, welches Social Media und Facebook ignoriert. Die Erde ist keine Scheibe mehr. Klar kann die Kanzlerin die Presse manipulieren, wozu gibt es schließlich Personalpolitik. Dazu der Spiegel vom 31. Juli 2016, in „Verblüffende Karriereoptionen: Regierungssprecher - ein Job mit Rückfahrticket " von Markus Braug und Christoph Schult:

„Die ehemaligen Journalisten Steffen Seibert und Christiane Wirtz genießen nach SPIEGEL-Informationen in ihren Ämtern ein seltsames Privileg. Statt ihre Arbeitsverträge beim öffentlich-rechtlichen Rundfunk zu kündigen, als sie in die Bundesregierung wechselten, ließen sie diese lediglich ruhen und vereinbarten ein Rückkehrrecht. Das Verfahren entspreche der ‚geübten Praxis', teilte der ehemalige "heute-journal"-Moderator und heutige Regierungssprecher Seibert dem SPIEGEL mit. Dem widerspricht der ehemalige Regierungssprecher von Helmut Kohl, Friedhelm Ost. Er kenne keinen einzigen Regierungssprecher, der ein Rückkehrrecht zu seinem ehemaligen Sender genossen habe. ‚Ich habe damals alle Kontakte zum ZDF abgebrochen', sagte Ost.
Auch Seiberts bisherige Stellvertreterin Christiane Wirtz, die im Juni als beamtete Staatssekretärin ins Bundesjustizministerium wechselte, lässt den Vertrag bei ihrem früheren Arbeitgeber Deutschlandradio nur ruhen. "

Nichts besser als das unter dem Deckmantel einer ganz großen Koalition, die auch die Medien beherrscht. Nur damit eilt ein solches Merkel-GROKO-Deutschland dann von Siegesmeldung zu Siegesmeldung, während halb Europa unter die Räder kommt. Dabei verwundern die Resultate nicht – die Deutschen sind gleichgültig geworden! Was auch noch in intellektuellen Kreisen als erstrebenswerter Sieg gefeiert wird. Der ehemalige LUI Chefredakteur Frédéric Beigbeder im zusammen mit Catherine Millet geführten Interview: „Prostitution ist kein Verbrechen", abgedruckt in „Cicero" im Juni 2015. Beigbeder verlangt darin die totale Gleichgültigkeit, also die uneingeschränkte Pornographie und Prostitution zur Gesellschaftssteuerung – und eben auch zur Befriedung des Islams, S. 34:

„Wir müssen den Moslems helfen, Demokraten zu sein. Durch die Erziehung. Wir müssen klarmachen, dass die Laizität nichts mit mangelndem Respekt zu tun hat, sondern eine Freiheit für alle ist. Wir müssen die Gleichgültigkeit lehren. "
[Eigene Hervorhebung]

Das klappt heute nicht, denn es gilt wieder „Caedite eos. Novit enim Dominus qui sunt eius!".Wie es schon 1209 zur Zeit der Kreuzzüge nach Arnold Amalrich hieß. Nur heute sind es keine Christen mehr, sondern es ist der ISIS auf der Suche nach Ketzern. Und davon gibt es, der reinen Lehre nach, heute etwa genauso viele, wie es bis 1945 für die Nazis Untermenschen zum sofortigen Abschlachten gab, etwa wie in Babyn Jar. Dass im Abendland aktuell auch die christliche Religion völlig zu Schaden gekommen ist, zeigt das Monatsmagazin „Cicero" im Mai 2015 sehr schön auf. Im Artikel „Befehl von Oben", S. 26:

„Leider interessiert sich der Papst wenig für Europa. Ich fürchte, er hat es schon abgeschrieben. " [eigene Hervorhebung]

Das universale, neoliberale „Europa" hat das universale christliche Glaubensgebäude abgelöst. Nur für „Europa" – Wer greift denn da noch zur Waffe? Nach dem Ende der Wehrpflicht, nach dem Ende der Weltherrschaft? Fast niemand! Es sei denn, die Waffe wäre die Computertastatur und die Moralkeule. Doch das reicht nicht: „Auf dem hohen Ross" von Frank Meyer im „Cicero" April 2015, zeigt die teuflische Schattenseite des Merkel-Schäuble-Planes für zukünftige europäische Gutmenschen-rasse. Ja, die Versuchung der Macht!

„Im Kulturclash zwischen Berlin und Athen handeln Merkel und ihre Populisten falsch. Sie versuchen der Jugend einzutrichtern, dass Wahlen nichts ändern können. "

Gut, das führt, wie der Ökonom sagen würde, da es keine innere Lösung mehr gibt, zu einer Randlösung! Wie etwa dem BREXIT – im selben Artikel des „Cicero" auf Seite 43:

„Weniger optimistisch ausgedrückt: Noch setzen die existentiell drangsalierten Südländer nicht auf autoritäre Bewegungen, seien sie rechts oder links. Noch halten sie die Neofaschisten klein. Noch glauben sie an das normative Projekt der westlichen Zivilisation. Wie selbstverständlich ist das eigentlich. Man stelle sich vor: 25 Prozent Arbeitslosigkeit in Deutschland, davon 40 Prozent unter den Jungen!"

Die Randlösung ist da, für Europa! Die Flüchtlingskrise, hausgemacht und mit dem Vorsatz der historischen Aufgabe, doch sie bringt nicht die Bürgerwehr nach Deutschland, wie es die linke Presse skandierte. Die untere Mittelschicht verarmt zunehmend, sowohl moralisch wie auch wirtschaftlich. Die Gesellschaft reißt auseinander: Auf Arbeitslosigkeit folgt Scheidung, auf Scheidung folgt dann Verarmung und ganz am Ende steht Hartz IV mit den Aktivierungsmaßnahmen des Jobcenters – und der Klassenkampf. Die Familien destabilisieren sich in diesem Umfeld des politisch geförderten „Gender-War" noch weiter, was teils sogar politisch gewollt ist. Die beiden politischen Ränder, links und rechts, blühen zusammen mit der Armut und der Perspektivlosigkeit auf. Und so haben wir ein vierdimensionales Problem. Wir haben in Europa also in der EU zu wenig junge Männer. Diese Männer sind im vollständig matriarchalischen Erziehungssystem oft zu zahnlosen Lemmingen geformt worden oder sie sind ohne Ausbildung und ohne Anstellung und können daher einfach nicht gegen den ISIS in den Kampf geworfen werden. Sie hätten schlicht und einfach keine Chance bzw. auch gar keine Motivation zu kämpfen – oder würden schneller die Seiten wechseln, als das der europäischen Elite lieb sein könnte, siehe Michel Houellebecqs Buch „Unterwerfung". Und eines ist auch sicher: Deutsche Frauen haben keinen Bedarf daran, von der ersten bundesdeutschen Verteidigungsministerin in einer gefleckten deutschen Uniform irgendwo an die Frontlinie zwischen Kabul (Afghanistan) und Bamako (Mali) geworfen zu werden! Daneben hat sich die EU zu viele Feinde auf einmal gemacht. Im Osten ist man mit Valdimir Putin auf Kollisionskurs gegangen, im Westen mit Donald Trump. Es gab keinen wirklichen Grund dafür. Seit 2012 sind die Beziehungen zwischen der EU und ihrem Hauptgaslieferanten von gut auf ungenügend gefallen. Mit der Türkei hat frau sich inzwischen total entfremdet. Der polnischen und ungarischen Regierung drohen die EU,

Deutschland und Luxemburg mit Sanktionen, dem IMF droht D-Land mit dem Ende der Finanzierung des EU-Mitglieds und Euro-Staates Griechenland.

Doch es ist nicht zu erkennen, dass Deutschland respektive das Kanzleramt, endlich bereit wäre zurück zu rudern. Nur, in dem Krieg 4.0, der in der Ost-Ukraine tobt, hat die EU nichts verloren und auch nichts zu gewinnen. Ein Zwei-Frontenkrieg ist für eine in der Austerität festgefahrene EU tödlich. Doch durch diese unüberlegte Intervention in Libyen hat sich die EU selbst schwer geschadet. Durch die halbherzige und ohne Strategie durchgeführte Intervention in Syrien, getrieben von der Moral und dem Ziel Assad aus dem Amt zu drängen, stand die EU plötzlich mitten im globalen ISIS-Sumpf – einen netten Krieg 3.0. Und das ohne Strategie, ohne Soldaten, ohne Geld und dann auch noch ohne ausreichendes militärisches Gerät und ohne Rückhalt in der Bevölkerung für Einsätze und Kriege. Noch nicht einmal eine innenpolitische Geschlossenheit gibt es. Stattdessen werden die Gräben in den Gesellschaften immer tiefer. Die Mittelschicht wird nach 2008 systematisch in der Nullzins-Welt zerrieben. Wer heute in einem Café sitzt, wird feststellen, wie wenige der Passanten noch glücklich dreinblicken. Lachen? Klar, beim Selfie! Innere Geschlossenheit, eine Voraussetzung für die erfolgreiche Abwehr einer Bedrohung von außen, ist nur noch im Ansatz zu finden. Europa ist heillos zerstritten über den Euro, die Flüchtlinge und unzählige andere Themen. In den deutschen Medien wird das jedoch nicht thematisiert. Denn die waren bis Paris II am 13. November 2015 noch im alten RAF-Abwehrmodus: Migranten waren in den deutschen Medien meist Flüchtlinge, immer hochmotiviert, immer eine „Chance". Nur Donald Trump nannte die Flüchtlingswelle ein „trojanisches Pferd", am 26. November 2015. Danach war er direkt die ultimative Persona non-grata in den deutschen Medien. Was am 30. Januar 2016 etwa in dem Print-Magazins „Der Spiegel", dessen Cover gipfelt in der Aussage: „WAHNSINN Amerikas Hetzer Donald Trump". Es ist erschütternd, dass manche linken Medien 2016 einfach nicht ohne Feindbild leben können, ja sich so und fast ausschließlich so definieren –mit was für einem hassvollen, bipolaren Weltbild da um sich geworfen wird.

Der von Helmut Schmidt und Hans Jochen Vogel erfolgreich bekämpfte RAF „Feldzug" einiger weniger wahnsinniger (doch dabei sehr effektiver), weißer Deutscher, die andere weiße Deutsche töteten, hielt damals die westdeutsche Nation in Atem. Der Grund war: die Rote Armee Fraktion – (die nie den Anspruch hatte, ein Staat zu sein) hatte der deutschen Elite, den Spitzen der Politik und der Wirtschaft einen persönlichen Krieg angesagt. Und trachtete allen Mitgliedern der Elite, denen sie habhaft werden konnte, nach dem Leben. Die Antwort des deutschen Staates war ein Staatsschutz- und implizit auch ein Überwachungssystem mit Schwerpunkt auf dem Schutz der Spitzen von Staat und Wirtschaft mit der notwendigen internen Informationsbeschaffung – also Bespitzelung in der Community. Der Bürger wurde leider seither als potentieller Feind betrachtet. Die Attentate auf Wolfgang Schäuble (1990 in Oppenau) und Oskar Lafontaine (1990 in Köln), nach der Wende verliefen beide „glimpflich". Die Attentäter, öffentlich als „geisteskrank" gebrandmarkt, sicherten jedoch einer ganzen Generation von Verfassungs- und Staatsschützern den guten Job. Mit Erfolg! Nach den Attentaten auf Alfred Herrhausen (1989) und Detlev Rohwedder (1991), beide tödlich und unaufgeklärt, wurde es ruhig in Deutschland. Erst 2015 bei dem Attentat in Köln auf eine parteilose und zuvor unbekannte Kandidatin zum Oberbürgermeisteramt kam ein Politiker lebensbedrohlich zu Schaden. Die Aktivität des ISIS ist jedoch nicht mit irgendetwas vergleichbar, was die RAF jemals zustande brachte. Soweit bekannt hat die RAF keine Landgebiete unter ihre Kontrolle gebracht, keine Homosexuellen von Hochhäusern geworfen, keine Kinder enthauptet und auch keine Frauen geschächtet (nicht geschändet). Opfer der RAF waren fast ausschließlich Männer. Wer Zweifel hat, möge googeln. „Daesh beheading children", dann Bilder. Selbst am 13. November 2015 nach dem Anschlag in Paris sprach der deutsche Innenminister Dr. Thomas De Maizière von dem „sogenannten" Islamischen Staat. Es wird nicht umgedacht und so ist die EU hilflos, da gefangen in alten Mustern. Verstärkt wird diese Situation durch die Lähmung der Presse – von der Politik selbst gewollt und herbeigeführt. Cicero im Juli 2015, unter der Teilüberschrift „versteinerte Rundfunkräte" auf Seite 25 im Artikel „Die Abzocker" schreibt Lutz Meier:

„Vor zwei Jahren kam Christoph Bieber [Piratenpartei] in den WDR-Rundfunkrat, in dem 51 Vertreter sogenannter gesellschaftlich relevanter Gruppen den Sender beaufsichtigen sollen. Bieber fühlte sich von manchen Diskussionen abgekoppelt, besonders, wenn es um die Besetzung von Führungspositionen geht. ... Der Grund: Bieber ist in keinem der Freundeskreise Mitglied. Über die sogenannten ‚Freundeskreise', die in keiner Rundfunkverfassung stehen, steuern Parteien traditionell ihren Einfluss in der Senderaufsicht. "

Und somit kann es unter dem steten Augen der Politik über den ISIS in Deutschland keine sinnvolle und hinreichende Berichterstattung geben. Hier gibt es gar keine politisch korrekten Nachrichten, die dem neuen Staat „gerecht" werden könnten. Dessen Umma blüht und gedeiht aber völlig unabhängig von der Prüfung seiner Staatlichkeit durch deutsche Staatsrechtler. Um es in einem Satz zu sagen: Die Bundesrepublik setzt doch bereits Marine, Luftwaffe, Heer und den Nachrichtendienst gegen den ISIS ein. Was könnte sie denn noch in den Krieg schicken, bevor sie diesen neuen Gottesstaat anerkennen möchte? Den Volkssturm?

Die Bundeswehr ist in der tiefsten Krise ihrer Existenz. Das teure „Kriegsspielzeug" für die „dummen Männer" funktioniert einfach nicht bei der Bundeswehr. Die Einsatzbereitschaft ausgewählter, doch für jede sinnvolle Kampfhandlung entscheidenden Waffensysteme ist verheerend. Mit der Quelle Bundeswehr, nach „Der Spiegel" vom 28. September 2014 mit dem Titel: „Pannen bei Waffensystemen: Verteidigungsministerium täuschte Abgeordnete": Bei einem Gesamtbestand von damals 31 Kampfhubschraubern, 159 Transporthubschraubern und 198 Kampfflugzeugen herrschte überall Mangel. Nur wenige der 388 Systeme sind einsatzfähig:

Bundeswehr Mitte 2014	Gesamtbestand	Verfügbar	Einsatzbereit	Summe
Kampf-Hubschrauber Tiger	31	10	10	**10**
Transport-Hubschrauber 90	33	8	8	
Sea King Transport Hubschrauber	21	15	3	
Lea Lynx Transport Hubschrauber	22	18	4	
CH 53 Transporthubschrauber	83	43	16	**31**
Eurofighter - Kampfflugzeug	109	74	42	
Tornado - Kampfflugzeug	89	66	38	**80**

Quelle: Bundeswehr - im Artikel des Spiegels vom 28. September 2014

So waren im Sommer 2014 nur zehn Kampfhubschrauber, 31 Transporthubschrauber und 80 Kampfflugzeuge (Eurofighter und Tornado) einsatzbereit, also 121 Systeme von insgesamt 388 Systemen. Von den Tornados ist ja seit Anfang 2016 bekannt, dass sie nachts nicht fliegen können. Also muss präziser festgestellt werden: Tagsüber verfügt die Bundeswehr über 80 Kampfflugzeuge, nachts über 42. Meiner Einschätzung nach reicht das Material für einen Frontabschnitt von 120 Kilometern, bei einer Tiefe von 80 bis maximal 120 Kilometern. Man bedenke, im Krieg steigen die Ausfälle exponentiell an: Extreme Einsatzbedingungen und -orte, das Gerät wird am Limit benutzt, damit extremer Verschleiß. Der dauerhafte Einsatz und die Feindeinwirkung tun ihr übliches Werk – Ersatzteile sind übrigens in der Bundeswehr Fehlanzeige. Nirgends wird das Problem der Einsatz-Verfügbarkeit deutlicher als bei den – gebraucht – von den Niederlanden gekauften Orion Seeaufklärern, einer in den USA hergestellten Lockheed P 3. Der Artikel von David Böcking im Spiegel zu dem Marineflugzeug „Orion P-3C" alarmiert den Lesen. In „Deutsche Seeaufklärer kosten viel und fliegen wenig", wird am 14. Februar 2015 des Beschaffungschaos deutlich:

„Berlin – Mit ihrem Fluggerät hat die deutsche Marine derzeit reichliche Probleme. Im Herbst vergangenen Jahres wurde bekannt, dass zeitweise nur 3 von 43 Marine-Helikoptern einsatzbereit waren, was auch die Anti-Piraterie-Mission "Atalanta" beeinträchtigt. Als behelfsmäßigen Ersatz nannte das Verteidigungsministerium damals acht Seeaufklärer-Flugzeuge vom Typ "P-3C Orion", welche die Bundeswehr 2006 gebraucht von den Niederlanden erworben hatte. [...] Demnach haben die Maschinen allein bis 2014 gut eine Milliarde Euro gekostet. Den größeren Teil machten dabei mit insgesamt 573,3 Millionen Euro Investitions- und Änderungsmaßnahmen sowie die Materialerhaltung aus, die Beschaffungskosten selbst lagen bei 441,52 Millionen Euro. Trotz der hohen Wartungskosten waren Ende Januar lediglich drei der acht "Orions" einsatzbereit, die übrigen befanden sich in verschiedenen Stadien der Inspektion. Eines der Flugzeuge hat seit 2006 sogar nur zweieinhalb Flugstunden absolviert - seine Instandsetzung wurde laut Bericht aufgrund von "fehlenden Kapazitäten bei der systembetreuenden Industrie" verschoben, bis alle anderen Maschinen bearbeitet wurden. Die Maschine soll nun im März 2016 fertig sein - also zehn Jahre nach dem Kauf."

Als trauriges Fazit bleibt die Frage: Was hat die Bundeswehr pro Flugstunde real bezahlt?

„Zum Teil scheint es sich bei dem Material um regelrechten Ramsch gehandelt zu haben."

Nicht nur die Beschaffungsideologie oder die Technik sind ein Problem, auch die Motivation und die Leistungsfähigkeit der Mannschaft sind desaströs. Denn die Soldaten, na ja, die machen schlapp. Inzwischen greift die Bundeswehr immer öfter auf Rekruten zurück, die noch nicht einmal das 18. Lebensjahr vollendet haben. Ein Grund dafür könnte ein exzessiv betriebener Feminismus – gerade innerhalb der CDU – sein. An Helden hat Deutschland 2016 keinen Bedarf mehr verorten können. Schön, sollen dann die Verbündeten in der NATO die Drecksarbeit machen und die deutschen Außengrenzen verteidigen? So gehörte plötzlich Anfang März 2016 die Türkei in die EU. Die Kanzlerin schickte den CDU-Außenexperten Ruprecht Polenz vor die Presse und der erklärt der Neuen Osnabrücker Zeitung:

„Die Türkei hat eine strategische Bedeutung für die EU und gehört in die EU."

Eine kleine Fehleinschätzung, na ja, kann ja mal passieren. Ende Juli 2016 wurde die Situation in der Türkei dann klarer. Nur leider gilt: Wer kämpfen will muss auch schießen können. Nur der Bundeswehr fehlt alles und am meisten fehlt es an Ersatzteilen und Munition. Ob sich das Kanzleramt diese im transatlantischen Ausland im Ernstfall erbetteln will? Somit gilt: Die deutsche Regierung ist exakt NULL vorbereitet auf irgendeinen Konflikt – jenseits dessen, was der deutsche Staatsschutz zu leisten vermag. Die Bildzeitung meldet direkt nach den Attentaten in Paris: „PANNENSERIE NIMMT KEIN ENDE. Bundeswehr hat zu wenig Raketen für den Eurofighter. Im Ernstfall kann nicht jeder Kampfjet bewaffnet werden" am 15. November 2015, die vollständige Wehr-, Hilf- und Visionslosigkeit des von der CDU geführten Verteidigungsresorts. Es ist unterfinanziert bis zur Bedeutungslosigkeit.

„Die Luftwaffe hat für die Verteidigung des Luftraums 109 Eurofighter – aber viel zu wenig Bewaffnung. Mangelware sind die radargelenkten Mittelstreckenraketen AMRAAM für den Luftkampf gegen feindliche Jets. Im Ernstfall würde ein Kampfjet mit zwei AMRAAMS bestückt, die Bundeswehr hat aber nur 82 Stück davon!"

Also würde die Luftwaffe im optimalsten aller Fälle (!) 82 feindliche Flugzeuge abschießen können – alles ohne eigene Verluste durch Materialversagen, Feindeinwirkung, Unfälle oder Fehlschüsse. Und jetzt vom Material zum Personal. Zur Realität nun aus dem Cicero die Thesen des Psychiaters (!) Hans

Ludwig Kröber und des Historiker Jörg Baberowski. „Krieg wird es immer geben", S. 112 im Januarheft 2016. Hier formuliert es Kröber aus:

„Es gibt 18-Jährige, die praktisch nur von Frauen sozialisiert worden sind, von Müttern, Kindergärtnerinnen, Grundschullehrerinnen, Hauptschullehrerinnen. Wenn die Erzieherinnen dann auch noch jene Jungs am nettesten finden, deren Verhaltensmuster am meisten den Mädchen ähnelt, haben wir ein Problem."

In Zahlen aus der FT vom 12. Februar 2016, Seite 1 Datawatch: In Italien, den USA, UK und Frankreich sind über 80 Prozent der Grundschullehrer weiblich, mit Italien an der Spitze. Im Vergleich: Weltweit sind es rund 60 Prozent. Und dann erstaunt es auch nicht, weshalb im Jahr 2016 das Rückgrat der Bundeswehr eine Kerntruppe aus eingebürgerten Russlanddeutschen und ihren Nachfahren ist – die haben wenigstens noch Schneid. Die deutschen Rekruten dürften zukünftig statt in den Krieg wohl erst einmal auf die Couch geschickt werden… wenn nicht sofort kapituliert werden soll.

Und ja, Deutschland hat ein ernstes Problem, sobald sich ein Problem eben nicht mehr durch einen EU-Krisengipfel lösen lassen kann. Denn dann fehlt uns in Deutschland definitiv das Personal zur Problemlösung. Und der ISIS lässt sich nicht durch das Posten auf Facebook ausschalten. Schlimmer noch, das Internet ist das globale Rekrutierungsmedium des ISIS, dessen Propagandaabteilung Arbeit vom Feinsten abliefert! Und all das während Deutschland Tag für Tag tiefer in einer eskalierenden Flüchtlingskrise scheitert. Denn diese Krise deckt unerbittlich die Fehler des Systems auf. Nicht nur in der Verteidigung, sondern in allen öffentlichen Gütern – public goods. Das „Gemeinwohl", wie es früher bei Volkswirten hieß, leidet. Bei öffentlichen Gütern wie der Verteidigung, der inneren Sicherheit oder der Umweltqualität gilt eben das Prinzip der Nicht-Ausschließbarkeit – im Gegensatz zum privaten Gut, etwa einem Auto. Da kann ich als Besitzer oder Eigentümer andere Menschen (gleich welcher Herkunft) von der Nutzung meines schönen neuen Tesla oder Mercedes ausschließen. Doch die Sicherheit vor Terrorangriffen oder vor einem Gebiets- und Eigentumsverlust durch Krieg trifft alle Deutschen, egal ob rechts oder links, Mann oder Frau, arm oder reich, jung oder alt. Und im Juli 2016 ist nach vier Attentaten und den völlig unklaren Deals von Berlin mit Ankara die Stimmung auch in Deutschland dabei gefährlich instabil zu werden. Im selben Artikel Baberowski zu dem Zustand Deutschlands:

„Es ist keine Flüchtlingskrise, sondern eine Staatskrise. Der illegale Grenzübertritt wird nicht mehr geahndet. Eigentlich müssten die Regeln des Dublin-Verfahrens angewandt und Menschen an der Grenze zurückgeschickt werden, was jedoch nicht geschieht. Stattdessen wird Menschen, die weder registriert sind, noch einen Aufenthaltstitel haben, Geld ausgezahlt. Wenn Politik erklärt, sie könne die Verhältnisse nicht steuern, dann wird das Vertrauen in den Rechtsstaat erschüttert, und die staatliche Ordnung erodiert. **Wenn die illegale Einreise belohnt, das Falschparken aber bestraft wird, wird sich am Ende niemand mehr an die Vorschriften halten.** *So öffnen sich neue Räume, jenseits des Rechts."* [Eigene Hervorhebung]

Um präziser zu sein, es ist eine Krise der CDU, eine Krise, die personifiziert im Kanzleramt auftritt. Nichts zeigt in Europa stärker die Spaltung wie die Losung der Kanzlerin, „Wir schaffen das" – das europäische Äquivalent zu „Yes, we can"! Nur, der Demokrat Barack Hussein Obama II hat seine historische Aufgabe nicht gemeistert. Wer Arme als „potentielle Anwärter" der Mittelschicht betrachtet, wie es Obama tat, der kann es auch nicht schaffen, eine Gesellschaft zusammenzuführen. **Da stehen längst in den USA 15 Prozent gegen 85 Prozent.** Das ist offensichtlich. Aber um diese These von objektiver Seite in diese Diskussion einzubringen, hier die FT vom 2. August 2016, Seite 9 in der Analyse von Gideon Ranchman: „ Trump and BREXIT feed of the same anger". Nein, hier geht es nicht um ein „hatecrime" – hier geht es um Klassenkampf – gleich mal googeln – Stichwort Marx und Engels!

„The life expectancy of white Americans without a college degree has also fallen since 2000, driven, according to The New York Times, by an ,epidemic of suicides and afflictions stemming from substance abuse'. A Harris poll released last year showed **that 85 per cent of Americans believe the people running the country do not care about them** *and 81 per cent believe the rich are getting richer, while the poor are getting poorer."* [Eigene Hervorhebung]

Nichts zeigt die Diskrepanz stärker als die Divergenz der Entwicklungen im unfreien Frankreich, das an der Euro-Fessel liegt und dem freien Polen, das die „Machtergreifung" der Deutschen gerade nochmal abwenden konnte und treu bei seiner Währung dem Zloty blieb. Also was ist aus dem Euro geworden? Ein Ring, der alle bindet? Ein Ring, der sie für ewig an eine Kette schmiedet?

2. Merkels Europa

Nous sommes en guerre, une guerre totale. Nos ennemis n'ont pas de tabous, pas de frontières, pas de principes. Donc, je vais employer des mots forts : ça sera eux ou nous.

Nicolas Sarkozy, LaProvence.com, 17. Juli 2016

Was wir noch gestern als Kontrollverlust beklagten, ist im Masterplan verankert, Kontrollverzicht ist Programm. ... Dass all diese Menschen aus fernen Ländern so erlösungsbedürftig seien, wie die deutschen Helden glauben, wird sich als Irrtum erweisen. Integration durch das Bekenntnis zum Grundgesetz ist nicht nur auf der Zeitachse eine Fehleinschätzung. Das Programm „Kontrollverlust und Entgrenzung" ist vielmehr ein Beschleuniger für den Geltungsverlust von Europa. ... Wer Kontrolle verweigert, wer Grenzen ignoriert, muss Gesetze brechen. ... **Eine Regierung, die im Namen welcher Ziele auch immer, systematisch Gesetze bricht, trifft eine revolutionäre Entscheidung. Sie wechselt von der Realpolitik zur Radikalpolitik. [eigene Hervorhebung]**

Cicero, Februar 2016, S. 25

Denn stürzt Merkel, stürzt Europa

Die Zeit, 11. Februar 2016, Die Konterrevolution, S. 45

Fast alle Länder in der EU sind seit 2007 in ihrem wirtschaftlichen Leistungspotential abgerutscht, im steten Rattenrennen der globalen Wettbewerbsfähigkeit. Das auf Deutschland maßgeschneiderte Korsett des Euros zwingt andere Staaten in der Gemeinschaftswährungen zu den schlimmsten Verrenkungen. Es verlangt schlicht und einfach, dass diese Länder ihr eigenes internes Geschäftsmodell ändern, was nichts anderes ist, als ihr ungeschriebener Gesellschaftsvertrag – sogar UK leidet, trotz des Pfunds und stimmt folglich Mitte 2016 für den BREXIT. Deutschland profitiert, die anderen rutschen ab – oder sollte man sagen, Deutschland profitiert auf Kosten der anderen EU-Staaten – profitiert als Exportnation gar, weil die anderen abrutschen? Plötzlich, unter Berücksichtigung dieser Fakten, versteht man die Kraft hinter Unabhängigkeitsbestrebungen wie BERXIT, FIXIT und GREXIT und all jene, die sie unterstützten. Sie wollen weg: raus aus Europa, weg von

Deutschland, weg von der deutschen Über-Mutter und Über-Kanzlerin Merkel. Aus der FT mit der Quelle: World Bank, das "Ranking of Manufacturers, based on value added at current prices". Die Zeiten sind hart und der Wandel brutal, doch parallel fallen Spanien, UK, Frankreich und Italien in den Jahren zwischen 2007 und 2014 in ihrer Wettbewerbsfähigkeit massiv zurück. Das ist kein Zufall – das hat System: Es ist die Folge der teutonischen Euro-Politik ohne Kinder und ohne Binnennachfrage. Denn der Euro ist einfach zu „stark", also viel zu überbewertet für funktionierendes Europa!

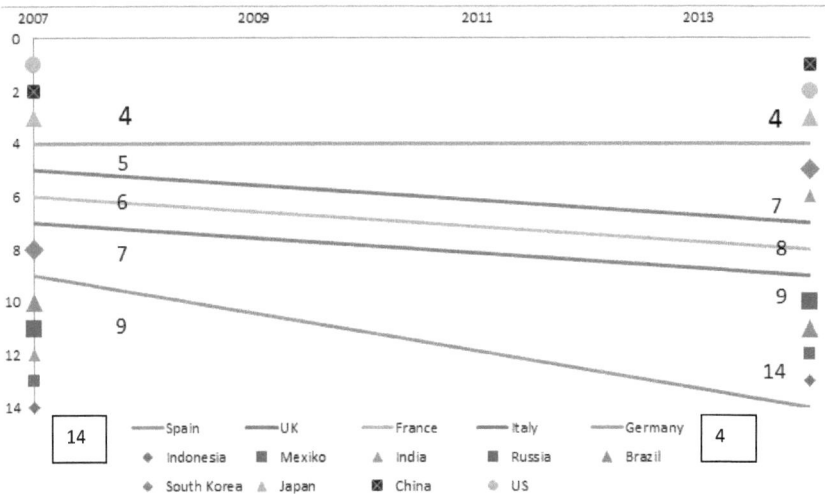

Quelle: World Bank, Ranking of Manufacturers, based on value added at current prices.

Waren es die üblen achtziger Jahre des vergangenen Jahrhunderts, die in UK dann Magret Thatcher an die Macht brachten – genannt die Eiserne Lady, so sind es die üblen Zehner Jahre des 21. Jahrhunderts. Jahre, die von der EU-Über-kanzlerin Angela Merkel geprägt wurden – von „Mutti". Und die Kanzlerin Merkel, an die Macht gekommen in der CDU-Parteispendenaffäre 1999, prägt die EU in einem Umfang, der Helmut Kohl und Francois Mitterrand erschaudern ließe. Denn die erste ostdeutsche Kanzlerin hat diesen Kontinent, mit einer heillos demilitarisierten Armee und ohne Wehrpflicht in den Kernländern Deutschland (2011 abgeschafft/ausgesetzt), Frankreich (2001), Großbritannien (1961), Italien (2005) und Polen (2011) in den Krieg geführt gegen die Kräfte an den europäischen Grenzen, gegen den Islam und gegen Russland. Nur leider ist Angela Dorothea Merkel weder ein eiserner Kanzler, wie Otto Eduard Leopold von Bismarck, noch eine Eiserne Lady, wie Margaret Hilda Thatcher. Und doch hat sie Europa umgestaltet in einem Ausmaß, wie es vielleicht keinem anderen Politiker gelungen ist seit Adolf Hitler und Wilhelm II (Friedrich Wilhelm Viktor Albert von Preußen). Wie konnte es soweit kommen? Und wohin wird es führen? Das Geschäftsmodell der Europäischen Union (EU) stand seit 2008 und gerade seit 2014 vor einer wachsenden Herausforderung: Mit der Realität Schritt zu halten. Seit 2016 steht es in der Krise. Dabei ist Europa die Wiege des Imperialismus in der Defensive. Das Europa, welches Jahrhunderte die Weltmeere beherrschte, ist in der realen, globalen Welt und auch im Cyberspace in der totalen Defensive. Segelten früher dänische, englische, hanseatische und später deutsche, französische, niederländische, portugiesische und spanische Schiffe über alle Meere dieses Planeten, so ist es still geworden um die europäischen Marinen.

Egal! Wo und Wie? Es fehlt systematisch an Geld und fundamental an politischem Willen – abgesehen von Russland – militärisch im 21. Jahrhundert präsent zu sein. Noch weitaus gravierender ist die Nicht-Existenz einer gemeinsamen Strategie im Cyberspace. Doch wer in Deutschland arbeitet schon an einer solchen? Ist es den Deutschen doch streng verboten technische Visionen zu haben, den Euro anzuzweifeln oder an Krieg zu denken. Dummerweise hält man die Zensur von Facebook, die Isolierung auf Facebook und die Strafverfolgung von Facebook-Posts für eine Cyberstrategie. Da gehen der nordkoreanische und chinesischen Hacker zufrieden nach Hause und gönnen sich zur Feier einen doppelten Blue Label von Johnny Walker oder einem Bruichladdich The Laddie Twenty Two 22 Jahre.

Nur wie dumm, dass gerade in 2015, dem Jahr, in dem die Monnaie de Paris, am Quai de Conti idyllisch an der Seine gelegen, ihre Jubiläumsmünzen mit Motiven zu „70 Jahre Frieden in Europa" herausgab, in der Ukraine am Schwarzen Meer täglich Menschen starben. So wie zuletzt in den Jahren 1942, 1943 und 1944. Es sterben Zivilisten, russische und ukrainische Soldaten, russische Freiwillige und Söldner. Genau wie die Kinder und die Alten haben sie schlechte Karten in den täglichen Artillerie-Duellen. Ob von Kampfpanzern, Mörsern, Haubitzen oder Mehrfach-Raketenwerfern abgeschossen – das tägliche Leiden am Schwarzen Meer trifft sie alle. Und vor allem trifft es jene, die kein Geld haben zu fliehen, die, die zu jung oder zu alt sind. Oder die unbedingt bleiben wollen und hier mehr oder minder freiwillig für ihre Überzeugung kämpfen. Eines ist gewiss: Frieden sieht anders aus, das können sie alle bestätigen. Selbst die, welche schon die Militärschläge des „Westens" gegen Serbien vergessen hatten, geraten langsam ins Grübeln. Wo bitte steht die EU in Bezug zur Realität? Denn die Kämpfe in Slowenien, Kroatien, Bosnien und im Kosovo hielten sich bereits wenig an die übliche – natürlich juristisch ausgearbeitete – EU-Vorstellung des Krieges. Man begann sich einfach gegenseitig umzubringen – und Waffen sind weltweit ja genügend da.

Auch fand sich für die Separatisten immer eine Schutzmacht. Ob dies nun die NATO war, als die UCK im Kosovo die Unabhängigkeit herbeischießen wollte oder ob es die Russische Föderation war, die in der Ostukraine und auf der Krim interveniert. Doch bei dieser optisch ähnlichen Konstellation besteht ein Unterschied: Die europäischen Armeen der EU-Länder sind schlicht und einfach nicht mehr einsatzbereit – mit Ausnahme Frankreichs. Dagegen glänzt Russland mit bestem, neuem militärischem Material im Bereich Panzer, U-Boote, Raketenwaffen und zunehmend auch mit Kampfrobotern. Und über allem stellen sich nun die Fragen: Wie sind wir hierhergekommen und wie bekommen wir Europa wieder aus der Malaise? Der russische Präsident Vladimir Putin dazu in seinem Interview mit der BILD Zeitung am 11. Januar 2016:

„Was ist so fürchterlich schiefgelaufen im Verhältnis zwischen Russland und dem Westen?

Wladimir Putin: „Das ist die Frage aller Fragen. Wir haben alles falsch gemacht."

BILD: Alles?

Putin: „Wir haben es von Anfang an nicht geschafft, die Spaltung Europas zu überwinden. Vor 25 Jahren ist die Berliner Mauer gefallen, aber es sind unsichtbare Mauern in den Osten Europas verschoben worden. Das hat zu gegenseitigen Missverständnissen und Schuldzuweisungen geführt, aus denen all die Krisen seitdem erwachsen sind."

BILD: Was meinen Sie? Wann ist das eskaliert?

Putin: „In Deutschland kritisieren mich viele für meinen Auftritt damals bei der Münchner Sicherheitskonferenz im Jahr 2007. Aber was habe ich da gesagt? Ich habe nur darauf hingewiesen, dass der ehemalige Nato-Generalsekretär Manfred Wörner zugesagt hatte, die Nato werde sich nach dem Fall der Mauer nicht nach Osten erweitern. Viele deutsche Politiker haben auch davor gewarnt, zum Beispiel Egon Bahr. "

Putin lässt sich von seinem Sprecher einen dünnen Aktendeckel reichen. Darin stecken Mitschriften von Gesprächen, die damals u. a. Bahr in Moskau geführt hat. „Das wurde noch nie veröffentlicht", sagt Putin.

BILD: Was waren das für Gespräche?

Putin: *„Das waren viele Gespräche, die auch der damalige Bundeskanzler Helmut Kohl, Außenminister Hans-Dietrich Genscher mit Präsident Gorbatschow und anderen sowjetischen Offiziellen im Laufe des Jahres 1990 geführt hat. "*

Da sind wohl in Deutschland danach wichtige Dinge vergessen worden. Etwa, als Herbert Kremp am 3. Oktober 1990 in der Berliner Illustrierten schrieb: „Es sind die neuen Ideen, deren Zeit vorbei ist", Seite 24. Und diese Ideen wurden 1989 durch einen – natürlich expansiven – Neoimperialismus ersetzt:

„Das westliche Leben weitet sich nach Osten aus. **Dort, in der Welt des zusammengestürzten Experimentes, wartet das Unerledigte** *– es ist unvorhersehbar, diffus und in vieler Hinsicht ungeklärt. Die Deutschen fangen bei sich selbst an, und das ist schwer genug. Um Warschau, Prag und Budapest, um die Sorgen der Bürger in Leningrad, Moskau und Kiew zu verstehen,* **um den Pionieren unter Ihnen bei Seite stehen zu können**, *bedarf es aber eines „geographischen" Blicks" der auffrischenden Luft und des in den Jahren der Not und des Wartens geschärften Sinnes von Berlin. "* [eigene Hervorhebung]

Daran ist Berlin gescheitert, denn statt des „geographisch" scharfen Blicks kam der juristisch geschärfte Blick und damit die unbegrenzte Osterweiterung von EU und NATO, anders als zugesichert. Der Bug, dieser historisch bedeutsame Fluss (Wolhynien, Polen, Galizien, Hitler- Stalin-Pakt-Grenze) als Grenze, das war angedacht. Nur es hielt sich die gerade stärkere Seite, die westliche Seite, NATO, EU nicht daran:

„ ... Berlin muss, sobald sich die sowjetische Truppen Masse über den Bug bewegt, Regierungssitz Deutschlands werden. "

Europa und Deutschland haben sich unter Angela Merkel seit 2007 (!) verändert – grundsätzlich und irreversibel – aber nicht zum Guten. Es ist so weit gekommen: Erneut versucht Deutschland den alten hegemonialen

Führungsanspruch auf europäischem Parkett zu formulieren – nur eben feministisch. Nur damit brechen die alten Konflikte wieder auf. Das ganze Problem hat klare Ursachen, die auch benennbar sind:

„One cannot manage change. One can only be ahead of it."

So schrieb Peter Drucker, der 1933 vor den Nationalsozialisten in die USA geflohene Österreicher, der lange Jahre für die Financial Times arbeitete, 1999 in einem Buch. Die Aussagen dieses weltbekannten Klassikers „Management Challenges for the 21th Century" gelten nicht nur für die Wirtschaft, sondern auch für die Politik. Eine Politik, die das aber nicht gerne hören mag. Doch diese Handlungsempfehlung ist der EU, außer anfangs im Bereich der hochsubventionierten erneuerbaren Energien, nie gelungen. Sie ist nicht an die Spitze der Veränderung getreten. Sie hat es auch nie versucht. Das hat sie industriell Ländern wie Südkorea, Indien, China oder auf dem Gebiet der digitalen Innovation der USA überlassen. Die EU ist relativ schnell nach dem Jahr 2002 hinter dem technologischen Wandel zurückgeblieben. Stur wurden die bisherigen Projekte weiterbetrieben (Es sind die neuen Ideen, deren Zeit vorbei ist) – in einer Welt, die sich von Grund auf digitalisiert und verändert hatte. Nur, was zählen heute noch die Grundprinzipien einer EU in einer Welt, in der die wirtschaftlich stärksten Länder China, die USA, Indien und Japan sind. Die sind alle verdammt weit weg und kommen alle auch sehr gut ohne die EU klar. Man beachte, es geht auch ohne Japan, das ist auch schon bald weg... leider! Denn definitiv zu arrogant, kulturell implodiert, innovationsunfähig und bald an seiner Demographie und der virtuellen Wand der Niedrigzins-Welt zersplittert.

Die EU hat versucht, die Veränderungen zu managen, mit der Osterweiterung. Doch heute heißt es Eurokrise, Bankenkrise, Flüchtlingskrise, Terrorkrise – alles reaktiv. Nur damit erreicht die EU nichts mehr. Dabei hat „sie" einfach vergessen, die Digitalisierung von Europa zu gestalten, das machen nun Alphabet, Amazon, Apple, Südkorea und China. Denn das Ziel der Überwindung des Nationalismus führt nicht mehr weiter – es gibt kein supranationales Nirwana. Es macht lediglich aus einem Saarländer einen Europäer, getreu dem Motto „Großes entsteht immer im Kleinen". Doch Europa, was bitte soll das heute sein? Etwa ein Eldorado der Jugendarbeitslosigkeit und der Verwaltungsjuristen? Denn das Projekt EU hat sein humanistisches Ziel nicht erreicht, es ist gerade dabei, an seiner Intoleranz zu scheitern:

„But in a period of upheavals, such as the one we are living in, change is the norm. To be sure, it is painful and risky, and above all it requires a great deal of

very hard word. But unless it is seen as the task of the organization to lead change, the organization – whether business, university, hospital and so on – will not survive."

Und für die EU als Ganzes gilt nichts Anderes. Sie ist am Auseinanderbrechen, da unterwegs in mindestens drei (!) Geschwindigkeiten – mit Luxemburg und Deutschland vorne und Griechenland hinten, und der „Rest", 25 Länder, schlingert irgendwo dazwischen. Und zwar allein wegen des EU-Geschäftsmodells. Der bisherige Fortschritt war in der EU ein Fortschritt in der Krise, unter dem Druck der Krise. Diese Phasen führten zu einer erfolgreichen gemeinschaftlichen Anstrengung. Nur, was ist denn das für ein Projekt, das nur in der Krise die notwendigen Schritte nach vorne machen kann? Es ist ohne Krise ein totes, da handlungsunfähiges Projekt. Alle warten auf die nächste – wohldosierte – Krise und den nächsten Krisengipfel. Nur die heutigen Krisen sind nicht mehr „wohldosiert". Denn wir sind im Krieg, im Wirtschaftskrieg, im Währungskrieg, im Wertekrieg, im Krieg gegen Drogen und im Kampf gegen ISIS! Wie krank von den deutschen Medien? In dem einzigen Kriege, in dem wir wirklich sind, meiden sie das Wort: K r i e g…?

Aber die EU hat sich seit 2010 einfach innen und außen zu viele Gegner und Feinde gemacht. Weil sie sich weigerte Geld für Rüstung zu „verschwenden" und sich lieber um Pressearbeit, um Klima und um Menschenrechte kümmert, also letztlich um alle Formen der „moralischen Kompetenz". Wobei unmissverständlich in anderen Kulturkreisen die Vorzüge von dort gebrandmarktem sexuellen Aktivitäten als vorteilhaft beworben werden. Nur, damit verletzt man die Traditionen, die Gefühle, die Identität der dortigen Menschen, die sich eben nun mal entschieden haben, dem westlichen Lebensstil maximal in der Form des Rosinen-pickens zu folgen: Also: iPhone ja, Homosexualität nein. Doch nach Huntingtons Kampf der Kulturen ist damit Europa expansiv, ja sogar aggressiv expansiv. In verteufelt verhängnisvoller Form kulturell sehr aggressiv expansiv bei einer zugleich militärisch und wirtschaftlich sukzessive implodierenden Stärke. Irgendwelche wahnwitzigen Entscheider in Europa sind jedoch der Auffassung, dass militärische Stärke durch festgezurrte – irreversible – Vertragswerke ersetzt werden könnte. Was allerdings im 21. Jahrhundert nur scheitern wird. Denn das, was ein Volkswirt früher in seinen Modellen zur Analyse der Wirtschaft vorausschickte – das Ceteris paribus – die Konstanz von allem, das nicht im Modell enthalten ist, das gibt es heute nicht mehr. Heute gibt es Wandel, von manchen auch Völkerwanderung genannt. Der Vergleich mit früher ist nicht mehr möglich.

Europas frühere demographische Übermacht im Zeitalter des Imperialismus ist zu einer demographischen Schwäche deformiert – leider hausgemacht!

Peter Drucker behandelt diese Problematik in seinem Buch in dem Kapitel „Strategy - the new Certainties" im Teil „The collapsing birthrate". Ja: die zusammenbrechende Geburtenrate im Westen. Also klassisch in der EU und auch in Japan. Für die USA, Australien oder Kanada als Einwanderungsländer existiert dieses Problem in anderer Form. Ein Staat hat die Aufgabe jedem seiner Bürger, der eine Familie mit Kindern gründen möchte, optimale Sicherheit zu bieten. Wofür sollte ein soziales Netz sonst existieren. Deutschland tut das nicht. Mehr noch: Die Politik in Deutschland richtet sich an Rentnern aus. Damit richtet sich die Politik in Europa an deutschen Rentnern aus. Während 2016 deutsche Rentner unfassbare 5 Prozent mehr Rente oder Pension einstreichen, hungert der griechische Rentner. Und … im selben Jahr soll er erneut bluten? Welche europäische Idee soll das noch rechtfertigen können? Und wir reden von dem real existierenden EU Sozialismus, der sich kaum anders anfühlen kann, etwa bei einer Verzinsung der 10-jährigen Bundesanleihen von 0.30 Prozent per annum – und das vor Steuer. Mit dem Steuersatz von 42 Prozent bekomme ich nach 10 Jahren insgesamt rund 1,8 Prozent Rendite – Geiz ist Geil! Nur um einen Vergleich zu haben: zur fünfprozentigen Rentenerhöhung, dazu müsste ein Sparer dann auf rund 25 Jahre anlegen, in deutsche Bundesanleihen zu 0,3 Prozent Zinsen! Ist Kapital plötzlich wertlos geworden? Oder ist die Bundesschuld inzwischen sharia-konform, da de facto heute zinsfrei? Man vergesse bitte nicht, erst ab 8,5 Jahren Anlagehorizont sind die Zinsen für Bundesanleihen im Februar 2016 überhaupt positiv. Man beachte, vor Steuer und vor Inflation! Und kann mir bitte jemand im März 2016 auch nur im Ansatz sagen, wie hoch 2025 die deutsche Inflationsrate sein könnte? Null, zwei oder fünf Prozent? Oder herrscht dann Deflation?

Doch Rentner brauchen keine Strategie und keine Innovation – Und sie sind in der Überzahl! Und sie wollen in der Masse nur noch eine sichere und möglichst hohe Rente oder Pension und Bestandschutz gegen die Jungen. Damit wird Immigration zu einem verlockenden Problemlöser. Vorausgesetzt, der Immigrant ist „arbeitsmarktfertig". Das im Land geborene Baby ist es erst in 20 Jahren. Was jedoch wiederum Probleme bringt, denn 12 bis 13 Schuljahre kosten den Staat richtig Geld, up front. Dabei ist das verschwiegene Kernproblem das „crowding out". Und die Produktivität der Eltern sinkt, oft sogar bis nach der Einschulung. Die Konzentration auf Flüchtlinge bindet heute Ressourcen und Steuereinnahmen, insbesondere durch die gigantischen Kosten im Gesundheitswesen. Das macht somit eigene Kinder für viele Deutsche mit Kinderwunsch noch viel teurer und manchmal auch unerschwinglich. Damit werden eigene Kinder von den Kindern der Einwanderer verdrängt. Eine für die deutsche, für die europäische Kultur tödliche Fehlentwicklung ist da gerade dabei sich zu manifestieren. Hier ist genau die Stelle, an der viele Staaten Europas konsequent, Asylsuchende enteignen (Schweiz) oder deren Leistung kürzen (Dänemark)! In den Ländern tobt der totale ideologische Kampf. So meldet Al Jazeera am 27. Januar 2016: „Danish MPs approve seizing valuables from refugees": Wer nicht unbeschränkt Pro-Flüchtling ist, der ist im WWW fast schon ein Nazi – Da werden selbst aus Dänen Nazis, unglaublich! (weiter unten werden dann die Dänen an anderer Seite ebenfalls kritisiert, offenbar ist das Bashing „kleiner Länder" wieder recht beliebt):

„The Danish parliament has passed a package of measures to deter refugees from seeking asylum, including confiscating valuables to pay for their stay, despite protests from international human rights organisations. The measures, which include extending the reunification time period after which family members outside can rejoin refugees in the country from one year to three years, were passed by an overwhelming majority on Tuesday.

*The bill, which allows the confiscation of refugees' cash exceeding 10,000 kroner ($1,450), has **prompted comparisons to Nazi Germany, which confiscated the goods of Jews during World War II**. The Council of Europe, a human rights watchdog, said the law could violate fundamental property rights."* [Eigene Hevorhebung]

Den Wandel gestalten, das geht anders, das geht so: Die Financial Times berichtet am 30. März 2015 online im Artikel „ Gentiloni: Europe risks ignoring threat from south, warns Italy" von James Politi und Alex Barker:

*„**Europe risks perilously overlooking threats from its southern flank as the Ukraine crisis dominates attention and reawakens old habits from the cold war, Italy's foreign minister warns.**" ... "We are a bit too concerned by what happens on our northeastern borders because of the perfectly understandable and strong narrative of the 20th century," said Paolo Gentiloni in an interview with the Financial Times. ..."If we think of migration, terrorism, religious conflicts, poverty — and the risks to our societies — I wouldn't say what happens on our southern borders is more important but it's surely not less ... **The area from Mali to Pakistan is really challenging for Europe and it has to be at the same level of priority.**"... „Mr. Gentiloni, a descendant of Italian*

nobility whose political life began as a leftwing youth organizer, was appointed five months ago after Federica Mogherini left to become the EU's foreign policy chief." [Eigene Hervorhebung]

Und es sollte sich durch den Anschlag in Paris am 13. November 2015 bewahrheiten. Die Probleme, die Europa mit dem gesamten arabischen Halbmond – von Mali bis Pakistan – hat, waren von Berlin aus einfach weggezoomt worden. Nur deutsche Medien sind ein wenig zu taub. Denn die neue „Außenministerin der EU", Federica Mogherini findet schlicht und einfach keinen Platz in den offiziell so europäisch gesinnten Zeitungen, den Magazinen und den Zeitschriften deutscher Provenienz und auf deren korrespondierenden Webseiten. Schade! Denn es würde sich lohnen nach Europa zu blicken: Damit eröffnet sich ein toxischer Mix einer sich spaltenden Gesellschaft, der in der massiven Verunsicherungen immer größerer Teile der europäischen Bevölkerung und auch der Elite mündet. In der FT vom 27. November 2015 fasst der niederländische Ministerpräsident Mark Rutte die Lage klassisch zusammen und erinnert an den Untergang des römischen Imperiums vor fast 2000 Jahren.

„The EU risks suffering the same fate as the roman empire if it does not regain control of its borders and stop the "massive influx" of refugees from the Middle East and central Asia, the Dutch prime Minister has warned."

So der Aufmacher der FT von Peter Spiegel mit dem Titel: „Stem flow of migrants to EU or risk fate of the Roman Empire". Dass sich die Lage so massiv verschlechtert hat, ist der naiven Auffassung Deutschlands zur Entwicklung im Nahen Osten geschuldet – die auch heute noch außergewöhnlich punktuell auf Israel fixiert ist. Und ohne den legendären Peter Scholl-Latour (1924 – 2014), der eine unschließbare Lücke hinterließ, bleibt Deutschland einfach falsch informiert. Denn die EU hat eine zu divergente Erfahrung von Raum und Geschichte. Während der deutsche Blick auf der Zeit von 1933 bis 1945 ruht und damit die Augen auf Frankreich – dem früheren Erzfeind – Benelux und auf Israel gerichtet sind, fehlt Deutschland jede Erinnerung an die glorreiche Zeit des Imperialismus. So divergiert die Erfahrung aller anderen europäischen Staaten auf fundamentale Weise von der impliziten Zielsetzung Deutschlands. Denn sowohl Portugal und Spanien als auch Frankreich und UK, aber auch Belgien und die Niederlande waren extrem erfolgreiche und bisweilen extrem grausame global aktive Kolonialmächte. Dagegen ist die Erfahrung jenseits der Grenze nach Osten und besonders in Polen und auf dem Gebiet der ehemaligen

UDSSR überlagert von den deutschen Grausamkeiten des Zweiten Weltkrieges, die sich mit den Grausamkeiten Stalins paarten. Damit jedoch macht die EU als Ganzes immer etwas falsch. Egal was sie tut – ihr Tun ist immer und ausschließlich eine Interaktion mit einem ihrer früheren Opfer. Seien es die Opfer des Imperialismus in den Kolonien oder die Opfer des deutschen Faschismus. Damit ist die Außenpolitik der EU vom Prinzip her zu einer ausweglosen Erfolgslosigkeit verdammt. Was man aber nicht innerhalb der EU kommunizieren darf, leider!

Denn letztlich fehlt Deutschland jede Legitimation die alten Opfer zwischen Russland, Frankreich und Norwegen bis hinunter nach Italien und Griechenland moralisch zu belehren. Zugleich fehlt aber vielen europäischen Opfern Deutschlands aufgrund ihrer eigenen Verbrechen in der Kolonialzeit die moralische Überlegenheit ihren ehemaligen Kolonien gegenüber: Egal ob es sich um Marokko, Kongo, Nigeria, Afghanistan oder Vietnam und China handelt. Viele vergessen das Desaster, welches die westlichen Mächte, Großbritannien allen voran, im alten kaiserlichen China mit den beiden Opium-Kriegen angerichtet hatten. Über „Kleinigkeiten" wie die Toten des Boxeraufstandes kann da dann schon mal hinweggesehen werden, „Kleinigkeiten", die jedoch sicherlich nicht im kollektiven Gedächtnis Chinas verschwunden sind, nach Wikipedia:

„The British historian Diana Preston wrote: "There was a sense that the Chinese were less than human".[105] Preston gave as an example about how one group of British soldiers threatened to kill an elderly Chinese man unless he gave them his treasure; upon learning that he had no treasure to give, one soldier decided to bayonet him to death.[106] He was stopped by a friend, who said: "No, not that way! I'm going to shoot him. I've always had a longing to see what sort of wound a dum-dum will make and by Christ, I am going to try one on this blasted Chink!"

Diese völlig unverständliche Geschichtsvergessenheit führt dann zu einer Art nebulösen Orientierungslosigkeit – und zu betretener Stille – wenn die Geschichte gewahr wird. Gerade dann, wenn es an der Zeit ist für eine Demokratie eine grundlegende Debatte in der Öffentlichkeit zu führen, versagt die deutsche Presse. Sie will oder sie kann diese Leistung nicht mehr erbringen: Ganz nebenbei wird der Kriegsbeitritt Deutschlands in der Ausgabe vom 3. Dezember 2015 von der Wochenzeitschrift „DIE ZEIT" erläutert. Ein Einspalter von Bernd Ulrich auf Seite 1: „Die Stille vor dem Krieg" mit der rhetorischen Frage an den bundesdeutschen Kriegseintritt auf Seiten der Anti-ISIS-Allianz:

„Warum also dann? Ganz einfach: Die Entscheidung für den Krieg gegen den IS hat mit dem Krieg gegen den IS gar nichts zu tun. **Die Deutschen haben wenig Angst vor dem Terror, sie haben Angst um Europa.** *Im Jahr der großen Krisen hat der Zusammenhalt der EU von Mal zu Mal abgenommen. ... Und seit nun Hunderttausende Flüchtlinge aus Arabien nach Norden aufbrechen, hat sich die europäische Solidarität fast völlig aufgelöst. ....* **Und nun der Terror in Paris. Das wäre die eine Krise zu viel geworden, also musste Deutschland mit in den Krieg.** *So erklärt sich die Stille. "* [Eigene Hervorhebung]

Ganz in der Stille vollzieht sich in der EU auch ein zentraler Exodus. Eine neue jüdische Diaspora. „Dank" der deutschen Großmachtpolitik. Denn ohne die mehr als 1 Million junger Flüchtlinge hätte Europa kein unlösbares Sicherheitsproblem. Doch nach zwei Attentaten 2015 in Paris, dem Attentat im Zug zwischen Brüssel und Paris sowie der Neujahrsnacht in Köln, nach den Tragödien von Ansbach, München, Reutlingen und Würzburg ist offenbar: Europa hat ein massives Sicherheitsproblem! Die letzten Optimisten wurden im März 2016 in Brüssel aus ihren Träumen gebombt. Die von Berlin aus gesteuerte Austeritäts-Leitkultur ist gegen den Betonpfeiler der Realität gekracht. Denn die Juden wandern aus. Diese sehr sensible Volksgruppe, meist gut ausgebildet, wohlhabend und in leitenden globalen Netzwerken tätig, hat Angst. Sie stimmen mit den Füßen ab und immer mehr der 450.000 französischen Menschen mit jüdischem Glauben verlassen Merkels Kontinentaleuropa. Die FT vom Freitag, den 08. Januar 2016, berichtet darüber auf Seite 2 im Artikel von Conor Sulivan:

„ "French Jews eye London as haven after Paris attacks" [...] "When armed guards appeared in front of her children's school in Paris, Sabine decided that it was time to leave her native France." ... **The Jews don't have a future in France.** *" ...: „But there is little doubt many have decided that it is time to leave, and after Israel – to where a record of 8000 French citizens moved last year – The UK is an obvious destination." [...] " David Turner, chairman of Brondsbury Park synagogue in north-west London, said that he had noticed that more French Jews were moving into the area. "Anti-Semitism is only moving in one direction n into France" he said "They are all very happy not to be there." ... "One member of Mr. Turner's synagogue said that he had noticed a big rise in the number of French speaking pupils at the large Jewish primary school his*

children attend." ... "In this year one we had about 10 per cent of kids who speak French. In reception, it goes up to 30 per cent and in nursery I would say it's about half." [eigene Hervorhebung]

Man möchte ergänzen: Viele Juden haben nach dem „Wir schaffen das" in Deutschland auch keine Zukunft mehr. Nur das verschweigen die deutschen Medien wieder einmal. Grasen wir Deutsche also wie Kühe auf der Weide und zahlen brav dem Finanzminister jährlich Rekordsteuereinnahmen und feiern? Doch was feiern wir eigentlich genau? Der Winter kommt - und mit ihm Attentate, Verbrechen und Krieg. Denn während gut integrierte Familien jüdischen Glaubens gehen, kommen nicht integrierte und zum Teil(!) nicht integrierungswillige junge Männer islamischen Glaubens. Ein terminaler Bevölkerungstausch ist da dank der Kanzlerin in Gang gekommen. Da bleibt zu sagen: erst denken, dann planen und realistische Ziele bestimmen und diese dann kommunizieren, anstatt eine unkontrollierte, sich beschleunigende Dynamik in Gang zu setzen. Frau Merkel hat einfach im Raumschiff des Kanzleramtes Berlin versucht die Physik neu zu erfinden: Es gibt da eine Lehre vom Pendel und je weiter das Pendel in die eine Richtung schwingt, umso weiter wird es anschließend in die andere Richtung ausschlagen. Eine Verkürzung der Pendellänge halte ich für nicht realistisch – das wäre verfassungsrechtlich verboten, denn es bedeutete nichts anderes als die Einführung der Planwirtschaft und eines Polizeistaates in Europa, also des ewigen Ausnahmezustandes, vgl. Frankreich. Dazu passt natürlich die von Deutschland geplante Abschaffung des Bargeldes. Ziel wäre dann ein System vergleichbar dem in der DDR – in all seinen möglichen Erscheinungsformen, also Stasi 4.0. Willkommen in der totalen politischen Machtphysik. Und dann ist es vorbei: Vorbei mit der Grandeur vieler Juristen. Denn dann, in der Krise gilt in Europa nur eines, die Physik der fallenden Dominosteine. Newtonsche Gravitation in Reinform – würdig eines Stücks von Berthold Brecht wie „Das Leben des Galilei" oder den berühmten „Physikern" von Dürrenmat. Nachdem Deutschland den Damm einriss, durch eine unüberlegte, ja geradezu durch eine törichte Einladung aus Berlin in der Zeit des Kampfes der Kulturen, fiel alles entzwei. Friesen kennen das, und Helmut Schmidt hatte es verstanden: Wenn der Damm bricht, dann gibt es für das Wasser kein Halten mehr oder dann ist „Holland in Not". Die Einladung der Kanzlerin war der Dammbruch. Sie kamen, aber niemand wollte sie in Europa haben, außer denen, die sie haben mussten – den medial weichgekochten Westdeutschen! Man kann es auch so sehen, die Kanzlerin hat das Pendel zum falschen Zeitpunkt angehalten und zum falschen Zeitpunkt losgelassen. Selbst die vorbildlichen Schweden hatten bereits Anfang 2016 genug. Die FT vom 9. Januar 2016 macht die Entwicklung schonungslos klar, im Artikel von Richard Milne: „Brigde points to Europe´s troubled waters":

„*Sweden launched obligatory identity checks for everybody crossing the [Oresund] bridge from Denmark on Monday, hoping to stem the flow of refugees that has made it Europe´s most popular destination for asylum seekers, relative to the size of its population. Worried about the back-up of migrants on its own soil Denmark swiftly responded with controls further downstream on the Germany border. Stunned officials in Berlin warned that Europe´s cherished Schengen agreement of passport-free travel ,was in danger'."*

Denn all die betroffenen Staaten, die nicht in der Sintflut der Flüchtlinge ertrinken wollen, beginnen sich einfach nicht mehr an die bestehenden Verträge zu halten. Und immer länger wird die Liste der Länder, welche sich nicht mehr dem Diktat der teutonischen Super-„Europäer" unterwerfen wollen. Nur wir haben ein schlechtes Gedächtnis, die „FAZ" vom 28. Oktober 2005 online, in „Schröder rüttelt am Stabilitätspakt", ohne Autorennennung:

„*Die Regierung in Berlin steht in vorderster Front der Länder, die den Stabilitäts- und Wachstumspakt neu interpretieren wollen. Die Bundesregierung plädiert dafür, den harten Grenzwert von 3 Prozent am Bruttoinlandsprodukt mit einer „ökonomischen" Betrachtung aufzuweichen - obwohl Deutschland Initiator des Stabilitätspakts und Verfechter einer klaren Defizitbegrenzung war, die keine Möglichkeiten für Ausflüchte lässt. „3,0 Prozent sind 3,0 Prozent", hieß früher das deutsche Diktum. Doch längst ist eine neue Zeit angebrochen"*

Mich erinnert das fatal an das „Nein heißt Nein"-Prinzip der SPD zur Vergewaltigung... doch irgendwie sehr scheinheilig! Nur, das Vertrauen ist hinüber - europaweit. Ganz besonders böse aus deutscher Sicht sind die Griechen. Ganz so als sei Deutschland vor 2006 bei dem Beitritt Griechenlands zum Euro nicht im Besitz von Geschichtsbüchern oder einer Botschaft oder eines Goethe-Instituts in Griechenland gewesen. Ganz so als hätten nicht Deutschland und Frankreich in den Jahren vor 2006 gegen die Maastricht-Kriterien verstoßen – und zwar mit Vorsatz und mit Wucht. Martin Wolf beschreibt das klar und deutlich in „Hope and fear in the endless Greek crisis." Auf Seite sieben der Financial Times vom 23. Dezember 2015:

„*Eurozone creditors disagree with the IMF on the need for more debt relief. But Germany at least very much wants the IMF to remain a lender. So great is*

German mistrust of this (or indeed any) Greek government and the European Commission, that it wants IMF style conditionality imposed on Greece more or less indefinitely. "

Der teutonische Wahn wird aber mit seiner Realitätsferne auch allen deutlich, die ein wenig simple Mathematik betreiben. Denn nur falls sich Griechenland endlos zu Triple-A-Konditionen (also deutschen Konditionen) verschulden kann, ist das Land nicht überschuldet. Ein Paradox in sich, würdig eines griechischen Philosophen wie Eubulides von Milet:

„If the eurozone made it possible for Greece to borrow on triple A terms forever, the debt would be sustainable. "

Das ist die ewige Knechtschaft Griechenlands. Doch die anderen sind moralisch apostatischer – und werden immer böser: der böse Victor Orban, die böse Beata Sydlos, die bösen Dänen und die böse Le Pen (Marine oder Marion) und natürlich der Böseste überhaupt der „Hassprediger", „Frauenhasser" und „Rassist" und teilweise auch als „Faschist" bezeichnete New Yorker Milliardär und Republikaner Donald Trump. Nur die Luxemburger und Österreicher sind noch nett – halbwegs. Nachdem das neoliberale Deutschland zuerst Europa und dann den Euro gegen die Wand gefahren hatte, muss ein Schuldiger her. Vielleicht Griechenland, die sind weit genug weg. Denn der weibliche Zauberlehrling im Kanzleramt will es nicht gewesen sein, die den europäischen Bankenwagen an die Wand gesetzt hat – durch Unterlassung und Nullzinsen. Zu dumm nur, dass sie in Deutschland die Ökonomen in der Bedeutungslosigkeit versenkte und durch Juristen ersetzt hatte. Denn die Ökonomen taugen jetzt, im Gegensatz zu früher, nicht mehr als Sündenböcke – ja noch nicht einmal mehr als Gegner. Also sucht man sich weitere Feinde im Inneren! Ja, die CDU produziert diese geradezu vorsätzlich, um eine stete „Bedrohungslage" und Angst zu schaffen, die es eigentlich gar nicht gibt. Denn das kann man gut, mit dem seit dem RAF-Terror bestehenden Überwachungsapparat alles Unliebsame als RECHTS abstempeln und ausgrenzen. Es reicht heute in Deutschland schon mit einem „Rechten" zu sprechen, um in den Medien vollständig diskreditiert zu sein. Ein Zeichen völliger Hilflosigkeit, Visionslosigkeit und deutschem Altersstarrsinn im Jahr 2016 – mehr ist das leider nicht mehr. Die CDU hat in ihrer totalen Beschäftigung mit dem Machterhalt einfach versäumt sich der seit 2008 extrem veränderten Welt anzupassen. Dafür hat man unzählige progressive und streitbare Menschen entmutigt oder fertiggemacht. Sogar Bundespräsidenten wie Köhler und Wulff, aber noch viele, viele andere

Philosophen, Visionäre und Vordenker hat es getroffen. Doch das rächt sich ganz langsam – wie? Visionen und Innovation (also ein kontrollierter marktwirtschaftlicher Fortschrittsprozess) sind Mangelware in einem demographisch instabilen, da in einem von Rentnern und Pensionären geprägten, Deutschland geworden. Machterhalt in der Wertelosigkeit des Minimalkonsenses ist angesagt. Stille herrscht dort, wo lärmende Diskussionen notwendig wären. Eine Armee, die gar nicht weiß, wie sie mit eigenen Mitteln ins reale Kriegsgebiet kommen sollte – oder auch wieder zurück…. Könnte ja sein, dass da wieder etwas schiefläuft so wie 1915 und 1942. Doch Deutschland fehlt die kriegsentscheidende, politische Kernkompetenz zu erkennen, wann es genug ist, wohl auch heute noch. Austerität ist vom Mittel zum Selbstzweck geworden. Als Folge davon liegt Europa nun in Trümmern: Hier ein Beispiel aus Slowenien, die Parlamentswahl vom 6. März 2016, in der „Focus", „Wahlen in der Slowakei":

„Ein schweres Debakel erlitt die ehemalige christdemokratische Regierungspartei SDKU, die bis 2012 dreimal die Regierung geführt und mit Mikulas Dzurinda und Iveta Radicova gleich zwei Regierungschefs gestellt hatte. Sie erhielt nach der Prognose weniger als ein Prozent der Stimmen und wird nicht mehr im Parlament vertreten sein. Auch die von Ex-EU-Kommissar Jan Figel geführte und der katholischen Kirche nahestehende Christdemokratische Bewegung KDH wird erstmals seit dem Ende des Kommunismus nicht mehr im Parlament vertreten sein. … Igor Matovic, Chef der nach der Prognose drittstärksten Partei „Gewöhnliche Leute" (Olano), sprach von einem ‚politischen Erdbeben', das die Wahl ausgelöst habe."

Ok! Die wären damit schon mal weg und stellen sich der Problemlösung nicht weiter in den Weg… Fast genauso wie die FDP in Deutschland von der im Jahr 2016 niemand weiß, wofür sie steht, wer ihre Führungspersönlichkeiten sind und womit der Wähler sie überhaupt betrauen könnte. Die Liquidierung einer zutiefst korrupten Partei, die auch den Hang der Kanzlerin zum Mikromanagement nicht überlebt hat, sie fand bei der Bundestagswahl am 9. Oktober 2013 statt. Sie wird das abstreiten – aber ihre Nähe ist gefährlich. Mehr Aufschluss gibt uns der Niedergang der SPD bei der Landtagswahl in Baden-Württemberg am 13. März 2016 mit einem Ergebnis von 12,7 Prozent. Die Kanzlerin scheint Koalitionspartner mit Märtyrern zu verwechseln. Vielleicht sollte man in Deutschland doch Politik und Religion wieder stärker trennen.

3. Merkels Welt – keine Zukunft mehr?

The genius of Europe lay in its diversity in the pluralism, in its variety.
In the fact that it never became centralized as a single Empire.

Youtube - Daniel Hannan, IQ^2 (later Member of the European Parliament)

Die Weltsicht unserer Kanzlerin sei ein wenig falsch, doch genau dies ist eine sehr gefährliche Aussage in Deutschland. Denn sie sieht die Dinge anders – ob das mit Ihrer Jugend in der DDR zusammenhängt, lässt sich nicht feststellen, jedoch ist es ein stetes Überkompensieren. Es ist eine stete Suche nach einer Grenze, welches sie treibt. Dieses moralische Überkompensieren sowie der Drang in die historische Aufgabe, beides führt genau zu einem unbeschreiblichen Elend und existentiellen Konflikt – aber alles in einer nahezu tödlichen Stille. Doch Stille kann niemals demokratisch sein – und auch nicht marktwirtschaftlich oder innovativ. Bitte, man denke einfach an den fast fertigen Flughafen in Berlin – Stille, große Stille.

Langsam wird es auch so in der Presse dargestellt. Während nach außen hin die Selbstdarstellung der Kanzlerin Merkel mit dem Markenzeichen der Raute stilisiert wird, brennt es zu Hause in Deutschland, in Europa und nicht erst seit dem Sommer 2016, der von Attentaten, dem BREXIT, der italienischen Bankenkrise und den dramatischen Entwicklungen in der Türkei geprägt ist. Und leider brennt es auch inzwischen fast überall dort, wo sie irgendwann einmal aktiv geworden war. Oder hat sie etwa als ehemalige Umweltministerin oder als Kanzlerin inzwischen das deutsche Problem mit dem Atommüll-Endlager – Stichwort: Gorleben – im Griff? Es bleibt bei einem „Wir schaffen das". Und angesichts des Berliner Flughafens, angesichts Stuttgart 21 und angesichts der Elbphilharmonie und der NSU-Prozesse sagen sich die Deutschen – „Ich glaube ihr das jetzt nicht mehr". Was denken und sagen die Bürger, die AFD wählen, wenn Merkel „Wir schaffen das" sagt und dabei strahlt – gefühlt wie ein Honigkuchenpferd – **im Zeichen der orouborischcn Raute?**

Doch egal: Das ist ihre Stärke, ja ihre wahre Stärke, das ist die Propaganda, also die Medienlenkung. Und die glänzt, ist über jedem Zweifel, der auch nur im Ansatz aufkommen könnte, erhaben. Hat nicht gerade das US Magazin „Time" sie zur „Person of the year" 2015 gewählt. Dort steht sie nun, in einer Reihe mit Adolf Hitler, Konrad Adenauer und Willy Brand. Und beginnt nicht ihre

Laudatio damit: „Europe's most powerful leader is a refugee from a time and place where her power would have been unimaginable." Das ist wohl richtig, nur haben damit getroffene Fehlbeurteilungen auch unvorstellbar negative Wirkungen. Die Zahlen der Arbeitslosen sind in Deutschland auf einem Rekordtief, es scheint alles im Lot. Nun ja bis auf die negativen Zinsen und die Kinder, die nicht mehr in Deutschland geboren werden. Das obwohl viele Deutsche mit einem unerfüllten Kinderwunsch durchs Leben laufen – und darunter schwer psychisch leiden. Die könnten sich da ja zum Überkompensieren um Flüchtlinge kümmern. Marissa Mayer CEO von Yahoo, Kind plus Zwillinge, – in Deutschland undenkbar! Schwanger werden hier nur Bundes-Familienministerinnen (allesamt weiblich (!) seit 1985).

Denn Merkels Welt besteht darin Männer durch Frauen zu ersetzen. Sie ist die Apologetin des totalen Matriarchats. Und so wird der Krieg der EU zwingend an den Außengrenzen ausgetragen werden müssen – eben gegen jedes dortige Patriarchat. Das wird auch sehr schön ausformuliert, etwa in: Russia today, RT.com, am 17. Januar 2016, im Artikel „Europe's tragedy: Too much Angela Merkel, too little masculinity" von Iben Thranholm – Lang lebe Huntington, der große amerikanische Politikwissenschaftler – Samuel Huntington: Dem das Magazin „Cicero" in seiner Ausgabe Februar 2015 den Titel widmete. Doch die bittere Kritik kommt von außerhalb der EU. Die Kritik lautet auf Schwäche, Naivität und Selbstgefälligkeit:

*„Today, many boys also grow up with no father in the home and have no male role models. **The average modern Western male has been feminized, with no knowledge or habit of manly virtues like courage, resolve, self-sacrifice, justice, temperance, self-reliance, self-discipline and honour. He has no sense of true expression of manliness. Feminism despises and rejects these virtues, and this has had a profoundly detrimental impact on a European culture, the "battered wife" of a feeble continent.***

The massive feminization of culture has had a major impact on politics. *The prevailing ideology of Western liberal democracy is secular humanism, which is particularly feminine in character. Policy, especially as applied to immigrants, is a motherly embrace of goodness and overbearing indulgence. One could also interpret it as naivety, weakness and accommodation. As the refugee crisis erupted and overwhelmed Europe, its political leaders - spearheaded by German Chancellor Angela Merkels - acted like timid mother hens, not as strong men responsible for guarding their country from an invasion. Indeed,*

Danish police officers were seen playing with refugee children on motorways instead of doing their job of enforcing the law. They were lauded as heroes in the media." [Eigene Hervorhebung]

Ok: Also das Männerbild im EU-Europa hat ein zunehmend massives Akzeptanzproblem bei Männern außerhalb der EU, besonders in Russland und natürlich im Islam. Denn der Vorwurf geht klar an die „Glucke". Als die Flüchtlingskrise ausbrach und Europa überwältigte, agierten seine „Führer – leaders" – allen voran die deutsche Kanzlerin Angela Merkel – wie müde Mutter-Hennen, nicht wie starke Männer, die sich verantwortlich zeigen ihr Land vor einer drohenden Invasion zu schützen, so formuliert es Iben Thranholm auf Russia Today!

Das ist Frau Merkels wahrer Krieg, neben dem gegen Ökonomen, der jede denkbare Form annimmt und den sie führt, ohne ihn je erklärt zu haben. Aus einem rätselhaften Grund hat die Kanzlerin Probleme mit heterosexuellen Männern, insbesondere, wenn diese erfolgreich sind. In letzter Konsequenz sind es Männer, die im Krieg verheizt werden und Frauen, die in Deutschland die wahren Kriegsgewinner sind. Genau wie es 1918 und auch 1945 war. Denn beide Male brachte die Niederlage den Männern Gefangenschaft, Tod und Verstümmelung – den Frauen jedoch das Wahlrecht. Und damit ist leider auch die Frage beantwortet, wer 1933 Hitler ins Amt wählte... Ein Thema, um das der deutsche Historiker einen weiten Bogen macht. Die Financial Times beschreibt sehr richtig, in welchem Umfang Merkel Europa verändert hat. Das sei irreversibel, so die globale Wirtschaftszeitung am 13. Dezember 2015. Dies stimmt – nur die Argumentation hat einen zentralen Fehler: Wer in aller Welt braucht heute noch ein solches Europa? Sie vergisst die ultimative Lehre der ersten fünfzehn Jahre des 21. Jahrhunderts. Die EU ist von der EURO- und Bankenkrise paralysiert. Asien dagegen ist wieder mit erstaunlich konstantem Wirtschaftswachstum da und auf der Eurasischen Landmasse hat sich der Schwerpunkt von ganz im Westen – Europa – nach ganz im Osten – China – verschoben. Nirgends wird dies deutlicher, als im Vergleich der europäischen mit der chinesischen Marine, der chinesischen Luftwaffe (mit dem Aufbau einer strategischen also globalen Lufttransportkapazität mit dem selbstentwickelten Transportflugzeug Y-20) und der strategischen atomaren Raketenwaffe und einer sehr innovativen Raumfahrt. Auch das irreversibel, denn die einzige Möglichkeit das Gleichgewicht wieder herzustellen wäre eine sofortige Verdopplung der „europäischen" Geburtenziffer. Diese steht aber nicht auf Frau Merkels Agenda. Nur so lässt sich die vollständige Ignoranz der gesellschaftsschädlichen Jugendarbeitslosigkeit in vielen europäischen Krisenländern erklären – deutsche Rentner bekommen sehr selten Kinder. Ja, Angela Merkel hat diesem Kontinent irreversibel ihren Stempel aufgedrückt – zu „sehen" in den Millionen nicht geborener Kinder in ganz Europa.

In der endlosen Banken- und Wirtschaftskrise, hat ein eher kinderarmes Matriarchat die Macht an sich gerissen, mit einer Methode, die keine Zukunft hat, in einer Welt des globalen Machtkampfes – mit der Förderung der Homosexualität. Denn was nutzt ein Euro, wenn keine Kinder mehr da sind und die Hälfte der Jugend keine Arbeit hat? Was nutzt die Vernetzung der Elite in Europa, wenn die Armut und der Konflikt mit dem Islam die Familien auseinanderreißt? Wohin wird ein Kontinent steuern, in dem eine verängstigte Masse ohne gesicherte Zukunftsperspektive das tut, was immer in der Geschichte geschah – sich fest zusammenzuschließen in nationalen Einheiten des Zusammenhalts? Wer sollte noch die Außengrenzen eines europäischen Kontinents sichern wollen, in dem ihm als Mann fast keine Partizipation am Wohlstand erwarten wird? Krieger sehen anders aus – doch das hat die Kanzlerin wohlwollend vergessen, zusammen mit der Geschichte der „Brüder vom Deutschen Haus Sankt Mariens in Jerusalem"? Die Bundeswehr, das sind keine Krieger, das sind Bürokraten und die kommen weder bis ans Nordkap noch bis auf die Krim. Und in Afrika wartet das gleiche Schicksal auf sie wie damals auf Feldmarschall Rommel, wegen einer nicht existenten Logistik: Niederlage und Rückzug. Denn Deutschland ist ein Land ohne Innen und ohne Außen geworden – ein grenzenloses, herrenloses Land, das auch auf dem besten Weg dazu war, grenzenlos verlogen zu werden. Dank einer Medienlandschaft, die in den 8 Jahren der GROKO unter der ersten CDU-Kanzlerin endgültig jede Form der demokratischen vierten Gewalt verloren hatte. Die Illusion der EU als moralische Supermacht. Sie liegt mit Merkels gescheitertem Feminismus in Trümmern. Vielleicht hätte es jemand aus dem Auswärtigen Amt oder dem Presse- und Informationsamt der Bundesregierung der Kanzlerin in einer stillen Minute sagen sollen. War wohl nichts? Der BREXIT ist jetzt auch schon in der Presselandschaft zu spüren! „The myth of the European peace project" in dem Ausblick Global Politics von John Plender in der FT, online am 4. August 2016 bringt die europäische Selbstverstümmelung auf den Punkt:

„The aim, in the celebrated phase of French foreign Minister Robert Schuhman, was **to make war** *"not only unthinkable, but martially impossible"* " [Eigene Hervorhebung]

Das ist klar auch im Jahr 2015 die (von Männern im Format 70+) in der Konrad Adenauer Stiftung formulierte Ansicht. Nur die haben auch noch nicht die Bedeutung des Internets und der globalen Social Media – von Youtube, Facebook, Whatsapp verstanden. Weder verstehen sie die Technik, noch die wirtschaftliche Grundlage des Digitalen. Ähnlich den Zeitungen die den Strukturbrüchen der Digitalisierung und der Idee der kritischen Masse an Usern hilflos gegenüber standen. Diese alten Männer wollen auch keine Innovation außer im minimalinvasiven OP. Die Bundeswehr ist sicherlich nicht einsatzfähig, um irgendeine deutsche Außengrenze militärisch zu sichern. Und vielleicht ist genau dies auch Vorsatz der Richtlinienkompetenz der Kanzlerin. Das verlangt natürlich das orwellsche Zwiedenken (Doublethink), denn seit dem Jahr 2015 gilt es, den Djihad, den Krieg in Jemen, die Annexion der Krim und die Existenz einer immer größeren Zahl an Failed States zu leugnen oder zu verschweigen. Und was faszinierend ist, die deutsche Presse hat diese Eigenschaft nahezu erfolgreich erworben – unter der GROKO im Jahr 2016. Die FT formuliert diese klar:

„The most subtle interaction between politics and economics in the EU relates to the Eurozone. Here economic interdependence is proving a recipe for increasing friction. In effect Europe's old balance of power politics has been internalized, within an unstable monetary union, but with the difference **that Germany has emerged as the hegemon, [...]** *"*

„ – the single currency has become a mechanism for generating endemic imbalances. This chimes less well with the thinking of Cobden [Richard Cobden] than of John Maynard Keynes, who argued in a Dublin lecture in 1933 that free trade combined with international capital mobility was a recipe for "strains and enmities". " [Eigene Hervorhebung]

Also der Euro und der Freihandel schaden der Mittelschicht und auch dem sozialen Frieden sagt der Ökonom Keynes. Ja, das sollte man im CDU-Deutschland Helmut Kohls oder Angela Merkels nicht laut auszusprechen. Denn hier war der Heilsgedanke des Freihandels als Wunderwaffe gegen alle Übel der Welt tief verwurzelt. Ökonomen, allen voran Keynesianer, wurden entsorgt, auch sehr gerne in die Arbeitslosigkeit. Nur: Oh, der große Ökonom John M. Kenyes, ja er sollte schlussendlich Recht behalten… warten wir einfach noch ein

Weilchen bis die „ Les Fleures du Mal" wieder erblühen. Und Keynes hatte recht – natürlich, ein Genie kommt immer zum Zug (im Guten oder im Schlechten): Die FT vom 23. August 2016 auf Seite 7 in dem ganz zentralen Artikel, der die ganz Seite einnimmt: „FT Big READ PENSION – Low yields, high stress". Denn Nullzinsen führen zu Finanzmarktkrisen:

*„Rob Arnott of Research Affiliates says the natural response for **investors facing a zero yield is to stop spending, save more and put money in the markets – actions that lead to asset bubbles**. "… People stop spending. It´s **Keynes´ liquidty trap** but for complete different reasons than the ones he predicted." "* [eigene Hervorhebung]

Wer noch Zweifel hat, am 17. September 2016 „Larry Summers vs. Angela Merkel - An economic battle royale" online in „The weekly standard" von Irwin M. Stelzer:

„The winner: John Maynard Keynes, the advocate of government spending to boost growth. The loser: Angela Merkel, the austere fighter for balanced budgets. … Summers, who was one of President Obama's treasury secretaries, has long argued that the secular stagnation theory, developed by Keynes acolyte and Harvard professor Alvin Hansen in the 1930s, "offers the most comprehensive account of the situation and the best basis for policy prescriptions." It goes something like this: inadequate demand for goods and services discourages businessmen from investing enough to produce robust economic growth. Only "an expansionary fiscal policy by the U.S. government can help overcome the secular stagnation problem and get growth back on track," says Summers. In short, despite the some $20 trillion in debt and a rising deficit, the government should loosen its purse strings to increase the economy's current feeble growth rate."

4. BREXIT

Plain talking (plain talking)
Take us so far (take us so far)
Broken down cars (broken down cars)
Like strung-out old stars (like strung-out old stars)

Plain talking (plain talking)
Served us so well (served us so well)
Travelled through hell (travelled trough hell)

...

has ruined us now (has ruined us now)

MOBY (Lift me up)

Die Mehrheit der Britten, 72 Prozent, hat abgestimmt und so den 23. Juni 2016 zu einem historischen Tag gemacht. Als erstes Land verlässt UK die EU. Deutschland, der Exportweltmeister und EU-Zuchtmeister, hat sich sehr ungeschickt verhalten. Denn der Hegemon Deutschland hat sich Feinde gemacht. Die FT (meine Lieblingszeitung, neben dem WSJ fast jeder ist, irgendwie befangen) arbeitet die Situation klar heraus in einem Artikel vom 20. Juni 2016, der kurz vor dem BREXIT publiziert worden war. Heute frage ich mich: Weshalb? Dazu mehr in der FT vom 20. Juni 2016 auf Seite 9 formuliert es der Autor mit der verdammt treffende Überschrift „European values are more important than economics":

„If you live in Italy or Spain, it is easy to defend the EU. You can simply point to the many common policy areas, point out a small list of achievements and rest your case. Yes, there is a rise in Euroscepticism in these countries. But if they held a referendum on EU membership we would not doubt the outcome. The EU has become part of their political DNA."

Genau das will die Elite und vor allem die deutsche Elite hören und lesen und dann kommt der Anfang vom Ende, dank der Wirklichkeitsverneinung, die Idee im Großen gescheitert.

„Most Europeans still enjoy high degrees of social protection, education and health services that are free at point of use. The EU has managed to hold on to

*most of these, more or less. **But it has failed to become a model for the world.** "*
[Eigene Hervorhebung]

Denn es geht gar nicht mehr um die Bürger, es geht um eine Art mentale Selbstbefriedigung für eine moralisch diskreditierte, neoliberale, bisexuelle Elite, die erfolgreich gleichgültig ist:

„There is a positive case to be made for the inner circle. Not only do the various countries of the EU have common interests, they also have shared values. Even in its current desolate state, the EU is a more powerful vehicle to protect and to project those values globally than national governments. "

Gut – hier wird alles verraten, was Prof. Dr. Ludwig Erhard jemals aufgebaut hat: „Wohlstand für Alle". Aber noch schlimmer: Hier wird schlicht vergessen: Deutschland kotzt die Europäer an! Und es war schon lange in den Umfragen zu lesen, diese wurden ignoriert in Brüssel, Luxemburg und Berlin – aus Arroganz oder aus welchem Grund auch immer. Dabei ist die deutsche Elite verdammt inkompetent und verlogen. Etwa die SPD mit ihrem Sommerloch 2016 mit der in Essen beheimateten Bundestagsabgeordneten Petra Hinz (Einer „SPD-Juristin" ohne Abitur und ohne Studium) – Europa scheitert, weil eben die Demokratie versagt: Der BREXIT in der FT vom 8. Juni, online von Christian Oliver, Brussels „UK´s EU referendum – Enthusiasm for EU in sharp decline throughout Europe, not just UK":

„The US-based Pew Research Center found that only 38 per cent of French people have a favourable view of the EU, down from 69 per cent in 2004. By contrast, 44 per cent of Britons felt positively about the EU, down from 54 per cent in 2004. "The British are not the only ones with doubts about the European Union. The EU's image and stature have been on a rollercoaster ride in recent years throughout Europe," Pew said." [...] „The survey of 10,491 people across 10 EU countries found a broad trend of declining enthusiasm over the period that the continent was shaken by the eurozone financial crisis. In Spain, only 47 per cent now view the EU favorably, from 80 per cent in 2007. Over the same period in Italy, pro-EU sentiment has slumped to 58 per cent from 78 per cent. " ... „Following their country's bruising financial crisis and austerity programmes, the Greeks were the ultimate Europhobes, with only 27 per cent backing the EU. In Germany, support is at 50 per cent. "

Doch wollen wir die Geschichte, das Drama, von weiter vorne erzählen: Etwa in dem Artikel „Rise of the Fourth Reich, how Germany is using the financial crisis to conquer Europe". Von Simon Heffer, am 17. August 2011 online in der „Daily Mail" einer Zeitung in UK erschienen:

„Individual bail-outs have been tried, but they obstinately refuse to work. Only an idiot would think they would: they treat only the symptoms of Europe's economic decline, not its causes. If only everybody could be like the Germans, and spend just a mite more than they earn, then all would be well, the markets seem to say. Germany lay in ruins in 1945, but it then invested in manufacturing plant, developed first-class education, innovated, raised its productivity and competed on quality not price. Over the next 60 years it won the peace as comprehensively as it lost the war." … „If Germany is to continue to prosper, Europe must prosper: but a ruthless solution may have to be imposed in order for that to happen. If the European project is to continue, Germany will not merely have to underwrite it, but control it." […]

„Every spending department in every government in the Eurozone would have its policy made in the old capital of Prussia. And if the people did not like their governments being left with fewer powers than a county council, that would be tough. The alternative is ruin. Where Hitler failed by military means to conquer Europe, modern Germans are succeeding through trade and financial discipline. Welcome to the Fourth Reich." [Eigene Hervorhebung]

Bereits 2011 verweigerte sich ein Teil der europäischen Elite der teutonischen Dominanz. Einer Dominanz des deutschen Wirtschafts- und kinderlosen Gesellschaftsmodels – dessen Sinnbild und Prototyp leider Angela Merkel ist: Arbeitswütig, humorlos, feministisch, kinderlos, erotikfrei und von einer neoliberalen und schrankenlosen Exportorientiertheit getrieben (bei Autos und Chemie genauso wie bei Moral). Und dann kam der deutsche Tropfen, der das Fass zum Überlaufen brachte – der BREXIT ist allein das Resultat der deutschen Großmachtpolitik unter Merkel. Einer Politik, die alle Lektionen von Adenauer bis Erhard über Bord warf. Dabei war der BREXIT leider das zwingende Resultat der vorangegangenen Demütigung, die Deutschland reihum austeilte - austeilte gegen Freunde, Partner und Opfer aus den beiden Kriegen von 1914 und 1939. Wie konnte die deutsche Elite dies riskieren? Von großdeutsch zu großeuropäisch! Doch warum, warum nur wurden die ruhigen, geduldigen Briten plötzlich derart aufsässig? Die FT liefert in Datawatch auf Seite eins, etwas sehr spät, am 28. Juli 2016 die Erklärung: Armut und Angst vor dem sozialen Abstieg ist die Erklärung! Das war dann zu viel des Guten, denn das verzeiht Merkel niemand! Nach den Quellen der OECD und des TUC sanken zwischen 2007 und 2014, jeweils im 4. Quartal gemessen, die Reallöhne in UK in diesen sieben Jahren um 10,4 Prozent. Diese partielle Verarmung wurde nur noch von der Entwicklung in Griechenland übertroffen. Den Fehler von Text und Grafik also 2014 und 2015 hat die FT zu vertreten!

„UK real wages fell 10.4 per cent between 2007 and the end of 2015, the most severe fall in the OECD and similar to the drop in Greece, according to TUC analysis."

Aber wie wird es weitergehen? Der Machtkampf ist auf dem ganzen Spielfeld entbrannt. Nicht erst seit dem BREXIT, dem erfolgreichen „Putsch" Donald J. Trumps in der republikanischen Partei der USA oder in dem erfolglosen Putsch der Armee in der Türkei. Ein globaler Machtkampf ist im Gange: Zwischen Staaten und zwischen Gesellschaftsschichten! Ein Machtkampf, welchen Europa – welchen die EU – verlieren muss, wenn die alten Weisheiten nicht täuschen. So in Sun Tsu Werk, „Wahrhaftig siegt, wer nicht kämpft":

„Es gibt fünf Wege, die erkennen lassen, wer gewinnen wird:

Jene, die wissen, wann sie kämpfen und wann sie nicht kämpfen sollen, werden siegen.

Jene, die unterscheiden, wann sie viele und wann sie wenige Truppen einsetzen, werden siegen.

Jene, deren obere und untere Ränge die gleichen Ziele verfolgen, werden siegen.

Jene, die den Unvorbereiteten vorbereitet entgegentreten, werden siegen.

Jene, deren Generäle fähig sind und nicht von der Regierung behindert werden, werden siegen."

Da gibt es für die EU schlicht gar keine Hoffnung mehr – Houellebecq hat Recht. Denn Europa ist dekadent, zerstritten (Bedingung III), verblendet sowie familien- und kinderfeindlich. Noch herrscht eine neoliberale Schicht. Vor 2016 waren reaktionäre, konservative oder progressive Kräfte und Strömungen zu schwach einen Kurswechsel zu erzwingen. Dieses von Machtkämpfen paralysierte Europa hat keine Zukunft. Es ist zu fragen: Leben in Europa zu wenig junge oder zu viele alte, reiche Bürger?

5.Der Machtkampf

„We are losing the tools and the kind of logic that we had during the cold war. Everything is more unstructured," said Lamberto Zannier, secretary-general of the OSCE, the world's largest intergovernmental security organisation. „There is still an effort to maintain the structure of agreed pattern of behaviors but if we lose that then there are no more rules."

FT, 17. Februar 2016,Lamberto Zannier, General Secretary OSCE

In vielen Ländern tobt ein erbarmungsloser Machtkampf, etwa in den BRIC Staaten, aber auch in Deutschland, Polen, Frankreich, Italien und Griechenland. Erster Verlierer dieser Machtkämpfe ist immer zuerst das Wirtschaftswachstum – und damit die sozialen Schichten, die sich in den Jahren nach 2008 aus der Armut befreien konnten. Das zeigt sich in Brasilien, Indien, China und Russland. Die Politik gerät in Stress – in China verschwinden Manager, denen die kommunistische Partei Chinas nicht mehr 100 Prozent vertraut. Und seit der Börsencrash im Sommer 2015 das Land in die Realität zurückschleuderte, ist man in China unruhig geworden. Anfang Dezember 2015 verschwand etwa Guo Guangchang, der Unternehmensgründer von Fosun International, dem größten privaten Unternehmen in China, für mehrere Tage. Die FT berichtete davon am 12. Dezember 2015 im Aufmacher vom Patti Waldmeir, Jamil Anderlini, Malcom Moore und Martim Arnold. „Chinese `Warren Buffet` caught in Beijing's anti-corruption drive." Das erzeugt globale Aufmerksamkeit und das hat Folgen, nicht nur auf der Vertrauensseite, sondern auch bald in den Kapitalverkehrsbilanzen:

„His case threatens to accelerate the pace of capital flight out of China as the wealthy elite scramble to shift their assets offshore and out of reach of the Chinese authorities. In the past, many entrepreneurs believed that as long as they had extensive assets abroad, they had political insurance. "

Wen verwundert da noch ihre Stärke des Schweizer Franken sowie die Hilflosigkeit der SNB, die zusehen muss, wie die Volkswirtschaft in Deflation und negative Zinsen abgleitet. Kollateralschaden eben, who cares…! Es hat sich immer schon ausgezahlt in der Schweiz ein zweites oder fünftes Standbein zu haben. Und viele „Marktteilnehmer" wie etwa Spekulanten waren zur Rechenschaft gezogen worden. Bestraft für ihr Versagen die chinesischen

Aktienmärkte in einem sinnvollen und kontrollierbaren Richtungskorridor zu halten... .

In anderen Ländern ist es nicht anders. Im Machtkampf oder auf der Suche nach Schuldigen geht eine Volkswirtschaft nach der anderen in eine tiefe Rezession, denn die Zerstörung von Netzwerken lähmt zuallererst die Wirtschaftstätigkeit – die von korrupten Netzwerken besonders. In Brasilien etwa gibt es 2015 einen Korruptionsskandal im halbstaatlichen und hochverschuldeten Öl-Konzern Petrobras. Verhaftet wurde nach langer Untersuchung und zeitgleich mit dem Zusammenbruch der brasilianischen Volkswirtschaft der Investmentbanker André Esteves. „Billionaire banker held in Petrobas investigation" in der Financial Times vom 26. November 2015 im Artikel von Carina Rossi und Joe Leahy, als Aufmacher auf Seite 1. Zeitgleich geht die Wirtschaft unter der Präsidentin Dilma Roussef den Bach hinunter:

„The slowdown is generating a storm of negative economic data.
Unemployment rose to 7.9 per cent in September, up from 4.7 per cent in
October last year, inflation is running at more than 10 per cent for the first time
since 2002 and Brazil´s government budget deficit is now 9.5 per cent of GDP. "

Sehr übel mag ein Ökonom da sagen und fragen: Warum und weshalb kümmert sich denn der IWF unter Madame Christine Lagarde in erster Linie um Griechenland und nicht um Brasilien? Alles aus dem Artikel „Brazil´s record fall in GDP puts it on track for worst recession since 1930s" von Joe Leahy, Seite 1 unten, in der FT vom 2. Dezember 2015. Nichts Gutes hat diese Entwicklung für das florierende Wirtschaftsleben in Deutschland zu bedeuten. Hier ist die Bekämpfung von Korruption kein Thema. Sondern hier blüht das Eigenleben von Bundeswehr und Heckler und Koch oder dem Staatssicherheitsapparat und den Herstellern gepanzerter Limousinen. Aufklärungsdruck? Er geht Richtung Fehlanzeige – weshalb? Eine zu starke Medienkontrolle von Seiten einer „force tranquille" der CDU in Verbindung mit der identitätslosen und nur in der eigenen Anschauung staatstragenden SPD? In dieser von Umweltschutz getriebenen Denkweise ist gar kein Platz für die notwendigen Anpassungen der deutschen Volkswirtschaft an das 21. Jahrhundert und seine nicht EU konformen Entwicklungen. Etwa dem Zusammenbruch der Rohstoffpreise, der daraus entstehenden Deflation, der massiven Rezession in den Ländern der Rohstoffproduzenten. Der entstehenden Arbeitslosigkeit und der beginnenden Verarmung der gerade erst entstandenen neuen globalen Mittelschicht. Und wenn der bedrängte, global tätige

Bergbaukonzern Anglo American bekannt gibt, zwei Drittel seines Personals zu kündigen, dann lässt das Frau Merkel kalt. Die FT am 9. Dezember 2015 auf der Titelseite mit James Wilson und Nile Hume: „Commodities rout spurs Anglo to axe payouts and 85.000 jobs." Der Konzern ist selber schuld, hat er doch den Gezeitenwechsel verschlafen. Warum muss der auch so einen vorsintflutlichen „Dreck" wie Kohle fördern? Nur Kohle war bisher in jedem Land die zentral notwendige Energiequelle für die Industrialisierung – bis einschließlich China 2015. Was bietet die Kanzlerin global für eine geschichtliche Alternative? Wilde Ideen von einem hohen Ross der Moral oder bewährte Rezepte? So werden Bilanzen geschönt, Banken manipuliert, die Aktionäre enteignet – und der Hass blüht auf!

Der Spaß hat aufgehört, nur Frau Merkel schläft oder sie beschäftigt sich mit womöglich wichtigeren, historisch größeren Dingen. Das Kanzleramt weidet sich auch Anfang 2016 immer noch am „es geht uns gut"-Tenor. Und jeder der dieser offiziellen Meinung widerspricht, ist entweder geisteskrank, Sexist, ein Flüchtlingsfeind oder ein schlechter Europäer und damit äußerst schnell ein „Hassprediger" oder gar „Nazi" – lang lebe die Rauten-Moral! Nur dummerweise kann diese groteske Moral der CDU-Spitze um Merkel die Entwicklungen der Welt nicht lenken. Denn wer heute Fehler macht, wird erbarmungslos bestraft. Besonders die Deutschen sollten das wissen. Und wenn sie mit derselben Zähigkeit die Weimarer Republik analysieren würden, wie sie sich die Naziverbrechen medial im Gedächtnis halten, dann bräuchte man sich wirklich keine Sorgen um Frieden und Freiheit zu machen. Dann wären Romane wie „Drei Kameraden" oder „Der schwarze Obelisk" des von den Nazis verfolgten Erich Maria Remarque Pflichtlektüre an jeder deutschen Schule. Nur leider sind es diese wertvollen Bücher nicht, in denen beschrieben ist, wie sich Deutsche(!) gegen Hitlers Schergen (wirklich dumme oder verzweifelte Deutsche) zur Wehr setzen. Stattdessen wird die Justiz aktiv – 70 –, in Worten siebzig, Jahre nach Kriegsende. Im Jahr 2015 „erwischte" es den 93-jährigen Oskar Gröning, der vor dem Landgericht in Lüneburg antreten durfte. Er hatte wohl in Auschwitz dem Kommandanten zugearbeitet. Nur, warum jetzt erst? Was war denn die ganzen 70 Jahre zuvor? Und so lebt Deutschland im Blick in den Rückspiegel. Und, ja es labt sich an der Moral – an einer Gerechtigkeit der einfachen Entscheidung aller glücklicherweise „zu spät" Geborenen.

Wehe! Wir vergessen da schlicht und einfach die 23 bis 27 Millionen ermordete Russen, die auf das Konto von Wehrmacht, SS und Gestapo gingen. Deshalb ist auch Vladimir Putin's Russland ein bösartiger Staat, mit dem man (wahlweise die EU oder Deutschland) im Wirtschaftskrieg liegt, wegen der Krim – nicht Luxemburg, mit wem könnte Luxemburg schon im Krieg liegen? Da bietet jedoch die EU dem Kleinstaat Luxemburg und Jean Claude Junker einen gewaltigen Hebel. Das Denken wurde schwarz-weiß in Deutschland... alternativlos, zunehmend intolerant und schon bald darauf sehr undemokratisch. So überrascht es dann recht wenig, wenn im Februar 2016 der österreichische Kanzler Faymann, in der „Flüchtlingsfrage" von „Alleingang war Notwehr" spricht. So geht das also im Jahr 2016 in der EU. Notwehr gegen wen? Gegen die deutsche Kanzlerin oder gegen ihre Flüchtlinge? Ganz schlecht – allein diese Fragen zu stellen!

Ja, wir nähern uns in Deutschland der angekündigten maximalen Intoleranz im Denken an. Die Silvesternacht 2015 in Köln hat das gezeigt. Nur die Macht zählt und Merkel war zusammen mit ihrem Finanzminister Schäuble die Macht, die zählte. Mal sehen, ob sie über Wasser gehen wird, oder ob das Duo nur verbrannte Erde hinterlassen kann.... Verbrannte Erde des Streits und der Zwietracht. Denn Kritik ist unerwünscht, so wie damals in ihrer Jugend. Wer das nicht versteht, der bedenke, Frau Merkel sagt gar nichts, sie braucht das nicht mehr, sie lässt es andere sagen und schreiben. Und die dürfen dann natürlich alle Pfeile auch auf sich ziehen – ganz so wie Roger Willemsen (Das hohe Haus). Er hat die erfolgreiche Publikation seines kritischen Buches über den verkrüppelten Bundestag unter Angela Merkels Regie nicht sehr lange überlebt. Dumm nur, wenn immer mehr ehemalige „Partner"-Nationen oder zukünftige Partner dem hegemonialen und arroganten CDU-Deutschland nicht mehr zuhören wollen... Und Deutschland plötzlich sehr isoliert da steht. Dumm nur, dass aus Sparsamkeit Geiz geworden ist. Denn, dass sie ihre Taktung verloren hat, darüber täuscht lediglich noch die Schwäche und Verblendung der SPD – eingebunden in die große Koalition – hinweg. Die Angriffe der deutschen Presse gegen Donald Trump sprechen eine sehr eindeutige Sprache. Etwa am 12. Dezember 2015 in „Die Welt" von Uwe Schmitt: „Ist Amerika klug genug ihn nicht zu wählen." Was tut eigentlich Deutschland den ganzen Tag, außer Moral zu predigen? Man – oder besser Frau hat ja wohl sehr genaue Vorstellungen, wer in welchen Ländern als Regierungschef akzeptabel ist – und wer nicht. Tsipras – ach nee, Putin – ach nee, Trump geht gar nicht oder Le Pen – fast schon eine Unperson par excellence. So steht es nun also um Merkels Schachbrett. Dumm nur, schon in Polen hat es im Herbst 2015 mit dem Merkel-konformen Wechsel nicht geklappt. Weshalb nur, das mag die Kanzlerin gar nicht begreifen – sie schweigt und lässt die Presse (hier nicht die freie Presse) schreiben. Etwa „Die Zeit" am 11. Dezember 2015 „Polen - Wie ein rechtsnationaler Staat entsteht" von Paweł Wroński und Roman Imielski. Böse, wer nicht die unfehlbare Meinung unserer Kanzlerin teilt – und er wird bestraft, soweit es in ihrer Macht liegt.

Denn wenn eines nicht die Stärke der Kanzlerin Merkel ist, dann ist es im Jahr 2015 die Demut! Hätte sie doch bloß ein wenig weniger Moral, dann ließe es sich sogar in Deutschland ganz nett leben. Doch so werden die wirklichen Probleme etwa in der deutschen Verkehrsinfrastruktur aufgrund des moralischen Primats gar nicht angefasst (das lässt die schwarze Null nicht zu). Denn dort gibt es meist keine moralische Lösung, wie auch? Hier geht es um Stahl, Beton, Asphalt und viel Geld! Also um Real- nicht um Moralwirtschaft.

6. ISIS

Sie braucht den Feind als <<Existenzgrundlage>>. Friede und Verständigung stehen dem milagogischen Ungeist der Ausschließlichkeit wesensmäßig entgegen. Milagogie braucht den permanenten Notstand; sie sichert sich ihren Bestand in der Angst des Menschen.

Emil Kobi, Die Erziehung zum Einzelnen, S. 117

In dem zweiten Band meiner Betrachtung der europäischen Zukunft ist es ISIS gelungen als ein eigenes Staatsgebilde behandelt zu werden. Zur Jahresmitte 2015 hatten die radikalen Islamisten fast alle Ölquellen in Syrien unter ihre Kontrolle bringen können. Sie hatten äußerst geschickt und erfolgreich im Irak Gebiete erobert und bedrohen inzwischen die Restgebiete, in denen die syrischen Drusen und Alawiten leben. Indirekt bedroht werden der multireligiöse Libanon und auch in mittlerer Zukunft das jordanische Königreich und Israel. Auch in Afrika ist der transterritoriale ISIS aktiv. Er hat bis Mitte 2015 große Teile Libyens unter seine Kontrolle bringen können und „arbeitet" sich systematisch nach Süden und Nordwesten vor. Zumindest nach Tunesien, Nigeria, Mali und Burkina Faso. Inzwischen sind Kämpfer aus 90 Nationen im Kaliphat. Meist über die **Türkei** ziehen sie in den Gotteskrieg, so zumindest zitiert die „Times LIVE" aus Südafrika einen türkischen Offiziellen in dem Artikel „South African joining ISIS" am 30. Mai 2015 mit den Worten:

„Apparently Turkey isn't particularly worried about the recruits coming from South Africa. [...] We are, after all, dealing with thousands of fighters from some 90 countries," the official said."

Dabei arbeitet der ISIS-Kämpfer mit erstaunlicher Opferbereitschaft und Professionalität. In **Tunesien** starben 40 Urlauber am Freitag den 26. Juni 2015 am Badestrand von Sousse. Der Attentäter zielte besonders auf Briten und tötete 25 von ihnen. Am 29. Juli 2015 eliminierte der ISIS im **Jemen** die beiden Führer der Huti-Rebellen mit einer Autobombe. Auf der Trauerfeier, auf der Faycal und Hamid Jayache anwesend waren, starben 28 Menschen:

„The Islamic State of Iraq and the Levant (ISIL) claimed an attack on two Huthi rebel leaders in Sanaa on June 29 night that medics said had killed at least 28 people, including eight women. The car bomb attack targeted Huthi rebel chief brothers Faycal and Hamid Jayache during a gathering to mourn the death of a family member, a security source said."

So berichtet die Hurriyet daily news auf ihrer Webseite am 30. Juni 2015 in dem Artikel „28 dead in attack on Shiites in Yemen claimed by ISIL". Weiter nördlich, in **Ägypten**, stirbt am selben Tag, am Montag den 29. Juli 2015, der Generalstaatsanwalt der Republik Ägypten Hisham Barakat als eine Autobombe ferngesteuert explodiert. Dazu Al Jazeera online in dem Artikel „Egypt's state prosecutor killed in Cairo bomb attack" am 29. Juni 2015:

„Last month, Egypt's affiliate of the Islamic State of Iraq and the Levant (ISIL) group urged followers to attack judges, opening a new front in the world's most populous Arab state. Earlier in the same month, three judges were shot dead in the northern Sinai city of al-Arish."

Und der IS legt Wert darauf, dass solche erfolgreichen Attentate auch im Internet zu sehen sind. Auch **Kuwait** war an diesem Wochenende Ziel einer Attacke: 27 Betende wurden von einem saudischen Attentäter weggesprengt. Was anderes als ein faschistischer Akt kann es sein, friedlich betende Menschen wegzusprengen? Dazu die Webseite von Hurriyet Daily News im Artikel „Kuwait says in "state of war" warns of other militant cells":

*„Kuwait's interior minister said June 30 **the country was at war** with militants and would strike out at cells believed to be in the country. The Islamic State of Iraq and the Levant (ISIL) militant group claimed responsibility for a suicide bombing on Friday by a Saudi citizen on a Shi'ite Muslim mosque in Kuwait City which killed 27 worshippers. "* [Eigene Hervorhebung]

27 Menschen starben, verletzt wurden 227 gläubige Muslime. Von den meisten Medien unbeachtet, außer der „Voice of America" oder „The Guardian", starben auch in **Somalia**, am 26. Juni 2015 Menschen. Etwa 70 Soldaten der Afrikanischen Union wurden von der Al Shabab Miliz niedergemetzelt, die nördlich von Mogadischu, in Leego, ein Militärlager überrannte. Man muss Angst haben vor der Kompetenz des Geheimdienstes der ISIS, der diese Manöver synchronisieren kann. Was jedoch am meisten erstaunt, ist, dass dieser Hagelsturm der Verwüstung, der den Nahen Osten überflutet, exakt zusammenfällt mit dem griechischen Drama um den Euro und den Verbleib Griechenlands im Euro, GREXIT oder GREXIDENT (oder auch Graccident) genannt. Kann dies ein Zufall sein? Historisch wird man sagen müssen, ISIS hat Griechenland in den Euro zurückgebombt. Denn in der EU wollte man im Sommer 2015 keine weitere, offen brennende Krise.

Nicht zufällig wurden synchron in Kuwait, Tunesien, Ägypten, Somalia und in Jemen – ja sogar in Frankreich die Karten neu gemischt. 2015 war der ISIS auf seinem Great Leap Forward! Nun, wer genau bedenkt, das Malen des ISIS Icons ist im Gegensatz zu einer Hackenkreuzschmiererei recht aufwendig und daher ist das ISIS Icon in Deutschland fast nirgends zu finden – und wenn dann meist digital. Nur ISIS ist eine reale Bedrohung, nur leider schaute der ganze deutsche Staatsapparat lange Zeit in die falsche Richtung. Wie schon in der Türkei – die Folge der Verharmlosung: über 100 Tote, mehrere Bombenanschläge und nach Syrien oder besser ins Kalifat abgetauchte Terroristen, die auf dem besten Weg sind Märtyrer zu werden. Das Versagen der türkischen Sicherheitsdienste beschreibt die FT etwa am Montag, den 19. Oktober 2015, auf Seite 3 in dem Artikel von Piotr Zalewski: „Unremarkable town that bred deadliest terror cell in Turkey".

Das zahlt sich aus: Die Ignoranz, verordnet vom Kanzleramt im CO_2-Wahn des global nicht realitätsnahen Kontrollverlusts der Kanzlerin – Militär im Jahr 2015 also: lästig, teuer, zu maskulin? Also uncool und damit zu ignorieren? Doch die Ignoranz zieht nichts nach sich als weitere Attentate. Offenbar aber lernte Frau Merkel als Umwelt- und Familienministerin eben eine sehr spezielle Art der Wahrnehmung der Politik, die sie auch perfektioniert hat. Doch für den Umgang mit islamistischen Faschisten im Jahr 2015 ist das leider ungenügend. 2016 gilt: „Who can you trust". Frau Merkels Reaktionen wirkten hilflos, in jeder Dimension ungenügend. Drei weitere Ereignisse zeigten die erschreckende Handlungsfähigkeit der ISIS:

Sinai, Sprengung eines russischen Airbus: Die Gotteskrieger sprengten einen russischen Airbus mit 224 Menschen an Bord am 31. Oktober 2015 über der Sinai-Halbinsel vom Himmel.

Beirut, am Donnerstag, den 12. November 2015, zerfetzen ISIS Selbstmordattentäter 43 Menschen in Libanons Hauptstadt. So meldet CNN online in dem Artikel „Beirut suicide bombings kill 43; suspect claims ISIS sent attackers" der drei Autoren: Greg Botelho, Paul Cruickshank und Catherine E. Shoichet:

„A pair of suicide bombings struck southern Beirut on Thursday, killing 43 people and leaving shattered glass and blood on the streets, Lebanese authorities said. At least 239 others were wounded, according to state-run National News Agency. A would-be suicide bomber who survived the attack told investigators he was an ISIS recruit, a Lebanese security source said. The man, a Lebanese national from Tripoli, Lebanon, was taken into custody after the blasts. He told authorities that he and three other attackers arrived in Lebanon from Syria two days ago, the source said."

Paris, am Freitag, den 13. November 2015, töten ISIS Attentäter über 128 Franzosen. Le Monde meldet am 14. November 2015, im Artikel „Attaques à Paris: un des huit terroristes identifié":

„ ...*les assaillants, au nombre d'au moins trois, sont entrés en plein concert du groupe de rock américain Eagles of the Death Metal. Ils ont mitraillé les spectateurs dans le noir, provoquant une panique indescriptible, achevant parfois les survivants ou tous ceux qui bougeaient.* ... "

Alles organisiert von jungen, fähigen Männern, die man im Abendland oder an der Mittelmeerküste einfach nicht in den Arbeitsmarkt integrieren wollte – Jugendarbeitslosigkeit, who cares – oder die man vergeblich versucht hatte, mit weltfremden Werten zu indoktrinieren. In den beiden Weltkriegen wären es vielleicht hochdekorierte Soldaten geworden – Helden der Fremdenlegion vielleicht. Anderswo hat die Integration mehr Erfolg.

Lang lebe die schwarze Null, Hauptsache Deutschland spart im Krieg. Wie man auf eine derart kranke Idee kommen kann, ist bei der Anwendung irgendeines Geschichtsbuchs – das nicht Francis Fukuyama „The End of History and the last Man" ist – wohl ein ewiges Rätsel. Nur Fukuyama hat in der Washington Times in „They can only go so far" am 24. August 2008 etwas Entscheidendes an seinen Thesen geändert. Doch das hat man wohl in der EU während der Subprime crisis, die die europäischen Finanzmärkte zerriss, nicht mitbekommen:

„*Are we entering the age of the autocrat? It's certainly tempting to think so after watching Russia's recent clobbering of Georgia.* **That invasion clearly marks a new phase in world politics,... In lieu of big ideas, Russia and China are driven by nationalism, which takes quite different forms in each country.** *Russia, unfortunately, has settled on a version of national identity that is incompatible with the freedom of the countries on its borders; I'm afraid that Georgia will not be the last former Soviet republic to suffer from Moscow's sense of wounded pride."* ... „*Apart from the flashpoint of Taiwan, China doesn't feel the type of intense grievances that Russia nurses over the shrinking of its empire or NATO's expansion into the former Soviet bloc. And Beijing will have its hands full maintaining domestic stability when the inevitable economic slowdown occurs.*" [eigene Hervorhebung]

Solche revolutionäre Aussagen drangen jedoch bis Mitte 2016 kaum in den Kopf der EU-Elite vor, denn die war mental anderswo beschäftigt, etwa mit CO_2 oder der Ukraine. Dummerweise hatte zugleich mit der ersten territorialen

Expansionsphase des ISIS Deutschland seinen Außenminister Frank-Walter Steinmeier in den fünf plus 1 Verhandlungen zur atomaren Aufrüstung Irans gebunden. Was auch auf den ersten Blick schwer zu erschließen ist, denn Deutschland ist neben den USA, Russland, Frankreich und Großbritannien (nach abnehmender militärischer Stärke geordnet) der einzige Beteiligte ohne Atomwaffen. Was will man überhaupt dort? Deutsche Staatsräson im Jahr 2016 ist die Sicherung der Existenz des Staates Israel. Doch selbst wenn er „frei" gewesen wäre, hätte er rechtzeitig erkannt, dass es nicht der Iran oder der Ukraine-Konflikt ist, der seine völlige Aufmerksamkeit bedarf? Wer weiß, ob er das Problem mit dem Islam verstanden hätte! Sicher ist, dass sich alle deutschen Initiativen der schwarz-gelben Koalitionszeit absolut hoffnungslos verrannt hatten. Fakt ist: Deutschland ist von der Dynamik der Entwicklungen überfordert. Noch schlimmer Deutschland hat möglicherweise gar die total falschen Lösungsprozesse für die heutige Radikalität des Chaos. Und wenn es ganz schlimm kommt, dann wurde sogar, seit 2000 das falsche Personal ausgebildet, gefördert und nach oben katapultiert – Feministinnen und Juristen taugen im Krieg absolut nichts; siehe auch „Der schmale Grat – The thin red line" von Sean Penn. Also darf es keinen Krieg geben, so wird der innere Machterhalt in der „post-faktischen" Gesellschaft des Jahre gesichert und so wird Krieg zu einem innenpolitischen Problem – logisch oder? Einer Gesellschaft, deren wahres Gesicht jedoch die post-demokratische Gesellschaft einer Super-Elite ist.

Die „Schlafwandler" (Christopher Clark) von 2014 wachen zwar langsam auf, doch was werden sie mit den Millionen von Menschen tun wollen, die vor dem ISIS-Krieg und den Terror gegen die Zivilbevölkerung nach Europa flüchten? Für diese Menschen ist Europa zu einer Art gesegnetem Land des Friedens geworden. Nun ja, dort will man sie offenbar nicht überall haben, zumindest nicht in Ost-Deutschland.

Egal wie man es dreht und wendet, das System ist so nicht haltbar. Wir brauchen Europa 4.0 oder es wird nichts. Und wir bekommen noch nicht einmal Europa 2.0 hin, wenn man sieht mit welchem Tempo die Bundesregierung auf die Realität reagiert. Es gilt das Leitmotiv der schwarzen Null, des ausgeglichenen Haushalts, gespeist aus kontinuierlichen Rekordsteuereinnahmen. Diese sind aber nichts Anderes als ein Werteverzehr des Staates aus dem Vermögen der Staatsbürger. Also stellen die nicht für Investitionen verwendeten Steuereinnahmen letztlich nichts Anderes da, als ACHTUNG: ideologischer Staatskonsum. Europa scheitert und dann stehen die Türken nicht vor Wien, sondern der ISIS vor Hamburg. Der Krieg 3.0 nimmt indes folgende weltweite Form an. So meldet die NY Times, am 25. November online im Artikel „Emirates Secretly Sends Colombian Mercenaries to Fight in Yemen" von Emily B. Hager and Mark Mazzetti:

„The United Arab Emirates has secretly dispatched hundreds of Colombian mercenaries to Yemen to fight in that country's raging conflict, adding a volatile new element in a complex proxy war that has drawn in the United States and Iran. It is the first combat deployment for a foreign army that the Emirates has quietly built in the desert over the past five years, according to several people currently or formerly involved with the project. The program was once managed by a private company connected to Erik Prince, the founder of Blackwater Worldwide, but the people involved in the effort said that his role ended several years ago and that it has since been run by the Emirati military."

Somit wird die gesamte arabische Halbinsel immer mehr zu einem Schlachtfeld. Einem Schlachtfeld auf dem Araber und aus Südamerika(!) stammende Söldner, Afrikaner und andere „Fremde" gegeneinander und gegen Gotteskrieger aus 90 Nationen kämpfen – ein Weltenkrieg eben. Der ISIS ist in elementaren Teilen eine tunesische Veranstaltung, 6.000 der über 50.000 ISIS-Kämpfer stammen aus dem Mittelmeerland. So die britische Zeitschrift „The Guardian" am 10. Januar 2016 im Artikel „Isis 'ran sophisticated immigration operation' on Turkey-Syria border" von Shiv Malik, Alice Ross, Mona Mahmood and Ewen MacAskill:

„Tunisia is the biggest source of foreign fighters entering Syria. In October, the Tunisian government estimated that 6.000 fighters had left Tunisia headed for the conflict."

Und es ist klar, woher diese jungen Männer und Frauen des ISIS kommen. Aus Regionen des wirtschaftlichen Niedergangs. Denn anders als vom Juristen und ersten schwarzen Präsidenten der USA Barack Obama gewünscht: der „Arabische Frühling" führte in das totale wirtschaftliche Elend. Und genau diese Bedeutungslosigkeit ist der ideale Rekrutierungsgrund für den ISIS. Aber nicht nur auf dem Mahgreb, auch hier in Europa, etwa auf dem Balkan. So berichtet etwa der arabische Nachrichtensender Al Jazeera am 13. Januar 2016 online in dem Artikel „ISIL recruits in the Balkans." von Jonathan Brown:

„In the beginning, when we heard reports of Bosnians travelling to Syria, we were both confused, and concerned," Ahmed Hrustanovic, an imam in Srebrenica, told Al Jazeera on a recent evening, after prayers. "In our history, Bosniak history, we never went to another country to fight. We have only ever

tried to make our own country free and secure. But now, everything is changing." Mirnes Kovac, a Balkans political analyst based in Sarajevo, believes that the crimes committed by the government of Syrian President Bashar al-Assad have been among the motivators for Bosnians travelling to Syria to join ISIL. "There is no crime in Syria that has been committed by ISIL that the regime of Bashar al-Assad did not proceed with an even worse crime," Kovac said. "When the international community is not responding in ways it needs to, we have a platform that radicals misuse [to recruit]." The vulnerability of potential recruits, he added, is increased in Bosnia, where, "you have a post-conflict, transitional society which has economic issues and high levels of unemployment".

So werden den neuen ISIS Rekruten in Tunesien nach Berichten teilweise 1500 US Dollar im Monat bezahlt. Dazu die International Business Times, Alessandria Masi, am 27. Januar 2016 in dem Artikel „Extremists Recruit The Young Unemployed And Underpaid In Tunisia":

„He found a low-paying job at a hotel gift shop, but quickly packed a bag to join ISIS in Syria when the militants told him they would transfer $1,500 by Western Union to his family back in Tunisia. ... Even those who do have jobs, mostly have low incomes, making extremists groups like ISIS much more appealing since they pay in U.S. dollars." [...]

„ "The problem isn't just the work. There is some work but it is poorly paid and there are some with diplomas who have been five years without a job. The worst is the young people who go work with Daesh for $1,500 a month," Ouni said, using the Arabic acronym for ISIS. "How can you explain that the Tunisians in Daesh are paid in U.S. dollars? We don't have this currency!" "

Und auch folgende Frage ist sehr spannend: Was kann der ISIS militärisch leisten? Betreibt dieser Gottesstaat eine eigene Rüstungsindustrie? „Is ISIS Operating a Secret High-Tech Weapons Lab?", so The National Interest online am 18. Januar 2016, vermeldet:

„New video footage seems to reveal that the Islamic State (ISIS) operates its own research lab that is developing weapons of unprecedented sophistication for a nonstate actor." [...] „The video reveals that the Islamic State has the ability to refurbish thousands of retired guided missiles. The terrorist group, it appears, has developed a way to replace a missile's thermal battery—which is extremely difficult—and reactive many of these derelict weapons. It's a feat that no terrorist group has accomplished previously."

Israelnationalnews.com am 28. Januar 2016 von Ben Ariel in dem Online-Artikel: „Former Libyan official: ISIS got Qaddafi's chemical weapons": Wurde aus Libyen Material und Know-how von der ISIS gegen harte Devisen beschafft? Und die Zielrichtung ist ganz klar: Es ist die Einsatzbereitschaft, wie im ersten Weltkrieg, einer eigenen Artillerie und Raketenwaffe, die auch chemische Kampfstoffe verschießen kann. Deren Akquise sollte problemlos in Libyen möglich sein. Denn dort, in diesem Failed State ist von Colonel Gaddafi eine beispiellose Waffensammlung in der Wüste versteckt worden. Und sicher sind von dort chemische Waffen nach Syrien gelangt und eventuell bereits von ISIS eingesetzt worden.

*„Al-Dam [ ] replied, "**It is no secret that these gases exist in Libya.** To be fair, ISIS is not the only one. Everyone has poisonous gases. It's not only in Libya. Everybody knows this. **The Western countries know this. They have spies [in Libya]. They are the ones who attacked Libya, and then left these dangerous weapons there.** " ... „Asked about Western countries' claims that they had forced Qaddafi to get rid of his arsenal of chemical weapons, Al-Dam replied, they didn't force him. It was part of a deal. There was no longer any justification for building a [nuclear] bomb. For whom would we build it? The Arabs had recognized Israel and had begun to collaborate with it. We in Libya didn't have an enemy for which to build a nuclear bomb. **This enterprise began in the early 1970s, when the Arab nation wanted to produce a weapon that would deter the Zionist enemy. But today, we have become on the best terms with the Zionists, so why would we want such a weapon?** " ..."The poisonous gases which are allegedly in the hands of ISIS now", said Al-Dam, "were held by the armed forces, and were hidden in bases with which nobody was familiar, deep in the desert." ...*

__He also said he believed that the weapons that fell into the hands of ISIS "were smuggled out of Libya, as the world knows.__ I believe that the weapons that reached Syria originated in Libya." ... „During the civil war in Libya which resulted in Qaddafi's ouster and death, it was confirmed that Qaddafi had ten tons of mustard gas stockpiled, and it was feared he might use it on opposition forces seeking to bring an end to his regime. Iran had supplied Qaddafi with hundreds of special artillery shells for chemical weapons that Libya kept secret for decades" [Eigene Hervorhebung]

Das ist genau der Grund, weshalb die militärische Offensive gegen ISIS so schwer in Gang kommt. Gaddafi hatte aus verschiedensten Quellen – auch aus

Deutschland – reichlich militärisches Gerät eingekauft. So ist es kaum überschaubar, welche Waffen erbeutet werden können und wo in der Wüste sie gelagert waren. Doch wenn man über den Tellerrand blickt, wird man erschrocken feststellen: der ganze Nahe Osten ist ein einziges riesiges Waffenlager – allen voran Saudi-Arabien. Der Deal war und ist: Wir kaufen Öl in rauhen Mengen, sie kaufen unsere Waffen in rauhen Mengen – „No Questions asked". Das war dann auch feministische deutsche Staatsräson, aber von der redet niemand gern.

7. Arabien und der Kampf der Kulturen im Islam

A man in Saudi Arabia has been sentenced to 10 years in prison and 2,000 lashes for expressing his atheist beliefs in hundreds of posts on Twitter. ... Earlier this month, a Saudi activist wound up with a 10-year jail sentence after he took to Twitter to call for the release of prisoners convicted of terrorism.

Vice.com am 27. Februar 2016 „Saudi Arabia Sentenced a Man to 10 Years in Prison and 2,000 Lashes for Atheist Tweets"

Unbeachtet von der Weltöffentlichkeit ist Anfang August 2015 ein Gezeitenwechsel eingetreten. Truppen der Vereinigten Arabischen Emirate (UAE in Englisch, United Arab Emirates) landeten im Jemen an. Die beiden Länder sind lediglich über Oman, über Saudi Arabien oder über den Luft- bzw. Seeweg miteinander verbunden. Die „Conflict News" meldete auf ihrer Webseite conflict-news.com am 4. August 2015: „The UAE just effectively invaded Yemen". Darin wird von Michael Cruickshank deutlich beschrieben, dass über 3000 Soldaten der Vereinigten Arabischen Emirate (UAE) auf dem Seeweg mit modernsten Panzerwaffen anlandeten (landfall).

„Hundreds of vehicles including main battle tanks, APCs, AFVs and self propelled artillery have landed in the city [Port of Aden], and joined the fight against the mainly Shia Houthi militias."

Das führt zu einer vollständigen Verlagerung der Situation und eines Imports eines globalen Konfliktes, in einem Land, in dem die USA seit jeher mit Drohnenangriffen aktiv sind. Die Intervention der russischen Armee 2015 in Syrien hat nach nur einem Monat die Reaktion des Kalifats bewirkt. Die Gotteskrieger sprengten am 31. November 2015 einen russischen Airbus mit 224 Menschen an Bord über der Sinai-Halbinsel vom Himmel. Dass sich danach die russischen Luftangriffe in Syrien verhärteten, ist eine der zentralen Wasserscheiden im Syrien-Konflikt. Der Krieg gegen den ISIS fordert unzählige Opfer und dazu gehören auch die Staatsfinanzen des weltgrößten Erdölexporteurs – Saudi-Arabien. Denn Krieg ist zugleich auch immer Wirtschaftskrieg – doch Wirtschaftskrieg ist nicht immer auch realer Krieg ist.

Der Staatshaushalt des ölreichen, doch zugleich erzkonservativen, wahhabitischen Staates ist zerrüttet. Kein Wunder, führt er doch Krieg! Das Königreich steht dabei mit dem Rücken zur Wand. Denn im Irak ist seit 1991 kein Friede feststellbar, in Syrien herrscht seit 2012 offener Krieg und auch im Jemen sind Kampfhandlungen mit allen vier Waffengattungen Tagesgeschäft. Bis Ende 2016 sollen dabei rund 12.000 Zivilisten getötet worden sein. Dumm nur, dass damit Saudi Arabien zugleich in drei seiner Nachbarländer militärisch aktiv sein muss. Und viele echte Freunde hat das mächtige, aber als arrogant betrachtete Land nicht, etwa jenseits des Persischen Golfs, wo mit Persien – Iran (der Leser beachte: Perser sind keine Araber) – ein Hauptakteur im Streit um die lokale Vorherrschaft lauert. Daneben ist das Königreich im Krieg mit der Moderne und absehbar sind dort leider wenige Reformen. Weshalb sollten dort auch Frauen Auto fahren dürfen? (Im Jahr 2016 eine wirklich außergewöhnlich anti-historische Idee) Nur bereits im November 2015 werden Zweifel lauter! Etwa die der Finanzanalystin Surata Rao, die auf Reuters.com unter „Saudi could buckle under oil shock, FX peg, investors warn". Dort gibt sie Saudi-Arabien drei bis fünf Jahre Zeit.

„Saudi Arabia faces a crisis in the next three to five years if oil prices remain low and the country still has big budget deficits and a rigid, pegged currency, participants in the Reuters Global Investment Outlook Summit said on Tuesday."

Und es ist nur allzu offensichtlich, dass sich Saudi-Arabien in der Frauenfrage sein eigenes Grab schaufeln wird. Denn welcher amerikanische Präsident kann Tausende Marines in den Tod schicken mit dem Verweis auf die Bedeutung frauenfreier Straßen in der Wüste. Es ist in Marokko schließlich auch kein Problem, dass Frauen Auto fahren. Das könnte mehr als eng werden – für das strenggläubige Königshaus. Eine leider als korrupt verschriene Monarchie, der der ISIS nur allzu gerne von den heiligen Stätten verdrängen würde. Und das Problem mit den Damen hat schon angefangen. Frau Christine Lagarde, Managing Director des IMF, die zähe Juristin und ehemalige französische Finanzministerin, beobachtet jetzt als geschäftsführende Direktorin des IMF die Staatsfinanzen auf der arabischen Halbinsel. In der FT vom 22. Oktober 2015, Seite 3, „IMF presses Riyadh over balloning fiscal defict" von Simeon Kerr. Die Sorge ist groß und ebenso die Versuchung, Druck auszuüben. Denn nicht nur Öl ist eine Waffe, Schulden sind es auch nach der neoliberalen Theorie – Friede durch Handel, das steht inzwischen für eine andere, vergangene Zeit:

„The International Monetary Fund has called for more details of Saudi Arabia´s plans to deal with its ballooning fiscal deficit, warning that the biggest oil

producer might deplete his financial reserves within five years unless it builds on efforts to balance the budget." [...]

„Masood Ahmed, the IMF regional director, pressed the government to outline details of the proposed spending cuts and to clarify its position on additional revenue generation measures such as taxes, as it deals with a fiscal deficit hovering around 20 per cent this year and next. Saudi Arabia has increased spending on wages and special projects. It has spent heavily on the war in Yemen."

Passend dazu gibt es auch hier eine erste spekulative Attacke auf die saudische Währung, den Saudi-Riyal, abgekürzt SAR. Dieser ist zu einem festen Kurs an den US Dollar gekoppelt. Es gilt 1 US Dollar zu 3,75 SAR, dieser Wechselkurs gilt bereits seit dem 1. Januar 2003. Die Saudi Arabien Monetary Agency kümmert sich um das Geschäft. Nur ist in der Zwischenzeit viel passiert. Und am 20. Januar 2016 gibt es folgende Meldung auf financemagnates.com von Avi Mizrahi „Saudi Arabia Quietly Halts Sale of Options Contracts On Riyal Forwards":

„The oil rich kingdom is apparently worried crashing energy prices are driving speculators to bet against its ability to maintain the USD peg."

Die hohen Staatschulden, die Währungsspekulation und die sehr hohen Ausgaben für den Krieg könnten das Land schneller als erwartet an den Abgrund der inneren Implosion bringen. Doch Saudi-Arabien hat 2015 kaum eine Wahl. Kein Land, welches sich in einem Dreifrontenkrieg befindet, hat die Wahl. Denn es ist abzusehen, dass es auch 2016 und 2017 weiter steigende Verteidigungsausgaben geben wird und dann würden die niedrigen Ölpreise endgültig zu einer tödlichen Falle. Nur trifft diese Wirtschaftskrise auf eine explosionsartig größer werdende Jugend, die über ihr iPhone die Welt kennt – und auch den ISIS. Und der moralische Verfall ist immanent. Dank der omnipräsenten Versuchung mit Pornographie und Drogen – ideale Produkte, um im Internet vertrieben zu werden. Auch dort ist die Stabilität gebende Mittelschicht in großer Bedrängnis. Derweil rekrutiert die ISIS im Netz sehr geschickt – Das Netz ist böse! Fragen Sie doch einen Hacker ihres (Vertrauens).

Während an der Grenze zum Jemen und dem Irak ein saudischer General nach dem anderen durch Attentate der ISIS fällt, etwa die FT am 5. Januar 2015 „Saudi attack raises fears of jihadi violence overspill" schweigt die Presse in Deutschland:

„Two Saudi border guards and a brigadier general were killed in the attack. A colonel and a guard were also injured."

Im gleichen Zeitraum fallen saudische Prinzen wegen Drogenschmuggels im Libanon auf. Die Dinge beginnen sehr chaotisch zu werden, die im Westen üblichen Schwarz-Weiß-Schemata greifen nicht mehr. So sind weite Teile der organisierten Kriminalität in Deutschland fest in libanesischer, schiitischer Hand. Doch diese Schiiten sind gute Staatsbürger, geben sie doch immer mal wieder dem deutschen Staatsschutz einen Tipp gegen den ISIS. Der saudische Staatshaushalt steuert auf ein umfassendes Defizit und das Land auf eine Abwertungsspirale und eine Inflationswelle zu. Denn niedrige Ölpreise „Lower for Longer" können auch Saudi-Arabien wie Venezuela ruinieren. Strategen wird Angst und Bange, da inzwischen die gelungene, globale Rekrutierungsfähigkeit der ISIS offenkundig geworden ist. Und wieder wird sich die Frage stellen: Wer kämpft hier gegen wen? Wen soll der Westen unterstützen und welche Eigendynamiken muss er als Kollateralschäden akzeptieren? Und wann tritt der totale Kontrollverlust ein? Das Ausmaß der Bedrohung wird systematisch vernachlässigt oder in den Medien verharmlost. Etwa 100 Millionen Sympathisanten der ISIS gab es in Frühjahr 2015 weltweit – im Herbst 2016 werden es nicht weniger geworden sein. Das stellt Sierra Rayne online auf Americanthinker.com am 18. November 2015 im Artikel: „Pew poll: Between 63 million and 287 million ISIS supporters in just 11 countries" klar. Eine Befragung, die erschreckende Zahlen liefert, denn zwischen 63 und 287 Millionen Sympathisanten des ISIS soll es geben.

„For these 11 nation-states alone, the favorability ratings for ISIS reported by the Pew poll are indicative of at least 63 million ISIS supporters – and potentially upwards of 287 million if the undecided are included in the calculation. These numbers suggest there are, at a minimum, hundreds of millions of ISIS supporters worldwide." [...]

*„In Pakistan, a nuclear weapons state, only 28 percent of the public view ISIS unfavorably. By this overwhelming degree of either tacit support or tolerance for ISIS in the country, **ISIS should be considered as a potential proxy nuclear weapons power via its linkages and support within Pakistan.** When broken down by ethnicity and religion, the results are equally troubling. In Israel, 4 percent of its Arab population – which equates to more than 66,000 individuals – have a favorable view of ISIS."* [Eigene Hervorhebung]

Auch wenn diese Umfrage an einigen Stellen sicher mit begründeter Skepsis zu betrachten ist:

„Substantial support for ISIS also exists among Malaysia's Buddhist population, where more than one third of respondents either view ISIS favorably or do not have a negative or positive opinion."

Doch trifft es sehr gut den Nagel auf den Kopf, dass ISIS im Libanon die geringste Unterstützung hat und in Nigeria die höchste in der untersuchten Ländergruppe. Doch wie beunruhigend ist die fehlende Ablehnung des ISIS in Pakistan, einem 180 Mio. Einwohner-Staat mit Atomwaffen. Und der ISIS hat in vielen Ländern inzwischen die kritische Größe erreicht, wie die Anschlagswelle im Januar 2016 zeigt. Nicht nur im bevölkerungsreichsten muslimischen Staat Indonesien (200 Mio. Muslime) gab es am 14. Januar 2016 in der Hauptstadt Djakarta einen Terroranschlag. Auch in Bangladesch mit seinen 160 Mio. in der Mehrzahl muslimischen Einwohnern häufen sich die Attacken. Dort sterben Blogger, christliche Missionare, Entwicklungshelfer und Polizisten. So berichtet etwa die „NY Times" am 5. November 2015 in dem Onlineartikel „ISIS Claims It struck Police in Bangladesh":

Viele Europäer und besonders viele Deutsche sind wegen der geschichtlichen Fixierung auf die Zeit der Hitler-Herrschaft von 1933 bis 1945 unfassbar hartnäckig mit globalen historischen Scheuklappen unterwegs. Und gerade aus dem teutonisch dominierten EU-Europa, dem im täglichen Leben einfach die jede koloniale Erfahrung fehlt, resultiert eine grotesk Unterschätzung des Phänomens ISIS! Und vor allem jede Vorstellung von Konflikten der Form koloniale Weltordnung versus post-koloniale Weltordnung. Dieser Kulturkampf nach Huntington findet in Zeiten einer globalen scharfen Wirtschaftskrise statt.

8. Die Weltwirtschaftskrise

My argument is that now there is a decreased desire and capacity to innovate and this permeates the creative industries, as well. Who would disagree that the golden age of film was in the Berlin studios and later in Hollywood in the 1920s and 1930s? I think this whole science thing is just a red herring and it gets us away from the point that, however crucial science is to some industries, you´ve got to have the willingness and room to innovate.

Lunch with the FT, 15. Juni 2014, Edmund Phelps, Wirtschaftsnobelpreisträger

Wie es nicht anders zu erwarten war, kam es im Sommer 2015 zu einem Absturz der Börsen – siehe etwa mein Buch „Der verratene Kontinent". Denn im Sommer 2015 wurde nun für alle offensichtlich, dass es in China ein ganz massives Problem gibt. Am 24. August 2015 erreichte die Krise dann auch Deutschland. Der DAX durchschlug die psychologisch wichtige 10.000 Punkte Linie erstmals nach unten – mit Effet! An diesem Montag eröffnete der DAX nur noch mit 9805 Punkten, nachdem er am Freitag zum Handelsende noch bei 10.124 Punkten gelegen hatte. Er schloss mit 9648 Punkten – ein Minus von 4,7 Prozent. Die Bundeskanzlerin äußerte sich an diesem Tag erstmals zu der massiven Flüchtlingsproblematik Deutschlands – und der unerträglichen Zahl an Ausschreitungen, die gerade in Ostdeutschland einen Schwerpunkt haben. Zur Weltwirtschaft gab es dagegen nur ein kleines Statement des SPD-Vizekanzlers aus dem von ihm geleiteten Wirtschaftsministerium. Wirtschaft? Ist die Wirtschaft für die Bundeskanzlerin überhaupt ein Thema? Oder sind es die Steuereinnahmen?

Artig wie ein kleines Kind oder exzellent manipuliert, erholte sich der DAX auch sofort wieder am nächsten Tag. Nur dummerweise war damit keines der grundlegenden Probleme behogen. Muss es auch nicht, wie könnte es auch die politische Elite des Exportweltmeisters 2014 beeindrucken, wenn die Wirtschaft in vier der fünf BRICS Staaten den Bach hinunter geht? Brasilien ist ebenso wie Russland in der Rezession. Südafrika hat es im zweiten Quartal 2015 ebenso dorthin geboxt und China macht den schwarzen Schwan. Lediglich Indien hält seine Volkswirtschaft tapfer auf Kurs – abgesehen von Problemen im Bankensystem wegen fauler Kredite (Non Performing Loans – NPL – im Bereich der Energie- und Bergbau-Konzerne). Die Frage, wohin deutsche

Automobile mit ihren alten Dieselmotoren denn exportiert werden sollen, ist auch egal, oder?

Es geht so nicht und anderswo war man deutlich realistischer. Die Konjunktur alleine mit Nullzinsen in Schwung halten zu wollen bedeutet, dass hier die Grundprinzipien der kapitalistischen Marktwirtschaft und die Funktionsweise der internationalen Konzerne nicht im Ansatz verstanden worden waren. Es ist kein Zufall, dass der japanische Autobauer Toyota im November 2015 sein Absatzziel für das Geschäftsjahr 2016 (bis 31.03.2016) nach unten korrigiert. Die FT vom 6. November 2015 schreibt über sinkende Absatzzahlen des weltgrößten Automobilherstellers. Dort stellte Kana Inagati auf Seite 16 im Artikel „ Toyota cuts sales outlook as demand slows" fest:

„Toyota lowered its sales target for the year to March 2016 from 10.15 million, to 10 million mainly to falling sales in key emerging markets, including Indonesia and Thailand."

So ein wenig Austerität kann aus deutscher Sicht doch Ländern wie China beileibe nicht schaden oder? Dabei vergisst der deutsche Finanzwissenschaftler gerne: Ohne den jahrelangen – schuldenfinanzierten – chinesischen Aufschwung der Jahre 2009 bis 2014 hätte es in Euroland gar keine Möglichkeit zu einer „Schwarzen Null" gegeben, dann wäre tiefste Rezession angesagt gewesen – ohne die globale Wachstumslokomotive China. Zutiefst ungünstig ist bei der singulär austeritären Denkrichtung jedoch die fehlende Einsicht in die Effekte der zweiten und dritten Runde des globalen ökonomischen Niedergangs.

Doch der Exportweltmeister Deutschland ist am Ende der Ära Obama exponierter gegenüber Krisen denn je. Besonders das Spiel der Wechselkurse scheint in Deutschland eine Arithmetik zu sein, die der Vergangenheit angehört. Hat man doch im Euro-Raum durch die Unwiderruflichkeit des Euros und damit der einmal vertraglich festgelegten Wechselkurse eine Art Zeit hinter der Geschichte schaffen wollen. Die Nachteile dieses Vorgehens wurden in meinem ersten Buch erläutert. Nur, das interessiert nicht, wenn der globale Währungsanker im EM (Emerging Market)-Bereich zerbricht. Und er zerbrach am 11. und 12. August 2015 als die chinesische Zentralbank, die Peoples Bank of China, den Renminbi gegen den US Dollar abwertete. Da nun einmal China mit seinen immensen Importen an Rohstoffen und seinen gigantischen Exporten der global preisbestimmende Markt ist, kommt China bei allen (!) Rohstoffpreisen logischerweise und gerade bei den gigantischen Devisenreserven eine Ankerrolle im System der BRICS Staaten zu. Wird diese

Ankerrolle durch eine, egal aus welcher Intention heraus geführten, Abwertung des Yuan gegenüber dem US Dollar ausgesetzt oder in Frage gestellt, dann kommt dies einem Öffnen der Dose der Pandora gleich. Das Vertrauen und die Unschuld sind weg – Arbeit, Krankheit und Tod sind wieder bei den Menschen. Genau wie damals, in der Krise 1931?

Die neue Welt der Finanzen: Wer bis heute nicht verstanden hatte, dass die Weltwirtschaft jetzt neuen Gesetzmäßigkeiten zu gehorchen hat, wurde ganz dezent darauf hingewiesen: Die FT schreibt es vom 16. Juni 2015, Seite 26, in dem Artikel der Profis: Ralph Atkins und Thomas Hale „Corporate issuance of perpetual debt soars". Also Unternehmen bringen immer mehr unendlich laufende Unternehmensanleihen an den Markt – und diese finden Abnehmer! Ja – die Anleger sind von diesen Papieren wirklich begeistert! Ein Warnsignal? Denn normalerweise leben weder Staaten noch Unternehmen ewig und ihre Schulden schon gar nicht, auch wegen der periodischen Inflationsschocks, die Werte gänzlich vernichten.

„Perpetual corporate bond issuance in 2015 has hit $38bn, the highest on record for this period of the year, according to Dealogic, whose data dates from 1995. The bonds have accounted for 3.4 per cent of total corporate debt issuance, also a record. In the whole of 2014, global issuance of corporate perpetuals reached $61bn. **Chinese companies** *drove the rise, accounting for almost half the issuance this year. But French and German companies have been large issuers. Total, the French energy company, issued a perpetual bond worth $5.7bn in February. Volkswagen, the German carmaker, issued a similar $2.6bn bond in March. The surge has been encouraged by historically low bond market yields, according to Chris Whitman, head of global risk syndicate at Deutsche Bank."* [eigene Hervorhebung]

Aber das Thema Ölpreisschock ist 2016 Geschichte... aber vielleicht sehr zu unrecht vergessen. Den langfristigen Schaden der Politik der Null- oder Negativzinsen haben die Volkswirtschaften – denn Zombie-Unternehmen haben andere Mechaniken, jenseits des Kapitalismus so wie in Japan unschwer festzustellen ist. Direkt neben obigem Artikel die Meinung von Rick Rieder, welcher die Position des „Chief investment officers of fundamental fixed income and co-head of Americas fixed income" bei Black Rock inne hat.

„In the meantime, companies continue to play capital structure arbitrage, and the cost of waiting to lift off from "emergency" interest rate levels grows."

Ein sehr fatalistischer Ansatz der Zentralbanken: der BOE in London, der EZB in Frankfurt und der FED in Washington. Ein Ansatz, der kurzfristig bequem ist, der jedoch langfristig wenig Gutes zu verheißen droht. Doch Europa verpennt wieder einmal alles. Die erste globale Wirtschaftskrise nach 2008 hatte im Herbst 2014 begonnen. Allen schützenden Rauten der ersten ostdeutschen Kanzlerin zum Trotz: Volkswirtschaft ist nicht ihre stärkste Seite. Und bei allem Respekt: **Sie wollte** zehn Jahre lang keinen einzigen herausragenden Ökonomen für ihr Kanzleramt gewinnen – Warum? Und zugehört hatte sie ab einem gewissen Zeitpunkt auch nicht mehr. Extrem deutlich wird diese fundamental desaströse Entwicklung an den Märkten für Unternehmensanleihen in den US. Es handelt sich hierbei um einen Markt, der für den Gesundheitszustand der globalen Finanzmärkte von ganz entscheidender Bedeutung ist. Sichtbar wird es bei den ETF, den Exchange traded fonds, wie 2014 angekündigt. Diese Entwicklung vollzieht sich mit Ansage und ist einem kleinen rutschenden Schneebrett ähnlich, das an einem schneebedeckten Steilhang zu einer Lawine werden kann.

Die FT vom 12. Dezember 2015 meldet auf Seite 1 mit Robin Wigglesworth, David Oakley und Dan Macrum: „Fears for Health of US corporate bond market as fund closure causes jitters." Die aufkommende Angst im US-Bond-Markt hat im Segment der Schrottanleihen – Junk Bonds – also riskante Firmenanleihen mit hoher Verzinsung – zu Problemen geführt, zu Mittelabflüssen, Fondschließungen und zu Marktstörungen. Es gab Probleme bei der Synchronisation von ETF-Kursen und den Kursen der zugrundeliegenden Indizies und Anleihen, was gerade in ETF-Konstruktionen nie hätte passieren dürfen – aber dort eben konstruktionsbedingtes Risiko ist. Eine Welle von Insolvenzen war die Folge.

„JNK and HYG, the two biggest high-yield bond exchange traded funds, fell to their lowest since 2009 yesterday after Third Avenue, a US asset manager announced it would shut down its $ 788m Focused Credit Fund after a wave of losses and redemptions."

Die Panik und die Insolvenzen im US-Energie-Sektor strahlte in den US-Bond Markt aus. Die explodierenden Renditen der betroffenen Firmenanleihen führen zu massiven Marktstörungen und gar zu Fondsschließungen und Unternehmensinsolvenzen, da Möglichkeiten zur Refinanzierung fehlen. Die größten Anleihe ETF's im High-Yield-Bereich mit den merkwürdigen Namen JNK und HYG notierten Ende 2015 zu Tiefstständen. Viele Investoren waren nicht mehr bereit, Junk Bonds, mit hohen Zinsen (High Yield), aber dementsprechend auch hohem Risiko zu besitzen. Sie verkauften lieber ihre in den ETF gebündelten Positionen.

Doch was hatte die Investoren überhaupt dazu veranlasst in diesen riskanten Bereich der Unternehmensanleihen mit hoher Verzinsung zu investieren. Denn eine hohe Verzinsung ist an den Bondmärkten seit jeher das Synonym für hohe Risiken. Schön ist dies in „Bond Market, Analysis and Strategies" von Frank J. Fabozzi dargestellt. Nur leider eben für eine Zeit mit deutlich positiven Zentralbankzinsen. Er stellt in diesem altmodischen Werk aus dem vergangenen Jahrhundert in der 4. Auflage bereits auf Seite 7 zum Ausfallrisiko eines Unternehmens gegenüber dem Kreditgeber (default risk) aus Sicht des Händlers klar:

„Default risk: Except in the case of low rated securities, known as High-Yield or Junk bonds, the investor is normally more concerned with the changes in the perceived default risk and/or the cost associated with a given level of default risk than with the actual event of a default."

Zentral und sehr vorausschauend ist das „normally" von Fabozzi. Denn normalerweise sind alle Zentralbankzinsen und alle wichtige Benchmark-Zinssätze an den globalen Finanzmärkten positiv und vor dem Aktivwerden des Duos Merkel-Obama mit Ben Bernanke und Mario Draghi waren diese Zinsen auch niemals negativ geworden. Und so beschäftigten sich Investoren früher mehr mit den Veränderungen der Ausfall- also Pleite-Risiken als mit dem wirklichen realen Ereignis einer Unternehmenspleite. 2015 begannen dann plötzlich in der zweiten Jahreshälfte die Zahl der Insolvenzen, gerade im Energiesektor der USA, rasant zuzunehmen und am 15. Januar 2016 hieß es plötzlich vom Chef-Ökonomen des französischen Kreditversicherers Euler-Hermes: 2016 werde ein Jahr mit vielen Insolvenzen. Der High Yield Sektor hatte sich wieder einmal als Frühindikator bewährt. Also warum wurde hier überhaupt investiert? Woher kam das viele Geld, sprich das viele Kapital oder der Kredit? Und wer trägt die Verantwortung? Wer hatte sich verspekuliert?

Whatever it takes – oder faule Kredite in Bilanzen verstecken

So, whatever it takes! „Wir" werden die Ursache herausarbeiten – und „uns" damit wahrscheinlich sehr unbeliebt machen... Klar, der zentrale Spieler an den Bondmärkten und damit an den ganzen Finanzmärkten sind die Zentralbanken und die Finanzministerien. Doch heute ist auf politischer Ebene eine zweite

Ebene dazugekommen: die Moral. Gesunde Unternehmen, die das Falsche produzieren, erhalten keine Kredite mehr. Pech hat, wer in der Welt der CO_2-Reduzierung das Falsche produziert. Das Schlechteste war im Jahr 2015 ganz klar Kohle. Kohle ist schlecht, ihr Verbrauch moralisch verwerflich und ihre Förderung nahezu unverzeihlich. Diese Ansicht kommt aus einem Land, das seine Kohleförderung nahezu 50 Jahre lang subventioniert hatte: aus Deutschland! Es lohnt sich, dies im Gedächtnis zu behalten. Denn die Weltwirtschaftskrise des Jahres 2016 läuft über die beiden oben skizzierten Schienen.

Die sich beschleunigende Pleitewelle in den USA und vielen anderen Staaten mit einer bedeutenden Ölindustrie hat eine Ursache: Der Verfall der Rohstoffpreise und insbesondere der globale Verfall der Preise für die Energieträger wie Öl, Gas und Kohle. Dabei treffen drei Faktoren aufeinander und kumulieren sich zu einer Monsterwelle, die vom Meer der Anleihen – High Yield und Senior Notes – über Kredite bis zu den Aktienkursen in die Bilanzen der Bankkathedralen in London und New York einschlagen wird. (1) Der übliche Zyklus an den Rohstoffmärkten infolge der Nachfrageschwäche Chinas. (2) Der Krieg um Saudi- Arabien, in dem der Ölpreis eine Waffe ist. (3) Die moralische Verteufelung der fossilen Energieträger, insbesondere der Kohle, als besonders CO_2 schädlich.

2016 könnte für die Banken und die Anlegerwelt ein Desaster werden, denn die Ausfälle häufen sich. **Ausfälle**, also Pleiten, Insolvenzen steigen und das trotz oder vielmehr gerade wegen der negativen Zinsen in Europa. Geradezu unfassbar ist es, dass in den ersten Tagen des Dezember 2015 die 10-jährigen Schweizer Staatsanleihen eine „Verzinsung" von minus 0,41 Prozent erreicht hatten, wie die FT am 1. Dezember 2015 auf Seite 24 berichtet. Denn die Finanzmärkte sind wirklich global. Das Geld wandert über digitale Netzwerke von Clearingsystem zu Clearingsystem. SWIFT in La Hulpe bei Brüssel ist dabei so wichtig geworden, dass Russland in der Rubelkrise androhte: Die Abkopplung Russlands von SWIFT werde als eine gegen Russland geführte kriegerische(!) Handlung betrachtet. Die von negativen Zinsen verursachten Störungen des globalen Finanzsystems schlagen jedoch ganz am anderen Ende der Welt auf. Im Junk Bond-Bereich eben. Dort gibt es keine negativen Zinsen – gab es nie und wird es nie geben. Die FT meldet am 1. Dezember 2015 auf Seite 26 also rekordverdächtige Kreditausfälle und kündigt mehr an:

„Companies have defaulted on $78bn worth of debt so far this year, according to Standard&Poor's, with 2015 set to finish with the highest number of worldwide defaults since 2009."

Die Krise ist also zurück! Das ist dem Artikel „Year set to close with record debt defaults" von Dan Mccrum, Eric Platt und Joe Rennision zu entnehmen. Denn dummerweise gilt der folgende kausale Zusammenhang. Und 2016 wurde es schlimmer! Auf zu niedrige Zinsen bei Staatsanleihen und hohe Rohstoffpreise folgten massive weltweite Überinvestitionen gerade in dem langfristigen Bereich der Förderung der Energierohstoffe Kohle, Öl und Gas. Deren Preise sind seit Ende 2014 jedoch ruinös gefallen, teils um 75 Prozent. Die hochverschuldeten US-Energieunternehmen profitieren jetzt nicht mehr von niedrigen Zentralbankzinsen. Sie werden erstickt von einem WTI und Brent Preis für Öl von zeitweise unter 30 USD während Gas prozentual noch stärker gefallen war und sich sogar unter zwei Dollar die BTU in den USA bewegte. Im oben genannten Artikel:

„There were only 60 defaults wordwide in 2014 [bei Ölpreisen über 100 USD]. The greatest source of financial problems has been the collapse in the oil price particularly among small oil and gas companies in the US [...]".

Das Ausmaß der 2015 auf die US fokussierten Branchenproblematik ist hier erkennbar:

„For instance in the US, almost three quarters of high yield bonds issued by oil and gas companies trade at a more than 10 percentage point spread over the yield on US Treasuries."

Bleibt abzuwarten, wen diese Verluste, die sich ja auch massiv auf den Aktienmärkten manifestieren, letztendlich treffen werden. Ihre ein wenig langweilige Definition hier, bevor es zum nächsten Problem-Komplex geht:

„Corporate defaults occur when a borrower missed the payment of a bond, or files for bankruptcy protection for creditors, and the number of borrowers with a credit rating to do so in 2015 passed the century mark [100] yesterday, according to S&P."

Parallel entwickelt sich die unterschwellige Bankenkrise in Europa etwa im italienischen Bankensektor fort. Diese legt Zeugnis dafür ab, dass die 2008er Krise in Europa gar keine Währungskrise war, sondern eine Bankenkrise ist. Die Schätzungen der faulen Kredite in den Bankbilanzen schwanken im Sommer

2016 zwischen 900 und 1.400 Milliarden Euro und der Schaden ist eher noch am Steigen. Also war die Politik der ECB, really so sorry lieber Mario Draghi, aber leider vollkommen falsch. Hier in Europa handelt es sich, wie es sich auch im Sommer 2016 erneut zeigt, um eine Krise der Solvenz und nicht um eine Krise der Liquidität. Viele Banken sind in Europa weiterhin unterkapitalisiert und nicht solvent. Den Banken fehlen hunderte Milliarden an Eigenkapital (allein in Italien sollen es Mitte 2016 rund 50 Milliarden Euros sein): Die „realen" Werte ihrer bilanzierten Aktiva sind weiterhin vollkommen überoptimistisch angesetzt, das Eigenkapital auf der Passivseite weiterhin viel zu niedrig. Nur: Niemand in der Politik tut etwas! Denn die ECB hat die Krise der Solvenz aus dem Blickwinkel geschoben – das Kanzleramt ist zufrieden, die Steuereinnahmen sprudeln. Kann das schlecht sein? Doch wie kam das? Ganz einfach: Die ECB behauptet, es gäbe seit 2008 eine Krise der Liquidität und somit kauft sie Staatsanleihen ohne letztendliche Obergrenze. Ab April 2016 in Höhe von 80 Milliarden Euro monatlich – jährlich also rund 1.000 Milliarden Euro bzw. eine Trillion Euro – und das auf einem Kontinent, dessen Bevölkerung nicht mehr wächst. Dieses Vorgehen hat den Staatsanleihen völlig utopisch hohe Preise, also Anleihekurse und damit Bilanzansätze und Bilanzwerte verpasst. Also zugleich utopisch niedrige Zinsen und utopisch hohe Kurse, die die Banken bilanzieren können. Nur: Damit verzerrt sich das Bild völlig und die dringend notwendigen Maßnahmen zur Lösung der Solvenzkrise, die Verschlankung der Kostenbasis des Bankensystems, seine innovative Umstrukturierung, die vollständige Abschreibung der faulen Kredite und letztendlich insbesondere die Erhöhung der Eigenkapitalbasis – diese entscheidenden Schritte unterbleiben. Denn es gibt im Nullzins-Bereich des Euroraums einfach kein funktionierendes Geschäftsmodell für Banken mehr! Wer das nicht glaubt, der möge sich doch bitte einmal mit Portugal, Italien oder Griechenland und der dortigen Bankenkrise beschäftigen. Hier verweise ich nur auf das Kapitel 9.10. Sie als interessierter Leser können gerne vorblättern und dann zurückspringen.

Gut soweit, oder leider besser „schlecht": Der Zusammenbruch vieler Unternehmen im Energiesektor und damit vieler Investoren im Rohstoffbereich wird für einen massiven Druck im internationalen System der Finanzmärkte und Banken sorgen. Da hilft es dann auch nicht mehr, wenn ein Investment politisch korrekt ist – Ruinös war vor Jahren auch das Investment in den Biodieselaktien im Deutschland der Kanzlerin.

Denn: Die amerikanische Notenbank, die FED hat - es war gekommen, wie es kommen musste genau zum falschen Zeitpunkt die Zinsen erhöht, im Dezember

2015. Mitten in der Krise an den EM – Emerging Markets – eine Zinserhöhung, dazu gehören Nerven wie Drahtseile, eine totale Selbstüberschätzung, eine Ignoranz der globalen Interdependenz oder einfach, ein ganz heftiges Schuldgefühl. Das Gefühl endlich das tun zu müssen, was man schon viel zu lange versäumt hat. Egal wie, die Zinserhöhung wird nicht mehr helfen. Nicht China, nicht Russland, nicht Brasilien, nicht Südafrika nicht Indien, also den BRICs Staaten. Doch wer weiß, was noch kommt. Einige Politiker erwarten ja ab Mitte 2016 eine neue, heftige globale Rezession…

Die dritte Krise trifft Länder, die Rohstoffe liefern. Sie leiden. Sie leiden unbeschreiblich, wenn auch nicht so drastisch wie Venezuela oder Libyen. Die einen sind im Währungskrieg wie Brasilien, China oder Südafrika, die anderen sind im realen Krieg, wie Russland in der Ost-Ukraine gegen die Ukraine und die EU, in Syrien gegen passiv die Nato und dort auch aktiv gegen den Islamischen Staat und andere islamische Gruppen, die irgendwie nicht so richtig ins frühere Bild passen. (!) Doch die Substanz ist nicht mehr da, sie wurde bereits in 2015 aufgezehrt. Und bereits Ende 2015 schreien die Ratingagenturen auf, sie warnen und senken ihre Bewertungen, für fast alles bei dem sie eine Bewertung senken können, etwa bei Polen Staatsschulden. Nach 2008 schwer gescholten, haben die Ratingagenturen offenbar die Lektionen gelernt. Okay! Dann wollen wir mal hören, was die Ratingagentur Fitch zu sagen hat. Fitch, neben Standard & Poors und Moody´s, eine der drei großen Ratingagenturen (NRSRO), veröffentlichte Ende 2015 eine Studie über die in der FT vom 3. Dezember 2015 auf Seite zwei berichtet wird: „ Fitch warning – Developing nations at risk from growing private debt" von Jonathan Wheatley.

„ Many analysts have cited a reduction in indebtness among emerging market governments this century as a reason not to expect a repeat of the emerging market credit crisis that caused turmoil on global market in the late 1990s. But Fitch and others note, that much of the emerging market debt burden has simply been transferred to the private sector, including large utilities and commodity companies in which governments hold significant and often controlling stakes. ,High and rapidly growing private sector debt can have a number of potential adverse effects on economic growth, the health of the banking system and sovereign creditworthiness,' the report warns."

Die Zahlen sind teils drastisch und erklären, wie genau das Wachstum der Emerging Market Volkswirtschaften (im Wesentlichen die BRICS) der Jahre nach 2008 finanziert werden konnte. Es war gekauft gegen die Zeit und finanziert mit Kredit, der Schuldenstand hat historische Höchststände erreicht, etwa in China. Dort sind inzwischen die privaten Haushalte mit 185 Prozent des Bruttoinlandsproduktes verschuldet:

„Fitch found that private sector debt in China grew by 60 per cent of gross domestic product between 2005 and 2014 to reach 185 per cent of GDP. In Brazil, it grew by 50 per cent of GDP to reach 93 per cent GDP."

Nur ist jetzt die Frage, wie sollen die hoch verschuldeten privaten Haushalte, ob Personen oder Familien, diese Aspiranten der neuen, globalen Mittelschicht handeln? Die Perspektive jeder globalen, demokratischen Ordnung wird fraglich, denn in einer Zeit der implodierenden Rohstoffpreise und der beginnenden Massenarbeitslosigkeit in den Bereichen Bergbau und fossile Energiewirtschaft ist fraglich, ob diese Kredite jemals zurückgezahlt werden können. Es besteht eine sehr hohe Wahrscheinlichkeit, dass hier aus dem Kredit lediglich noch eines folgen wird, die Bankenkrise in den Emerging Markets, ähnlich der ewigen Krise in der Peripherie des Euro-Raums. Und zu Zeiten einer Bankenkrise ist für Demokratie wenig Platz.

Das kann man natürlich, gerade in Europa, als Schwarzmalerei abtun. Doch die Krise tobt in Venezuela, in Saudi-Arabien und Nigeria und ihre Wirkungen reichen über die dort tätigen „Gastarbeiter" bis Kuba, Nepal und Indien. Gerade bei den Deutschen, die ja bei der Finanzmarktkrise 2008 und der folgenden offiziellen „Euro-Krise" sehr elegant weggekommen sind, trifft man meist ein Jammern auf höchstem Niveau an. Leider hat diese deutsche Grundeinstellung eine massiv wachsende globale Realitätsverweigerung zur Grundlage: Bereits im Frühjahr 2014 gab es Warnungen über die Perspektiven der Weltwirtschaft. Die FT titelte am 14. April 2014: „Slowdown put 1bn new middle class at risk" und der Kredit, der übermäßige Kredit, der überhaupt erst bei derart niedrigen Zinsen finanzierbar geworden war, wurde zum Schwert des Damokles. Der Kredit, welcher aber unabdingbar war, das globale Wachstum zu finanzieren, wird sehr viele Menschen einfach wieder ruinieren. Und eine mögliche und Anfang 2016 von vielen erwartete weitere globale Weltwirtschaftskrise wirkt in einer Welt mit acht Milliarden Menschen (unter diesen 80 Mio. Deutsche) ganz anders als eine Weltwirtschaftskrise in der Welt von 1931 (2 Milliarden Erdenbürger und 65 Mio. Deutschen). So schreiben Swan Donnan und John Burn-Murdoch:

„Almost a billion people in the developing world are at risk of slipping out of the ranks of a nascent middle class according to FT analysis, raising questions

about the durability of the past 30 years' remarkable march out of poverty.
Rising inequality and slower global growth have major implications for
businesses that have been investing heavily in emerging markets. "

Doch das globale Wachstums-Klumpenrisiko – China, es wurde nicht ernst
genommen; gerade von den Europäern nicht. Denn die Nullzinsen hatten das
Aufkommen wichtiger Warnsignale völlig unterdrückt. So wie es in Europa ja
leider eine traurige Geschichte ist, die sich schier endlos wiederholt. Schon Sir
John Maynard Kenyes scheiterte mit seiner Warnung, dass der Friedensvertrag
von Versailles zum Krieg führen müsse. Heute sollte man doch begriffen haben:
Nicht Verträge sichern den Frieden, sondern der Wohlstand. Nur Juristen
können eben sehr viel leichter Verträge abschließen und Gesetze erlassen als
Wohlstand schaffen. Das kann nur das Volk, eben mit seinen Unternehmern,
seiner Arbeitskraft, seiner Visionen und seiner in Produkten manifestierten
Innovationskraft. In derselben Ausgabe der FT findet sich die monothematische
Seite „Analysis" mit dem Artikel „A slippery ladder - As we begin to look at the
global middle class". Und ja, es gab Ökonomen, etwa bei der Weltbank, die
waren sich 2014 des Scheidewegs bewusst:

„ Mr Basu [Kaushik Basu, chief economist of the World Bank] remains
optimistic that something close to the present pattern of growth will eventually
return to the developing world. But he is also wary at risks that could set back
years of progress: The slowing Chinese economy, new technologies such as
robots and 3D printers and a world represent a falling share of gross domestic
product. The word is at an infection point he says, one that it may not quit have
registered. "I think it is a very important moment in global economic history",
Mr Basu says, But it is a very strange moment because the biggest underlying
challenges are not the most visible challenges." "

Und genau das ist das historische Drama der Achse Merkel-Obama. Das
Offensichtliche und das moralisch Schöne standen im Vordergrund. Nur die
strategische Vorarbeit hatte keinen Platz in den Agenden der G7 oder anderer
zentraler Sprungstellen der Macht des Westens. Damit hat „der Westen"
zumindest in Europa die irreversible Schaltstelle des neuen Jahrhunderts –
verpennt. Ja leider, Merkel war mit Helmut Kohl im Rücken stärker als alle
Männer in der EU, auch stärker als der britische Premier David Cammeron! Ja
und nachdem der neue großdeutsche Hegemon seine Macht zeigte begann bald
auch schon der Niedergang – der BREXIT zeigte die Grenzen der deutschen
Allmacht allzu deutlich auf!

Und nicht nur in der EU, da viele Güter, etwa Autos, inzwischen weltweit und sowohl von den alten "Industrienationen" als auch von EM-Staaten wie China und Indien produziert werden: der soziale Abstiegskampf ist inzwischen ebenfalls global geworden. Denn nur die Freiheit im Handel sichert die stete Angst um die nackte soziale Existenz bei einer möglichst hohen Zahl an Menschen in den Industrienationen. Das ist die dunkle Seite des Neoliberalismus. Was politisch durchaus gewollt war, bis einigen Teilen der Davos-Superelite auffiel, aus Angst wird Hass und aus Hass entsteht Terror und aus Terror wird Krieg. So etwa in den USA, in der Wochenendausgabe der FT vom 12. und 13. Dezember 2015 auf Seite zwei. Diese Wirkung stellen Shawn Donald und Sam Felming im Artikel „Fifth of US adults live in or on edge of poverty" anschaulich da. Ein Fünftel der US-Amerikaner lebt in der Armut oder an der Armutsgrenze. Und dort wird es klar formuliert, das Dilemma, das letztlich die Demokratie und die Weltordnung gefährdet - **Armut!** Das wurde vielen Deutschen dann plötzlich im Sommer 2016 klar, denn sie machen sich auf die Suche nach alternativen Urlaubszielen und zu viele traditionelle Urlaubs- und Sonnenländer wie die Türkei fielen plötzlich aus. Staaten auf dem Weg zu Industrialisierung und Digitalisierung sind bei einer Störung der Balance der Weltwirtschaft meist besonders gefährlichen, sozialen Krisen ausgesetzt. Denn ihr Wirtschaftsmotor ist die prosperierende Mittelschicht. Hart, aber leider wahr: Demokratie rechnet sich momentan nicht wirklich für Arme, denen geht es in einer kommunistischen Diktatur eher besser. Wir lassen jetzt bitte einfach Nordkorea bei Seite, wegen des Sonderfalls des Koreakrieges. Und eine neoliberale Demokratie rechnet sich heute nicht mehr für die Mittelschicht. Und damit rechnet sich diese Demokratie auch bald nicht mehr für das Großbürgertum, das seinen Besitz bei lachhaften Steuerquoten bewahren will.

„Robert Doar, a former New York City social service commissioner and now a fellow at the conservative American Enterprise Institute, said: " The problem for people at the bottom is that they can't get up and be in that game."

Und das hat politische Folgen, sehr ernste sogar wie bereits der Vorwahlkampf 2016 in den USA zeigte: „The losers are in revolt against the elites" von Martin Wolf in der Financial Times vom 27. Januar 2016. Denn immer größere Teile der Bevölkerung, die dank der total „falschen" (antisozial wäre vielleicht besser) Politik der Neoliberalen verarmt sind, haben keinen Spaß mehr an dieser „Elite" und ihren höchst scheinheiligen Predigten. Und seit Mitte Juli 2016 heißt der republikanische Präsidentschaftskandidat in den USA Donald John Trump. Ganz plötzlich und unerwartet vom Establishment gewann „The Donald".

Gekürt wurde der in Queens New York geborene Unternehmer in Cleveland am 21. Juli 2016 auf der Republican National Convention – in Abwesenheit der Bush-Dynastie. Das infantilisierte Schwarz-Weiß funktioniert in der Post-TV-Welt des mobilen Internets nicht – sehr zum Leidwesen einer zentralen Medienlenkung. Heute kann auch der einfachste Mensch googeln – sofern er auch will. Merkwürdig, das Recht zu googeln, es wird zu einer Art Aufklärung – natürlich nicht für Analphabeten oder Pornoliebhaber, die bleiben außen vor.

„Above all, they reject the elites that dominate the economic and cultural lives of their countries: those assembled last week in Davos for the World Economic Forum. The possible consequences are frightening. Elites need to work out intelligent responses." [...] „The projects of the leftwing elite have been liberal immigration (again), multiculturalism, secularism, diversity, choice of abortion, and racial and gender equality. Liberatrians embrace the causes of the elites of both sides; that is why they are a tiny minority. **In the process, elites have become detached from domestic loyalties and concerns, forming instead a global super-elite. It is not hard to see why ordinary people, notably native-born men, are alienated. They are loosers,** *at least relatively. ... They feel used and abused."* [Eigene Hervorherbung]

Wehe, diese Masse an verarmten, in den Medien gedemütigten und der Perspektive beraubten Menschen kommt an die Mehrheit und wie das gerade in einer Demokratie zwangsweise folgen muss: an die Macht, Konflikte wie 2015 in Polen werden zukünftig ein Spaß dagegen sein. Und die Superelite täte dann zunehmend gut daran, ein schönes Chalet in der Schweiz ihr Eigen zu nennen, so für alle Fälle... In den USA ändern sich das Lebensmodell und das Gesellschaftsmodell. Der Biographiebruch wird zur Regel, der steigende Drogenkonsum wird zum Sinnbild des Zerfalls des American Dream – der unter Präsident Obama zur Lebenslüge geworden war. Wenn harte Arbeit nichts mehr hilft, dann hilft nur noch die Flucht... vor der Unveränderlichkeit der Realität! Denn in den USA müssen sich sehr viele Studenten zur Finanzierung ihres teuren Studiums verschulden und anschließend jeden Job annehmen, nur um ihre Kredite zurückzahlen zu können, mit denen sie ihr Studium finanziert haben. Da bleibt dann für ein zentrales Element des American Dream, das Haus, kein Geld mehr übrig. Daher sinkt seit 2008 der Anteil der unter 35-jährigen, der ein Haus besitzt. Die Finanical Times am 2. Februar 2016 „Millenials´s home ownership hopes fade". Aus der Amerikanische Traum! Dank einer wirklich desaströsen Wirtschafts- und Sozialpolitik ihres ersten schwarzen Präsidenten Barak Obama? Daher hat sich die USA in den Wahlen des Jahres 2016 auch für

Donald J. Trump entschieden. Ein Richtungswechsel, wie er drastischer nicht hätte ausfallen können, steht bevor. Er drückte die Frustration des Volkes aus:

„Many millenials are saddled with student debt, with sizeable monthly payments making it difficult to save for a home or build credit. About seven in 10 new university graduates had student loan debt last year, averaging more than $ 30.000 per borrower. "

Sieben von zehn Universitätsabgängern sind verschuldet, im Schnitt mit 30.000 US Dollar.

„The dearth of millenial home buyers is a puzzle for economists. Young adults are among the hardest hit by unemployment during the recession, but the economy has since roared back. [...] "We thought that as the job market improved, fewer of them would be living with their parents. But it hasn't happened," says Richard Fry, economist at the Pew Research Center. "So there's something else going on here." "

Die Mittelschicht wird nach 2008 nie mehr aussehen wie vorher – weder in USA noch in Europa. Die Ökonomen scheinen ratlos – oder wagen es wegen der politischen Korrektheit nicht, die richtigen Fragen zu stellen. Doch die Jugend reagiert, zwei Drittel der Generation der Millennials waren 2016 in den USA der Auffassung, der Sozialismus sei das bessere Gesellschaftsmodel. Und die Ursache ist „ Rosy mikro, lousy makro" der feministischen Obama USA, die USA investiert seit Jahren nicht mehr in öffentliche Güter – bis auf Bereiche wie Militär und Homeland-Security. Soziale Zukunft? Fehlanzeige! Die Grafik auf Basis der Langzeitdaten der amerikanischen Zentralbank in St. Louis veranschaulicht den Trend:

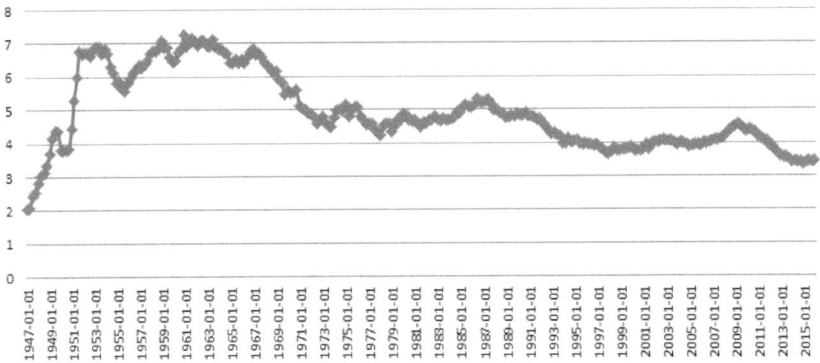

Gross federal government investment as a percentage of GDP Quelle Federal Reserve Bank St. Louis

Das hat Folgen, so trifft die private und öffentliche Unterinvestition die junge Generation gleich doppelt und bewirkt eine massive Verarmung. Durch die Weigerung der Politiker der Generation der Baby Boomer – den Staat und besonders die immer komplexer werdende Infrastruktur angemessen in Schuss zu halten, fehlen einfach viele Jobs beim Staat. „Yes, we can!" war leider eine Lebenslüge und Sicherheit, die braucht es eben besonders für die Familienplanung. Die „geerbte" Infrastruktur ist mehr als ungenügend und die USA stehen in vielen Ländern mit einem Fuß im Krieg (Afghanistan über Irak bis Libyen). Auf Bloomberg im Artikel „Understanding the Squeeze on Millennials" von Noah Smith am 21. März 2016:

„Because U.S. companies didn't invest as much as before, Americans haven't had to work as hard, and have enjoyed higher consumption than they would have otherwise. Because government also hasn't invested as much as before, taxes have been lower, and consumers have had more money to spend on health care and other kinds of government-funded consumption." ... „It's theoretically possible for a country to invest too much, of course -- if you build way too much capital, you'll spend too much time and effort simply repairing it and upgrading it, and will be poorer as a result. But the U.S. is probably well below this threshold. ***So it's a good bet that these choices mean millennials are poorer now than they otherwise would have been.*** *"* [eigene Hervorhebung]

So toben seit 2014 also zugleich multiple Machtkämpfe, in denen die Faktoren sind: Rohstoffpreise, Zinsen, Wechselkurse, Exporte (etwa von Stahl), die CO_2-Positionierung, der richtige Glaube (!), die richtige Moral, Gender, Matriarchat versus Patriarchat, ehemalige Kolonialmächte gegen ehemalige Kolonien und irgendwie auch alle Vorstellungen, die Homosexualität betreffen. Und noch viel schlimmer, es kämpfen: Alt gegen Jung, Pro gegen Contra Flüchtling oder Pro gegen Contra BREXIT und dies quer durch die Familien. Eine hässliche und schicksalsschwere Mischung, denn hier kämpft plötzlich jeder gegen jeden...

Das Ergebnis – weltweit Verlierer und Hass, wohin man schaut!

Also ist der ruinöse Wettbewerb der Nationalstaaten in eine neue Phase eingetreten. So vernichtet etwa Saudi-Arabien zusammen mit Russland und China vorsätzlich die Shale-Öl-Industrie der USA und enteignet die Aktionäre. Damit entgleitet die USA langfristig der energetischen Selbstversorgung und sie wird wieder langfristig von der OPEC erpressbar. Präsident Obama scheint das jedoch nicht zu jucken, solange die CO_2-Bilanz stimmt, denn er tut – nichts. Chinesischer Überschussstahl ruiniert Erzeuger wie AccelorMittal in Südafrika, Europa oder auch in Indien selbst. Doch da tun weder Brüssel noch Berlin wirklich viel – Juristen müssen ja auch erst einmal die Entwicklung abwarten, bevor sie klagen können.

Dass der CO_2-Accord von Dezember 2015, der in Paris vereinbart worden war, nur zu Friedenszeiten greifen kann, das ist selbstverständlich. Nur hat man es einfach vergessen, dies an die Sponsoren Merkel und Obama zu kommunizieren. Jedenfalls kann man meist feststellen: In den Ländern des arabischen Bürgerkriegs – früher des sogenannten arabischen „Frühlings" – sind auf keinem einzigen Bild und in keinem Filmbeitrag Windräder oder eine Solaranlage mit mehr als einem Pannel zu entdecken... Und so wird am Ende des globalen, ruinösen Wettbewerbs eine Weltwirtschaftskrise wie in den 1930igern stehen. Eine ideale und von den Juristen des EU-Systems in Europa sicherlich gerne genutzte Gelegenheit möglichst alles aus der Marktwirtschaft und Demokratie herauszulösen und in eine EU-Planwirtschaft mit neoliberalen Außenbeziehungen zu integrieren – um mit Nullzinsen ein post-demokratisches Europa zu verwalten (formen wäre fast schon anmaßend, so langsam geht es).

Eine europäische zentrale Planwirtschaft ist im Entstehen. Ganz so wie es die ECB vormacht: Anstelle der kapitalistischen Steuerung der Menge (Geldmenge) über den Preis (Marktzins) tritt sukzessive eine planwirtschaftliche Zuteilung von Mengen – zu einem festgelegten Preis. Wie könnte es bei negativen Zinsen auch anders sein. Negative Mengen kann es schließlich nicht geben. Genau zu dem planerisch in Frankfurt festgelegten Preis zu dem die ECB eben Staatsanleihen der einzelnen Euro-Staaten ankauft – seit März 2016 jeweils für 80 Milliarden Euro monatlich. Eine zentrale Planwirtschaft entsteht, in der die ECB jeden einzelnen Bürger überwachen will und kann, über die Kredite: Sie bereits ist in Vorbereitung – ANACredit genannt. Und das nicht einmal in ferner Zukunft, ab 2017 soll es losgehen – Nein, nicht etwa mit den Flügen am Flughafen Berlin, sondern mit der finanziellen Totalüberwachung. Was die kommende Abschaffung des 500 Euro-Scheines auch ankündigt, nur eben auf der anderen Seite der Bilanz. Eben ganz so wie in der DDR, nur eben digital progressiv – aus Deutschland soll eine feministische DDR 4.0 werden. Doch wie will man die Widerstände überwinden, ganz einfach – Flüchtlingskrise 1.0. Man erkennt den heutigen Machtkampf ganz extrem an der Weigerung von globalen Banken überhaupt Kredite an Unternehmen zu vergeben, die Kohle fördern. Was da an moralinsauer Gesinnungsdiktatur am Ende stehen mag, man darf es mit Schrecken erwarten. Die Folgen akkumulieren sich im Dezember 2015, denn die Erwartungen der global aktiven produzierenden Konzerne in den USA sind klar auf einen Abwärtstrend gerichtet. In der FT vom 16. Dezember 2015 auf Seite zwei in dem Artikel von Shawn Donnan und Sam Fleming „Manufacturers uneasy as Fed rate rises looms", in dem die sich verschlechternde Perspektive vieler US-Konzerne beschrieben wird. Etwa des Baumaschinenweltmarktführers Caterpillar oder des Landmaschinenherstellers Deere & Co. Stimmen im Industriesektor der USA befürchteten Ende 2015 eine beginnende Rezession:

„From manufacturing behemoths like Caterpillar and Deere & Co to companies supplying the industrial Sector, the common theme in recent months has been that, thanks to a strong dollar and a collapse in commodity prices, tough times are back. Some are going so far as to declare an industrial recession."

Doch Achtung! In den USA wird Ende 2016 der nächste Präsident gewählt und somit darf es und kann es vor der Wahl keine Finanzmarktkrise geben. Diese zu verhindern ist primäre Aufgabe der Zentralbank – mit Abstand. In der Wochenendausgabe der Financial Times wird über die sich rapide verschlechternde Lage an den Bondmärkten, also den Märkten für festverzinsliche Unternehmensanleihen, immer exponierter berichtet. Nur wer liest das schon in Deutschland? Zu wenige? Auf Seite 10 der FT vom 19. Dezember 2015 schreibt Eric Platt im Artikel „Withdrawals strom batters US corporate bond market":

„The ructions in credit markets have been exacerbated by the closure of funds managed by Third Avenue and Lucidus as well as the decision to bar redemptions from a Stone Lion credit fund."

Doch Fondschließungen stören die Zirkulation des Kapitals und sind echtes Gift für die Börsen, vergleichbar einem Plaque, das im Blut Richtung Gehirn schwimmt. Denn grundsätzlich benötigt der heutige extrem margenarme Niedrig-Zins-Kapitalismus mit seinen riesigen Kreditsummen eine extreme, globale Liquidität. Das Ausmaß der globalen Störung, verursacht durch Jahre der zu niedrigen Zinsen, wird deutlich, wenn man sich klar macht, welche Essenz die Veränderung der Marktstruktur geschaffen hat. Heute sind bewährte und erfolgreiche Produkte wie Geldmarktfonds und Tagesgeld ausgestorben, ja fast schon Produkte für Anleger mit dem Mut der Verzweiflung: Die VW-Bank zahlt Anfang März 2016 zur heißen Phase der US-Schadensersatzklagen gegen VW tatsächlich noch 1,25 Prozent für Tagesgeld. Geldmarktfonds, etwa von der UnionInvest hatten bereits 2015 negative Erträge gebucht. In den USA nahmen die Unternehmen Rekordbeträge an Schulden auf, um eigene Aktien zurückzukaufen, um Dividenden zu erhöhen oder um Akquisitionen von Konkurrenten zu finanzieren. Sinnhaft war das nicht in dem gewählten Umfang der Verschuldung und damit dem korrespondierenden Risiko der Refinanzierung, die gerade in Marktkrisen extrem schwierig und sogar existenzbedrohend werden kann (wie es der amerikanische Energie-Sektor zeigt). Sinnhaft war es auch nicht in dem bei Nullzinsen zustande gekommenen Mix in bisher unbekannten Anlageformen oder einer übermäßigen Risikostreuung bzw. Risiko-Kumulierung der Anleger. Das muss zwangsweise zu unerwarteten Verlusten führen. Gerade bei massiven Investments in illiquide körperliche Gegenstände. Hintergrundlektüre hierzu etwa Blackrock, „How do I get out of negative yields" (Januar 2015). Doch weiter mit dem Artikel der FT, der den Anstieg der Verschuldung beleuchtet:

„Leverage has risen rapidly over the last past five years as US companies issued debt to fund acquisitions, raise dividends and buy back stock. While banks have largely repaired their balance sheets since the financial crisis, the US corporate burden has climbed to $ 5,6 tn, up 59 per cent from December 2010 according to Barclays indicies."

Allein in den USA wuchs seit 2010 die Verschuldung im Unternehmenssektor, befeuert durch die niedrigen Zinsen, um 59 Prozent auf die Summe von 5.600 Milliarden US-Dollar. Das geschah zu einer Zeit, in der die Finanzinstitute ihre

Bilanzen in Ordnung brachten! Auch eine andere Anlageform bringt an den globalen Finanzmärkten Schwierigkeiten mit sich. Der Anlagetrend geht heute zu den bereits oben erläuterten ETF, den Exchange Traded Funds. Doch der hat die sehr schlechte Eigenschaft ein indirektes, also synthetisiertes Produkt zu sein. Man könnte den ETF auch als Derivat bezeichnen, was aber in der Regel in der Realität unterbleibt, da der ETF meist ganz ganz eng an dem Marktkurs liegt, dessen Entwicklung er schließlich duplizieren soll. Nur meist ist nicht immer. Und diese fehlenden 0,5 Prozent sind eben genau die Zeit der entscheidenden Marktkrisen. Es sind gravierende Probleme möglich:

„If clients show that they are more interested in highly concentrated funds taking contrarian positions, and not in funds that merely shadow an index, then the industry would adjust to meet the demand, and the systemic problems caused by indexes should reduce. Then there is the issue of market structure. Two incidents in 2015 raised concern. First, there was August 24, when US share prices gapped downwards at the opening in New York, and ETF prices were not available for a while. Second, in December, a gradual sell-off in high-yield bonds turned into a rout for ETFs holding high-yield bonds." [...]

„Was this due to liquidity mismatches? It is a fair question. ETFs only offer prices throughout the trading day because market makers trade to ensure that there is no gap between the market price and the underlying price of the securities in the index they track, so this has to be a risk — especially when, as in the case of high-yield bonds, the underlying security is fundamentally less liquid. There are two theories. One, held by the industry, is that the problems were driven if anything by regulations. Mandatory trading pauses following the 2010 "flash crash" made it harder for ETF managers to get a handle on the underlying price of their securities, and created problems. The other theory: there is indeed a mismatch."

Ob es ausreicht, wie die Aufsichtsbehörden der Finanzmärkte und der Banken dieses Produkt überwachen, wird sich erst zeigen müssen. Zu hoch sind inzwischen die dort investierten Summen. Ende 2014 gab es rund 4.000 ETF und in diese waren rund 2.700 Milliarden US Dollar investiert, hauptsächlich in den USA, so auf der Webseite statisctica.com. Doch gerade ETF eignen sich für eine automatisierte Handelsausführung mit all ihren Risiken und Nachteilen. Und ETF sind zur Grundlage der zukünftigen Investmentkultur geworden vor allem zum Rohstoff der automatisierten Investmentsysteme, der Fintechs bzw. der neuen „robo advisor".

Doch das liegt nicht so sehr im Augenmerk der G7-Entscheider, die sind auf CO_2-Reduktion, Sanktionen gegen Russland oder zum Teil auf den Krieg gegen ISIS fixiert, noch nicht...! Besonders in Deutschland selbst herrscht jedoch der von oben verordnete „GROKO-Optimismus". Das sei der CDU-Vorsitzenden gelassen, darin ist sie perfekt, im Timing der Stimmung, allerdings erfolgreich lediglich bis Ende 2015. Nur, wem nutzt das nun noch? Wenn deutlich erkennbar geworden ist, dass die Elite die Probleme der Menschen nicht mehr löst, sie auch gar nicht mehr lösen will, sondern sie sogar noch verschlimmert, etwa mit den negativen Zinsen, die primär die Mittelschicht treffen. Doch es könnte noch viel schlimmer kommen. Wie bereits in meinem ersten Buch, „Der verratene Kontinent" angedeutet. Die Schulden wachsen kontinuierlich, der Kredit explodiert – weltweit –, weil die Elite und ihre multinationalen Unternehmen dank Steuersparoasen wie Luxemburg und Irland auch kaum Steuern zahlen. Gleichzeit deformieren die niedrigen Zinsen die Wirkungs- und Regelkreise des Kapitalismus. Der Analyst Satyarit Das versucht in der FT diese Probleme der Weltwirtschaft des Jahres 2016 ein wenig in Zahlen zu fassen. Am 30. Dezember 2015, auf Seite 20: „Financialisation has made the commodities sector more vulnerable". Er meint damit die Umwandlung reiner Bergbau- oder Öl- und Gasunternehmen in kleine Handelshäuser und damit Finanzmarkt-Akteure. Deren Erfolg wird universell durch Terminkontrakte, Derivate und anderes Financial Engineering bestimmt, mehr als durch das Fördern von Rohstoffen. Das erfolgreiche Hedging (Preis-Absichern) des zukünftigen Absatzes der geförderten Rohstoffe macht den entscheidenden Teil der zukünftigen Bilanzsumme, des zukünftigen Cash-Flows und des zukünftigen Gewinnes aus:

„Global lending to the energy sector alone totals about $ 2.5 tn. Between 2004 and 2014, emerging market corporate debt increased from $ 4 tn to 18 tn, much of the rise has taken place since 2008. A significant portion of this debt – especially in China, Russia, Brazil, Mexico and Chile – is related to commodities. Resource companies now face a testing combination of lower revenues, a shortage of US dollar income to meet debt payments and currency losses on dollar borrowings."

Aber das ging schon bei der deutschen Metallgesellschaft schief. Auch in den US kappten die Banken Kreditlinien, wie sie die zugrundliegenden Strukturen im Derivatebereich nicht kannten. Gesunde Unternehmen gingen Pleite. Die Angst herrscht: Wie sollen Zins und Tilgung dieser Unternehmensschulden bedient werden, wenn die globalen Rohstoffpreise – mit der Ausnahme von

Gold – nur einen Weg kennen, nach Süden (also stets sinken)? Und wie soll ein vorsätzlich (!) unterkapitalisiertes, europäisches Bankensystem in der Lage sein, diese Verluste wegzustecken? Es könnte ganz dick kommen, dank jahrelang ubiquitär verfügbaren, billigen Geldes in Euroland, USA und Japan. Satyarit Das sagt daher einen längeren und tieferen Abschwung im Rohstoffbereich voraus als früher. Die Wechselwirkung mit dem Bankensektor könnte für die Politik sehr spannend werden:

*„Financialisation increases the commodity industry's vulnerability to changed operating conditions and alters its ability to respond to supply-demand imbalances. **It will make the downturn longer and more severe than normal.**"*
[Hervorhebung durch den Autor]

Es ist unfassbar, wie Janet Yellen, die Präsidentin der amerikanischen Zentralbank, der FED, just zu diesem Zeitpunkt, also mitten in einer Krise, Ende 2015 die Zinsen erhöhen kann! Doch hatte die FED schon seit 2010 und besonders während der zweiten Amtszeit Präsident Obama versäumt auch nur einen passenden Zeitpunkt für eine Zinserhöhung zu nutzen. Da werden sich zukünftige Ökonomen die Rolle des Yellen Vorgängers Ben Bernanke durchaus genauer und kritisch anschauen müssen. Denn die FED ist in Realität gar nicht unabhängig.

„Destructive effect of cheap capital will not be limited to energy", so lautet ein Artikel von Dan McCrum auf Seite 24 der FT vom 18. Dezember 2015. Jetzt nach der ersten Zinserhöhung der FED am 16. Dezember 2015 geht es ans Tafelsilber! Aber dank der „guten" Finanzstruktur ist es ein Tod auf Raten abseits der Energiewirtschaft, der im Endeffekt eines zu leisten hat: Die Insolvenz möglichst vieler Unternehmen aus der Obama-Zeit in die Nach-Obama-Zeit zu verschieben. Und es wird medial schon darauf hingearbeitet – die Schuld für die wirtschaftliche Misere an die zu verteilen, denen die Elite die Rolle des „usefull idiots" zugedenkt: Also Donald Trump! Etwa im Magazin „The Atlantic" im Artikel „Looking Backward on the Presidency of Donald Trump" von Jon Lovett, der für den Präsidenten Barack Obama arbeitet oder arbeitete: (He previously served for three years as a speechwriter to President Obama in the White House) Der darf(!) das Folgende in diesem Magazin des Establishments, das auch stets pro-Obama und pro-Merkel ist, veröffentlichen:

„And maybe it was a price the American people had to pay. Maybe Trump was a mirror, and we hated him because we hated what we saw in our reflection. We were coasting and knew it. A generation of elites prized shamelessness and

*ambition over virtue. Our newness and pride as a nation didn't protect us from decadence, but it did allow us to ignore it, glued to our grievances and our phones as our culture and politics grew ever more brittle and shallow and crass." ... „In the end, Trump is what America had earned. Trump is what America deserved. Trump was our reckoning. And while his rise to power was born of our failings, it also forced us to find our strength. **It's amazing how adaptable we are as human beings, isn't it?** Trump saved us. Now it's all up to President Fieri."* [eigene Hervorherbung]

Tatsächlich ist dieser Artikel, diese prophetische Glosse, nichts Anderes als ein Nachruf einer „Yes We Can"-Präsidentschaft Obamas, die bis heute noch nicht einmal das US-Gefängnis auf Kuba, Guantanamo Bay, zu schließen vermochte. Ein Nachruf auf einen zukünftigen – frisch gewählten Präsidenten Donald Trump [Typ: „useful idiot"], der, so die Story, gerade noch beim Amtsantritt abgesägt werden kann. Wer dies bisher noch nicht fühlen konnte, dem wird Präsident Obamas Hybris deutlich und der elementare Konflikt zwischen East- und West-Coast. Denn Trump steht für „New York values", manche sagen, Obama stünde da mehr für West-Coast, also LA-Values inc. Homosexualität. Doch lassen wir alle Betrachtungen unterhalb der präsidentiellen Gürtellinie und reflektieren genüsslich die clintonsche Zigarre in der heutigen Psychologin Monika Lewinsky... Egal Trump stolpert über uralte „Macho"-Sprüche – de facto hat damit die konservative Seite aber ihr eigenes Haus verbrannt. Die USA erlebt die Selbstzerstörung der republikanischen Partei.

Die Schattenseite Selbstmord und Drogen - sinkende Lebenserwartung

Und während also über Moral und Macht, um Zigarren und deren sinnvolle und nicht sinnvolle Verwendungsmöglichkeiten diskutiert wird, geht synchron die wirtschaftliche Beteiligung der Mittelschicht an dem Volkseinkommen den Bach hinunter. Es bleiben ein steigender Drogenkonsum und massive Suicid-Probleme in der von Obama von Anfang an ignorierten Gesellschaftsgruppe der nicht-urbanen, weißen Mittelschicht:

„Something startling is happening to middle-aged white Americans. Unlike every other age group, unlike every other racial and ethnic group, unlike their counterparts in other rich countries, death rates in this group have been rising, not falling. That finding was reported Monday by two Princeton economists, Angus Deaton, who last month won the 2015 Nobel Memorial Prize in Economic Science, and Anne Case." [...] they concluded that rising annual death rates among this group are being driven not by the big killers like heart

*disease and diabetes but **by an epidemic of suicides and afflictions stemming from substance abuse: alcoholic liver disease and overdoses of heroin and prescription opioids.**"* [Eigene Hervorhebung]

Online aus der "New York Times" vom 2. November 2015 in dem Artikel „Death Rates Rising for Middle-Aged White Americans, Study Finds" von Gina Kolata. Und Präsident Obama tat nichts und es ist auch nicht zu erwarten, dass Hillary Clinton (business as usual) etwas tun würde. Natürlich haben beide nicht vergessen, alle Wähler von Donald Trump als Rassisten und Faschisten abzustempeln, „deplorables" eben. Doch eine implodierende Mittelschicht gefährdet das ganze System. Die Webseite foreignpolicy.com meldet mit Fredrik Deboer am 28. April 2016: „America's Suicide Epidemic Is a National Security Crisis – **The country's suicide rate keeps rising, but nobody plans on doing anything about it**":

*„Suicide is concentrated among those whom our society values least. Take Native Americans, for example. **That racial category saw the rate for men rise by 38 percent and for women, an unthinkable 89 percent.** [...]Or consider the declining fortunes of the white working class. In many ways, this group has suffered economically in the past several decades. With the rise of offshoring and the demise of stable careers for those lacking a college education, the white working class has seen dramatic rises in problems like unemployment and addiction." [...] „But this does not change the fact that white workers without college degrees have seen their overall quality of life eroded in a variety of ways that almost certainly contribute to the suicide rate."*

Und es trifft natürlich immer die Schwachen, deshalb steigen die Suizide in den USA auch bei Kindern und Jugendlichen an. Besonders in einigen Communities. Egal ob in Utah oder New York! Egal ob Jude, Indianer oder Mormoe! Immer mehr Menschen schaffen es nicht mehr.

„Utah's suicide rate is nearly twice the national average and the rate of youth suicide rate has tripled in the last ten years. And last year, the state's Department of Health revealed that suicide is now the leading cause of death among 10- to 17-year-olds in Utah."

John Michaelson beschrieb das am 29. Juli 2016 in thedailybeast.com „HEADS IN THE SAND", „Utah Blames the Weather, Not Homophobia, for Teen Suicide Epidemic":

„Booklyn's Orthodox community is mourning the apparent suicide of 22-year-old construction worker Yakov Krausz, whose body was discovered Wednesday in an elevator motor room, the Daily News reported. His death marks at least the 26th suicide of a young adult in New York-area Orthodox community over the past ten months, according to Zvi Gluck, founder and director of the Orthodox social service group Amudim."

Also auch an der Ostküste, etwa in New York leiden die Menschen unter der Obama-Wirtschaft. In „Brooklyn Man Hangs Self — 26th New York Orthodox Suicide in Year" von Josh Nathan-Kazis am 14. Juli 2016 in forwad.com. Gut, dass sich diese Leute noch „einfach" selbst töten und nicht Djihad spielen, um als Gotteskrieger des ISIS zu sterben. Was zum Teufel hat der von den deutschen Medien so gelobte Präsident Obama angerichtet? Nicht nur Menschen sterben. Auch viele Unternehmen und Unternehmer gehen unter – die Wirtschaft leidet. Warum sonst ist der Druck so unerträglich groß? Denn Obamas Systemmodifizierung; die Gesellschaft erträgt sie einfach nicht. Genauso wenig wie die Vielzahl von Schwarzen, die von der Polizei erschossen werden, etwa bei Verkehrskontrollen. Da hat der deutsche Journalist doch endlich etwas: Weißer Polizist erschießt Farbigen – also gedacht „Neger". Passt genau ins politisch korrekte, ins Schwarz-Weiß-Schemata und ab damit in die „Heute" Sendung! Beim Thema Selbsttötung herrscht Schweigen, selbst die AFD meidet das Thema.

Die Unternehmen sterben meist in Zeiten knapper Liquidität also realwirtschaftlich steigender Ölpreise oder finanzwirtschaftlich steigender Zentralbankzinsen. Präludium sind steigende Refinanzierungskosten bei der Hausbank. Nur, in den USA sieht es heute anders aus: Wegen der niedrigen Zinsen konnten sich auch schwache Unternehmen nach 2008 sehr langfristig zu echten Top-Konditionen verschulden. In den Jahren 2016 bis 2018 werden nur 10 Prozent dieser riskanten Anleihen im High Yield-Bereich fällig. Fällig werden sie vorzeitig nur bei Insolvenz (Chapter 11). Und diese Erscheinung ging Ende 2015 trotz der Null-Zins Politik der US Zentralbank FED sprunghaft an:

„Higher borrowing costs typically signal trouble ahead. Some companies will struggle to pay, or will simple be unable to refinance existing debt, and so default. Yet wide-spread failures still seem unlikely in the near term, because less than a 10th of US high-yield debt outstanding comes due in the next three years, so great was the refinancing when money was cheap."

Doch an bestimmten Stellen wird das US-Finanzsystem vorsätzlich und gewollt heruntergewirtschaftet, um dann 2017, 2018, genau nach dem Abgang Barack Obamas beim kleinsten Fehler und der ersten globalen Krise zu implodieren. Am 19. Februar 2016 meldet die Financial Times das kommende Desaster: „Fannie Mae at risk of needing a bailout" von Barney Jopson in Washington. Die Bank, die maßgeblich die Finanzierung und Refinanzierung des US-Immobilienmarktes arrangiert – Fannie Mae steuert auf die Pleite zu. Die seit 2008 unter Staatsaufsicht stehende Hypothekenbank (Bilanzsumme: rund 3.200 Mrd. US-Dollar) muss alle Gewinne an den Staat abführen und kann so keine Rücklagen für schlechte Zeiten oder eine mögliche Finanzmarktkrise, etwa bei steigenden Zinsen, bilden.

„Fannie Mae's chief executive and its regulator are sounding the alarm on a decline in the institution's capital cushion, which is on course to vanish in 2018, when it would have to ask the US Treasury for emergency funds. Their warnings highlight Washington's inaction on housing policy and its failure to reform the institution, which guarantees nearly $3tn of securities and enables 30-year fixed rate loans, following the last financial crisis." [...]

„Since 2008 Fannie Mae has been in the post-crisis limbo of state-sponsored "conservatorship", neither fully nationalized nor private, following several unsuccessful attempts by Congress to overhaul it. Because the government does not let Fannie Mae retain profits, Tim Mayopoulos, its chief executive, told the Financial Times on Friday that its capital buffer, which has dwindled from $30bn before the crisis to $1.2bn today, was on track to disappear by January 2018. "

Hier wird eine systemrelevante Bank, Fannie Mae, derart mit Ansage an die Wand gefahren, dass ihr Vorstandsvorsitzender und(!) die Regulierungsbehörde gleichzeitig laut schreien – und der US-Präsident Obama tut – nichts. Denn von 30 Milliarden Risikopuffer vor der Sub-prime-crisis im Jahr 2008 sind 2016 lediglich noch 1,2 Milliarden USD da. Und 2018 werden die Risikoreserven voraussichtlich bei Null liegen. Ja und mit der Insolvenzwelle kommt die Angst! Die Angst um den Job, die Angst wie die nächsten Raten des Hauses bezahlt werden können, woher das Geld für die nächsten Raten des laufenden Studiendarlehens kommen soll oder die nächste Leasingrate für das Auto. Die Kreditkarte gibt es irgendwann nicht mehr her. Und Drogen sind die dunklen Schatten der Angst. Und dann, wenn der Selbstbetrug und die Drogen nicht mehr helfen, dann bleibt immer noch die letzte Tür, die Selbsttötung.

Um es klar zu sagen: In der ganzen US-Wirtschaft und auch weltweit ist ein Pulk von Zombie-Unternehmen entstanden. Nicht überlebensfähig bei „sinnvollen" und historisch normalen Zinsen. Nur, in der Obama-Ökonomie gehen die Unternehmen nicht insolvent, hier bringen sich die Menschen um, deren Biografien zu Sackgassen geworden sind.Null-Zinsen verhindern eine volkswirtschaftlich sinnvolle Verteilung der Ressourcen Arbeit und Kapital – volkswirtschaftlich Allokation genannt – in den USA. Weder Arbeitnehmer noch Kapital werden dort eingesetzt, wo sie den größten Gewinn erzielen. Manches Kapital wird einfach nur gehortet, etwa von Apple. Der US-Konzern parkt 2016 rund 200 Milliarden USD dauerhaft auf Konten. Das kann nicht gut sein. Das ist keine Marktwirtschaft. Nein, mehr noch: die vielen Zombie-Unternehmen behindern die Welt in ihrem kapitalistischen Lauf der kreativen Zerstörung. Denn, ohne den Niedergang schlecht gemanagter Unternehmen, die veraltete Produkte herstellen oder die von unfähigen Banken finanziert werden, fehlt neuen, innovativen Unternehmen schlicht und einfach der Markt, das Kapital und das Personal. Besonders gravierend ist das in Europa - siehe auch Kapitel 13.

Und das ist der Grund des tiefsitzenden Hasses, den halb Amerika auf Barack Obama empfindet. Eines Hasses, den die linken, „demokratischen" Medien schön tief unter der Decke hielten und in dem sie möglichst mit Schadenfreude betrachteten, wie die Finanzwirtschaft nach 2008 geschlachtet wurde. Denn Obama, der Präsident aus Hawaii hat übertrieben – übertrieben in reiner Ignoranz der Leistungsträger aus der Mittelschicht, die langsam, aber sicher nicht mehr am Amerikanischen Traum partizipierten! Und aus Angst wird Hass…

Der erste schwarze Präsident hatte einfach die Jahrhunderte alten Spielregeln geändert und seine konservativen, republikanischen Kritiker mundtot gemacht – und deren Wähler gleich mit. Und zwar auf eine unterschwellige subtile Art des Juristen, der seine Moral über das gestellt hat, was Amerika ausmachte, der American Dream der Mittelschicht. Sie bekam stattdessen Political Correctness und einen unglaublichen Linksruck in den Medien. Doch die weiße Mittelschicht will jetzt Revanche für ihre zerstörten Träume. Und die wird mit der nächsten Rezession fällig werden – mit einer weiteren Radikalisierung. Wer es noch nicht verstanden hat – Trump ist nicht wirklich Teil der Repubikaner, er ist „assoziiert". Hinter ihm steht ein eigenes „Movement". Doch sollte man eine kommende Rezession nicht dem Nachfolger von Barack Obama ankreiden. Der muss den in der Moral gebadeten volkswirtschaftlichen Unsinn wegräumen.

Die Verbiegungen des Präsidenten Obama in der CO_2- und Nullzins-Welt müssen wieder in Balance gebracht werden, bevor die Weltwirtschaft endlich wieder richtig funktionieren kann – so wie vorher mit Wachstum und Reallohnsteigerungen. Eine Herkulesaufgabe gleich dem Ausmisten der Ställe des Augias. Denn der Preis für Geld – also der Zins für ein gegebenes unternehmerisches Risiko – ist viel zu günstig an der Wall Street. In Europa ist er gleich Null. Das verfügbare Kapital, getrieben von hochbezahlten Asset-Managern ist verzweifelt auf der Renditesuche. Die Nullzinsen haben unbemerkt ein Desaster an Fehlinvestitionen geschaffen – an zukünftigen faulen Krediten (NPL). Aus dem Artikel von Dan McCrum, s.o.:

„When hedge fund manager David Einhorn toted up the number in May, he estimated large frackers alone had spent $80bn more than they had received from selling oil. **The excess of capital leads to its own destruction, a glut of oil and gas, and crashing prices.”** *It seems optimistic, however, to think the* **disruptive effects of cheap money have not been building elsewhere. In media, for instance,** *Liberty Global and French rival Altice have used debt to roll up collections of cable and telecom companies while online groups Netflix, Amazon and Google are throwing money at production of content. In pharmaceuticals cash has flooded biotechnology upstarts, ...* **The turning of the credit cycle then is less about the immediate effects on higher borrowing costs than the limits and consequences of seven(!) years of cheap capital.”* [Eigene Hervorhebung]

Diesen absehbaren, gesellschaftlichen, politischen und volkswirtschaftlichen Unsinn, der unzweifelhaft den während der Präsidentschaft Barack Obama geführten Machtkämpfen zuzuschreiben ist, wird er seinem Nachfolger anlasten wollen! Sehr hilfreich für die USA wäre eine größere Krise, ein größerer Krieg, zur Ablenkung... von den wirklich Schuldigen. Der Nahe Osten bietet sich an, dann kann Angela Merkel auch mit dem Masterplan des Flüchtlingsimports fortfahren...

Ein déjà vu war schon im „The Atlantic" im Artikel von Jon Lovett zu lesen, aus dem ich hier erneut zitieren möchte. Obwohl von vielen offenbar nicht richtig verstanden, da gerade Europäer bis Januar 2016 keine konstruktive Anstalten machten, Donald Trump, „The Donald", ernst zu nehmen, außer als Witz- und Hassfigur, geht es hier um eine historische Richtungsentscheidung – nämlich darum, wer in den USA die Macht hat. Und das ist eine ganz andere Frage, als die Frage, wer Präsident ist. Und damit sind nicht nur Europa und Brasilien in einem Machtkampf gelähmt. In dem fiktiven und im elitären „The Atlantic" veröffentlichten déjà vu von Lovett kommt es zu einer totalen Staatsblockade der USA, einer Art „Financial Mega-Cliff". Zu der vollständigen Verweigerung gegen einen gerade demokratisch (doch im Artikel des Jahres 2015 fiktiv) gewählten Präsidenten Trump. Das sagt viel aus über Mittel und Zweck im Verständnis der US-Demokraten unter Obama.

*„**The next morning, President Obama declared a bank holiday, to the chagrin of President-Elect Trump, who blamed the fear mongering of Washington elites for the massive sell off roiling global markets**. No one seemed more surprised by the returns than the Donald himself who—at the one moment in his life when it was truly needed—couldn't muster the bravura for which he was famous. Being elected president made him seem tiny, and of course it did." [...]*

*„Those were the darkest moments. Yet, in the dull terror of those first days, there were the stirrings of redemption. **You could see it in the pride that journalists**—even cynical, sneering political reporters—took in covering this historic and surprising transition. You could see it on display in the meetings that President Obama and White House staff held almost around-the-clock with congressional leaders and aides of both parties. But most of all, you could see it everywhere. **Everyone was talking about the news**. Everyone was watching and reading **the news**. There was a sense, in those weeks between Election Day and Inauguration Day, that Americans were all in this together, preparing, girding, for what we didn't know. **And maybe it's crazy, but we grew closer to each other, kinder, as we all participated in this event as one country**. Some still scoff at this, and as time passes, it's harder and harder to prove."*[Eigene Hervorhebung]

So weit zum fiktiven, ultimativen Machtkampf 2015 bis 2017 in den USA. Wie sieht es heute global aus? Was sagt die BIS, die Bank for International Settlement – die Zentralbank der Zentralbanken – aus Basel? In der Financial Times vom 06./07. Februar 2016 in „BIS warns of global downturn as lending grids to halt" von Jonathan Wheatley: Ist die Krise schon da?

*„**The surge in lending to emerging markets that** helped fuel their own — and much of the world's — **growth over the past 15 years has come to a halt, and may now give way to a "vicious circle" of deleveraging, financial market turmoil and a global economic downturn**, the Bank for International Settlements has warned." [...]*

„In the risk-on phase [of the global economic cycle], lending sets off a virtuous circle in financial conditions in which things can look better than they really are," said Hyun Song Shin, head of research at the BIS, known as the central bank of central banks. "But flows can quickly go into reverse and then it becomes a vicious circle, especially if there is leverage," he told the FT. "
[Eigene Hervorhebung]

Und die exzellenten Prognosen der BIS sind eher negativ, denn alle Wachstumsmotoren verabschieden sich. In dem „risk-on"-Modus bis 2014 gab es einen kreditgetragenen, expansiven Wachstumszyklus. Dann kehrten sich die Geld- und Kapitalflüsse im kontraktiven, defensiven „risk-off"-Modus " seit 2015 um. Es entstand eine Abwärtsspirale, ein Teufelskreis. Die Ursache? Es ist zu viel Kredit (Leverage), der in der Niedrigzinsphase aufgebaut worden war, vorhanden. War wirklich zu viel Kredit und zu wenig Eigenkapital im Haus des globalen Finanzsystems verbaut worden? Ja, denn es wurde instabil... Und die Zentralbanken sollten es mit dem Experiment der Nullzinsen und der Monetarisierung der Staatsschuld retten – das „business as usual" der europäischen Elite.

*„It marks the first decline in such lending since the first quarter of 2009, during the global financial crisis, according to the BIS. **The BIS data add to a growing pile of evidence pointing to tightening credit conditions in emerging markets and a sharp reversal of international capital flows.** On Thursday, Christine Lagarde, managing director of the International Monetary Fund, warned of the threat to global growth of an impending crisis in emerging markets. The Institute of International Finance, an industry body, said last month that **emerging markets had seen net capital outflows of an estimated $735bn during 2015**, the first year of net outflows since 1988. "* [eigene Hervorhebung]

Also es sieht wirklich kritisch aus, weltweit. Denn die sich verschlechternden Kreditkonditionen beginnen das Wirtschaftswachstum zu erdrosseln, schleichend und still – es kommt zu einer Umkehr der internationalen Kapitalströme, und damit einem der schlechtesten Zeichen, die eine globale Wirtschaft bereithalten kann. Die Emerging Markets mussten 2015 erstmals nach 1988 (!), also zum ersten Mal in 27 Jahren, Kapitalabflüsse hinnehmen. Und wo man hinhört – und wo die deutsche Presse geneigt ist davon zu berichten – bleibt eine Feststellung: Es sieht wirklich schlecht aus! Auch Profis teilen diese Meinung.

„Billionaire George Soros warned investors on Thursday that the global economy could be facing a crisis. At an economic forum in Sri Lanka, the hedge fund luminary pointed toward China's currency devaluation and economic slowdown as major factors weighing down the global markets, Bloomberg reported. He said that the turmoil is a result of China's struggle to transition to a new growth model."

So Fortune.com in „George Soros Warns of Global Economic Crisis" by Claire Groden am 7. Januar 2016 online oder in der FT über die Warnung zum High Frequency Trading, um das sich die Politik einfach nicht richtig gekümmert hatte. Politik im Jahr 2015 war in der EU reaktiv und nicht im Ansatz visionär. Entscheidende Themen waren nicht-digital und moralisch. Für technisch-digital und wirtschaftlich innovativ war bei den Innovationsverlierern der EU und ihren Juristen kein Platz, alles war von der Moral okkupiert:

„The head of one of the biggest high-frequency trading companies has warned that there are several faultlines in the structure of increasingly electronic, automated financial markets that could lead to a "catastrophe" in the long run. Mark Gorton, the founder and head of Tower Research Capital, argued that exchanges have become far more efficient with the advent of more computerised markets, but cautioned that increasing complexity brought new dangers that needed to be mitigated." [...]

„ "While electronic, computer-driven markets have been a boon to investors, some of these holes should be addressed", the former Credit Suisse trader and electrical engineer said. "We're creeping in the right direction, but unless we proactively address these issues, sometime in the next several decades we are going to experience a catastrophe due to runaway computerised trading," Mr Gorton said."

Es warnte die Financial Times, die gewöhnlich ihre Ohren nicht am Markt, sondern im Markt hat bereits am 4. Februar 2016, 1:21 pm in „High-frequency trader warns of potential market 'catastrophe'" von Robin Wigglesworth in New York. Ein unerwarteter, totaler, durch automatisiertes Handeln (High Frequency Trading) verursachter Marktzusammenbruch könnte jederzeit Realität werden. Diese Möglichkeit ignoriert die EBA, die European Banking Authority in jedem ihrer berühmten Stress-Tests – Null ist Null, „Nein" heißt „Nein" oder spinnen die Amerikaner? Nur, kommt die Realität auch im sparkassenkonformen und Autobahnbrücken-gelähmten CDU-Deutschland an? Ich befürchte nein. Jede Reform der Sparkassen wird von der CDU verhindert. Man fragt sich – hasst

Frau Merkel den Kapitalismus oder die Banken. (Was letztlich auf das Gleiche hinausläuft) auf Bloomberg, online am 24. September 2016 in „Merkel Rules out Assistance for Deutsche Bank, Focus Reports" gibt sie Deutschlands erstes Finanzhaus zum Abschuss durch Spekulanten frei.

Hier ist eine Symbiose entstanden aus Staat und Partei, die ihresgleichen sucht – außer vielleicht in der früheren Planwirtschaft auf dem Gebiet der DDR. Vielleicht erkennt das ja auch die Kanzlerin wieder und denkt sich, das muss – war auch im BRD Kapitalismus so – so sein? Und um die Konsequenzen zu verdeutlichen: Ohne Reform der Sparkassen wird es keine sinnvolle Reform des Finanzwesens in Deutschland geben – geben können. Bald gibt es auch überhaupt kein Finanzwesen mehr, da die Bausparkassen auch Opfer der Nullzins Welt werden. Also Deutschland auf dem Wege zu Industrie 4.0 mit Sparkasse und Banken 1.5 und 2.0! Also ein BMW 750 mit Käfermotor und 7 Litern Benzin im Tank…? Vor der Tür wartet aber bereits der brandneue Tesla. Und feststellen kann man Anfang Februar 2016 eins: Dax, TecDax und SDAX haben die Kurskurven synchron charttechnisch miserabeles Territorium erreicht. Charttechnisch durchbrachen alle Charts den 38-Tage Durchschnitt und die 200 Tage Line nach unten. Egal, diese Krise hatte ich ja bereits Mitte 2014 angekündigt! Denn Bären-Märkte, die können lange dauern. Oder wer möchte gegen eine unbegrenzte ECB-Diktatur wetten? Mit Negativzinsen, einer Monetarisierung der Staatsschuld, einem Bargeldverbot und Anleihe- und Aktienkäufen durch die Zentralbanken – alles im Namen des Gemeinwohls der Neo-liberalen, die aus Europa ein Bordell gemacht haben und für den Geldbeutel der Elite. Also der Rat an alle: 2016, das chinesische Jahr des Affen, ist ein Spitzenjahr für Investoren und Sadomasochisten. High risk, no fun. Und es wird auch sicherlich Profis kosten… Und das ist 2016 vom Duo Obama-Merkel auch so gewollt.

Nur am Rande: Auf die Manipulation der Benchmark-Zinssätze Libor, Fibor, EONIA oder im Foreign Exchange – dem Währungsbereich also, durch diverse globale Geschäftsbanken wird nicht eingegangen. Es sollte wirklich inzwischen jeder Bankkunde verstanden haben, dass es eine reale Chance gibt von seinem „Berater" über den Tisch gezogen zu werden. **In diesem Buch geht es um das ganz große Ding, den globalen Machtkampf!** Und die Player sind die wirklich Mächtigen: Aus internationaler offizieller und objektiver Quelle hier der Zwischenstand – 4:0 führt die globale Elite gegen die Mittelschicht. Die BIS in ihrer Veröffentlichung BIS Quarterly Review, März 2016, auf den Seiten 45 und 55 stellt fest, dass die Zentralbanken im Wesentlichen den Anstieg der

Aktienkurse verursachen und mittragen (einer Studie zufolge **im Umfang von 93%**). Was die Ungleichheit extrem erhöht:

*„Inequality is back in the international economic policy debate. Evidence of a growing dispersion of income and wealth within major advanced and emerging market economies (EMEs) has sparked discussions about its economic consequences. Although there is no consensus on the relationship between inequality and growth, **there are concerns that rising inequality may become a serious economic headwind.**" [...]*

*„Second, on the asset side, equity and housing have been the most important drivers of inequality (Graph 3). Although differences in the shares of equity holdings are typically small (below 7 percentage points in most countries except in the United States with around 25 percentage points; see Table 2), stocks have experienced consistently larger gains and suffered consistently larger losses than other asset classes. **Since 2010, high equity returns have been the main driver of faster growth of net wealth at the top of the distribution.**"* [Eigene Hervorhebung]

Immer größere Teile der Mittelschicht kämpfen um ihre Existenz, die neoliberale Politik schweigt dazu und die Medien deformieren deren frühere Kernwählerschaft als „Populisten", „Rassisten" oder „Nazis". All dies während ein Politiker und Geheimdienstchef nach dem anderen – Baroso, Kroes, Steinbrück oder Schindler – Unternehmensberater wird. Bitte, dass kein Wähler dabei an Korruption denken könnte. Und so darf es nicht verwundern, wenn in China eine Bewegung totalen Zulauf hat: der Neo-Maoismus! Die FT vom 1. Oktober 2016 widmet dem Thema zwei ganze Seiten: „The Return of Mao"; Die Wiederkehr von Mao. Die Elite spürt kalten Schweiß, denn   heute gehört uns China und morgen die halbe Welt…

9. Die Länderanalysen

Huntington hielt das für naiv. „Provinzielle Einbildung" sei die Idee einer universellen Weltkultur. Stattdessen entwickelte er in seinem Essay die Gegenhypothese: Konflikte werden die Welt auch weiterhin erschüttern, nur sind diese nicht mehr ideologischer, sondern vor allem kultureller Art: „Die Verwerfungen zwischen Kulturen werden die Kampflinien der Zukunft sein."

Cicero, Februar 2015, Constantin Magnis, Huntingtons Spur, S. 17

9.1 China

Als ich über die Absperrung schaute, die mich von der 200 Meter tiefen Schlucht trennte, in der das Fundament des Damms gegossen wird, während chinesische Ingenieure sich über Projektskizzen beugen und Einzelheiten diskutieren, wird mir schlagartig klar, dass im Niltal eine neue Zeitrechnung angebrochen ist.

Terje Tvedt, Wasser, 2013, S. 107

At a private gathering of some of the countries richest entrepreneurs, Mr. Ren´s plight dominated the conversation. ‚**People were saying that this is Cultural Revolution time‘,** said one person who attended "I was quite shocked about how afraid they were."

Financial Times, 29. Februar 2016

China war der Wachstumsmotor in der Weltwirtschaft. Diese justierte sich in den Jahren nach der 2007 explodierenden Subprime-Crisis in den USA vollständig neu. Während erst die USA von der Bankenkrise gelähmt waren und dann direkt danach auch Europa, von der Euro-Bankenkrise völlig gelähmt wurde, fand ein globaler Strukturwandel statt. Als der „Westen" (inc. Japan) die Zuflucht in eine neue Wirtschaftsordnung ohne Zinsen suchte, hatte sich China für eine altbewährte Lösung entschieden: Staatliche Investitionen, vor allem in Infrastrukturprojekte, um Wachstum zu schaffen– eben Fiskalpolitik statt Geldpolitik. Diese dem Keynesianismus ähnliche chinesische Lösung war mehr als erfolgreich.

In den acht Jahren von 2007 bis 2014 änderte die Weltwirtschaft ihre Produktions-, Handels- und Finanz-Struktur und ihre Gravitationszentren verschoben sich – unbemerkt von vielen Menschen im Westen. Gerade die

Deutschen, die doch so massiv an ihrer – „Es geht uns gut" Mentalität klammern und gern auch mit festem Blick auf die Pension oder Rente durch ihr Leben ziehen, schlossen die Augen. Die Kanzlerin war glücklich. Anzupassen hatten sich stets die Anderen in Europa – dem superioren Geschäftsmodell des Exportweltmeisters Deutschland und dem Finanz- und Justizplatz Luxemburg. Doch die gerieten zwischen den Produktivitätsdruck der kinderlosen Deutschen und den Druck der expandierenden BRIC-Staaten. Kein angenehmer Platz für Länder wie Frankreich, Portugal, Spanien, Italien oder Griechenland und alle haben sie wertvolles und unersetzbares Humankapital verloren. Junge, gut ausgebildete Menschen sind ausgewandert oder sozial gestrandet und somit für die Wertschöpfung dieser Länder für immer verloren. Und durch diesen überragenden Erfolg gegenüber dem Konkurrenten Europa geblendet, begannen die Funktionäre der chinesischen KP sich der Idee hinzugeben, alles sei rosarot. Mit gravierenden Folgen, denn die berühmte Arbeitsethik wurde vom Reichtum und seinen Versuchungen massiv unterwandert. Dabei schlugen doch bereits ab dem Jahr 2013 ganz nachdrücklich die Worte der Bedenkenträger ein (übrigens eines der schrecklich schönsten Worte der deutschen Sprache – der Bedenkenträger, oh wie schwer er zu tragen hat an der Last seiner Bedenken, man könnte fast meinen ein Merkel-Bürokrat hätte noch Gewissen. Insgeheim fragt man sich, gibt es so ein Wort etwa auch in anderen Kulturen?). Die FT warnte mit mehreren Schlagzeilen vor Problemen im chinesischen Geld- und Finanzsystem. Etwa am 24. Dezember 2013 mit der Überschrift „Concerns mount over China cash squeeze" von Simon Rabinovitch – Die Sorge wächst um Liquiditätsprobleme auf dem chinesischen Geldmarkt. Denn Ende 2013 war die Zentralbank de facto unfähig zu handeln. Was auf den ersten Blick sicher sehr arrogant klingen mag, war damals schon bei Volkswirten Thema:

„"The [Chinese] central bank faced a „dilemma", Shen Juanguang, an economist with Mizuho Securities, said: "It wanted to tighten a little bit, but it was not the intention to see rates go this high. Now it want to alleviate some pressure, but it also doesn't want to send a strong message of monetary easing""

Die Konsequenzen dieses vorsichtigen und vielleicht auch zögerlichen staatlichen Handelns in einem Umfeld von Überinvestitionen und wachsender Instabilität im Schattengeldmarkt ließen nicht lange auf sich warten. Zuerst wurden sie global erkennbar in dem schlagartigen und synchronen Verfall der Rohstoffpreise wie etwa von Kohle und Eisenerz. Und dann begann der Showdown mit Ansage: Nicht nur für China, für die ganze Weltwirtschaft.

Würde China eine Umstrukturierung der Wirtschaft gelingen können, ohne in der Rezession, also einer „harten Landung", zu enden. Es wurden Wetten abgeschlossen und die Spekulanten der Welt begannen Positionen zu beziehen. Der Shanghai Stock Exchange Composite Index brach genau Mitte 2014 aus einem ruhigen Verlauf in eine spekulative Phase. Details zum Schattenbankensystem finden sich in meinem Buch, „Der verratene Kontinent". Es geht um den Reiz durch Spekulation reich zu werden. Und nichts ist gefährlicher, als die Spekulation auf Kredit. Und nichts ist riskanter als die Spekulation mit unreguliertem Kredit – für eine ganze Volkswirtschaft. Der Shanghai Composite Index Dezember 2004 - Januar 2016:

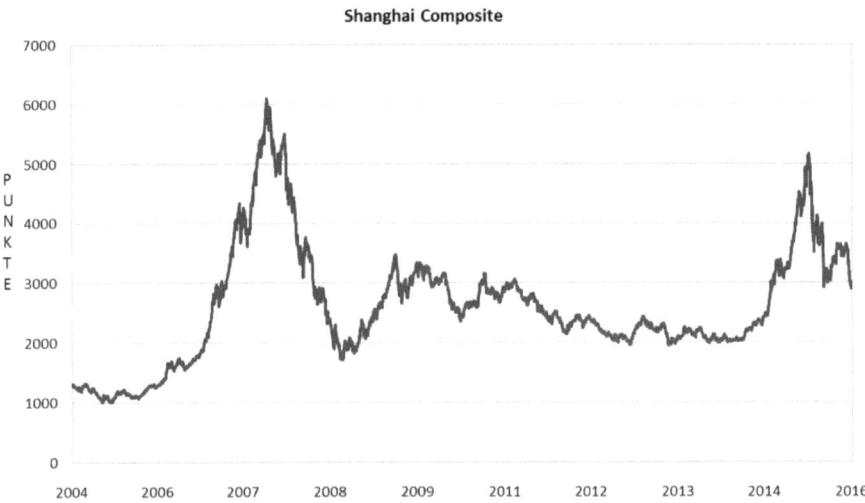

Quelle: Shanghai Stock Exchange

Die realwirtschaftlichen Probleme Chinas waren auch ab Mitte 2015 global bekannt. Die intensive Bautätigkeit verlangsamte sich. Investitionen wurden nur noch vorsichtig getätigt – etwa in das wichtigste Gerät: in Bagger (eng. excavator, digger). So sorgte sich Sang-gi, Segmentleiter bei dem koreanischen Baumaschinenriesen Hyundai, „wir erwarteten, dass dieses Jahr besser als das vergangene Jahr werden würde, doch der Markt wird immer kleiner und kleiner." Und der Manager sieht weltweit keinen Markt, der die chinesische Nachrageschwäche kompensieren könnte. Und von dem chinesischen Wachstum profitierten die südkoreanischen Konzerne enorm – gingen doch ein

Viertel aller Exporte nach China. 2014 verkaufte Hyundai 3.700 Bagger in China – im Jahr 2010 waren es 18.400 gewesen.

„But as the diggers roll off the line, Rhee Sang-gi, Hyundai's construction equipment chief, worries that no amount of geographical expansion can compensate for what is happening in the Chinese construction market. "There is no other market that can replace China," says Mr Rhee, sitting in his nearby office. "We thought this year would be better than last year, but it's getting worse: the Chinese market is getting smaller and smaller." A decade ago, Hyundai Heavy and South Korean peer Doosan Infracore dominated the Chinese market for excavators — the key product in the construction equipment market — with a combined market share of 40 per cent. They achieved this by sharply undercutting the prices of Japanese and US competitors such as Komatsu and Caterpillar, and enjoyed surging profits as Chinese property development mushroomed. This put them among their country's most conspicuous beneficiaries of China's economic boom — a huge driver of growth for South Korea, which sent 25 per cent of its exports to China last year. But the Chinese dream has soured dramatically for South Korea's makers of diggers. Last year Hyundai sold 3,743 excavators in China, down from its 2010 record of 18,467. Doosan's sales fell from 22,093 to 6,905 over the same period. The painful crunch reflects a sharp slowdown in the Chinese construction market as developers respond to a glut of unsold properties."

So meldete die FT im Sommer 2015, kurz vor dem Börsencrash am 17. Juni 2015, online von Simon Mundy „China woes leave Hyundai digging deeper". Und diese ausgeprägte Abschwächung im zentralen chinesischen Wirtschaftssektor der Immobilienwirtschaft hat massive gesamtwirtschaftliche Folgen. Denn der Immobilienmarkt war bis 2014 „das" Vehikel, in das „die" neue chinesische Mittelschicht „ihr" Kapital investierte. Als hier die Renditen schwächelten, sprangen viele in die Aktienmärkte, um dort ihr Glück zu versuchen. Was anfangs auch gut ging. Bis die Kurse einbrachen. Nachdem der Shanghai Composite von 5.000 auf 3.000 Punkte gefallen war und nur äußerst mühsam Ende August 2015 durch eine gemeinsame Aktion von chinesischen, staatlichen Eingriffen stabilisiert werden konnte, sind viele Anleger im In- und im Ausland desillusioniert – denn der Markt stürzte in wenigen Tagen unerwartet brutal ab. Der Aktienmarkt in China hatte seinen Reiz, insbesondere für ausländische Investoren, in wenigen Wochen vollständig verloren, denn staatliche Stützungsmaßnahmen, wie etwa monatelange Verkaufsverbote für Großanleger, machen den Markt dort illiquide und vor allem in Bezug auf die

Risikoprämie der Karrierechancen des investierenden Asset-Managers unberechenbar. Was international immer Kursabschläge nach sich führt, da die Risikoprämie steigt (für das verwaltete Kapital und sein persönliches Gehalt). In der FT vom 31. August 2015, die Titelgeschichte „China ditches mass share buys after $200bn two-month spree." von Jamil Anderlini:

„The Chinese government has decided to abandon attempts to boost the stockmarket trough large scale share purchases and will instead ramp up efforts to investigate and punish people suspected of "destabilizing the market" according to senior officials. In the past two months a "national team" of state owned investment funds and institutions has spend about $200 bn trying to prop up a market that is down 37 per cent since its peak in mid June. "

Nachdem also der chinesische Staat durch seine in einem „nationalen Team" organisierten Investmentvehikel zusammen mit den Banken rund 200 Milliarden Dollar zur Stabilisierung der Börsen im Inland ausgegeben hatte, ändert die KP ihr Vorgehen. Nunmehr sollen die Spekulanten und die Elemente (Volksschädlinge, beispielsweise „rat trader") dingfest gemacht werden, die für die Destabilisierung des Marktes verantwortlich gemacht wurden. Doch das schürt große Sorge im internationalen Finanzumfeld, die chinesischen Methoden sind die eines kommunistischen Staates und diese divergieren teils extrem von denen in London oder New York. Und China ist zunehmend sauer, also richtig sauer. Die FT titelt am 27. Januar 2016 „Beijing warns Soros against declaring 'war on renminbi'":

„George Soros, the man famously broke the pound, has been warned off going to "war on the renminbi" by Beijing, as China's authorities again confronted tumbling stocks and accelerating capital flight. "

Man sieht, die Währungsangelegenheiten werden schnell – wie auch in Europa – extrem schnell zur zentralen Staatssache. China kann zwar auf die weltgrößten Devisenreserven zurückgreifen, doch das Problem ist, dass durch Währungsspekulation ein Vertrauensproblem entstehen kann, welches sich in einer Art Teufelskreis selbst verstärkt. Und dadurch zu einer echten Gefahr für die heutige Weltwirtschaftsordnung werden könnte. Das braucht im Jahr 2016 – außer der ISIS und Spekulanten, die auf fallende Kurse setzen – wirklich niemand.

Es ist sehr persönlich geworden! Und mir scheint, Herr Soros wäre gut beraten, China ein wenig entgegenzukommen. Taiwan, Japan und Südkorea sollen auch sehr schön sein – auch für Währungsspekulanten. Und alle, die heute China als Wirtschafspartner sehen, mögen bitte bedenken, in dem Land der 1,4 Milliarden Menschen geht es hart zu: „Geschäftsmänner", die es „geschafft" haben wegen Korruption auf einer Internetliste des chinesischen Ministeriums für öffentliche Sicherheit zu stehen, haben auch ein Problem. Die Operation Fuchsjagd – „Fox Hunt" veranlasste immerhin 366 von 857 ins Ausland geflüchtete Verdächtige aufzugeben. Davon berichtet die FT vom 29. Januar 2016 in „Beijing steps up `fox hunt` for fugitives hiding abroad". Man beachte hierbei, dass Washington und Peking kein offizielles Auslieferungsabkommen haben. Wer gerne mit grenzwertigen Methoden in den Finanzmärkten auf die Jagd nach dem schnellen Geld unterwegs ist, der sollte sich doch vielleicht momentan von Shanghai und Hong Kong, von Hang Seng, Renminbi oder Shanghai Composit fernhalten. Nur mal so am Rande werden die Methoden angedeutet:

„Chinese security officials pursuing Mr. Ling were caught last year as they attempted to enter the US by posing as journalists, according to people familiar with the matter."

Also man sieht offene Grenzen in Europa? Schengen, wirklich eine Institution, die nur Vorteile hat? In der FT vom Freitag den 11. September 2015 heißt es im Artikel von John Noble auf Seite 24: „Bejing pays high price for intervention" – China zahlt einen hohen Preis für den Markteingriff im chinesischen Aktienmarkt:

„ "Nobody wants to own an asset without knowing if they can sell" says Bod Browne, chief investment officer at Northern Trust, the US fund manager with $960 bn in assets under management." "

Nur, auf eine große internationale Sympathie darf China nicht hoffen, der Ton macht die Musik und China ist, genau wie die USA, nicht zimperlich, wenn es um die nationalen Interessen geht. Im selben Artikel kann man lesen, wie dieses Vorgehen viele internationale Beobachter und die Gemeinschaft der Investoren und Investmentmanager – und damit Wall Street – zutiefst verunsichert hatte. Denn es wurden ihnen ohne große Vorwarnung Verkäufe von großen Aktienpaketen verboten, es wurden Journalisten festgesetzt und die Gerüchteküche trockengelegt. Dabei kam dann auch manch „Unschuldiger" oder „Ahnungsloser" unter die Räder, schließlich machen alle Menschen auch Fehler:

„The Chinese government's response to the market turmoil has been criticized by international observers who watched perplex as the authorities sought to pop up stock by banning large share sales, detaining journalists and punishing "rumour-mongers" as well as orchestered state-directed buying."

Dabei hat die Regierung in Peking mit bestem Wissen und Gewissen gehandelt und großen Investoren verboten Aktienpakete in einen extrem destabilisierten Markt zu werfen. Denn ihre Aufgabe war alles andere als einfach! Bereits im Juli 2015 gab es erste Meldungen, die eine drastische Konjunkturabkühlung erahnen ließen. Denn nicht nur bei Baggern – excavator –, also dem Tiefbau auch im Hochbau bei den Aufzügen – elevator –, war die Realwirtschaft im Bereich der Investitionsgüter in einem labilen Zustand kurz vor der Implosion geraten. Der Nachrichtenanbieter Bloomberg stellt am 01. Juni 2015 im Artikel „Elevator Makers May Face Similar China Decline as Mining Sector" von Tino Andresen fest:

„China accounted for about 70 percent of global elevator orders last year [2014]"

Damit sind die Aufträge im Aufzugsbau zu einem globalen Frühindikator geworden. Und der deutete Mitte 2015 auf ein massives globales Problem hin. Denn **bedenke: Alle chinesischen Probleme sind heute globale Probleme.** Anfang 2016 hatte sich die Krise der Realwirtschaft dann massiv ausgeweitet und fast alle Sektoren erfasst – und die Welt war unsicher geworden, niemand wusste mehr, was von dem chinesischen Patienten wirklich zu halten war. Deshalb kam Anfang 2016 der Januar-Crash an den Börsen. Nur, hatte das alles so zwingend kommen müssen oder war die Politik im Westen – und besonders in der EU – zu sehr mit den eigenen Problemen beschäftigt, um den Chinesen für ein „konzertiertes, gemeinsames Wirtschaftsprogramm" die Hand zu reichen? Denn der IMF, der Internationale Währungsfond, ist zu klein, um die Wirtschaftsprobleme Chinas oder die der USA zu bewältigen: Die relevante Hausnummer des IMF ist wohl Griechenland, seit gefühlt immer – bitter für diese Institution, die schon am 19. September 2005 in präziser Vorausschau zu den Wirtschaftsproblemen in Griechenland sagte:

„However, a highly visible and comprehensive social discussion should begin immediately to explore the key issues and possible solutions, with a view to early implementation of urgently needed concrete reforms."

Denn die EU hat die bereits 2005 ausgesprochene Warnung zu dem dringenden Reformbedarf Griechenlands einfach ignoriert, bis es zu spät war. Somit war Griechenland bei der Lösung seiner Wirtschaftsprobleme auch auf sich allein gestellt. Man fragt sich hier, ob dem IMF nicht ebenfalls eine Reorganisation wohl täte, um auch Brocken der Gewichtsklasse China, EU und USA aus einer finanziellen Schieflage befreien zu können – gerade nach dem BREXIT. Denn es gilt: Auch China und die USA haben Schwachpunkte. Der chinesische Automobilabsatz lahmt schon länger. In der FT ist auf Seite 3 am Freitag, den 11. September 2015, im Artikel von Jamil Adnerlini: „China´s Li seeks to reassure investors" zu lesen – Der chinesische Premierminister Li versucht Investoren zu beruhigen:

„ ... with the China Association of Automobile Manufacturers (CAAM) reporting that its members' car sales had fallen the third consecutive month in August. According to CAAM data, wholesale deliveries were down 3,4 per cent year on year in August to 1.4 m units. "

Damit hat sich der Einbruch der Investitionsgüternachfrage zusammen mit den schlechten Nachrichten von der Börse in sehr kurzer Zeit auf die chinesische Automobilnachfrage (also auf langlebige Gebrauchsgüter) ausgewirkt. Und da hätte doch der Automobilkontinent Europa eigentlich spitze Ohren bekommen müssen? Oder, was meinen Sie, lieber Leser?

Nur, die Stimmung im Westen ist leider seit Mitte 2015 nicht mehr pro-China. Denn die Regierung unter Präsident Xi hat sich für einen, in der jüngsten historischen Tradition ungewöhnlich harten Kurs in der Innen- und Außenpolitik entschieden. Tibet ist ein absolutes Reizthema. Der Dalai Lama eine Hassfigur – ein Terrorist. Die Auswirkungen auf kultureller Ebene ein PR-Desaster. Der Nationalismus in China erreicht ein neues Niveau, welches sich immer weniger mit den Schmerzgrenzen anderer Staaten, Völkern oder Kulturen beschäftigt. Sehr deutlich zu sehen ist dies im Suchen einer neuen Machtbalance. Denn China hat jetzt die globale to-big-to-fail Größe erreicht. China ist jetzt die Nummer Eins-Volkswirtschaft in der hochgradig vernetzten Weltwirtschaft des 3. Jahrtausends, realwirtschaftlich sogar weit vor den USA. Und China hat klare Vorstellungen. Sehr plakativ ist dies klar geworden in der kurzfristigen Absage eines Auftritts der Rockgruppe Bon Jovi, die – auf Wochenfrist – Konzerte in Peking und Shanghai absagen musste. Unglücklicherweise hatte die Band 2010 ein Bild des Dalai Lama in die Bühnenshow integriert (Financial Times, Seite 1, am 9. September 2015). Schade, denn Musik ist gelebte Völkerverständigung.

Nur, all dieser interne Machtkampf hat seinen Preis. Er streut Sand ins Getriebe der Wirtschaft. Denn aus Vertrauen wird Misstrauen: Die Wirtschaft wächst einfach nicht mehr: In der FT ist dies deutlich zu lesen: So am 2. Januar 2016: „China PMI shrinks for fifth straight month" von Ben Bland. Überkapazitäten und Schuldenlast drücken auf die Auftragslage der Industrie, und die Industrieproduktion schrumpfte dann im Dezember 2015 im fünften Monat in Folge – aber (!) der Servicesektor wächst – noch:

„China's economy started the year with more bad news as official data showed the manufacturing sector shrank for the fifth straight month in December."

Gleichzeitig steckt China Ende 2015 in drei verschiedenen heimischen Krisen: Überkapazitäten etwa im Stahl infolge des schuldenfinanzierten Booms, eine analoge Produktionsstruktur und eine schwache globale Nachfrage nach chinesischen Produkten. Der chinesische PMI im Dezember 2015, ein volkswirtschaftlicher Frühindikator des Verhaltens von Einkaufsmanagern, wurde mit 49,7 Punkten veröffentlicht. Alle Werte unter 50 Punkten deuten auf ein Schrumpfen der Wirtschaft hin. Jedoch wuchs gleichzeitig der Servicesektors, hier lag der PMI bei 54,4 Punkten. Nur ist das lediglich die eine Seite der Medaille, denn aus den massiven inländischen Problemen wird bei einer falschen Lösungsmatrix ratzfatz ein Problem der Außenwirtschaft – durch Kapitalflucht und Spekulation eben. Und Kapitalflucht beginnt immer dann, wenn das Vertrauen sinkt. Und Vertrauen nimmt unweigerlich ab, wenn die falsche Kommunikationsstrategie gewählt wird – oder schlimmer noch, wenn Kommunikationspartner verschwinden oder wegsperrt werden – egal, ob temporär oder auf Dauer [was natürlich nicht nur China macht, Machtpolitik eben, aber die USA oder die EU arbeiten da mit subtileren Mitteln. Dort werden die Leute arbeitslos und fallen dann unter die Armutsgrenze und aus der Statistik - das Mittel der Wahl dabei: Mobbing und Scheidung....].

Doch die kommunistische Partei Chinas hat die inländische Konjunkturproblematik erkannt und nimmt die sehr ernst. Das zeigt sich am Verhalten der Zentralbank, der Peoples Bank of China. Nach dem November 2014 gab es sechs Zinssenkungen bis November 2015 und zusätzlich wurden in 2015 die Reserveverpflichtungen der Geschäftsbanken in China deutlich gelockert. Was einer wirklich extrem expansiven Zentralbankpolitik Chinas gleichkommt. Das ist nicht mehr der berühmte Sack Reis, der in China umfällt, das ist ein echter globaler Game Changer – erstes Opfer: Japan. Dort im Niedergang: Die Giganten der Vergangenheit: Toshiba, Sony, Sharp, NEC und

Hitachi. Nur der Aktienkurs wird künstlich durch die Zentralbank Japans, die BOJ, und andere Investmentvehicle wie Pensionsfonds hochgehalten. Am 31. März 2016 wird dann auch Sharp (ein Pionier der ehemals mächtigen japanischen Elektronikindustrie) zum Schnäppchenpreis vom taiwanesischen Auftragsproduzenten Hon Hai Precision Industry übernommen. Die FT nennt dies eine Wasserscheide (Seite 1 „Sharp sold to Foxconn on painful day for Japan´s fallen electronics industrie").

Die Zentralbanken in den USA und in China, den beiden größten Volkswirtschaften der Welt, sind im Dezember 2015 auf konträren Bahnen angelangt. Die USA erhöhen die Zentralbankzinsen, während China diese senkt. Für den Bereich der Währungsstabilität verheißt dies in den Jahren nach 2016 wenig bis nichts Gutes! Doch damit bewahrheitet es sich auch wieder, wenn es Probleme in der Realwirtschaft gibt, liegt die Problematik viel, viel tiefer. Sie wurzelt meist tief im Finanzsystem! Und direkt am ersten Handelstag in 2016 wurde das deutlich. Die chinesische Börse fiel um 7 Prozent um dann, nach dem neuen Regelwerk, erstmalig den Handel auszusetzen. Reuters berichtet darüber online am 4. Januar 2016. Dort beschreiben Sam Sheeny und Samuel Sheen die dramatische Lage in Shanghai.

„The selloff saw the CSI300 index of the largest listed companies in Shanghai and Shenzhen lose 7.0 percent before trading was suspended, its worst single-day performance since late August 2015, the depth of a summer stock market rout."

Obwohl die Ursache zunächst unklar war, wurde die extrem massive Intervention des Staates an den Börsen im Sommer 2015 im Verborgenen dafür verantwortlich gemacht. Denn das neue Regelwerk war einfach wohlwollend doch leider sehr fehlerhaft konstruiert. Es verursachte durch das zeitweise Aussetzen des Handels massive Liquiditätsängste und das führte dann zur Panik unter Händlern und Investoren. Denn viele und gerade die automatisierten Handelsstrategien brauchen heute zwingend eine umfassende Liquidität, etwa bei ETF´s – um jederzeit kurzfristig Positionen öffnen und auch wieder schließen zu können.

„In fact, many analysts attributed the decline to the imminent end of a 6-month lockup period on share sales by major institutional investors, a policy implemented to shore up indexes in the wake of the crash. "This is quite unexpected," said Gu Yongtao, strategist at Cinda Securities. "The slump apparently triggered intensified selling, while the trigger of the circuit breaker

*seems to have heightened panic, **as liquidity was suddenly gone** and this is something no one has experienced before. It was a stampede."'* [Hervorhebung durch den Autor]

Etwas trockener vermeldet dieses Blutbad an den Aktienmärkten Dai Tian von der quasi- oder halboffiziellen Seite Chinadaily.com.ch:

„Stocks plunged on Monday as investors sought to dump shares to ward off potential volatilities. The benchmark Shanghai Composite closed at 3,296.26, down 6.9 percent, while the Shenzhen Component Index suspended at 11,626.04, down 8.2 percent. Before the whole-day halt was triggered at 1:34 pm on the first day the circuit breaker mechanism was introduced, trading was first suspended for 15 minutes after the CSI 300 Index slumped 5 percent. Market analysts attributed the slump in part to lower-than expected manufacturing activity, which dented market sentiments."

Die Stimmung wurde schlechter und die Marktturbulenzen gingen weiter. Am Freitag, den 8. Januar 2016, musste der „circuit breaker", eine theoretisch clevere Idee, wieder einmal ran. Die FT vom 9. Januar 2016 erzählt auf Seite 3 locker flockig von einem historischen Tag, an dem in einer halben Stunde weltweit Billionen an Werten in Schutt und Asche gelegt worden waren: Tom Mitchel in „China´s market reforms in question after 29 mad minutes".

„The 29 minutes that shook the world began on Thursday at 9.30 am, Chinese local time, when market opened. At 9.42 a sharp fall on the Shanghai and Shenzhen stock exchanges triggered a controversial new "circuit breaker", that halts trading for 15 minutes after a 5 per cent decline and closes the markets for the day after the blue-chip CSI 300 index is off 7 per cent." When trading resumed at 9.57am, investors panicked. It took just another two minutes for the CSI 300 to set off the second circuit breaker, ending the days session, before, as Chinese investors joked, their ‚coffee had even cooled'."

Das war es dann auch schon mit der globalen Liquidität an den Aktienmärkten des 7. Januar 2016, sie war zu Ende, bevor der Kaffee der Händler überhaupt eine Chance hatte kalt zu werden. Das Jahr 2016 hatte nicht gut begonnen: China und das Öl rissen die Weltbörsen mit nach unten. Und es gab auch aktuell keinen Grund zum Optimismus… Was aus den folgenden Seiten hervorgeht. Aber die Chinesen gehen solche Probleme anders an. Am 20. Februar 2016, also direkt nach dem chinesischen Neujahrsfest zum Jahr des Affen muss der „Erfinder" dieses „Volatilitäts-Unterbrechers" gehen – Xiao Gang der 57 Jahre alte Chef der Börsenaufsicht, der China Securities Regulatory Commissions. Das Handelsblatt verabschiedet ihn mit der wenig rühmlichen Schlagzeile: „Mister Börsencrash tritt zurück". Die Lage war ernst geworden, chinesische Offizielle begannen zunehmend unruhig und hektisch zu reagieren. Die FT konnte am 8. Januar 2016 als Schlagzeile aufmachen mit: „Global Markets in fresh turmoil after Beijing fails to halt sell-off". Die globalen Märkte waren also im Aufruhr. Panik entstand, da Peking seine Aktienmärkte nicht mehr im Griff zu haben schien oder weil die Spekulation ein unerwartetes Ausmaß angenommen hat. Und Dan Mccrum und Gabriel Wildau lassen keinen Zweifel aufkommen, über welche Gewichtklasse an Problemen wir gerade reden: Wir sind im Superschwergewicht. Und das bedeutete eine akute Gefahr für China´s 4.000 Milliarden US Dollar Devisenreserven:

„The plunge in stocks came after the central bank disclosed the scale of recent spending to prop up the currency, a consequence of capital flight. China's forex reserves fall $108bn December 2015, according to central bank figures released yesterday – greater than the $87 bn slide in November. Reserves peaked at $3.99tn in June 2014 but have fallen for 13 of the past 15 months. The central bank also moved the daily fixing rate around which the renminbi is allowed to trade to the lowest in four years."

Wie nicht anders zu erwarten, hatte China inzwischen ein Problem, dass von den nationalen Aktienmärkten über die Wechselkurse (Ja, China hat zwei Wechselkurse) auf die FX-Märkte, also die Märkte für Währungen in Echtzeit weltweit ausstrahlte. Daher auch der Crash Anfang 2016. Die chinesischen Devisenreserven fielen täglich. Vom Januar 2016 aus betrachtet, muss festgestellt werden, dass es genau 13 Mal in den davorliegenden 15 Monaten zu Kapitalabflüssen ins Ausland kam. Es ist noch nicht absehbar, wie sich diese Spirale aus mangelndem Vertrauen, Konjunkturabschwächung, Kapitalflucht und Abwertungsdruck verlangsamen sollte, vor allen Dingen nicht, solange die globalen Rohstoffpreise weiter fallen oder zu Tiefstkursen notieren – und der strukturelle, wirtschaftliche Schaden könnte massiv werden. Doch China ist bekannt für zuglcich radikale wie effiziente Maßnahmen. Seit Mitte 2016 werden verstärkt Zombi-Unternehmen in den Konkurs und dann in eine gesamtwirtschaftliche vorteilhafte Restrukturierung gezwungen.

Hinzu kommt die systematische Reduktion der internationalen Vernetzung... Im Dezember 2015 suspendierte die PBoC mehrere Auslandsbanken vom Handeln mit Fremdwährungen in China. Wir sind also weltweit in eine Phase des

Machtkampfes und der synchronen Deglobalisierung eingetreten. Welche Auswirkungen mag das haben? Die Länder mit viel Humankapital, Rohstoffsicherheit und unbegrenztem Zugang zu Kapital werden die Spielregeln neu ausformulieren. Doch werden Japan und Europa dazugehören? Nur die Nachricht war wohl noch nicht so richtig im Westen und besonders in Europa angekommen: Hier in Kürze, der zentrale Teil der aktuellen Machtbalance: Lunch with the FT Wang Wei, 30./31. Januar 2016 „China lacks something when it comes to art", Seite 3 in Life & Art:

„Or as Lui himself put it in a recent interview: ‚The message to the west is clear, we have bought their buildings, we have bought their companies, and now we are going to buy their art.‘ "

Und dies sind keinesfalls leere Worte: Für 170 Mio. Dollar ging im November Modiglianis liegender Akt, „reclining nude" nach China. Im Februar 2016 will Chem China den Schweizer Chemie-Riesen Syngenta für 43 Milliarden US Dollar kaufen. Deutsche Maschinenbauer wie KrausMaffei, KUKA oder Manz gehen weg wie warme Semmel. Und bei den Immobilien sei einfach nur erwähnt, dass Hunderte von Millionen USD in die Entwicklung von zentralen urbanen Grundstücken fließen, etwa nach New York, natürlich in projektierte Wolkenkratzer. Der Machtkampf hat nach der inneren Seite die äußere Seite erreichen – und dann nicht nur in der südchinesischen See. Dort haben sich inzwischen die Philippinen aus dem amerikanischen Machtbereich verabschiedet und streben unter dem neuen Präsidenten Rodrigo Duterte eine Kooperation mit China an. Auf dem Spiel steht die Revision der postkolonialen Ordnung. Die Nachricht an den Westen ist klar: Wir kaufen eure Immobilien, wir kaufen eure Firmen und jetzt werden wir auch noch eure Kunst kaufen – die Frauen kommen dann von selber… Und ganz offen kopiert Chinas Elite auch Ideologie, etwa das deutsche „Erfolgsmodel" bei seinem Mittelstand und seiner sozialen Marktwirtschaft. China will weg von Großkonzernen der Schwerindustrie hin zu digitalen Champions im Dienstleistungsbereich mit stark mittelständisch geprägter industrieller Unternehmensstruktur. China kauft ein, und am allerliebsten kauft China natürlich deutsche High-Tech. Doch Europa ist seit 2015 nicht handlungsfähig – aus der inneren Schwäche oder Lähmung Europas heraus. Denn die EU macht „business as usual" – sie kann ja nur noch Krisengipfel oder Negativzinsen. Migration ist sicher keine der Kernkompetenzen der EU, hat aber die Bevölkerung gespalten. Der Ausverkauf (Fire Sale) muss bald beginnen. Dagegen eliminiert China einen Schwachpunkt nach dem anderen in vorbildlicher Weise! Die FT zeigt auf Seite 5 am 2. Juli

2016, in dem Artikel von Luxy Hornby, „China´s Xi denounces ‚other -isms‘ in eulogy to Marxist roots" die ideologische Ausrichtung. Hier betont China die eigene marxistische Prägung!

*„The Chinese Communist party is going back to its Marxist roots, Xi Jinping pledged on Friday, as he stressed ideological purity in a speech to mark the party's 95th anniversary."[...] „Communist orthodoxy is hard to come by **in an increasingly prosperous and materialist China where a growing wealth gap is generating class tensions.** But the president stayed well within the careful choreography of party ceremony as he urged its 88m members not to "betray or abandon" Marxism." ... „The whole party should remember, what we are building is socialism with Chinese characteristics, not some other -ism," Mr Xi said in an 80-minute address in Beijing's Great Hall of the People. The speech was live-streamed on the website of state news agency Xinhua as well as on YouTube — a site banned in China."* [Eigene Hervorhebung]

Und es ist nur ärgerlich, wen ich mich mit deutschen Rentnern und Journalisten herumschlagen muss, die es ableugnen, dass in China die kommunistische Partei herrscht. Diese Bevölkerungsgruppe ist beratungsresistent, aber angeblich proeuropäisch. Und dank des deutschen EU Kommissars Günther Oettinger, sind Chinesen auch seit Dezember 2016 wieder offiziell „Schlitzaugen" - ein unfassbarer Affront und Rückschritt ins Dunkel.

9.2. Polen

Lenders – including local units of Santander, Deutsche Bank, ING and Raiffeisen – have already become subject to new taxes and regulations, as Poland´s administration has sought to constrain the mainly foreign-controlled industry and help fund more social spending.

FT, „Polands banks probed on customer fees", Henry Foy, 9. Februar 2016

2015 war das Jahr des Gezeitenwechsels. Aus der Zeit vom 3. Dezember 2015. In „Könnte Schiefgehen" von Piotr Suras, in „Polens neue Mehrheit zieht ihr Ding durch":

*„Da meldete sich Morawiecki zu Wort, einst eine Legende der antikommunistischen Opposition. „**Über dem Recht steht das Wohl des Volkes",** sagte der Älteste unter den Volksvertretern. Worauf sich die*

Abgeordneten der Regierungsmehrheit von den Plätzen erhoben, um dem Redner minutenlang Beifall zu spenden."

In Deutschland undenkbar – in Merkels Deutschland – mit sozialer Hinrichtung bedacht, eine solche Äußerung. Und so klagt die BILD Zeitung mit Redakteuren, deren langjährige Arbeit im Boulevard den vollständigen Zusammenbruch des vernetzten Denkens verursacht hat. Online also Rolf Kleine und Larissa Krüger über den gefühlten moralischen Niedergang Europas am 7. Dezember 2015 in „Rechtsvirus infiziert unsere Nachbarn" von:

„Eines ist allen gemeinsam: Sie sind GEGEN ein geeintes Europa, GEGEN Ausländer und GEGEN Flüchtlinge."

In genau der Reihenfolge! Und nur (!) in dieser Reihenfolge ist es politisch korrekt Moral - Made in Germany 2016. Denn wer keine oder eine andere Moral hat, der ist Rechts und/oder psychisch auf Abwegen. Das geht in Deutschland ganz schnell. Wer früher Querdenker war, ist heute Querulant und „Rechts" – ohne dass sich seine Überzeugung auch nur einen Jota geändert hätte. Doch stört er das „business as usual" der Medien, der Kanzlerin und ihrer Paladine, (übrigens Erfinder, Querdenker und damit Querulanten sind meist männlich, genauso wie die große Mehrzahl der whistle blower – und auch jährlich über 10.000 der Selbstmörder)! Doch damit gilt in Deutschland letztlich: „Über dem Recht steht das Wohl Europas"! Mist nur, dass die anderen Europäer Deutschland inzwischen hassen wie die Pest – und zwar zu Recht! Und so ist es unglaublich praktisch und selbstzerstörerisch bequem einfach so weiterzulaufen wie bisher – zum Rand der Klippe. Als Déjà-vu das Cover des globalen Wirtschaftsmagazines „The Economist" vom 25. Mai 2013 – „The Sleepwalkers". Denn bald können die Deutschen auch wieder den Märtyrer spielen. „The Economist", der keine Autoren nennt, deutet das an:

*„It is a reassuring tale, and those worn down by the Wagnerian proportions of the euro saga (who isn't?) are eager to believe it. **Unfortunately, the idea that the euro is yesterday's problem is a dangerous figment**. In reality, Europe's leaders are sleepwalking through an economic wasteland."* [Eigene Hervorhebung]

Die Spannungen zwischen Polen und Deutschland eskalieren naturgemäß in der Erwartung einer deutschen, neoliberalen, neoimperialistischen Politik, die die totale Harmonisierung zum Ziel hat, auch im Januar 2016. Denn solch eine Entwicklung, auch wenn sie im Wesentlichen über den Medien und den

Bankbereich erfolgt, lassen sich die Polen ganz sicher nicht mehr gefallen – nach 1945. Als Andrzej Duda am 6. August 2015 gewählt worden war, herrschte bereits Missfallen an der Spree. Da waren plötzlich Feinheiten zu beachten, die dem Kanzleramt wohl bei der Google-Recherche entgangen waren: Und die es im Umgang mit Frankreich und anderen „West-Alliierten" so auch gar nicht gegeben hatte:

*„**Die Welt**: Wie ist Ihr Verhältnis zu Deutschland?*

***Duda**: Für mich ist das eine persönliche Angelegenheit. Der Onkel meines Vaters war Partisan der Heimatarmee. Auf einem Denkmal in Stary Sacz steht heute sein Name: Die Gestapo hat ihn zu Tode gefoltert."*

So am 28. August 2015 in dem Artikel aus „Die Welt" „Warum Polen noch nicht in die Euro-Zone strebt". Ja, im Zweiten Weltkrieg starben rund 6 Millionen Polen, davon waren aber nur 300.000 Soldaten. Doch Berlin war nicht in der Laune zuzuhören, warum auch, dort sah man nach Westen, Richtung Brüssel und hoch an den Himmel zu den Sternen der Moral. Doch die Polen hatten sehr, sehr ernste Sorgen, den Krieg vor der Haustüre, in der Ukraine.

„In letzter Zeit kamen Tausende Ukrainer wegen des Krieges nach Polen. Wenn es dort keinen dauerhaften Frieden gibt, wird diese Auswanderung weiter anhalten."

In der deutschen Presse war dies nie ein Thema: Polen hat seit dem Ukraine-Konflikt ein ganz immenses Flüchtlingsproblem, denn immer mehr Ukrainer waren aus dem zerrütteten Land an der Schwarzmeerküste ins sichere Nachbarland Polen geflüchtet. Und daher kam es auch, dass Polen nicht noch ein zweites, von Kanzlerin Merkel selbstgeschaffenes, muslimisches Flüchtlingsproblem brauchte.

Polen war schon bedient genug damit, sich von Russland militärisch bedrohen zu lassen bzw. seine Bauern unter den EU-Sanktionen gegen Russland und deren Gegenmaßnahmen in die Pleite gehen zu sehen. Und mir ist auch nicht bekannt, dass Polen große Unterstützung aus den B-Städten Brüssel und Berlin bekommen hätte. Mit der geschichtlichen Erfahrung zwischen Deutschland und Russland und den Problemen wie etwa der Jugendarbeitslosigkeit alleine gelassen, ergab dann Eines das Andere. Und es wurde nicht besser als dann die erzkonservative Oppositionspartei PiS nach der gewonnenen Wahl am 25. Oktober 2015 an die Macht kam. Dann teilte die deutsche Presse aus. Endlich war wieder ein ordentliches deutsches Feindbild neben den Russen vorhanden – die 38 Millionen Polen eben.

Jene Polen, von denen offenkundig eine Mehrheit zu dumm war, zu verstehen, wie gut für sie die neoliberale EU ist. Das „Beste" war dann der Versuch Brüssels im Januar 2016 Polen unter eine Kuratel der EU zu stellen, so wie man eben ein dummes Kind erzieht. Die erste Stufe eines dreistufigen „Disziplinar-Verfahrens" wurde von der EU-Kommission in Gang gesetzt, um in einem offiziellen Verfahren die Rechtsstaatlichkeit und Demokratie Polens zu prüfen. Diese arrogante Attitude kam nicht gut an, in Polen nicht und auch nicht in etlichen anderen EU-Staaten im Osten – zurecht! Deutschland hat es sich gründlich verscherzt.

9.3. "Ich möchte die Deutschen nicht zu Nachbarn haben"

Dem Sonnengott

Wo bist du? trunken dämmert die Seele mir
Von aller deiner Wonne; denn eben ist's,
Dass ich gelauscht, wie, goldner Töne
Voll, der entzückende Sonnenjüngling

Sein Abendlied auf himmlischer Leier spielt';
Es tönen rings die Wälder und Hügel nach.
Doch fern ist er zu frommen Völkern,
Die ihn noch ehren, hinweggegangen.

Friedrich Hölderlin (1798/99)

„"The US has been a headache for VW for decades and decades", one former VW executive says. "I´m not sure we even really understood the Americans.""

Aus dem Artikel „Uncle Sam throws the book at bruised VW", FT vom 6. Januar 2016, von Richard Milne, Gina Chon und Andy Sharman, auf Seite 13. Deutschland tut sich schwer! Schwer mit der Welt außerhalb der Euro-Zone oder besonders außerhalb der EU. Dort eben, wo Deutschland mit der Moral oder dem Euro und der doppelten Staatsspitze von Merkel und Gauck die so herrlich implementierte teutonische Superiorität, die gefühlte moralische Lufthoheit nicht besitzt. Egal ob gerade persönlich der deutsche Außenminister, der Finanzminister oder die Kanzlerin am Tisch sitzt. Etwa dort, wo

„europäisch" ein wenig mehr nach „kolonial" klingt. Gesegnet von einer offiziell niedrigen Arbeitslosigkeit, infolge des deutschen Kindermangels, nicht wegen einer guten Wirtschafts- und Sozialpolitik, hat die überalternde „Softpower" Deutschland einen harten Kurs eingeschlagen. Neben der deutschen Austeritäts ideologie hat kein anderer Gott mehr Platz in Europa – eine tragische Fehlentwicklung. Denn für viele Deutsche ist Geld zu einer Art Gott geworden, nicht erst seit „Geiz ist Geil"- schon zu DM-Zeiten. Und der teutonische Euro-Zentrismus ist eine historisch perverse Fehlleistung. In den deutschen Köpfen geschieht ein stetes Ausblenden von China. Sei es auf Folien von Chefvolkswirten oder in der deutschen Presse. Hier normiert auf das Krisenjahr 2008, um die Entwicklung der vergangenen Dekade ins Bewusstsein zu heben. So gut wie noch niemand hat sich in Deutschland wirklich mit dem Aufstieg Chinas strategisch auseinandergesetzt. Das Verdrängen der EU von Platz 2 an globalem Einfluss, hier in Deutschland will es niemand spüren. „Es geht uns gut" verkündet der CDU- Kanzleramtsminister Altmaier. Arbeitslose sind in den deutschen Medien kein Thema, solange sie keine „verbrecherische" Populisten wählen oder was dann analog Houellebecq auch eine Alternative wäre – anfangen zum Islam zu konvertieren.

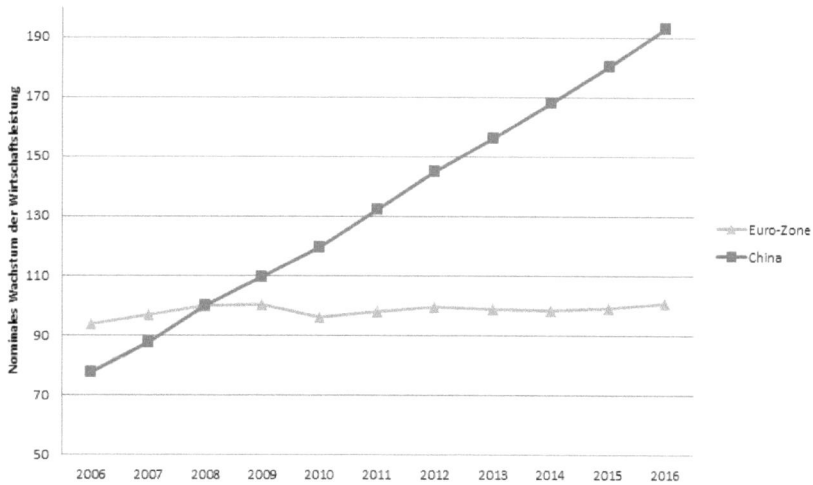

Quelle: eigene Grafik, auf Basis einer Bundesbankpräsentation und Statistica.de

Nur die USA sind, dank ihrer globalen Militärpräsenz, unantastbar globale Ordnungsmacht. Sofern sie einen Präsidenten hätten, der dieser Aufgabe auch gewachsen wäre und führen wollte. An anderer Stelle ist Deutschland recht ignorant – oder wahlweise fokussiert. Die Merkel zu Füßen liegende Presse ist nur zu willig, die herrschende Ideologie umzusetzen, anstatt sie zu hinterfragen. Kritik an einer Frau ist heute generell Sexismus. Fakten, welche der politischen Korrektheit entgegenstehen, werden sehr häufig verschwiegen. Eine Lügenpresse, die haben wir – Gott sei Dank – noch nicht in Deutschland. Aber wir sind nicht mehr auf dem richtigen Weg. Denn eine massive Zensur haben wir in vielen Teilen der Medien. Das, was dort abgeht, schießt weit über jedes gegebene demokratische Maß an politischer Korrektheit hinaus (vergleiche die Berichterstattung des ZDF zu der Silvesternacht in Köln). Im Kanzleramt, bei Springer, Burda und Bertelsmann „Fest gemauert in der Erden..." stehen hier die Moral und der Feminismus – neben den Damen in der Verlagsleitung noch ein ein paar Chefredakteure – sie haben die Print-Medien und das Staatsfernsehen in ihrem Griff. Und seien Sie sicher lieber Leser, alles, was es nicht geben darf, wird es offiziell nicht geben: So werden mit der in den deutschen Medien praktizierten Wirklichkeitsverweigerung (oder falls das Ihnen besser zusagt: wirklichkeitsgestaltenden Bewertung in der postfaktischen Gesellschaft) Deutschlands und Europas Zukunft in Frage gestellt. Hiermit etwa: Die deutsche Innovation des Jahres 2015: Negative Zinsen.

Dabei gilt: **Negative Zinsen sind genauso geisteskrank wie negative Gravitation** *oder negative Geschwindigkeit! Passt zur EU im Jahr 2016 ganz gut oder?*

Das ist die Einladung zum Ausverkauf. Geld ist in den Jahren nach 2008 zu einem großen Experimentierfeld geworden. Zum einen ist es das QE mit den Nullzinsen, welche in Europa sogar das Maß der Negativzinsen erreicht haben, egal ob in Dänemark, der Schweiz, oder in Schweden. Auch und gerade außerhalb des Kern-Eurolandes Deutschland entstand in den Jahren seit 2012 dieses historisch singuläre Phänomen oder sagen wir besser Experiment. Nur im Euroland gilt die übliche monetäre – geldpolitische – Schwerkraft gerade nicht. Im Magazin „Die Bundesbank" vom September 2015 beschreibt ihr Präsident Jens Weidmann diese Vision im Artikel „Der Euro: mehr als nur Geld" sehr treffend: „Unser Geld ist mehr als nur ein Zahlungsmittel. Es ist ein Symbol für das Zusammenwachsen Europas." Das ist ein Versuch zu viel: Geld kann dies alles nicht leisten und schon gar nicht zugleich.

Hier wurde eine Chance vertan, da nicht juristisch verstanden wurde, dass Geld ja Kredit oder Kapital ist – also auf zwei Bilanzseiten steht. Worauf sollte also Europa zusammenwachsen? Auf Kredit, wie es geschah oder auf Kapital? Was mit Kapital sogar funktioniert hätte, falls Teile der neoliberalen Elite nicht versucht hätten, mit Nullzins, mit Kredit, Börse, Ankaufsorgien der Notenbank und Steueroptimierung immer mehr Einkommen in kürzerer Zeit anzuhäufen. Wenig beeindruckt von der Lage zeigen sich jedoch die wichtigsten Politiker des schlafwandelnden Kontinents: der Präsident der europäischen Kommission Jean-Claude Junker, Kanzlerin Angela Merkel und der deutsche Finanzminister Wolfgang Schäuble. Doch was nutzt das? 6,5 Milliarden Menschen benutzen Geld nun einmal anders als die 500 Mio. Europäer und es wird sich zwingend ein Konflikt hieraus anbahnen. Genau wie es auch schon in der Innenbeziehung im Euroraum geschieht. Griechenland ist das in Deutschland mit Abstand meist gehasste oder besser verachtetste Land in der Eurozone.

Das ist exemplarisch und leider wunderschön sichtbar geworden beim European Song Contest (ESC) 2015 in Wien. Es gewann der Song – das Lied – Heros des schwedischen Sängers Zelmerlöw. Was ja auch ganz nett klingt. Das System der Punktevergabe ist neodemokratisch: Halb aus Televoting, halb aus einer Jury heraus werden Punkte für gute Songs vergeben. 10 Punkte sind das Maximum, dann folgen 8, 7, 6, 5 Punkte und dann nur noch 1 Trostpünktchen Bis nichts mehr für alle anderen Songs bzw. Länder bleibt. Doch 2015 ergab sich etwas Bemerkenswertes: Der 60. ESC stand unter dem Motto „Building bridges" also „Brücken-Bauen", exakt wie auf den Euro-Scheinen. Er brachte ein erschreckendes Ergebnis: Während Schweden siegreich mit 365 Punkten aus dem Wettbewerb hervorging, bekamen Deutschland und Österreich jeweils NULL Punkte! Frankreich bekam 4 Punkte. Ob jetzt Lisa Angel, The Makemakers oder Ann Sophie so schlecht gesungen hatten – wer weiß. Sicher ist: der Austeritätteil der EU ist abgestraft worden, von der breiten, europäischen Bevölkerung. Reaktionen der deutschen Führung unter dem geizigsten oder je nach Perspektive sparsamsten Bundesfinanzminister aller Zeiten, Dr. Wolfgang Schäuble: ebenfalls NULL! Kultur darf nichts kosten! Und für die europäische Perspektive heißt das nun auch einmal in der konsequenten Dialogverweigerung der Elite NULL Punkte – den deutschen Hypermoralisten sei Dank! Die Zeitung „Die Welt" schreibt dazu passend am 24. Mai 2015 „Der deprimierende Abend, an dem die Idee Europa starb - Kein einziges Pünktchen für Deutschland – dieser Abend war für uns eine große

Demütigung. Und das, obwohl wir uns in Europa ständig abmühen." – von Matthias Matussek. Und weiter:

„Wen wollen die mit ihrem Friedensgetue veralbern? **Sollen sie doch mal anfangen bei sich und ihren Jurys und ihrem Heimpublikum - denn die wählen.** *Und sie haben für Italien, Schweden und Russland gestimmt –* **und damit gegen uns**. *In meiner Facebook-Gruppe war klar: Wer nicht für uns ist, der ist nun mal gegen uns, das ist das eherne Gesetz des großen Eurovision Song Contest. Zum Beispiel "Spiegel"-Mann Nils Minkmar. Er versuchte auf seiner Seite, das Ergebnis schönzurechnen. Eine schwarze Null. Netter Kalauer – in der Praxis eine Unverschämtheit. Hat sich einer von diesen angeblichen europäischen Friedensfreunden mal gefragt, wie wir uns fühlen? ... Wie das ist, wenn man keinen einzigen Punkt kriegt?* **Ich glaube, an diesem Abend ist die Idee Europa ein für alle mal zu Grabe getragen worden.**" [eigene Hervorhebung]

Wer hat denn die Deutschen überhaupt gebeten sich abzumühen? Noch besser dann die exemplarische Europabetrachtung einer beleidigten deutschen Hypermoral-Leberwurst: Da kommt nichts als Wut eines von der schönen stierreitenden Europa verschmähten Pubertierenden zum Vorschein, dessen erste Liebe gerade auf dem Rücken des Göttervaters Zeus nach Kreta wegschwimmt. Also gekränkter, teutonischer Nationalstolz statt Völkerverständigung im Jahr 2015 – Hurra! Denn hier steht es: Musik trennt die Menschen!

„Da schuften wir uns ab und geben unsere D-Mark her für den Euro und pauken die südlichen Nachbarn raus – und was ist der Dank? Die Leute wählen einen Schweden, wählen drei italienische Schmalzlappen, die Amore schmettern, und im Hintergrund liegen antike Säulen herum und anderer Hausrat vor einem blutroten Himmel, als ob unsere Mütter, die in der 50er-Jahren des vorigen Jahrhunderts ihren Urlaub in Rimini machten, als ob sie nicht wüssten, was sie von solchen Schwüren halten durften und dass diese Amore-Troubadoure ihr Zeug nie aufräumen würden. Apropos Süden. Das einzig Bemerkenswerte war höchstens der Kostümwechsel der Spanierin auf offener Bühne: Ratsch ratsch flog das rote Kleid und drunter hatte sie kaum was an."

Das ist fast schon „hate speech", ein Hass-Post. Ok, gut! Politik ist nichts für Weicheier! Nur, ein erfolgreicher Politiker sollte doch die Fähigkeit haben einen Wetterwechsel zu reichen, bevor er oder sie diesen sehen kann. Doch die Moralkeule schwingenden, deutschen Steinzeiteuropäer 1.4 hatten da keine

Chance ohne Whatsapp, Facebook und Twitter auch nur zu erahnen, woher der Wind weht und woher die Pfeile kommen – die Chance war 2015 schon vertan, Merkel hielt Kurs, suchte historische Aufgaben und den Nobel-Preis – 2016 kam dann der BREXIT, Donald Trump, etc.! Wie im Film eben: Titanic, Eisberg + Die feste Überzeugung – Warnungen kommen nur von Idioten, … dann – crash, blubb und Fischfutter.

Googelt Merkel?

Und Kanzlerin Merkel hat da wohl nichts mehr geschnuppert oder nicht mehr gegoogelt. Während Helmut Schmidt im Sterben lag und der zweite Helmut, Helmut Kohl, Gott sei Dank, gerade nach mehreren Monaten Krankenhaus wieder nach Hause kam, genesen, gerade da brach die EU in zwei Teile. Dazu der Blick nach Deutschland, in Die ZEIT vom 21. Januar 2016, Seite 37, „Der Verlust der Mitte". Dort fragt Imam Mangold punktgenau: „Deutschland geht es wirtschaftlich gut, aber das Land ist zerrissen wie nie zuvor: Hypermoral von Links, blanke Gewalt von rechts. Was ist da passiert?" Und ihre Antwort spricht Bände, denn die Spur weist direkt ins Bundespresseamt, ins Bundesinnenministerium und natürlich ins Kanzleramt, also hin den BND – und dessen Korrespondenz in den Ländern, dem Staatsschutz.

„Zu den festen Ritualen der alten Bundesrepublik gehörte es, ständig vor einem Rechtsruck zu warnen, der indes nie eintrat. Die Unheilpropheten fügten dann immer hinzu: Der Firnis der Zivilisation sei dünn, wenn der Wohlstand zurückgehe und die Zeiten härter würden, werde man schnell sehen, wie äußerlich die Bekenntnisse der Deutschen zu Demokratie und Toleranz in Wahrheit seien. Aber es war noch jedes Mal ein Fehlalarm."

Denn Deutschland ist dabei in zwei Teile zu zerreißen: Diejenige, die aktiv diesen Zustand herbeigeführt hat sie – ja Merkel – hat Deutschland auch in Europa isoliert, mit der in den Medien zelebrierten, gottverdammten oder aus einer anderen Sichtweise gottgerechten, belehrenden und übergriffigen Hypermoral. Diese ist jedoch zu viel in einem Europa, welches 1933 und auch 1914 noch nicht vergessen hat, oder vielleicht auch nie vergeben können wird. Da waren etliche Entscheider wohl ihre Leben lang noch im Trauma des RAF-Terrors unterwegs. Doch heute wird ein Krieg der Werte geführt (unter anderem), ausgetragen in den Medien aber nicht mehr in den Zeitungen, sondern in den sozialen Netzwerken. Das sieht dann so aus:

„Was heute das Blut in Wallung bringt, sind samt und sonders Fragen der Weltanschauung, der diskursiven Symbolpolitik, des ideologischen Lifestyles. Straßennamen, Geschlechtskategorien an Klokabinen und – hier kommt es regelmäßig zum Rütlischwur – die Haltung zum Islam: Gender, Race, Diversity, die Frage nach der richtigen Lebensform und der richtigen Art, darüber zu reden – aus diesen Kraftfeldern speist sich die Verfeindungsenergie, die im Moment alles vergiftet. **Was wir erleben, ist ein Kulturkampf**...“ [eigene Hervorhebung]

Verkürzt: Im Bett also Mann auf Frau oder Frau auf Frau? Lang lebe Huntington, in Deutschland herrscht kultureller Bürgerkrieg. Also findet nicht nur in China eine Kulturrevolution statt, sondern, auch hier, vor Ort zwischen Berlin und Köln. Und der Bogen reicht nach Europa, dem aktuellen Opfer der neo-imperialistischen, deutschen Hypermoral: Wehe dem, der die falsche Meinung darüber hat, wie Europa zu funktionieren habe oder was und wie alternativlos sei – bzw. über Analverkehr und LGBT. Der, wer gar Austerität oder Feminismus in Frage zu stellen gedenkt, er wird übergriffig(!) auf Facebook und dann geht die Post ab. Zu 98 Prozent trifft s Konservative! Doch die Zeiten sind vorbei, das Fass ist am Überlaufen, denn seit der Finanzkrise von 2008 liegen viele europäische Nerven blank, das Wachstum verschwunden. Besonders die Behandlung Griechenlands durch die Deutschen, diese Arroganz, sie kam nicht gut an in Europa. Niemand liebt sie: die deutsche Arroganz des Siegers! Und die europäische Antwort darauf an Merkels-Moral-Deutschland: Null Punkte! Geht es noch deutlicher, der deutschen Arroganz die Rote Karte zu zeigen? Es geht auch anders. Ich bekomme im Maghreb nicht nachgerufen „Fucking Tourist“. Dort ist es auch immer noch möglich, einen Teppich für 75 Euro zu kaufen und mit Inschallah verabschiedet zu werden. Deutsche Arroganz wird zu einem No-Go. Weiter aus dem obigen Artikel:

„Das Jahr 2015 war davon geprägt: die Mitte bricht weg, links werden die Standards für moralisch korrekte Lebensführung hochgeschraubt, während man rechts dieser als gouvernantenhaft empfundenen Bevormundung in Fragen der Weltbeschreibung durch immer unverhohlenere Gewaltandrohungen das entgegensetzt, ... Es war nicht die Öffnung der deutschen Grenzen als solche, ... Aber begleitet wurde die neue Flüchtlingspolitik von einer Rhetorik der Alternativlosigkeit: Dass sich die Grenzen ohnehin nicht sichern ließen, dass sie moralisch fragwürdig seien.“

Und es wurde aktiv ausgegrenzt, von selbsternannten „Demokraten" in den Medien und besonders in den sozialen Netzwerken. Und insbesondere von den GEZ-finanzierten Staatsmedien wurde die politisch alternativlose Ausgrenzung von wirklichen Demokraten betrieben. – Sorry, diese Anstalten des öffentlichen Rechts werden zu einem Problem. Wer braucht diese total überteuerten Saurier des Infotainments für die Generation 55+. Porno schauen ist für viele einfach cooler als Mainzelmännchen in Zeiten des mobilen Internets! In Zeiten des Internets sollten die Chefredakteure oder Intendanten nach Polen schauen. Denn mit welchem weltfremden und meist sogar missionarischen Wahn diese Gutmenschen teilweise unterwegs sind, ist mir nicht nur unbegreiflich, es ist für Europa brandgefährlich! Was tut Deutschland da? Egal, der deutsche Journalist ist eh als arrogant verschrien. Der gefühlte Trend: eine Lügenpresse de Luxe – das brauchen 85 Prozent der Bevölkerung ganz sicher nicht, für die anderen 15 Prozent und sie ist echt bequem, da sehr hilfreich beim Geldverdienen! Doch was hat das noch mit Demokratie zu tun? Das ist dann die post-demokratische Gesellschaft. Denn die berühmte 2 zu 98 Prozent-Gesellschaft liegt hinter der Tür auf der Lauer und vor der Tür ist der chinesische Drachen auf der Jagd und kauft einen „hidden Champion" nach dem anderen auf. Und nun einmal im Ernst, wie ist die Hackordnung zwischen Luxemburg – Deutschland – China?

„Wer weiterhin der Meinung war, dass Staaten ihre Außengrenzen sichern können sollten und ein Gemeinwesen souverän darüber bestimmen können muss, in welchem Maße sich seine Demographie verändert, der war politisch heimatlos…"

Und es war 2016 schlecht bestellt um Deutschland. Denn in Deutschland waren (unfertige) Flughäfen, Bahnhöfe und Philharmonien zu einem echten Problem geworden – Auch um den Rechtsstaat war es böse bestellt. Was da in einzelnen Gerichten abging, hatte mit dem Rechtsstaat wirklich nichts mehr zu tun. Es war ein totaler, schlecht verwalteter Filz entstanden, in dem eine Krähe der anderen Krähe kein Auge mehr aushackte –in NRW und besonders gerne im von GEZ, WDR, Sparkasse und BfV (nein, nicht der Bayerische Fussball Verband) ganz merkwürdig geprägten Köln. Kritik unerwünscht, darin waren sich dann die Juristen fast aller Parteien mehr als einig, na ja fast aller. Die der Essener SPD suchten noch schnell ihr Abiturzeugnis und die Urkunden der Staatsexamen. Aus Cicero, die Ausgabe von Dezember 2015, Seite 92 ff. in „Herrschaft des Unrechts" von Ulrich Vosgerau:

„Wie konnte es in Deutschland, das bis vor wenigen Jahren noch ein geradezu perfekter Rechts- und Verfassungsstaat war und in der ganzen Welt als Vorbild galt, zu dieser haarsträubenden Entwicklung kommen, die nichts Anderes ist als völlige Rechtsblindheit und Rechtsfeindlichkeit staatlicher Stellen?" [...] „Was aber die Rechts- und Verfassungsstaatlichkeit Deutschlands in den vergangenen Jahren nachhaltig beschädigt hat, sind die ganz eigene Wahrnehmung und Verarbeitung des Anwendungsvorrangs [des Europarechts] durch Politik und Medien, die Veränderung des Rechtsgefühls politischer und medialer Eliten in diesem Land."

Na ja, nicht ganz: Die AFD brauchte nichts zu tun, als zu warten... Dann, erstmals am 13. März 2016 bei der Landtagswahl in Baden Württemberg kamen sie alle. Gut, man braucht kein PR-Guru zu sein, um zu wissen, dass massive Kritik an der deutschen Fußball-Nationalmannschaft sieben Tage vor einer EM keine superbe Idee ist, aber Schwamm drüber! AFD-Elfmeter im blauen Nachthimmel versenkt. Und die Nachteile der deutschen Hegemonie werden schnell immer deutlicher! In der Zeitung „Die Welt" vom 21. Januar 2016: Dort schön herausgearbeitet von Jaques Schuster: „In Europa ist Deutschland plötzlich isoliert – die zentrale Aussage ist: Europa ist in Gefahr, wenn Merkel weiter Adenauers Lehren übergeht.":

„Das Verhältnis 27 zu eins in der Flüchtlingsfrage mag den einen oder anderen Deutschen piesacken. Doch es ist viel schlimmer als ein bloßes Ärgernis. **Mit Merkels Starrsinn** *ist etwas eingetreten, was sämtliche Regierungschefs seit Konrad Adenauer mit aller Kraft zu vermeiden suchten: Erstmals seit Inkrafttreten der Römischen Verträge vom 25. März 1957* **steht Deutschland im europäischen Bündnisgefüge einsam** *da." [...]*

„Nie wieder wollte sich das Land in eine Lage begeben, in der es, wie im Ersten Weltkrieg, von einigen kleineren Partnern gestützt, allein gegen ein großes Bündnissystem streitet. Nie wieder wollte es versuchen, Napoleon oder Hitler zu spielen, sprich, den Kontinent zu beherrschen und ihm seinen Willen aufzudrücken. **"Ich möchte die Deutschen nicht zu Nachbarn haben", erklärte Konrad Adenauer** *mit Blick auf das 20. Jahrhundert dem Historiker Golo Mann bei einem Spaziergang am Comer See. Die Lehre, die der Kanzler daraus zog, wurde zur Staatsräson der Bundesrepublik."* [eigene Hervorhebung]

Doch heute spiegelt sich nach außen nur die innere Struktur Deutschlands wieder – in ihrer rautenförmigen, moralischen und neoimperialistischen Alternativlosigkeit (wegen mir auch Starrsinn). Und diese Raute ist eine geschlossene Form. Schade, ich sehe leider die Brücke nicht mehr, die das in Europa Erreichte in die Zukunft tragen kann. Über die Brücke, die noch da ist, passt nur noch die Moral, aber nicht mehr der erarbeitete Wohlstand. Denn negative Zinsen bedeuten negative Brücken. Wohl aus diesem Grund soll auch der 500 Euro-Schein abgeschafft werden. Die Brücke des Vertrauens wird immer schmäler zwischen der deutschen Elite, der ganzen Rest-EU und besonders hart trifft es die sozialdemokratischen Parteien. Parteien, die Austerität predigen, denn sie verlieren die Gefolgschaft der Arbeiterschaft – also ihrer Stammwählerschaft. Gerade die Sozialdemokraten müssen dies seit 2014 auf die wirklich harte Tour lernen: In Spanien, Frankreich, UK und Deutschland. Es ist ein Unterschied zwischen dem Anspruch „sozialdemokratisch" oder „staatstragend" zu sein. Den Luxus des Letzteren muss man sich in Wahlkämpfen hart erarbeiten – nicht am Kabinettstisch oder in der Talk-Show, sondern vor Ort bei dem Wähler. Und Hartz IV ist gelebte Austerität. Es war nie Aufgabe der SPD, dafür Sorge zu tragen, dass die Eigenkapitalrendite des Großkapitals steigt. Doch unter Gerhard Schröder tat die SPD genau das: Ein unverzeihlicher Fehler, denn danach spaltete sich die Kanzlermehrheit der SPD, der linke Flügel, ab.

Jetzt fehlt es der SPD links wie rechts an der kritischen Masse den Bundeskanzler zu stellen. Es sei denn, es gelänge ihr wirklich die CDU genauso zu spalten, wie es der CDU gelang die SPD zu spalten. Die Flüchtlingspolitik und Europa könnten hier der optimale Katalysator sein, die SPD wieder in die erste Reihe zu führen. Doch die SPD schwört „Kanzlerinnen-Treue" und Siegmar Gabriel nimmt ab. Auch die SPD hat sich verschlankt, was den Zuspruch an Wählern angeht. Der linke Flügel ist jetzt „Die Linke", der rechte Flügel bei der AFD und der mittlere Flügel bei der CDU oder bei den Grünen. Denn die SPD vergisst im Wahn der allgemein empfundenen eigenen Aufgabe „staatstragend" zu sein, einfach wer staatstragend ist. Es ist diejenige Partei, die von den Wählern, letztlich dem Demos, durch den Wahlsieg in einer freien Wahl dazu beauftragt wird. Und es gibt immer weniger Grund, die SPD zu beauftragen! Ja, noch viel mehr: die SPD wird inzwischen in konservativen Kreisen als Gefahr für die Demokratie gesehen: „Hochoffiziell" der „Cicero" im Januar 2016:

„Die deutsche Linke ist so schwach wie seit 50 Jahren nicht mehr und ohne jede Chance auf die Kanzlerschaft. Während die SPD in Meinungsumfragen wie festgefahren bei 25 Prozent verharrt, gefällt sich die Linkspartei in Fundamentalopposition. Die Kanzlerin bezieht ihre Macht also nicht primär aus

eigener Stärke, sondern aus der geschichtlich beispiellosen Schwäche der deutschen Linken. Diese ist auf Bundesebene ohne jede strategische Regierungsoption. ... " ... **„Das ist keineswegs nur ein Problem der Linken, sondern für die Demokratie insgesamt."** *...* **„Die Wahlsiegerin des Jahres 2017 steht damit bereits fest: Angela Merkel. Sofern sie denn antritt, woran allerdings nach Lage der Dinge kaum Zweifel bestehen."** [Eigene Hervorhebung]

So Albrecht von Lucke in: „Das Versagen der Deutschen Linken", ab Seite 45. Demokratie sieht anders aus, außer, wir schauen auf Weimar. Und man muss sich fragen: War das der Preis, den die CDU bereit ist, Gesamtdeutschland zahlen zu lassen für die Sicherung ihrer Macht in Berlin? Eine ruinierte Demokratie? Ein ruiniertes Europa? Denn die SPD und die Linke reagieren und sie sehen die Konservativen (nicht die CDU) als Gefahr für die Demokratie an: Ergebnis ist der kulturelle Bürgerkrieg oder ist Pansexualität nicht das ultimative Symbol für das „Après moi la déluge". Hauptsache: Du bist jung, hübsch und willig. „Alles andere bringen wir dir dann schon bei." Lernvideos dazu – siehe im Internet! Oder auch den Sexualkundeunterricht siehe etwa Hessen, ab Klasse – wie passend – sechs.

Doch die sozialen Missstände in Deutschland werden immer unberechenbarer, genauso unberechenbar wie die Härte der sozialen Ungerechtigkeit. Die AFD blüht auf. Das dokumentiert der völlige Niedergang der SPD mit einem visionslosen und viel zu desorganisiertem Personal auf der Bundesebene – denn die erste Garde in Europa hat einfach keine Vision mehr! Und auch keinen erkennbaren Biss mehr die neue globale und digitale Realität zu gestalten. Denn dazu bräuchte es Innovation, doch die lässt sich nicht verwalten. Denn jede Idee hat ihr eigenes Zeitfenster und die Zeitfenster der Digitalisierung Europas sind geschlossen. Die „Süddeutsche Zeitung" vom 25. Januar 2016 gibt Auskunft: „Nicht die Guten sterben jung, sondern die Armen" von Stephan Lessenich. Er ist kein Journalist, er ist Vorsitzender der Deutschen Gesellschaft für Soziologie:

„Insbesondere für Männer lässt sich zudem ein deutlicher Zusammenhang zwischen Einkommen und Lebenserwartung feststellen: nur sieben von zehn Männern aus Armutshaushalten (aber neun von zehn aus den obersten Einkommensgruppen) erleben überhaupt ihren 65. Geburtstag. Ihre Lebenserwartung bei Geburt ist gegenüber jener der Bestverdienenden um durchschnittlich zehn Jahre, die sogenannte "gesunde Lebenserwartung" sogar um fast 15 Jahre reduziert. Deutschland altert also, aber äußerst "differenziell",

wie die Sozialstrukturanalyse das frühe Erkranken und Sterben in Armutsmilieus elegant umschreibt."

Die SPD hat sich von einer zentralen Kernwählergruppe verabschiedet. Sie bleibt nach 2009 abgeschlagen eine 20 Prozent-Partei auf Bundesebene, die orientierungslos und visionslos ist und von den Wählern mit zunehmender Entfremdung betrachtet wird. Denn es ist offensichtlich, dass ihr die kritische Masse fehlt, jemals wieder einen sozialdemokratischen Kanzler zu stellen. Vision, Plan B, Alternativ-Strategie – NULL. Am 10. November 2015 verstarb der von vielen bewunderte Altkanzler Helmut Schmidt, einer der letzten Volkswirte, der sich in Deutschland Gehör zu verschaffen wusste. Mit ihm ist es stiller geworden, für die SPD, für den Ausgleich mit Russland und für alle Ökonomen. Statt der Ökonomen regieren heute die Juristen mit einer Art Ermächtigungsgesetz in der EU – genannt Europarecht und EUGH-Urteil. Was zutiefst ungünstig ist, wie man in Frankreich sieht. Dort entstehen Zweifel an der Staatsform, dem französischen Staat und der EU. Besonders nach den Attentaten des 13. November 2015 wegen des umfassenden und unbegrenzten Ausnahmezustandes … Ein Ausnahmezustand, der nach dem Grauen von Nizza am 14. Juli 2016 auch weiterbesteht. Wie kann das enden – nachdem Abgang des Präsidenten Hollande?

Auch Deutschland trägt seinen Teil bei in der Abschaffung der parlamentarischen Demokratie: Es schickt auch in Form eines Ermächtigungsgesetzes seine Soldaten schlecht ausgerüstet und falsch motiviert zum Sterben in entlegenes Wüstengebiet, um europäische Solidarität zu zeigen. So „stehen" oder kämpfen sie nun Anfang 2016 in ihren Flecken in Asien: in der Türkei, im Libanon, in Syrien, im Irak, in Afghanistan und in Usbekistan. In Afrika im Osten: im Sudan, im Südsudan, in Djibouti und in Somalia und im Westen Afrikas: in der Westsahara, in Mali und in Liberia. Nur der Vollständigkeit halber erwähne ich noch den Kosovo und drei Marineeinsätze im Mittelmeer und im Indischen Ozean. Doch Heeresreform oder eine bedeutsame Erhöhung des Verteidigungshaushaltes – Fehlanzeige. Siehe ganz oben – die unüberwindlich implementierte Schumann Doktrin. Dummerweise auch gültig in Zeiten des Djihad! Deutschland allein ist militärisch ein Opfer, denn die Kernkompetenz der Bundeswehr ist es, bei den Amerikanern Luftschläge anzufordern.

Militärisch und insbesondere logistisch ein völliger strategischer Wahnsinn. Denn was völlig klar ist, es fehlt alles, was für ein erfolgreiches Projekt notwendig ist: Weder sind time, budget noch quality, also Zeitrahmen, zur Verfügung stehende finanzielle Mittel noch das Projektziel definiert (Wer herrscht in welchen Grenzen? So als ein erster Vorschlag – heute ist das ersatzweise so definiert, wer hat wo die Lufthoheit?) noch im Ansatz demokratisch diskutiert. Oder ist auch nur in einer Szenario-Analyse die zentrale Frage durchdacht worden: „Was darf auf keinen Fall passieren". Auf Deutsch: Hier spielt eine Gruppe Europäer, die sich moralisch für extra-superior hält, mit dem Feuer, ohne irgendetwas militärisch in der Hand zu haben, um einen eskalierenden Konflikt (mit der Türkei, Russland, ISIS oder Saudi-Arabien) in Eigenleistung gewinnen zu können. Denn Deutschland – und ohne Deutschland geht in Europa nichts – hat sich wieder einmal nach 1914 und 1939, entschieden in einen Drei-Frontenkrieg einzusteigen (Achtung! Dies ist eine von Historikern hochgradig umstrittene These). Einen gegen die Umma des Islams (1,6 Milliarden Menschen) und einen gegen die Russische Föderation (Die globale Nuklearmacht Nr. 2) und in einen Wirtschaftskrieg gegen die USA. Am Rande möchte ich noch erwähnen, dass seit 1918 keine deutsche Truppe weiter von der Hauptstadt Berlin entfernt im Einsatz war. Willkommen in dem neokolonialen Zeitalter deutscher Herrschaft. Nur diese Herrschaft ruht sich auf der Geschichte aus und läuft ohne deutsche militärische Logistik ab.

Aber durch seine Weigerung, Geld für Waffen und Soldaten auszugeben oder durch die Weigerung überhaupt die Wiedereinführung der Wehrplicht zu diskutieren, ist Deutschland zum größten Sicherheits-Schmarotzer Europas geworden – ja ein wirklicher Free-Rider. Üble Zungen werden historisch vielleicht sogar sagen „Parasit". Es existiert weder eine militärische Lufttransportfähigkeit (WK II) noch eine global präsente kaiserliche Marine (WK I). Aber der Haushaltsüberschuss war auch 2016 da, um ein global benötigtes Militär zu finanzieren. Geld bekommen Rentner und Pensionäre, die Bundeswehr bekommt einen feuchten Händedruck. Nicht einmal für anständige Uniformen des Offiziers-Korps ist Geld da...

Und es ist kein Spaß mehr: Im März 2016 ist sogar das Vereinigte Königreich vom amerikanischen Präsidenten Obama (nicht von Donald Trump!) scharf kritisiert worden, sich zu sehr auf amerikanisches Militär und auf dem Pax Americana auszuruhen, ohne genügend eigenes Geld für die Verteidigung in die Hand nehmen zu wollen. Nur 70.000 Kilometer EU-Küste als Außengrenze zu sichern und gegebenenfalls zu verteidigen, das sollen anderen Staaten erledigen, am besten ohne deutsche Unterstützung ... Na ja, die bedanken sich. Schuldzuweisungen ersetzen Inhalte und der Ton wird täglich rauer. Es ist doch jedem klar, dass Deutschland im Bündnisfall kaum irgendetwas zum Schutz anderer NATO-Länder beitragen kann. Mehr dazu etwa in der Financial Times vom 5. Februar 2016 mit dem Titel: „Dark ships: unexplained stops in terrorist havens en route to EU ports". Im Mittelmeer „tauchen" immer mehr Schiffe zeitweise ab. In den Wassern vor Tunesien, Libyen oder Syrien nehmen geheimnisvolle Bewegungen der Schiffe zu, die mit Waren und Passagieren anschließend in EU-Häfen einlaufen. Ein EU-weites Überwachungssystem ist natürlich Fehlanzeige. Damit bleibt die Außengrenze ungesichert und im Inneren gehört der Bürger dem Polizeistaat... Danke, brauchen wir dann wirklich noch über Demokratie, Rechtsstaat und deren Verteidigung zu reden? Jetzt da alle Grundrechte zur Disposition stehen – nach weniger als 150 Toten in Frankreich. Dort in Frankreich starben 2014 fast 3400 Menschen im Straßenverkehr und in Deutschland sterben jedes Jahr 110.000 Menschen an den Folgen des Rauchens. Nein über Alkoholtote möchte ich gar nicht erst sprechen... Also jene unglücklichen Menschen, die sich aus Kummer wegen Langzeitarbeitslosigkeit im Rahmen des Austeritätswahns der deutschen Kanzlerin umgebracht haben oder krank geworden sind!

Doch hier ist niemand flexibel – es gibt wohl nichts Unflexibleres als die Moral und das Recht. Und in Deutschland gilt primär: erst der Staat, dann die Bürger. Genau getreu dessen, was dem deutschen Juristen in den Vorlesungen des öffentlichen Rechts eingetrichtert wird – „Ich Staat – du geben"! Diese rein negative Motivation ist vielleicht keine wirkliche Lösung in den Zeiten der vernetzten globalen Welt.

„In the end he triumphed, and Schladen still has doctors. Germans think ‚the state is clever – the citizens are stupid'. We have to get more flexible, says Mr. Memmert."

Das Magazin „The Economist" beschreibt die Probleme des Gesundheitswesens im Artikel „German demography - Aging but supple". " am 14. März 2015. Die Folge ist klar, von der „Sozialen Marktwirtschaft" zur „Sozialen Planwirtschaft" mit manipulierten und bewirtschafteten Gefühlen und Werten – Alles möglich dank der ultimativ erfolgreichen Vereinzelung der Bürger (Vgl. Michel Houellebecq's Rede zur Verleihung des 2016er Frank Schirrmacher Preises, etwa in der NZZ). Wohin auch sonst ohne Jugend? Wer sollte denn noch Freiheit oder Fortschritt fordern – oder gar Innovation und Wachstum? Und erst der Verzicht auf Wachstum macht die Planwirtschaft ideologisch zu einer bedenkenswerten Alternative! Und ein Verzicht auf Wachstum kann nur in einer moralisch und körperlich erschlafften und degenerierten Gesellschaft Fuß fassen. Eben in Gesellschaften, die Veränderungen und Innovationen hassen. Achtung, das gilt – natürlich nicht bei Statussymbolen oder repräsentativem Konsum. Hier wird der Status umso wichtiger, je mehr das Ego, je mehr das Nationalprestige sinkt.

Doch auch Investitionen in Infrastruktur sind in Deutschland in den Jahren des ausgeglichenen Haushalts, der schwarzen Null, verpönt. Doch der Bedarf ist dringend: So sind unglaublich viele Autobahnbrücken in Deutschland marode und müssen dringend „ertüchtigt" oder gar neu gebaut werden – wegen der vielen, täglich passierenden Sattelschlepper marode und müssen dringend „ertüchtigt" oder gar neu gebaut werden. Für viele Autofahrer ist diese Situation bekannt an den Sperrungen, Teilsperrungen und Staus bei den maroden deutschen Rheinbrücken, egal ob bei Leverkusen (A1) oder der Schiersteiner Brücker (A643) oder Maxau (B10). Doch die Regierung tut fast nichts. Auch bei neuen Brücken Fehlanzeige, etwa bei der Rheinquerung in Karlsruhe. Alles scheitert im rechtlichen Raum des Planfeststellungsverfahrens. Und wenn die Regierung dann doch Hand anlegt, dann dauert das Planfeststellungsverfahren vor dem ersten Spatenstich an der Brücke drei bis vier Jahre – oft müssen ja noch ein paar Fledermäuse umziehen. Und da werden dann auch ohne zu zögern 500 bis 1000 Euro pro Flugmaus ausgegeben, damit die lieben Tierchen ein Ausweichquartier finden können. Nach diesem Geld würde sich manch eine Alleinerziehende, die mit ihren Kindern seit Jahren von Hartz IV lebt, die Finger lecken. Aber diese Menschen sind ja in den deutschen Medien nicht präsent – diese eilen von Siegesmeldung zu Siegesmeldung – oder von Eisdiele zu Eisdiele, abseits des Kanzleramts.

9.4 Jemen

The war in Yemen is the archetypal quarrel in a faraway country between people of whom the world knows nothing. ... Three weeks into the air campaign, and with civilian casualties growing, there is little sign that the Saudi-led coalition has much of a political or military strategy. **The Latin name for the land, Arabia Felix (Happy Arabia) seems a mockery: the poorest country in the Arab world is being bombed by one of the richest.**

The Economist, 18. April 2015, Arabia Infelix

Der in Jemen seit Anfang 2015 mit zunehmender Härte geführte Krieg ist in den europäischen Medien nicht existent. Gelegentlich kommt eine Meldung durch, wie etwa die der BBC am 11. September 2015:

„"Yemen is one of the world's worst crises", says Tariq Riebl, head of programmes in Yemen for the charity Oxfam. "We have bombings every single day via airstrikes. We have ground fighting of very heavy levels. "…"

So beschreibt Gabriel Gatehouse BBC Newsnight im Artikel „Inside Yemen´s forgotten war" – in Jemens vergessenem Krieg – das Sterben auf der arabischen Halbinsel. Nur vergessen ist dieser Krieg nicht, er war nie Thema, das war einfach nicht gewünscht. Und was nicht gewünscht ist, das wird in und von der deutschen Presse totgeschwiegen – und unter totschweigen fällt leider auch das Ausstrahlen nach 23.00 Uhr. Nur, dieser globale Krieg wird mit wirklich vollem Einsatz geführt und auch mit Waffen, die üblicherweise in „Dritte Welt-Kriegen" nicht zum Einsatz kommen – wie etwa taktische, ballistische Boden-Boden Kurzstreckenraketen. Diese Waffen sowjetischer Bauart, dort unter der Bezeichnung SS 21 Scarab oder in der original russischen Bezeichnung: OTR-21 Tochka sind tödliche Präzisionsinstrumente. Hier ein Auszug der bekannt gewordenen Volltreffer, aus dem englischsprachigen Wikipedia-Artikel, der 2016 dann gelöscht bzw. überarbeitet wurde:

- *„On 4 September 2015 Yemeni Republican Guard fired a Tochka killing over 100 troops (52 UAE, 10 Saudi, 5 Bahraini, and unspecified number of Yemeni troops loyal to Hadi). The attack in the province of Marib is the deadliest incident in the history of the UAE since its founding in 1971*

- *On 14 December 2015 Yemeni Republican Guard fired a Tochka killing over 150 of the Saudi-led coalition troops on 14 December 2015. Including the head of the Saudi Special forces in Yemen, Colonel Abdullah al-Sahyan*

- *On 16 January 2016 Yemeni Republican Guard fired a Tochka at Al-Bairaq base in Marib killing over 70 Saudi-led coalition personnel"*

Just am 31. Januar 2016 war die nächste Treffermeldung zu finden: Die private, 2012 gegründete, iranische Tasnim News agency vermeldete – nicht ohne eine gewisse Freude: „Houthis' Missile Attack Kills Dozens of Saudi Coalition Personnel" mit der News ID: 986935, 31. Januar 2016 - 17:05:

„Ambulances took those killed and injured to Al Houta and Aden. Most of those killed were Yemenis newly conscripted into the army and Sudanese servicemen belonging to coalition forces, their positions were hit directly," the source said. The Al Anad air base, which contains an airport and Yemen's largest training camp, is currently controlled by forces loyal to fugitive former President Abd Rabbuh Mansur Hadi after being captured from Houthis in August 2015. The air base was struck by a Tochka tactical ballistic missile, the source said, adding that coalition forces' military equipment suffered significant damage as a result of the attack."

Einer der Toten war ein Kommandeur von Blackwater, jener Unternehmung, die weltweit die Söldner für den Jemen-Konflikt organisiert hatte – Nein, gar keine gute Idee! Herausgearbeitet in dem Artikel „Blackwater commander in Yemen killed in missile attack" Muslime mögen das nun gar nicht, wenn sich Fremde in ihre Angelegenheiten einmischen:

„Colonel Nicholas Petros was killed along with a group of mercenaries fighting for the Saudi regime in its war on Yemen. Lebanon's al-Ahed news website reported that Apache helicopters, Typhoon fighter jets and armories belonging to the mercenaries were destroyed in the missile strike."

Mit dem Zeitstempel „Sun Jan 31, 2016 8:5AM" online auf www.presstv.ir.. In der deutschen Presse wurden diese Blutbäder verschwiegen. Nur zur Information für Interessierte, mit Quelle aus dem deutschen Wikipedia, das ich für sehr logisch halte, da die verwendeten SS 21 Raketen-Systeme auch bei der Nationalen Volksarmee der DDR im Einsatz waren:

„Im Zielanflug wird die Rakete in einer Höhe von rund 450 m auf einen Winkel von 80° zur Erdoberfläche eingeschwenkt. Der 9N123F-Splittergefechtskopf ist in einem Winkel von 10° zur Längsachse der Rakete eingebaut. Dadurch befindet sich der Gefechtskopf im Moment der Detonation in einer senkrechten Lage über dem Ziel und entfaltet eine optimale Flächenwirkung. Der Splittergefechtskopf wird durch einen Laser-Näherungszünder in einer Höhe von 15–21 m zur Detonation gebracht und hat je nach Ausführung einen Splitterwirkungskreis von 80–150 m. Der 9N123F-Splittergefechtskopf wiegt 482 kg, hat einen Sprengstoffanteil von 162,5 kg und erzeugt 14.500 Splitter."

Man beachte besonders die Treffergenauigkeit von rund 50 Metern und die Fähigkeit der Raketen auch chemische und atomare Sprengköpfe ins Ziel zu tragen! Doch nicht nur der Jemen, auch Syrien, Libyen und der Iran verfügen über diese Waffensysteme, vielleicht auch der ISIS. Laut Internet gibt es Gefechtsköpfe mit den Kampfstoffen VX und GD. Das Gas GD ist übrigens eine deutsche Erfindung. Ein extrem giftiges Zeug, das zum Atemstillstand bzw. zum Zusammenbruch des Nervensystems führt. Was schrieb da noch die Rhein-Zeitung am 12. Juni 1998 unter dem Titel: „Giftgas-Technik nach Libyen geliefert?", ohne Autorennennung:

„Der gebürtige Libanese, der schon bei früheren Beschaffungsversuchen für libysche Giftgas-Programme aufgefallen sei, werde mit internationalem Haftbefehl gesucht. Dem Trio werden Verstöße gegen das Außenwirtschafts- und Kriegswaffenkontrollgesetz vorgeworfen. Mit Hilfe der Anlagen können laut Staatsanwaltschaft die Giftgase Sarin, Lost und Soman hergestellt werden. Seit Ende der 80er Jahre sorgten immer wieder Verstrickungen deutscher Firmen in Giftgas-Geschäfte mit arabischen Ländern für internationale Verstimmungen. "

Die Bewertung bleibt für Historiker – für die CDU/FDP und Helmut Kohl. Fest steht aber, dass die USA am Vollmondhimmel des 16. Oktober 2016 offiziell begonnen haben von drei US-Kriegsschiffen aus Raketen abzufeuern und so in diesen blutigen Krieg direkt einzugreifen. Aljazerra meldet am Morgen des 16. Oktober 2016 in „Yemen war: US ship faces new round of 'Houthi missiles'". Der seit 2011 laufende US-Drohnenkrieg ist damit ultimativ eskaliert...!

„US officials initially said that surface-to-surface missiles had been fired at the USS Mason, USS Nitze and USS Ponce off the coast of Yemen starting around 19:30 GMT, though it was unclear how many. "

9.5. Saudi-Arabien

At the same time, major banks around the world are receiving word from Saudi fund managers to liquidate all their managed accounts. One fund manager with exposures in Japan worries that much of the selling pressure on Japanese shares comes from Riyadh, as weak oil prices wreak havoc on Saudi budgets.

FT, 30. Januar 2016, Henny Sender, Signs of stress and illiquidity in credit markets raise concern

Saudi Arabien ist ein unglaublicher Staat, ein enger Verbündeter Deutschlands. Denn ohne Öl und damit Benzin und Diesel aus dem wahhabitischen Wüstenstaat würden die deutschen Autos nicht mehr fahren. Nur zu dumm, dass in diesem Land, einem strategischen Partner der Exportnation Deutschland, Frauen kein deutsches Auto fahren dürfen – nein auch kein Fahrrad! Was jedoch Kanzlerin Merkel oder andere Feministinnen und/oder homosexuelle Frauen wirklich nicht zu stören scheint. Sie haben andere Prioritäten, wie Waffenexporte – garantiert nur mit Männern am Steuer. Egal, es läuft dort nicht rund, außer für Blogger (männlich), die riskieren für ihre offenen Worte ihren Kopf und Kragen oder bekommen einfach 1.000 Peitschenhiebe, pragmatisch und menschenfreundlich, in Paketen zu 50 Schlägen aufgeteilt. Von der ISIS ist man da nicht sehr weit entfernt: Die ersticht Blogger gerne, besonders oft in Bangladesch. Es gärt in diesem heftig kriegführenden Land mit seiner extrem jungen Bevölkerung und wir sind nur Jahre vor einer großen Explosion entfernt. Denn das Land schwimmt zwar in Öl, aber Wasser, sauberes Trinkwasser, wird immer knapper und teurer – während der partiell übernommene westliche Lebensstil jedoch nach immer mehr Wasser verlangt. Die Zeitung „Die Welt" machte in dem Artikel „Wie Saudi Arabiens Wassermangel auch Europa bedroht" von Gil Yaron am 04. Januar 2016 darauf aufmerksam:

„Im Jahr 2016 wird Saudi-Arabien seinen gesamten Weizenbedarf mit Importen decken. Damit wird Saudi-Arabien wieder wie alle seine Nachbarstaaten zu einem Land, das Kohlenwasserstoffe (Öl) verkauft, um Kohlenhydrate (Nahrung) zu kaufen. Das ist problematisch. Zum einen, weil der Bedarf ständig steigt und das Angebot sinkt. Im Nahen Osten müssen fünf Prozent der Weltbevölkerung mit nur einem Prozent der weltweiten Niederschläge auskommen. Laut Hochrechnungen werden die Niederschläge wegen des Klimawandels noch massiv abnehmen. Rund 60 Millionen Menschen in Syrien, Jordanien und allen Golfanrainern sind vom arabischen Aquifer abhängig. Sie werden immer härter mit Saudi-Arabien um die verbliebenen Reserven ringen – nicht um Weizen anzubauen, sondern um Wasser zu trinken. Im Jahr 2025 wird das Königreich schätzungsweise 4,5 Millionen Tonnen Weizen importieren müssen – und somit zu einem der zehn größten Importeure der Welt werden. Das birgt gewaltige Gefahren." [...]

*„Ägypten ist seit Jahren der größte Weizenimporteur der Welt. Hier brach 2011 nach einer Reihe von Missernten in aller Welt die Revolution aus. ... **Manche Forscher glauben, dass auch Syriens Bürgerkrieg zum Teil wegen Klimaschwankungen ausbrach. Dort gingen dem Aufstand 2011 fünf schwere Dürrejahre voraus. 85 Prozent der Herden verendeten, 800.000 Bauern verloren ihren Lebensunterhalt. Doch Präsident Baschar al-Assad griff reichen Großbauern unter die Arme** und subventionierte den wasserintensiven*

*Anbau von Produkten, die für Devisen exportiert werden konnten. **Genau wie in Saudi-Arabien bereicherten sich die Regierung und ein elitärer Kreis an natürlichen Ressourcen, auf Kosten der Bevölkerung.*** " [eigene Hervorhebung]

Beschleunigt wurden diese negativen Aussichten durch die sinnlose Haltung des in einem Zweifrontenkrieg (im Westen und Südosten liegen Meere) befindlichen Königreiches am 2. Januar 2016. Da wurden just 47 unbeliebte Personen geköpft. Nicht langfristig clever, denn darunter war auch Nimr al-Nimr, ein schiitischer Geistlicher. Die Nachrichtenagentur Reuters meldete online: „Shi'ite cleric among 47 executed in Saudi Arabia, stirring anger in region" von Angnus Macdowall – es gab einen Aufschrei in der arabischen Welt:

„Saudi Arabia executed a prominent Shi'ite Muslim cleric and dozens of al Qaeda members on Saturday, signaling it would not tolerate attacks, whether by Sunni jihadists or minority Shi'ites, and stirring sectarian anger across the region. Hundreds of Shi'ite Muslims marched through Qatif district of Saudi Arabia's Eastern Province in protest at the execution of cleric Nimr al-Nimr, an eyewitness said. They chanted "down with the Al Saud", the name of the ruling Saudi royal family. Nimr, the most vocal critic of the ruling Al Saud among the Shi'ite minority, had come to be seen as a leader of the sect's younger activists, who rejected the quiet approach of older community leaders for failing to achieve equality with Sunnis. Four, including Nimr, were Shi'ites accused of involvement in shooting policemen. But most of the 47 executed in the kingdom's biggest mass execution for decades were Sunnis convicted of al Qaeda attacks in Saudi Arabia a decade ago." ...

„The executions took place in 12 cities in Saudi Arabia, four prisons using firing squads and the others beheading. In December, al Qaeda in the Arabian Peninsula threatened to retaliate against Saudi Arabia for any execution of its members. Riyadh's main regional rival Iran and its Shi'ite allies immediately reacted with vigorous condemnation of the execution of Nimr, threatening Saudi Arabia and the Al Saud with severe repercussions, in protests ranging as far afield as India."

Es ist klar, dass wir nach der Exekution des schiitischen Geistlichen auf Jahre nicht mehr über irgendeinen Friedensprozess reden brauchen, welcher sich da irgendwie noch anböte. Das ist vorbei, wenn nicht ein Wunder geschieht, welches wir aber brauchen, dringend. Es wäre mehr als glücklich, denn es würde das Tor öffnen, um gemeinsam ISIS zu bekämpfen! Aber wer will das schon ernsthaft, die sind doch in aller erster Linie praktisch als „usefull idiots".

Schlecht nur, dass ISIS völlig außer Kontrolle geriet. Die Russen merkten das als erste! Daher auch die massive Kriegsführung, der auch sehr viele Zivilisten zu Opfer fallen.

Am 2. Januar 2016 eskalierte die Gewalt bereits in dem gesamten Raum des Persischen Golfs. Zwar riefen die EU, die UNO und die USA zur Mäßigung auf. Doch die Exekution Sheikh Nimr al-Nimr kam im Iran nicht gut an. Dort wurde in der Nacht zum 3. Januar 2016 die saudi-arabische Botschaft gestürmt und in Brand gesetzt. Danach verschlechterte sich die Situation dramatisch. Iranische Diplomaten wurden aus Saudi-Arabien ausgewiesen, die diplomatischen Verbindungen zum Iran abgebrochen. Ein Schritt, dem sich auch Bahrein anschloss. Iran zeigte – erst einmal – verbale Härte, Ayatollah Ali Khamenei hatte davor Saudi-Arabien «göttliche Rache» für die Exekution des schiitischen Scheichs Nimr al-Nimr angedroht. Die iranischen Revolutionsgarden schworen Rache in nicht allzu ferner Zukunft.

Am 4. Januar 2016 wurden von Saudi-Arabien aus die Flüge und alle wirtschaftlichen Kontakte zum Iran abgebrochen. Und Saudi-Arabien wird weltweit unterschätzt: Das Land ist mächtig, denn sein Öl ist mächtig und es hat nach Israel die stärkste Armee der Region. Und den globalen Ölpreis legt Saudi-Arabien fest – ganz allein mit der täglich produzierten und verkauften Menge. Das Land der 28 Millionen Muslime hat Anfang 2016 ein strategisches Ziel erreicht – gegen die USA – und den Handelskrieg mit Öl gewonnen. So die FT am 23. Januar 2016 in „Shale´s big squeeze". Denn die energetische Selbstversorgung der USA ist jetzt auf dem Weg in die Geschichte.

„Second, the industry will have taught a costly lesson to investors about the inherent cyclical nature of commodity businesses. "Lenders can't come back the way they did before," says Allen Gilmer of Drillinginfo, a data analysis firm. "The assumption then was that there wasn't this kind of downside risk for the creditors. Now that risk has to be taken into account." [...]

*„That means financing is likely to be more expensive and harder to find. Saudi Arabia's strategy of allowing oil prices to fall to curb competing sources of production appears to be succeeding. "They have cut the cash available to finance new resources," Mr Gilmer says. "**If the intention was to handicap US shale, they've done a fantastic job of it**." "* [Hervorhebung durch den Autor]"

Da hatte das wahhabitische Königreich und Beschützer der heiligen Städten von Mekka und Medina bisher leichtes Spiel mit dem CO_2-fixierten amerikanischen

Präsidenten Barak Obama, einem bekennenden Feministen (www.glamour.com am 4. August 2016 „Glamour Exclusive: President Barack Obama Says. "This is what a Feminist Looks like""). Das Königreich Saudi-Arabien zahlt freilich seinen Preis für einen so richtig großen Krieg mit so richtig vielen Feinden. Wie bereits vor 100 Jahren Deutschland. Und wir dürfen nicht vergessen, nur 14 Jahre nach Einführung des Frauenwahlrechts in Deutschland, am 19. Januar 1919, wählten genau jene Frauen den Größenwahnsinnigen Adolf Hitler an die Macht. Der Krieg mit dem Jemen kann sogar in Saudi-Arabien die Frauen in die Gleichberechtigung und damit ins Auto, auf die Straßen und an die Wahlurne bringen. Doch das kann unabsehbare Folgen haben. Denn niemand weiß, wie sich Demokratie, Feminismus und Islam zu einer friedlichen Symbiose vereinigen könnten – alle bisherigen Versuche endeten im Blutbad.

„Addressing the economic downturn by transforming the Saudi economy to cover its fiscal expansion via tax and fees collection comes with a political price: the political inclusion of the taxpaying citizen. It's a price the kingdom is now willing to pay, as we have seen Saudi women not only voting for the very first time in the kingdom's history in December but also winning seats in municipal councils. "

So ist es am 21. Januar 2016 in dem Artikel „How long can Saudi Arabia afford Yemen war?" auf Al-Monitor.com von Amal Nasser zu le sen. Saudi Arabien bricht mit seinen Traditionen und es konnten im Dezember 2015 erstmals Frauen nicht nur auf Gemeindeebene wählen, sondern auch sich wählen lassen. Doch die Gefahr ist, dass diese Neuerungen nur noch mehr Strenggläubige in die Arme der ISIS treiben wird. Und so könnte Saudi-Arabien einen tödlichen Preis dafür zahlen, dass es letztendlich finanziell nicht in der Lage ist, einen Krieg zu stemmen, den es mit der Preisgabe von Glaubensgrundsätzen zu bezahlen hat – das Risiko ist, dass sich eine neue, innere Machtbalance nach dem Krieg finden lassen muss:

„The war on Yemen revealed to the Saudis that spending cannot be solely financed by oil revenue. As they introduce revenue-collecting mechanisms, they should also reform mechanisms of capital transfer to the public to minimize the gap between the rich and the poor, as it is known that the poor are the most affected by tighter revenue-collecting policies. Otherwise, the Saudi war on Yemen will mark the beginning of an economic downturn that will surely spill over onto its political system in the long run. "

Doch der Preis, um den es geht, ist die Reinheit der Lehre, die spirituelle Führung der Umma. Diese kann nur einmal geopfert werden. Danach bedarf es Jahrzehnten der Wiedereinführung des Anspruches auf eine superiore Moral. In „Cicero" schreibt Kamel Daoud, ein Algerier, im Januar 2016 auf der Seite 75 zu diesem sensiblen Thema:

„Ist Saudi-Arabien nicht selbst ein potentielles Ziel des "islamischen Staates"? Ja, das ist es. Doch wenn man nur diesen Aspekt betrachtet, dann hieße das, die starke Bindung zwischen der herrschenden Familie und dem Klerus zu übersehen, die für die Stabilität des Königshauses entscheidend und gleichzeitig verantwortlich ist für eine immer größere Fragilität des Landes. Die saudische Königsfamilie sitzt in der Falle. ...Der saudische Klerus schafft einen Islamismus, der das Land bedroht und gleichzeitig das Regime legitimiert."

Daoud wagt keine gute Prognose der Situation:

„ Der „Islamische Staat" hat eine Mutter, die Invasion [der USA] im Irak. Aber er hat auch einen Vater: Saudi-Arabien und dessen weltanschauliche Industrie."

Lassen die Wächter der heiligen Stätten also die alte, reine Lehre fallen, so werden sie angreifbar und möglicherweise tödlich verwundbar. Denn Geld ist in einem Glaubensstaat eine relative Sache... ganz anders als in einem neoliberalen Europa, in dem Geld – der Euro – das ultimative Zentrum der Alternativlosigkeit geworden war. „Europa" sollte mit Geld zusammengefügt werden. Denn die Elite traute dem Christentum nicht mehr zu der Kitt der Zukunft zu sein. Nach zwei Weltkriegen galt die alte Balance nur noch wenig. In den muslimischen Ländern gibt es jedoch einen stabilen gemeinsamen Trägerpunkt, den Islam.

9.6 Die Türkei

The EU is falling apart and the desperate reaction from Brussels is to grab more power, rather than study its root cause. Perhaps Junker and his friends in Brussels need to take a look at themselves, because if the citizens of Europe can't take them seriously, then why should Turkey? I don't think Elmar Brok will be coming back to Turkey soon. The German member of European Parliament who heads up the apparently important Foreign Affairs Committee in the European Parliament didn't seem to get much of a welcome when he was here earlier in September and hasn't made any headway in convincing Turkey of the importance of the EU.

Daily Sabah, 23. September 2016, Martin Ray

"For us, these phrases have absolutely no value any longer," he [Erdogan] said in the televised address, according to a translation by DPA. "Those who stand on our side in the fight against terrorism are our friend. Those on the opposite side, are our enemy." On Monday, the President had vowed to extend the legal definition of "terrorists" to include MPs, activists and journalists. "It is not only the person who pulls the trigger, but those who made that possible who should also be defined as terrorists, regardless of their title," Mr Erdogan said.

The Independent, 18. März 2016

Dass in Syrien Krieg herrscht, war der deutschen Öffentlichkeit schon lange bekannt. Aber auch in der Türkei herrscht Krieg und es ist bitterernst in dem Frontstaat, der direkt neben dem Kalifat liegt. Am 12. Januar 2016 sterben neun Deutsche bei einem Selbstmordanschlag des ISIS in Istanbul. Genau am gleichen Tag meldet die FT auf Seite 3 die Verluste in Kampf zwischen Kurden und Türken – rund 600 Tote bereits in der zweiten Jahreshälfte 2015.

„Over the past six months young Kurdish militants have taken over entire neighbourhoods of three cities, southeastern Turkey, targeting security forces in violence that has killed at least 200 security forces, 229 militants and 188 civilians, according to estimates by the International Crisis Group."

Wie es nicht anders sein kann, gibt es Flüchtlinge innerhalb der Türkei. Die Zahlen variieren zwischen 20.000 und 200.000 Menschen. Aus der gleichen Quelle:

„Some 20.000 residents of the neighborhoods have been pushed out of their homes, according to government estimates and the violence has displaced 200,000 across the region, according to Kurdish political leaders."

Die Entfremdung der Türkei von der totalen Scheinrealität der EU schreitet mit Siebenmeilenstiefeln voran, nicht erst seit dem Attentat am 17. Februar 2016, bei dem ein Militärkonvoi im Regierungsviertel in Ankara in die Luft gesprengt worden war oder bei dem Anschlag auf den Flughafen in Istanbul am 5. Juli 2016. Ob die Kurden, der ISIS oder irgendwelche anderen geheimen Glaubensgruppen oder Geheimdienste ihre Finger im Spiel hatten oder die Drähte zogen, wer weiß das schon genau! Wie bei den Details des versuchten Putsches gegen den türkischen Staatschef Recep Tayyip Erdogan am 16. Juli

2016, es ist besser zu schweigen! Das Land steht im Krieg und die EU predigt Moral – das geht nicht gut.

Ohne Strategie und ohne Sieg – Krieg im Mächtevakuum

Weder Barack Obama noch Angela Merkel hatten ein Kompetenznetzwerk geschaffen, das die Möglichkeit eines erfolgreich geführten, militärischen Großkonfliktes einbeziehen könnte. Sie waren auf einer Ideologie des „Endes der Geschichte" festgefahren, sicher eines von den USA garantierten ewigen Bestands der heutigen Grenzen. Konflikte sollen mit der „Harmonisierung" gelöst werden. Also der wirtschaftlichen und sozialen Unterdrucksetzung eines „Vertragsbrechers" oder des „Moralbrechers" – kurz mit Sanktionen. Das wurde etwa im Fall des Irans als Erfolgsmodell gefeiert. Deshalb waren auch die Deutschen dabei, als entscheidende Wirtschaftsmacht und als Schutzmacht Israels. Doch die Sanktionen gegen das Atomprogramm des Irans hatten ihren Preis – und es stellt sich die Frage, wer wirklich letzten Endes am längeren Hebel sitzt. Denn der Preis könnte die ewige Existenz von ISIS und all ihrer möglichen sunnitischen Nachfolgegruppen sein...

Nur leider widerspricht dieses Ideengebäude fundamental der Realität – Nordkorea zeigt es jedem, der es sehen will. Denn dort gibt es weiterhin große Länder und kleine Länder sowie Länder mit Atomwaffen und Länder ohne Atomwaffen. Diese Asymmetrie wird nicht durch Verträge aufgehoben. Manche Länder haben einfach die Option, militärisch aktiv zu werden. Da sind vor allem die US zu nennen, aber auch Russland ist dank eines erstklassigen Militärs an der Staatsspitze, Valdimir Putin, dazu in der Lage – oder eben China – Luxemburg sicherlich nicht. Nur völlig unerwartet, aber rein logisch zwingend, entstehen auch aus Failed States neue Staatsgebilde. Ein solches ist der ISIS. Das Kalifat entstand im Machtvakuum des Iraks und breitete sich über Syrien und die Sinai-Halbinsel weiter aus, nach Jemen, nach Libyen, quer durch ganz Afrika bis hinab nach Nigeria und Mali und im Osten nach Afghanistan, Bangladesch und Indonesien. Und natürlich ist der ISIS in der Türkei aktiv. Und so wurden Erdogan und Putin Verbündete und Freunde - Waffenbrüder. Die FT am 10. August 2016 in „Putin und Erdogan pledge to end stand-off and restore friendship". Aufmacher auf Seite eins von Kathrin Hille:

„The 'two nations' ties "are a lot more robust than ever, and they will help us resist any potential crises", Mr Erdogan said, addressing Mr Putin as "my dear friend" three times in as many minutes. "

Doch ohne Strategie agiert der Westen vollkommen hilflos. Frau Merkel kann keinen Krieg, sondern leider nur Krisengipfel, doch was sollen die gegen das Kalifat bewirken? Während also die Weltmacht USA außen- und gipfelpolitisch im Vorwahlkampf handlungsunfähig ist, hat der ISIS wunderbare Möglichkeiten der Expansion. Denn Russland ist durch die Wirtschaftssanktionen der EU ebenfalls in einem Zweifrontekrieg gebunden, logischerweise finanziell geschwächt und war durch den massiven Konflikt mit der Türkei in der Handlungsfähigkeit reduziert. Und es schien sich für die Türkei auszuzahlen, den hohen Einsatz zu spielen, den der Abschuss eines russischen Kampfflugzeuges am 24. November 2015, nur 11 Tage nach den Attentaten von Paris, darstellte. Dieser eigentlich unsinnige, militärische Akt blockierte eine enge west-östliche Allianz aus EU, USA (also der NATO) und Russland in Syrien, welche dann für die zunehmend islamische Türkei tödlich isolierend gewesen wäre. Nach der heutigen Lage wird die Türkei jedoch von innen destabilisiert werden, um dann in den Krieg mit der ISIS gezogen zu werden. Ein Tod des Werks von Kemal Atatürk – auf Raten. Der Putschversuch vom 15. Juli 2016 spricht Bände. Und natürlich verliert die EU mit. Denn auf Gedeih und Verderb, braucht die EU eine wehrhafte Außengrenze – die kann sie sich nicht kaufen. Und Griechenland ist pleite und handlungsunfähig – dank der dämonischen Austerität ist die griechische Fähigkeit entfallen, die EU-Außengrenze überhaupt sichern zu wollen. Wo verläuft also die reale Außengrenze der EU (nicht der NATO) und wer sichert sie militärisch, also real? Und 2016 hat dann Deutschland seinen historischen Verbündeten am Bosporus verloren, die Türkei – verdrängt von Vladimir Putin´s Russland.

Das Einzige, was in dieser Situation noch vorteilhaft gewesen war, ist, dass Präsident Obama am Ende seiner zweiten Amtszeit nicht abgewählt werden muss. Dagegen klebt Frau Merkel am Posten und klammert an der Macht. Damit ist Europa auch in der Totalen handlungsunfähig. Also muss Russland die Sache gegen den ISIS in Syrien schaukeln,– im Irak macht das Russlands Verbündeter, der Iran! Nicht wie viele denken die USA. Die USA bombt, viel zu schnell und viel zu gerne mit Drohnen und alles ohne Strategie, Obama eben. Nur ausreichen wird dies nicht, da einfach keine kritisch große Masse an Bodentruppen den ISIS bekämpft. Ja, Krieg ist schmutzig und teuer und teuer ist mit einer neoliberalen, schwarzen Null nicht vereinbar. Also ist auch die EU regional an der Südflanke handlungsunfähig und wird auch geopolitisch erst handlungsunfähig und dann global bedeutungslos. Der BREXIT des 23. Juni 2016 ist die Wasserscheide, die in Deutschland zu einem Sinneswandel der

Austeritätskanzlerin oder aber zu einer noch heftigeren Anfeindung gegenüber Austeritätsgegnern, Austeritätsfeinden und –opfern führen kann. Austerität und Flüchtlingsintegration synchron, das kann nicht funktionieren, das zerreißt die innere Struktur – Und danach ist Deutschland nicht mehr Deutschland und damit ist Europa nicht mehr Europa.

In allen Räumen hat der ISIS das Potential zu erstarken – allein schon wegen der massiven Verarmung der kinderreichen, muslimischen Bevölkerung in Zeiten niedriger Ölpreise. Doch der „Kreuzzug" der europäischen Spezialtruppen kommt 2016 zu spät und mit zu wenig Macht. Nur der Versuch von Frau Merkel, das Thema allein dadurch zu lösen, dass das K. Wort (nein, nicht das Kanzlerinnenwort, das Kriegswort) verboten wird, ist extrem kontraproduktiv – das ist einfach eine Verleugnung der Tatsachen. Diese schadet natürlich auch dem Autor dieses Buches, der bereits 2012 diese Entwicklung prognostiziert hatte. Seine Analyse und Diskussion sind politisch störend – solches wird in der Presse totgeschwiegen und der Autor von „staatstragenden" Zirkeln abgemeiert. Ja, nur wo ist Deutschland hingekommen, wenn die Realität stört und geleugnet wird, statt gestaltet zu werden – positiv und problemlösend? Ein einfaches Beispiel. Was wäre denn, wenn Russland sich ganz plötzlich aus Syrien zurückzieht und den Präsidenten Assad fallen liese, ganz so, wie es die Springer-Presse, also die BILD Zeitung immer lauthals verlangt? Nach wie vielen Wochen wäre dann der ISIS im Besitz eines Mittelmeerhafens? Wann stünde der ISIS in Beirut, wann vor Tel Aviv und Jaffa? Wer mehr wissen will, möchte bitte in Peter Scholl-Latours letztem Buch „Der Fluch der bösen Tat" nachlesen! Von Neoliberalen hielt er auch nicht so viel.

Aber das Totschweigen, schadet insgesamt Deutschland und Europa. Denn während sich hier aus wirklicher Angst vor Frau Merkel (!) viele Entscheider lieber die Zunge abbeißen als Ross und Reiterin zu benennen, schläft der ISIS nicht. Nein, er erweitert seine operative Schlagkraft und infiltriert weiter gesellschaftliche und staatliche Strukturen in der gesamten friedlichen muslimischen und der atheistischen weltlichen Welt. Das gemeinsame und gemeinschaftsstiftende Projekt des EU-Westens war 2015 „die" Flüchtlinge aufzunehmen – so hoffte es die Kanzlerin. Nur das wirkliche und wahrhaft sinnstiftende Projekt wäre der Krieg, der offene Bodenkrieg gegen den ISIS gewesen. Und ein gewonnener Krieg, ein Krieg in Libyen, Syrien, im Irak und in Jemen hätte unter großen Verlusten an Bodentruppen gewonnen werden müssen. Doch er hätte den europäischen Kontinent für immer geeint, ja gerade auch mit Russland. Die Chance ist vertan, aber die Probleme sind geblieben.

Und niemand in Europa außer dem russischen Präsidenten Valdimir Putin tat 2015 etwas Entscheidendes in Syrien gegen ISIS. Eine fatale Situation, die irgendwie an die Firmenkultur des Autobauers Volkswagen erinnert. Dort hatte auch das gesamte Management Angst vor dem Wirtschafts Übervater Piëch. Doch Angst, egal ob vor dem Wirtschafts Übervater Piëch, dem Politik Übervater Kohl oder der Übermutter und Kanzlerin Merkel - Angst ist keine positive, kulturelle Errungenschaft. Sie führt in den Betrug – heute positiv bewertet als Political Correctness. Sie schafft Schweigen, Scheinheiligkeit und Lüge (und von da ist es nicht mehr fern zur Lügenpresse, egal wie man den Begriff historisch einzwängen will!). Denn Angst kann eine demokratische Gesellschaft weder tragen noch zukunftsfähig machen. Dazu bedarf es eines felsenfesten Glaubens und des tiefen Vertrauens – Doch gibt es das noch in Deutschland? Ach, was war das für eine schöne, einfache, klare Welt vor dem 1. WK? Beispielhaft beschreibt dies zum einen der Artikel „Obama´s mission creep in Syria." von Edward Luce in der FT vom 2. November 2015, Seite sieben:

„Nothing more clearly exposes Washington's lack of strategic thinking than the US slide into Syria. Until last week President Barak Obama was adamant no American Boot would set foot on Syrian soil. [...] Unless Mr. Obama can seize the initiative, the US may be sucked in a war it cannot win. There is no substitute for strategy."

Dramatisch wird es, wenn zugleich auch die EU keine Strategie hat, und nur Russland strategisch handelte, um dann 2015 doch im Sumpf des Nahen Ostens steckenzubleiben. Hier rächt es sich, dass sowohl Präsident Obama als auch Kanzlerin Merkel wenig Freude an Strategen in ihrem Beratungsumfeld zeigen. In der FT am Montag nach dem Attentat in Paris, am 13. November 2015, schreibt Edward Luce auf Seite 11 im Artikel „French horror jolts the 2016 presidential race.": Die Fehleinschätzung ist erschreckend:

„It was unfortunate that President Barack Obama declared Isis to be contained only hours before its horrific slaughter in Paris."

Da die Fehleinschätzung von ganz, ganz oben kommt und die näher rückenden Wahlen die US nicht handlungsfähiger machten, stellt sich immer mehr die Frage, wie lange Europa unter der Doktrin des Sparens á la Merkel noch handlungsfähig zu verbleiben vermag. Doch inzwischen steht leider fest: Frau Merkel handelt seit dem Entstehen des ISIS sehr fatalistisch, denn sie möchte Krieg mit Moral besiegen – doch ohne schmutzige deutsche Hände, ohne sich dabei ans Kreuz nageln zu lassen. Nur, inzwischen ist Europa gelähmt, da Deutschland gelähmt ist, von seiner Hypermoral und seinem Wahn einer „Schwarzen Null" mit Haushaltsüberschüssen mitten in einem Krieg und dabei zugleich militärisch total rückständig und vollkommen hilflos. Der ISIS könnte sich kein optimaleres, operatives Umfeld wünschen als das der Totenstarre der ehemaligen Kolonialmächte bei offenen Grenzen und eines synchron eskalierenden Bürgerkrieges in der Türkei. Dort wird ab Mitte 2016 die Wirtschaft sukzessive zusammenbrechen – allein im Tourismus sinken die Buchungen drastisch. Im ersten Halbjahr waren 87 Prozent weniger Russen in das Land zwischen dem Schwarzen und dem Mittelmeer gereist. In der zweiten Jahreshälfte werden es rund 40 Prozent weniger Deutsche sein. Und niemand weiß, wie sich die nächste US-Regierung strategisch positionieren will. Und wie viele Leben amerikanischer Soldaten sie bereit ist, im Kampf gegen den ISIS zu opfern. Denn der FT Analyst Luce (s.o.) schreibt sehr pointiert die Tiefe der amerikanischen Problematik erkennend: Von der demokratischen Partei und einer möglichen Präsidentin Clinton sei im Kampf gegen den Terror wenig zu erwarten:

„Yet the fight against terrorism, which is where Democrats are weakest, is back on the agenda. That includes Mrs. Clinton. She has yet to give a good explanation of why the US "leading from behind" in Libya was a good thing. Public opinion is jittery and Democrats have not yet found a way to address it. When Pope Francis sounds clearer on the nature of the threat, that has to be a problem."

Denn Papst Franziskus zögerte nicht lange und stellte als gebürtiger Argentinier fest: Wir sind in einem fragmentierten bzw. zusammengestückelten Dritten Weltkrieg! ‚'

„Pope Francis said we are in the midst of a ‚piecemeal world war three'."

Und wenn der Papst deutlichere Worte findet als Ms. Clinton, der Außenministerin von Barack Obama, dann findet Luce diese Lage mehr als bedenklich. Denn die Handlungsverweigerung des Westens, mit USA, EU und teilweise sogar von China wird nur eines bewirken: Einen aufblühenden, globalen Terror, der seine globalen Rückzugsräume geschickt nutzt. Wie Mao Zedong mit dem Satz sagte „Der Revolutionär schwimmt im Volk wie ein Fisch im Wasser". Da muss ich hinzufügen, dass die Glaubenskrieger vielleicht die Revolutionäre des 21. Jahrhunderts sind. Sie machen ihre eigene Art der Kulturrevolution, wie zuletzt Pol Polt, der Bruder Nr. 1 in Kambotscha –

Ergebnis etwa 2 Millionen Tote – bei steter Beachtung der Landesgrenzen. Also wird die samaritanische Glanztat unserer ersten Kanzlerin später geschichtlich betrachtet nicht anderes sein, als das Wasser der Flüchtlinge zu kanalisieren, in dem die Fische des Terrors zu uns gelangen könnten? Ich habe hier keine besseren Nachrichten, denn ich halte den ISIS im Gegensatz zur „DIE Welt" vom 23. Januar 2016 nicht für eine Haufen von „Losern", in dem Artikel „Wer dem IS folgt, ist vor allem ein Loser." Das sind sehr kreative, hochmotivierte und daher auch äußerst gefährliche Glaubenskrieger. Menschen voller Energie und Kraft, denen jedoch jede spirituelle und ökonomische Lebensgrundlage abhanden kam. Genauso wie auch die Deutschen 1918 vor einem unbeschreiblichen Scherbenhaufen standen, aus dem dann der Krebs des Nationalsozialismus wucherte. Dauerhafte Armut ruiniert die Seele der meisten Menschen, die Auflehung gegen das Elend war und ist Revolution – und die hat im historischen Kontext viele Namen und meist eine starke religiöse Komponente. Im Westen war es der erfolgreiche Klassenkampf der Marxisten, Sozialisten und Sozialdemokraten – früher! Und für die Glaubenskrieger läuft alles in die richtige Richtung. Denn Europa ist bald wieder genauso schwach, wie es zwischen dem Ende der erfolgreichen Kreuzzüge 1192 und dem Tag war, an dem die Türken 1529 vor Wien standen. Ja, und der Islam ist massiv in der Vorwärtsbewegung, etwa in der Türkei: „First call to prayer inside Istanbul's Hagia Sophia in 85 years" meldet die Hurriyet Daily News am 5. Juli 2016 online:

„A muezzin's call to prayer reverberated inside the sixth-century Istanbul landmark Hagia Sophia for the first time in 85 years on July 1. The building in the city's historic Sultanahmet district broadcast the azan from its minarets following July 1's Laylat al-Qadr, or night of power, marking the first revelation of the Quran to the Prophet Muhammad. The broadcast of the morning call to prayer from within Hagia Sophia is likely to reignite controversy over the use of the building, which was designated a museum in 1935 under Mustafa Kemal Atatürk, the founder of the modern Turkish Republic. ... „Built as an Orthodox Christian basilica during the reign of Byzantine Emperor Justinian I in 537, the famous domed structure, known as Ayasofya in Turkish, was converted into a mosque following Sultan Mehmet II's conquest of the city in 1453."

Obacht! Die EU ist Teilen der Annahme, die NATO Außengrenze sei auch eine EU-Außengrenze. Der Scheck müsse hier nur hoch genug sein. Doch Schecks zählen im Glaubenskrieg nicht. Dort sind die Währungen, die wirklich zählen, der Glaube und das Blut. ACHTUNG: Mit dem Wort „Blut" ist es in Deutschland sehr schwierig, anderswo nicht!

9.7 Libyen und Tunesien

Zeitgleich mit den Anfang 2016 explodierenden Spannungen zwischen Iran und Saudi-Arabien kam es in **LIBYEN** zu einem Großangriff der ISIS auf den bedeutendsten Ölhafen Es Sider (as Sidr) am 4. Januar 2016. Interessanterweise stieg Anfang Januar 2016 der Ölpreis trotz dieser beunruhigenden Meldungen kaum an. Was war passiert? In Libyen sind inzwischen – natürlich inoffiziell – Spezialkräfte und reguläre Truppen aus Italien, Frankreich, Großbritannien und auch den USA im Einsatz, um die von dem ISIS eroberten Ölfelder zurückzuerobern und unzählige in der Wüste versteckte Waffenlager zu sichern, ganz wie man es sehen will. Soldaten aus den USA, Italien, Großbritannien und Frankreich sollen es richten. Zusätzlich schickt Deutschland die Bundeswehr in den Einsatz. Sie sichert die Südflanke in Mali und entlasten die französischen Kampftruppen, von denen es im Jahr 2016 viel zu wenig gibt. Die „Deutsche Welle" berichtet hierzu online am 05. Januar 2016 in den Worten von Heike Fischer:

„Islamistische Milizen versuchen, den Friedensprozess in Mali zu torpedieren. Zum Schutz der zivilen Bevölkerung will Deutschland bis zu 650 Soldaten in das Land schicken. Dort erwartet sie eine hochexplosive Gemengelage."

Dann wird alles gut? „Easy going" in Afrika? Nein, ich befürchte nicht. Allein in Mali mit seinen 1,24 Millionen Quadratkilometern Fläche, dreimal so groß wie die Bundesrepublik, entsteht eine verlorene Generation. Auch weil die Kriegswirren aus Libyen bis dorthin ausstrahlen. Schicksalhaft wurde Libyen von Gutmenschen ohne strategischen Plan ruiniert. Nur, wann begreift endlich der Westen, dass der Luftkrieg nur selten eine erfolgreiche Lösungsstrategie gegenüber einem ideologisch hochmotivierten Gegner ist? Das hatte doch bereits in Vietnam nicht funktioniert, weder bei den Franzosen noch bei den Amerikanern. Und sowohl Russen als auch Amerikaner scheiterten in Afghanistan.

„In 2011, US-led NATO ravaged Africa's most developed country. Libya remains a cauldron of violence and chaos, now threatened by ISIS. Washington helped ISIS establish a foothold in Sirte, a jumping off point to expand to other

areas –. Sirte is a gateway to several major oil fields and refineries further east. ISIS fighters targeted them before, gaining control of some. Its propaganda claims "Sirte will be no less that Raqqa," its self-declared Syrian capital. In mid-December, rival Tobruk and Tripoli agreed on the formation of unity governance, despite numerous tribal groups left out, a shaky arrangement at best. Despite Libyan officials rejecting a US-led bombing campaign and/or ground operation, reports indicate plans to deploy about 1,000 UK special forces on the pretext of combating ISIS – to be joined by thousands more American, French and Italian combat troops."

So meldet das „Centre for Research on Globalization" (CRG), eine unabhängige Forschungs- und Medienorganisation – oder kurz „think tank", am 5. Januar 2016 auf seiner Webseite www.globalresearch.ca in einer Analyse von Stehpen Landmann: „Oil and the ISIS: Another US-NATO War on Libya is imminent." Und egal wie Europa im Winter 2016 agieren möchte, steht fest, dass in Libyen eine explosive Mischung herrscht und dass das Ergebnis der Machtkämpfe zwischen zwei Regierungen, Islamisten verschiedener Gruppierungen, weltlichen Warlords jeder Couleur und diversen traditionellen Stammesfraktionen noch völlig offen ist. Und es ist völlig unklar, welche Koalition an Kräften der Westen formen und unterstützen will oder kann. Denn ein im Krieg zersplitterter muslimischer Nationalstaat, ist in eine Unzahl von großen, mittleren, kleinen und kleinsten Gruppen aufgefasert. Gruppen, die zum Teil seit vielen Jahrhunderten nur eines verbindet – die Todfeindschaft; etwa wegen eines Massakers im Jahr 1514. Geheimbünde, Geheimreligionen, Sekten, Clans – all dies ist für die Spionagesatelliten der USA undurchdringlich. Doch alle Gruppen verbindet eines, eine Jungendarbeitslosigkeit von bis zu 70 oder 80 Prozent. Es ist ein totales Desaster. Die explodierende Bevölkerung der Maghreb-Staaten läuft in eine wirtschaftliche Leere, die Jugend in die nie endende Arbeitslosigkeit. Denn solange ISIS existiert, wird das Geld der Touristen niemals zurückkehren. Diese sichere Perspektivlosigkeit hat eine zwingende Radikalisierung der Jugend zur Folge in der Suche nach einem „Dritten Weg". Doch den bietet der ISIS zwingend an, mit einem stringenten, religiösen Regelwerk, einem klaren Schwarz-Weiß-Denken und einem historisch singulären Erfolg gegen die ehemaligen, unantastbaren Kolonialnationen insbesondere gegen die verhasste USA, **„die an allem Schuld ist"** und ihren Verbündeten Israels. Und die Wirtschaft Libyens ist weiterhin im freien Fall: Die FT vom 25. Januar 2016 auf Seite 2 in „Libya oil group says war has cost it $68bn", Libyen erwartet ein Desaster:

„Meanwhile the Economist Intelligence Unit predicts Libya will have the world's fastest-shrinking economy in 2016, beating Venezuela, Equatorial Guinea and war torn Syria."

Die Ölförderung Libyens ist seit dem Jahr 2011 um 80 Prozent gefallen und beträgt nur noch 362.000 b/d, Barrel pro Tag. Damit sind dem nordafrikanischen Land infolge der „Befreiung" von Gaddafi (1942-2011) in nur vier Jahren insgesamt 68 Milliarden US Dollar an Petrodollar entgangen. Bei 6 Millionen Einwohnern macht das 10.000 Euro pro Einwohner aus, und das bei einem jährlichen Pro-Kopf-Einkommen von weniger als 10.000 US Dollar pro Jahr. Libyen ist heute tief zerstritten und hat zwei rivalisierende Regierungen, die sich feindlich gegenüberstehen. Es ist kein Zufall, dass der amerikanische Botschafter 2012 in Bengasi starb. Denn wie immer produziert der tiefsitzende Konflikt großer Machtblöcke exakt das Machtvakuum, in welches der radikale Islam hineinfließt wie ein Lubricant der Gewalt. Gaddafi soll übrigens gepfählt worden sein, so wie es im Mittelalter üblich war. Und damals gewann oftmals die Fraktion, die am grausamsten vorging, das ist der Nahe Osten!

„As the conflict between the competing fractions rages on, there are growing fears that Isis militants will gain further control of Libya's energy facilities."

Und die Probleme sind in jeder Dimension gravierend, denn Libyen war und ist ein gigantisches Waffenlager. Und damit lässt sich viel Geld verdienen!

„Libya has the largest stockpile of loose weapons in the world - according to some reports, even larger than the British army's arsenal - plus about 4,000 surface-to-air missiles and 6,400 barrels of uranium concentrate powder, known as "yellowcake", that could pass into the hands of terror groups such as Islamic State of Iraq and the Levant (ISIL), AQIM or al Mourabitoun which controls large swaths of territory in the south." [...]

„While the worsening situation in Libya failed to trigger an international military intervention in 2015, the emergence of ISIL in Libya appears to have tipped the balance. While Italy, for example, has said that it will not attack ISIL in Syria, it has indicated that it might attack in Libya, which could mean air strikes as well as special forces on the ground. Italy has now taken the lead over France when it comes to "fixing" Libya, which isn't surprising when one considers Italy's colonial past in Libya, its commercial interests there, and the fact that Rome has been repeatedly threatened by ISIL." [...]

„Libya is ISIL's second largest "market" after Iraq and Syria and featured
extensively in the September issue of ISIL magazine Dabiq, it has the potential
to become a popular training ground for European recruits. "

So in Aljazerra.com „Libya's litmus test with ISIL", am 02. Februar 2016, von Olivier Guitta, dem Managing Director von GlobalStrat, einem globalen Beratungshaus. Es geht um viel, um schier unendlich viele Waffen. Um Waffen, die von West und Ost dem reichen Öl-Exporteur Libyen verkauft worden waren und jetzt herrenlos in Depots in der libyschen Wüste lagern. Von 4.000 Boden-Luft-Raketen ist da unter anderem die Rede. Und es ist aus heutiger Sicht gar nicht nachzuvollziehen, weshalb der Westen nicht direkt nach dem Tod von Colonel Gaddafi am 20. Oktober 2011 diese Waffen im Rahmen einer militärischen Intervention unter seine Kontrolle gebracht hat, gerade auch wegen des Giftgases. Ein Kardinalfehler der Achse von Brüssel und Washington und speziell der Achse Merkel - Obama. Denn hier war wieder einmal Strategie Fehlanzeige. Und Obama etablierte seinen Ruf als „Master of Desaster" in der arabischen Welt. Ihm gelang dort das Kunststück noch verhasster zu werden, als es sein Vorgänger George W. Bush war. Den globalen Pax-Americana beendete also Barack Obama im arabischen Frühling. Damit war der Geist aus der Flasche. Warum? Und der Westen blieb passiv, bestenfalls reaktiv, kopflos – ohne Strategie und er lässt dem ISIS jeden erdenklichen Handlungsspielraum. Eine tödliche Kombination, denn so wird Libyen, der zweitgrößte „Markt" der ISIS, zum Sprungbrett der Gotteskrieger mehrerer Gruppen in andere Länder:

„And while entry to Syria is getting more difficult, Libya is now seen as a
possible springboard to destabilise neighbouring Algeria, Morocco and Tunisia.
And while ISIL would be the main target in Libya, it is interesting that it was a
recent AQIM video that called on Libyans to rise up against the invaders from
Italy, France, the US and Britain. ...Given the situation in Libya - a failed state
with three governments, no real army, a plethora of militias and several
seasoned terror groups - any international military intervention force will have
its work cut out. "

Im Nachbarland **TUNESIEN** herrscht nach dem arabischen Frühling genau dieselbe desaströse Perspektivlosigkeit wie in der Wirtschaftskrise vor dem hoffnungsfrohen Aufbegehren – Ein Zeitfenster des Aufbruchs und der Hoffnung hat sich wieder geschlossen. Letztendlich dürfen sich die Menschen dort auch bei Wolfgang Schäuble bedanken und seinem Dogma der schwarzen Null. Denn anstelle in Tunesien massiv wirtschaftlich zu investieren, um die

Südgrenze der EU auf der gegenüberliegenden Mittelmeerküste zu sichern, spart man lieber und kritisiert ein offensichtlich total handlungsunfähiges Griechenland (am 23. Januar 2016). So etwa die Innenministerin Österreichs, Frau Mikl-Leitner – Die doch als Innenministerin eigentlich wenig dazu befähigt, zur Außenpolitik Stellung zu nehmen. **Diese auf dem Kopf stehende Denkwelt – Innenminister formulieren die Außenpolitik? Und Außenminister formulieren die Innenpolitik? – führt Europa ins Verderben! Und niemand in Deutschland schreit auf!** Sei es drum: Wien droht Griechenland mit dem Ausschluss aus dem Schengenraum: „...dann darf es keine Denkverbote geben." Doch wäre Österreich im Jahr 2016 besser dabei korrekte Wahlen abzuhalten – etwa um einen neuen Bundespräsidenten zu wählen, ohne Skandal.

Weshalb aber gibt Brüssel nicht einfach Griechenland mehr Geld für diese zentrale Aufgabe der Grenzsicherung des Schengenraumes? – wäre doch eine spannende und vorbildliche Initiative aus dem neoliberal gesteuerten EU-Haushalt eine Art Lastenausgleich oder Marshallplan 4.0 für den fast bankrotten, griechischen Staat zu beschließen. Autobahnen oder Brücken kann ja nun mal niemand zwischen den vielen Inseln bauen. Denn Griechenland soll zugleich immer mehr leisten und immer mehr sparen. Nur das wird leider offensichtlich nichts. Dafür ist Deutschland bis Mitte 2016 nicht zu haben, dort vertraute man auf die Türkei... Nur, in der EU wird nicht mehr strategisch, etwa in öffentliche Güter, investiert – hier wird in moralische Güter investiert (Feminismus und Flüchtlinge statt Autobahn). Nur, das bringt nichts. Schon gar nicht an der EU-Außengrenze bei einem unnötigen synchronen Krieg – moralisch, militärisch und wirtschaftlich – mit Russland und dem radikalen Islam. Schauen wir wieder auf die andere Seite des Mittelmeeres: Die FT, ebenfalls vom 23. Januar 2016, meldet auf Seite 4 ganz unten in einem kleinen Zweispalter den Untergang des Rechtsstaats in Tunesien. Heba Saleh aus Kairo schreibt in „Tunisia rioting leads to nationwide curfew":

„Tunisia declared a national curfew yesterday after for days of demonstrations and rioting swept the country in protests which saw the storming of police stations and local government offices. [...] The eruption of popular fury at high unemployment marks the worst unrest Tunisia has witnessed since the 2011 revolution [...]"

Dort geht gerade der alte Staat unter und das, was entstehen wird, wird für die EU nicht mehr handhabbar sein. Denn es kämpfen bereits 6000 Tunesier in den

Reihen der ISIS und dazu braucht es bald nicht mehr den schwierigen Weg über die Türkei. Bald schon wird man auf der „tunesischen Heimaterde" für den ISIS kämpfen können:

„[...] Tunisia has been a shining example of political compromise between Islamists and secular groups leading to a successful transition to democracy. But the country faces daunting economic challenges, including high youth unemployment thought to far surpass the already steep national rate of 15.3 per cent – one of the main factors behind the 2011 revolt. President Beji Said Essebsi said his government had "inherited a very difficult situation" with " 700,000 unemployed and 250,000 of them young people who have degrees."

Das sind keine „Loser", das sind Männer, die sich und ihre Werte, ihren Glauben(!) und damit ihre Identität und Ehre von ihrer Elite verraten sehen. Das sind potentielle ISIS-Kämpfer! In der „International Business Times" dazu von Alessandria Masi, am 27. Januar 2016 in dem Artikel „ISIS; Extremists Recruit The Young Unemployed And Underpaid In Tunisia":

*„Tunisia is an attractive jihadi recruitment ground for three reasons. The country's prisons are at 138.9 percent of capacity, and those incarcerated for terrorism are placed in close quarters with other prisoners, where radicalization is common. Second, although Tunisia is a Muslim-majority country, secularism is strictly enforced under the new democratically elected government, as it was for decades before under former President Zine El Abidine Ben Ali. **This strict secularism policy has left many religious Tunisians with no alternative but to join extremist groups like ISIS, since they are the only groups that represent a faith-based ideology."** [...] „In an interview with the Council on Foreign Relations Tunisian Prime Minister Habib Essid said, "Some of [the extremists] they think that through jihad they can go to paradise and things like that." **But, according to the prime minister, the most common and significant factor drawing Tunisians to ISIS are "economic reasons. They didn't have jobs ... They couldn't have a normal life."** [Eigene Hervorhebung]*

Die Chance des wirtschaftlichen Wiederaufbaus Tunesiens wurde 2015 und 2016 vertan – Europa musste Sparen. Bald wird an dem südlichen Rand des Mittelmeeres ein weiterer Staat in den Machtbereich des Kalifats fallen. Denn Mitte 2016 war die Tourismusindustrie des westlich geprägten Mittelmeerlandes zerbrochen: Mehr als 200 Hotels bleiben dauerhaft geschlossen, so Vice.com am 3. August 2016 in dem Artikel „The Terror Attack that destroyed Tunisia's Tourist industry" von Henry Wismayer:

„This is the Imperial Herhaba Hotel, where [ISIS conscript] Rezqui continued the [killing] spree he'd started on the beach. Now it sits abandoned, one of almost 200 major Tunisian Hotels to have shuttered in the last year."

Der Terror ist kaum von der Armut zu trennen. Denn Armut und der amerikanische Bombenkrieg sind der Brennstoff eines global expandierenden Kalifats. Eines Staates von dem „Die Welt" am 23. Januar 2016 schreibt: „Wer dem IS folgt, ist vor allem ein Loser". Ich stimme dem nur sehr begrenzt zu. Er ist eher strenggläubig, leidensfähiger und härter als die anderen jungen Männer und selten adipös, aber chancenlos in seiner politisch korrekten Community. Der westliche Feminismus ist zusammen mit dem muslimischen Bevölkerungswachstum eine der Ursachen des immer umfassender und radikaler werdenden Kampfes der Kulturen. So ist es die perspektivlose Masse an jungen Männern, die eine andere Welt möchten und dabei immer mehr als radikale Positionen vertreten. Aber gerade uns als Deutschen sollte das erschreckend bekannt vorkommen – die Nationalsozialisten waren doch auch nur „Verlierer", so bis 1933. Und man darf nie vergessen, ihr erstes Opfer war Preußen. Sie nahmen blutige Rache. Diese Bewegung war von der ersten Stunde an gegen Kultur und gegen Tradition – genau wie der ISIS. Der islamisch geschärfte Widerstandswille ist ein nicht unerhebliches Problem, wie schon Russen und Amerikaner in Afghanistan feststellen mussten. Doch das ist alles Fehlanzeige in der deutschen Presse. Wer informiert sein will, dem bleibt leider oft nur das Internet. Es sei denn, er möchte erneut zuschauen, wie ein Bundespräsident sein Amt verliert, wie Horst Köhler im Mai 2010. Hier Auszüge aus dem Radiointerview – frei nach der Süddeutschen Zeitung vom 31. Mai 2010 in „Das umstrittene Interview im Wortlaut":

„Aus meiner Einschätzung ist es wirklich so: Wir kämpfen dort auch für unsere Sicherheit in Deutschland, wir kämpfen dort im Bündnis mit Alliierten auf der Basis eines Mandats der Vereinten Nationen. Alles das heißt, wir haben Verantwortung. Ich finde es in Ordnung, wenn in Deutschland darüber immer wieder auch skeptisch mit Fragezeichen diskutiert wird. **Meine Einschätzung ist aber, dass insgesamt wir auf dem Wege sind, doch auch in der Breite der Gesellschaft zu verstehen, dass ein Land unserer Größe mit dieser Außenhandelsorientierung und damit auch Außenhandelsabhängigkeit auch wissen muss, dass im Zweifel, im Notfall auch militärischer Einsatz notwendig ist, um unsere Interessen zu wahren,** *zum Beispiel freie Handelswege,* **zum Beispiel ganze regionale Instabilitäten zu verhindern, die mit Sicherheit dann auch auf unsere Chancen zurückschlagen** *negativ durch Handel, Arbeitsplätze*

und Einkommen. Alles das soll diskutiert werden und ich glaube, wir sind auf einem nicht so schlechten Weg." [eigene Hervorhebung]

Plain Talking – Das hat ihn dann seinen Job gekostet, ein Vorgeschmack der post-faktischen deutschen Gesellschaft. Nur, aus der Sicht des Jahres 2016: Was soll der Ökonom Horst Köhler denn bitte falsch gemacht haben? Nichts! Nein, Deutschland konnte im Jahr 2010 nichts verstehen und wurde im Juni 2016 vom BREXIT total überrascht. Deutschland sucht nach dem Tod von Peter Scholl-Latour immer noch nach einem Welterklärer und -erzähler, der die Political Correctness verletzen darf. Am Ende kann und wird sich ja doch herausstellen, dass Europa, und damit ist die EU gemeint, ein Loser werden wird. Der globale Loser des 21. Jahrhunderts! Ertrunken in der eigenen moralischen Superiorität. Denn man ist dabei, die besten, fähigsten und dabei innovativsten und klarsten Köpfe zu opfern. Einer scheinheiligen Moral zuliebe, dem Feminismus, dem Gender (Pansexualität), der Homogenität und der Universalität zuliebe. Menschen, die, aus welchen Gründen auch immer, es nicht schaffen auszuwandern, zu opfern, indem sie sozial liquidiert werden oder man sie wirtschaftlich ausbluten lässt – als Reaktion auf einen Angriff gegen die Über-Ich-artige Political Correctness. Und so schweigen die deutschen Medien, ja der Deutsche spricht Klartext nur noch hinter vorgehaltener Hand und fährt an die Ostsee in Urlaub, so wie auch konservative saarländische Staatssekretäre. Damit ist die Zukunft Libyens und Tunesiens und der Menschen vor Ort nahezu besiegelt. Es wird ihnen und kann ihnen nur so ergehen, wie den Menschen in Irak und Afghanistan. Nach zwei westlichen Interventionen herrscht dort mehr der Hobbessche Naturzustand als eine staatliche Ordnung. Und auch noch im Oktober 2016 denken die USA den Frieden herbeibomben zu können: in Syrien, im Irak, im Jemen, in Libyen, in Afghanistan und auch in Somalia. Inzwischen sind also weltweit mindestens sechs frühere Staaten zu Failed States geworden. Es gilt zu fragen: Was nutzen völkerrechtliche Bestimmungen noch? Nichts, da sie zunehmend an der Realität vorbeigehen, denn diese wird allein von der Macht ausgeübt, die lokal aus einer überlegenen „Firepower" resultiert. Die dort glorifizierte „rule of law", die ganze Heerscharen von EU-Anwälten vermögend gemacht hat, greift plötzlich ins Leere. Das wird einfach daran deutlich, wie schnell mal Soldaten ohne jede Diskussion von Deutschland aus in irgendwelche Wüstengebiete weit jenseits der EU- Außengrenze geschickt werden. Weiter östlich als die Bundeswehr waren erfolgreich nur noch Alexander der Große, Marco Polo oder das kaiserliche Seebataillon in China bei Kiautschou gelangt. Kann es einen größeren Widerspruch geben? Territorialität sieht in der Wüste eben ganz anders aus, als es ein in der Kern-EU lebender Europäer kennt und denkt. Bereits Rommel hatte dies erkannt – hier geht es um Dynamik und scheitern muss derjenige, dessen Logistik zuerst kollabiert. Die Wüste erledigt dann den Rest. Ein Russe versteht das weit besser, denn er ist mit der Leere des Raumes vertraut. Nur dort ist es der Winter, der die Säuberung des Territoriums vom Feind vollzieht, ohne eigene Truppen zu binden – 1812 !

9.8 Russland

'Masterly Moscow' Nato officals have grudgingly admitted that Russia´s tactics in Ukraine have been a model of warfare in the 21th century, employing everything from small groups of unidentifiable specialist personal to cyber warfare.

Financial Times, 9. Juni 2014, Front Page

And in December 2012, everyone was watching to see if Putin, who had limped noticeably during a meeting with Israeli president Shimon Peres and who was rumoured to be in ill health, would make it through the speech. He did, but almost no one was paying attention to the most important thing in it: a fleeting reference to an obscure Russianised Latin term, flung into the speech at about minute five: **"I would like all of us to understand clearly that the coming years will be decisive,"** said Putin, hinting, as he often does, at some massive future calamity. "Who will take the lead and who will remain on the periphery and inevitably lose their independence will depend not only on the economic potential but primarily on the will of each nation, on its inner energy, which Lev Gumilev termed passionarnost: the ability to move forward and to embrace change."

Financial Times, 12. März 2016, „Putin, Power and Passionarnost", Live & Arts

Russland ist in einen singulären existenzbedrohenden Glaubenskrieg verwickelt. An zwei Fronten kämpft die von der Fläche weltgrößte Nation gegen den expandierenden Islam im Süden und im Kaukasus sowie gegen die expandierende und in ihren neoliberalen, feministischen und genderspezifischen Werten aggressiv, neoimperialistisch auftretende EU. Keine guten Aussichten für eine Wirtschaft, die auf den Export von Öl und anderen Rohstoffen angewiesen ist. Der Kampf in Syrien wird dabei ausschließlich mit Waffengewalt ausgetragen und bietet dem russischen Militär, insbesondere dabei der Luftwaffe, die Möglichkeit, ihr Gerät zu testen. Das tut sie auch ausgiebig und mit erschreckender Schlagfertigkeit. Sehr schön können diese Waffen auf youtube.com oder für den interessierten Einsteiger auf rt.com begutachtet werden. Denn langsam wird deutlich, dass die vor 1989 den USA technologisch ebenbürtige Militärnation inzwischen wieder in immer mehr Feldern durchaus auf einer Höhe mit den USA oder gar technisch führend ist. Das Militär der USA machte unter Obama keine echten Fortschritte, während das Militär in Russland in Siebenmeilenstiefeln davoneilte - seit es der visionäre Präsident Putin adäquat führt(!).

Auch 2015 führte Russland den Krieg mit der Ukraine weiter. Dieses Mal nicht mit den gefürchteten Spezialtruppen, sondern an der Wirtschaftsfront. Und wie es sich gehört – es wurde Klage eingereicht: Denn die Ukraine hat einen Kredit an Russland, über 3 Milliarden Euro, nicht fristgerecht bedient. Im Dezember 2015 hatte die wirtschaftlich am Boden liegende Ukraine mit ihren Gläubigern ein Restrukturierungübereinkommen im Umfang von 18 Milliarden ausgehandelt und da gab es sofort Streit mit der Gläubigernation Russland.

„The initialization of what is likely to be a protracted legal battle over the debt adds to myriad economic and financial disputes between the two neighbors, which have intensified in recent months even as fighting in east Ukraine has waned. On Thursday, power supply from Ukraine to Crimea, which Russia annexed in March 2014, were once again cut. Yesterday, Moscow imposed new trade restrictions against Kiev, banning import for a range of foodstuffs and canceling as free trade agreement."

Doch Fakt ist: Bei allen Facetten des Wirtschaftskrieges, wie unterbrochene Stromlieferungen (aus der Ukraine an die „besetzte" Krim) oder den Import-Stopps von ukrainischen Lebensmitteln nach Russland, der wirklich zentrale Punkt ist: Russland kann j e d e r z e i t den Konflikt mit der Ukraine militärisch gewinnen, binnen 14 Tagen. Schlecht für die Ukraine. Denn es stellt sich die Frage, wo ist die Schmerzgrenze Russlands? Schließlich liegt Russland im Wirtschaftskrieg mit der EU. Und ein massiver Geländegewinn, na ja, der lässt auch mal drei oder vier Jahre Wirtschaftskrise als ein geringes Übel aussehen. Und ich bin mir nicht sicher, wer wegen der Ukraine mit Russland einen atomaren Schlagabtausch führen möchte. Die USA will wohl eher nicht, die EU könnte es mit ihren reduzierten militärischen Fähigkeiten ab Mitte 2016 kaum noch – UK fehlt Europa also der EU vorne und hinten, nicht nur im Sicherheitsrat! Doch das hat die CDU trotz aller Krokodils-Tränen nicht begriffen.

Bei alle den Gemengelagen im arabischen Raum und den Machtfantasien des „Westens": steht die EU ohne den militärischen Schirm der USA da, wie der „Kaiser in seinen neuen Kleidern". Der Preis für den Luxus sich mit Russland zu überwerfen, ist die ultimative Abhängigkeit von den USA. Wollen wir hoffen, dass sich „Europa" dieses Preises auch bewusst ist, denn mir sind nur zu viele Europäer bekannt, die doch ernsthaft in 2016 meinen, auf Augenhöhe mit den USA verhandeln zu können. Sie haben wohl noch nicht wirklich die Zeit begriffen, die mit dem Abschied Obamas anbrechen könnte. Einer Zeit, in der die Binnenprobleme der USA deren gesamte Aufmerksamkeit verlangen werden – einer Zeit, in der der innere Machtkampf dieses wirtschaftlich täglich stärker gespaltenen Volkes seine Regierung vollkommen absorbieren wird. Einer Zeit, in der es dann etwa heißen mag - „Mögen die XXX (setzen Sie bitte eine Beleidigung ihrer Wahl ein) Europäer sich doch endlich selber um ihre eigenen Probleme kümmern, die sie mit Russland und dem Islam haben" – „Die Europäer haben sich den ganzen Scheiß doch selber eingebrockt, genau wie eben 1914 und 1933!" Unwahrscheinlich, aber nicht unmöglich! In der FT vom 16. Februar 2016 lautet der Kommentar von Gideon Rachman: „The revival of American Isolationism." Ganz deutlich zu diesem zentralen Thema des „Pax Americana" äußerst sich die FT vom 14. März 2016 in „Troubling warnings from the 1930s" erneut von Edward Luce, Seite 9:

„Mr Trump vows to change the rules of the game entirely. The final echo from the 1930s is in the declining global order. In a widely cited interview with the Atlantic last week, Mr Obama complained about "free riders" among America's allies, including David Cameron's Britain. He also expressed disdain for the US establishment's obsession with "credibility" as the measure of American power, and force as their perennial solution."[...]

„Mr Obama's words have elicited outrage in both London and Washington. Yet he gave a good summary of US public opinion. Indeed, what Mr Obama said is not wildly different from what Mr Trump has been arguing. **Americans are tired of paying for Pax Americana.** *Unlike Britain in the 1930s, the US can still bear the burden. But it does not want to."* [eigene Hervorhebung]

Das Leiden Russlands ist derweil noch auf einem erträglichen Niveau. Und die Nation war historisch immer Leid gewohnt, schon unter den Zaren, unter Lenin, unter Stalin und ganz schlimm unter Jelzin. Ganz zu schwigen von dem großen, vaterländischen Krieg gegen Deutschland, 1941 bis 1945. Die Wirtschaft bricht ein, doch das spielt dieses Mal keine wirklich große Rolle. Die Arbeitslosigkeit steigt kaum dank einer genialen Politik Putins.

Doch Russland sucht noch den Dialog: Der professionelle Präsident Vladimir Putin (Sie merken, der Autor ist klar befangen!) gibt der BILD Zeitung am 11. Januar 2016 ein Interview, in dem er die Position Russlands gegenüber dem deutschen Volk herausarbeitet, s.o.. Nur Deutschlands Elite will nicht so wirklich zuhören, denn es geht da ums Prinzip – um die Moral! Und hier kollidiert dann das deutsche Konzept der „Moral" mit dem russischen Konzept des „Leidensvermögens", der „Schmerzgrenze", also „Passionarnost". Was nur hässlich werden kann. Denn nach dem BREXIT hat die EU keine zweite Atommacht mehr und auch keinen zweiten Sitz im UN-Sicherheitsrat. Und auch außer der französischen und eventuell der polnischen Armee nichts, was militärisch handlungsfähig wäre. Nur Russland ist einfach geduldig, flexibel und clever: John Dizard schreibt in der FTfm vom 11. Januar 2016 auf Seite 8: Und Putin ist hungrig, so wie ein großer Bär im April…

*„For all Ukraine's troubles, its external bonds had the highest returns of any sovereign debt last year. The optimists who actually held on to the paper through continued civil war, depression, devaluation, restructuring, and, finally, at the end of December, selective default, would have made a 41 per cent profit on their position. Or perhaps I should say "alleged default", since an arcane court battle over a $3bn Ukraine bond issue held by the Russian government is looming in the coming months. This is not only a bond, but an extremely cleverly done piece of geopolitical maneuvering." … „Even Ukraine's friends among academic lawyers do not think Cristina Kirchner-style bluster about "odious debt" would work in fending off the Russian claim. Anna Gelpern, professor of law at Georgetown University and senior fellow at the Peterson Institute of International Affairs says: **I think Russia did a very, very smart thing.** Do I think it is good for the system? No. If I represent Russia, then I am pleased and proud."* [Eigene Hervorhebung]

Moskau ist strategisch exzellent aufgestellt und hat selten zuvor einen Krieg mit derart niedrigen Verlusten und massiven Geländegewinnen vom Tag EINS an geführt. Und im Gegensatz zu der Meinung vieler westlicher Analysten hat Russland auch kein Problem mit seinen Schulden wie 1998. Und wenn wir uns die semi-staatliche Verschuldungsorgie der EM, der Emerging Markets anschauen, dann wird es eng für den schwächsten Teil des Westens, die EU – denn die EU hat auch eine sehr große wirtschaftlich schwache Peripherie, von

Portugal bis Griechenland, dem das Zentrum aus Deutschland und Frankreich keine sozialpolitisch handhabbare Lösungsstrategie anzubieten will. Weiter im obigen Artikel:

„Most probably Russia and Ukraine will eventually agree a negotiated solution as part of a broader package deal that would include a settlement of the "civil" war. As Mr Debevoise points out: "[President] Putin has already suggested a willingness to accept payment in installments, which implies a net present value reduction." ...

*„**The significance of the Ukraine-Russia Eurobond goes far beyond the $3bn or the particulars of the dispute**. As Prof. Gelpern says: "What people keep missing [about the bond] is that when governments have the market tools at their disposal, while at the same time having access to all the multilateral institutions, there are huge arbitrage opportunities for them. The governments can come in when they want ahead of your claims. **Your readership should wake up to that big time.**"* [Eigene Hervorhebung]

Die Elite der EU in Brüssel und vor allem in Berlin ist jedoch allzu oft in einer derartigen Hybris gefangen, dass in ihrem Denken jede Form der strategischen Bedrohungsanalyse gegenüber dem Krieg 3.0, dem Krieg 4.0 oder gar dem zukünftigen Krieg der Roboter – Krieg 5.0 entfallen ist. Krieg gibt es in der dortigen Vorstellung einer Herrschaft des Rechts offenbar nicht. Sehr deutlich wird diese fatale, feministische, neo-teutonische Arroganz überall in den deutschen Medien. So am 11. Januar 2016 in der WELT, dort in dem Artikel: „Je dümmer die Regierung, desto näher der Bankrott" mit dem einleitenden Worten:

„Saudi-Arabiens Finanzstärke bröckelt. Grund ist neben dem niedrigen Ölpreis auch das unkluge Handeln der Regierung. Zur Gruppe der "gefährlichen Dummen" gehören auch zwei andere bekannte Staatschefs" [...] „Staatslenker, die vor allem von der Gier nach Anerkennung und Aufmerksamkeit getrieben werden, dürften für politische Spannungen sorgen, sagt Ian Bremer. Neben Bin Salman [dem saudischen König] zählt er zwei weitere Männer zu dieser gefährlichen Gruppe: Russlands Präsidenten Wladimir Putin und den türkischen Staatschef Recep Tayyip Erdogan."

Man fragt sich, warum in aller Welt beleidigt die deutsche Presse nur ein Land nach dem anderen. Wer ist dafür verantwortlich? Das wäre doch genauso fatal, wie wenn ich in diesem Buch einen deutschen Politiker nach dem anderen beleidigen würde. Sollte dieser Eindruck entstanden sein, wäre dies eine wirklich fehlerhafte Schlussfolgerung. Das Problem ist leider fast allein im Kanzleramt (weiblich) und in der Konrad-Adenauer-Stiftung (alt + männlich) zu finden. Nur läuft es in Europa seit 2006 derart schlecht, dass es gar keine andere Möglichkeit gibt, als massive Kritik zu üben. Definitiv ist das Russlandbild Deutschlands tiefgehend falsch und das reicht hinein bis in Kultur, Wissenschaft und Politik. Russland hat einfach eine völlig andere Geographie und damit Kultur – Punkt, AUS! Um dies festzustellen, genügt ein Blick in die FT am 11. Februar 2016 auf Seite 6 in dem Artikel „Lagarde says Ukraine must reform or lose IMF funding" von Niel Buckley, Roman Olearchyk und Shawn Donnan:

„The unusually blunt statement from the international lender's managing director marked a huge turnaround for the IMF, which along with the US has been among the biggest backers of the current government in Kiev. [...] she added [...]"It is hard to see how the IMF-supported program can continue and be successful." "

Doch es wäre eine verfrühte Schadenfreude, die ökonomischen Probleme des Rohstoffproduzenten Russlands aufgrund der fallenden Ölpreise in Deutschland willkommen zu heißen. Der Niedergang des Rubels ist ein gefährliches Warnsignal. In der FT vom 21. Januar 2016 ist ein gefährlicher Wahrnehmungswechsel festzustellen. Zeitgleich mit dem Erreichen eines Allzeittiefs im Wechselkurs im Rubel zum Euro von 90 Rubel pro Euro, ist dort auf Seite zwei zu lesen: „Russia recession fears mount after rouble tumbles." von Jack Farchy. Und es wird nach außen so dargestellt:

„Hermann Gref, chief economist at Sberbank, the country's largest Bank, said last week, that Russia has found itself „in the ranks of countries that are losing – downshifter countries. "

Doch Russland ist im Krieg. Und ist unter dem Präsidenten Putin kein Land, das sich kampflos geschlagen geben wird. Russland geht einen anderen Weg, weil es traditionell in geographischen und geopolitischen Räumen denkt und fühlt. Doch in diesen Sphären zählt weniger die Bewegung als die Ausdauer im Wandel und die Leidensfähigkeit „passionarnost" – also die Verteidigung einer Position. Und Russlands scheinbare Schwäche mag sehr täuschen. Denn wer wie Russland im Kampf ist, dessen Aussichten verschlechtern sich nicht gerade sehr, wenn er von außen unterschätzt wird. Und die globale Welt kann nur eine ganz bestimmte, geringe Anzahl von Verlierern ausbalancieren! Wirtschaftliche vielleicht ja, militärische Verlierer jedoch bald keinen einzigen Staat mehr –

denn sonst halten die Grenzen nicht mehr. Denn Europa und die EU unter deutscher Hegemonie sind gerade dabei eine richtig fette Beute zu werden – so wie es China nach 1850 wurde. Denn es wird unerbittlich zu inneren und äußeren Verteilungskämpfen kommen, die eben nicht mehr im friedlichen Bereich innen und außen gelöst werden können, genauso wie es auch nach der Weltwirtschaftskrise von 1931 war. Ein Blick in die polnische Geschichte hilft da mehr als all der Kirchberg in Luxemburg und alle EUGH Urteile zusammen. Und Russland wird sicherlich nie mehr Opfer sein, so wie im 20. Jahrhundert. Russland steht vielmehr vor einer Herausforderung, aus der es gestärkt hervorzugehen vermag, denn es hatte sich gerüstet für den alles entscheidenden Krieg des 21. Jahrhunderts. Auch wenn dies einer Reihe seiner Oligarchen den Kopf kostete – das war sicher ein bezahlbarer und notwendiger Preis. Eines Preises, den schließlich auch China bereitwillig war, einzufordern. Denn in einer kommunistischen Partei ist es nicht hinnehmbar, gleichzeitig Kommunist und korrupt zu sein. Kommunist und reich, das ist grenzwertig, aber ok. Also Russland ist der Geheimtipp unter den Nationen des 21. Jahrhunderts. „Cicero" zieht dies in Betracht, Januar 2016, auf S. 29:

„Wladimir Putin ist ein Mann des langen 19. Jahrhunderts, das erst im Zweiten Weltkrieg sein Ende fand [gut, das sieht Hobsbawn anders]. **Wenn es stimmt, dass wir in vielem eine Rückkehr in dieses 19. Jahrhundert beobachten, dann ist Russlands Präsident auf diese neue alte Zeit vorbereitet wie kaum ein Zweiter.**" [eigene Hervorhebung]

Und die resultierenden Flüchtlingsströme einer desintegrierenden globalen Mittelschicht werden nicht mehr handelbar sein. Aber sie sind für manchen nützlich. Denn die EU kann nicht Ziel und Traum-Destination aller migrierenden Weltbürger einer nach dem Öl-Preis-Crash global zusammenbrechenden Mittelschicht werden – auch wenn sich einige deutsche Politikerinnen hierdurch die Lösung des vorgeblichen existierenden Fachkräftemangels versprechen. Wie soll die Wirklichkeit einer offenen Grenze diese arbeitsmarktkonforme Trennschärfe denn haben. Egal, die EU ist ein neoliberales Projekt. Da zählt nur die Elite und die hat 2016 genügend Pufferstaaten zwischen sich und Russland – denkt sie zumindest und begeht an dieser Stelle einen zentralen Fehler. Dabei streiten sich zwei Mächte, die bekennende Internationalisten sind. In der heutigen Ausprägung: Neoliberale Europäer und eurasische Russen – beide mit tiefstem Misstrauen gegeneinander, verhaftet in den schlechten Jahren nach 2012. Man sollte nicht vergessen, dass die EU so manchen Russen bei der Bereinigung der selbst verursachten

Bankenkrise auf Zypern im Jahr 2013 schlicht und einfach enteignet hat. Die konsequente Verschlechterung der Beziehungen, kann da nicht mehr überraschen. Aus der FT in dem erwähnten Artikel: „Putin, power and `passionarnost`":

*„For Lukyanov, Gumilev's theories represented something utterly original: not nationalism, not Marxism, but rather a third way — a synthesis of nationalism and internationalism, which emphasised the unconscious sympathy of the people of the Soviet Union, the millennia-old unity of inner Eurasia, and a lurking distrust of the west. "If one were to describe him in party terms," said Lukyanov, "Gumilev was an internationalist. He considered that all the influences on the Russian people — from the Polovtsians, the Chinese and the Mongols — only enriched us . . . **Among real communists, the ones who knew Marxism at first hand, Lev Gumilev did not have enemies.**"* [eigene Hervorhebung]

Der Kommunismus ist nicht tot – entgegen allen Erklärungen und auch entgegen den Äußerungen von Michel Houellebecq. Er und auch der Neo-Maoismus haben eine neue, pragmatischere, zeitgemäße Form angenommen und sind fast mächtiger denn je dabei Terrain zu gewinnen. Sogar der Neo-Sozialismus ist groß im Kommen, auch in den USA wie Bernie Sanders, ein New Yorker Jude, in den Vor-Wahlkämpfen zum Präsidentenamt bewies.

9.9 Aserbaidschan und Kasachstan

Officials from the International Monetary Fund and the World Bank will be in Azerbaijan today to discuss a possible $4 bn emergency loan package in what risks becoming the first of a series of bailouts resulting from falling oil prices. The mission to Baku, which follows a currency crisis triggered by the collapse in oil prices. ... Azerbaijan depends on oil and gas for 95 per cent of its exports...

FT, 28. Januar 2016, World Bank and IMF move to avert oil-led defaults, von Shawn Donnan und Jack Farchy, Seite 1

Länder, die hauptsächlich von ihren Rohstoffexporten leben, gingen Anfang 2016 geradezu den Bach hinunter. Egal ob Energieträger wie Kohle und Erdöl, Edelmetalle oder Erze, ihre Exporte sinken drastisch, sowohl im Volumen als auch insbesondere im Wert seit Chinas Wirtschaft schwächelt und weltweit die

Rohstoffpreise am Boden liegen. Die beiden am Kaspischen Meer gelegenen Rohstoffexporteure Aserbaidschan und das weiter östlich gelegene Kasachstan stehen unter massivem Druck. Die Währungen brechen gegenüber dem Dollar weg, im Gleichschritt zu den sinkenden Rohstoffpreisen. Doch die Lösung ist für die beiden ehemaligen Staaten der GUS nicht im Ansatz trivial. Denn am Ende steht eine Deglobalisierung. Diese Deglobalisierung ist mit immensen Wohlfahrtsverlusten verbunden – und es wird darum gekämpft werden, wer diese letztendlich zu tragen hat – eine Art globale „Reise nach Jerusalem". Also es ist in jeder Runde ein Sitzplatz weniger als es Spieler gibt. Die Mittelschicht in den Verliererstaaten wie etwa Griechenland oder Venezuela steht in weiten Teilen vor einer vielleicht endgültigen Verarmungskrise. Alle volkswirtschaftlichen Indikatoren des muslimischen **ASERBAIDSCHAN** laufen 2016 in den roten Bereich. Damit ist klar, dass die Währung des Landes, der Manat, abwerten muss. Unter diesem Druck wird die Zentralbank zu drastischen Schritten gezwungen sein. Die antwortete auf die „Herausforderung" dann mit Kapitalverkehrskontrollen, einem letzten Mittel der Wahl.

„Azerbaijan on Tuesday imposed capital controls in the form of a 20 per cent tax on taking foreign currency out of the country following a one third plunge in the value of its currency in a month."

So meldet die FT am 21. Januar 2016, Seite zwei „Russia recession fears mount after rouble tumbles". Doch der richtige Titel wäre: „EM currency's tumble worldwide as oil prices slide". Das hat Folgen für die Gesellschaftsstruktur: War doch die Armutsrate während des Öl-booms in dem muslimisch Land von 49 auf 5 Prozent gefallen. Jetzt wird sie wieder steigen – vielleicht oder besser wahrscheinlich unkontrolliert.

„With oil revenues high, Azerbaijan has seen its poverty rate fall from 49 per cent to 5 per cent in little over a decade, but the majority of wealth has accrued to a small but powerful cadre of businessmen and politicians. Observers say the president has maintained stability by balancing the competing interests of this elite." [...] „Describing him as the "keystone in the arch" of Azerbaijani politics, Audrey Altstadt, professor at the University of Massachusetts and author of a history of post-Soviet Azerbaijan, says: "It's not so much that he is the great genius national leader like his father, but he keeps the balance."

Und jetzt wird vom Präsidenten eine neue Balance austariert, austariert werden müssen:

„The past year has seen a shake-up among the Azerbaijani elite that analysts say is unprecedented under Mr. Aliyev as tensions rise amid diminishing resources. Last spring, dozens of businessmen were arrested over alleged fraud at the International Bank of Azerbaijan. In October, Eldar Mahmudov, who for a decade headed Azerbaijan's ministry of national security — successor to the KGB — was dismissed, along with most of his subordinates."

Die Zielrichtung ist das Land zu stärken und Aserbaidschan steht mit dem Rücken an der Wand. Die Staatsausgaben könnten 2016 um bis zu 15 Prozent sinken. Man möchte am kaspischen Meer nicht in die katastrophale Lage von Venezuela kommen. Man stelle sich vor, was eine totale Verarmung dem radikalen Islam in diesen beiden muslimischen Ländern am Kaspischen Meer für einen Zulauf brächte. Die Financial Times am 26. Januar 2016, Seite 6 in **„Aliyev targets elite as public anger simmers"** von Jack Farchy:

„Meanwhile, the government has put the elite in its sights as it seeks to make up for a revenue squeeze that has forced it to cut spending by 15 per cent this year. Businesspeople and their advisers say they have come under pressure to sell assets abroad and to contribute more to Azerbaijan."

Denn der mit 40 USD das Barrel viel zu niedrige Ölpreis ist tödlich für die weltweite Stabilität, für Wohlstand, Demokratie und Freiheit. Das auf der östlichen Seite des Kaspischen Meeres gelegene **KASACHSTAN** erleidet ein ähnliches Schicksal. Die dortige Währung, der Tenge, steht unter massivstem Abwertungsdruck. Das ebenfalls muslimisch geprägte Kasachstan ist ein besonders drastischer Fall der dritten Phase des weltweiten Abschwungs. In der FT vom 3. November 2015 wird dies ganz deutlich von Jack Farchy auf Seite 5 in „Kazakhstan ousts national bank chief after fall in currency" beschrieben:

*„Kazakhstan ousts national bank chief after fall in currency: „ Mr. Nazarbayev [President of Kazakhstan] ... said the country faced a „real crisis", worse than the 2008-2009 global financial crisis. **Yesterday, he called on large companies to ensure the preservation of jobs**."* [eigene Hervorhebung]

Es geht also nicht mehr um Eigenkapitalrendite, sondern um Arbeitsplätze. Hier kommt alles zusammen: Ein überfälliger Anpassungsprozess, eine drastische Abwertung der Landeswährung, des Tenge und folgend massive Verluste von Investoren. Die hatten sich zur Finanzierung ihrer Investitionen in Ölförderanlagen, Minen oder Immobilien über Fremdwährungskredite in USD oder Schweizer Franken finanziert. Doch sich in Fremdwährung zu verschulden hat Risiken und jetzt sehen sie sich einer um 30 bis 50 Prozent gestiegenen Schuldenlast gegenüber. Kein Wunder, dass eine solche Anpassungskrise den Kopf des Notenbankchefs Daniyar Akishev kostete. Aber immerhin wurde der, anders als in Nordkorea, nicht vor ein Flak-Geschütz gestellt, sondern einfach nur nach drei Monaten Amtszeit nach Hause geschickt. Gut weggekommen ist durch die geschickte Abwertung allerdings der Exportsektor, der die in Dollar gehandelten Rohstoffe produziert. Hier bleibt also das am Kaspischen Meer gelegene Kasachstan mit seinen 17 Millionen Einwohnern am Ball. Nur – damit verschwinden natürlich auf den internationalen Rohstoffmärkten keine Überkapazitäten und die Bereinigungskrise wird sich unweigerlich in die Länge ziehen. Die Reise nach Jerusalem geht in die nächste Runde. Denn nun ist man in eine Phase des ruinösen Wettbewerbs übergegangen in der Staatsunternehmen weltweit mit privaten Minen kämpfen – wer eben den längeren Atem hat oder wer vorher schließen muss. Ein desaströses Geschäft mit vielen Verlierern und nur wenigen Gewinnern. Also eine Situation, die global die Mittelschicht elementar schädigt und am Ende wenige Superreiche begünstigen wird. Die Region wird sich insgesamt destabilisieren. Denn 85 Prozent der Bevölkerung Aserbaidschans und 70 Prozent der Bevölkerung Kasachstans sind muslimischen Glaubens. Und Aserbaidschan ist bereits länger in einem „frozen conflict" mit dem christlichen Nachbarland Armenien. Eine beunruhigende Perspektive am Kaukasus. Lang lebe der Kommunismus, der der Welt dort noch eine stabile Ordnung zu geben vermochte? Denn heute fehlen den Vertragsjuristen des globalen neoliberalen Kapitalismus zunehmend die Vertragspartner – es wird wieder so wie früher, als allein das Ehrenwort zählt. Nur heute „ergänzt" durch Selbstmordattentate und Drohnen-Angriffe.

9.10. Portugal

Die Regierung Pedro Passos Coelho ist Geschichte. Am 10. November 2015 wurde sie von einer Koalition aus Grünen, Marxisten, Kommunisten und Sozialdemokraten abgelöst. Der 2011 erfolgte Bailout mit einem Volumen von über 78 Mrd. Euro und die dafür von Deutschland eingeforderte Austerität waren dann letztlich doch für die 10 Mio. Portugiesen zu viel des Leidens gewesen. Gestolpert ist Coelho über ein fehlendes Feingefühl für die materiellen Opfer und emotionalen Traumata vieler Bevölkerungsschichten. Da hilft auch kein „Europa" mehr, ohne Wohlstand oder das reelle Versprechen dazu – streikt der Wähler. Es wird im Volk nicht mehr ausreichend Rückhalt für konservative oder liberale Politiker geben. Europa darf alles, nur nicht seine Bürger langsam verarmen lassen – die Jugend zur Auswanderung zwingen, das allein reicht nicht mehr. Portugal sitzt in der Klemme – gelinde gesagt. Dieses wunderschöne Land, das geschmeidig zwischen Atlantik und Spanien liegt, hat außer erstklassischen Weinen und Ölen leider auch eine erstklassische Bankenkrise zu bieten – Um es hier zu präzisieren eine erstklassische und unbehandelte Bankenkrise. Denn es herrscht in Europa der teutonische Imperativ, die Austeritätsdoktrin. Eine seit 2008 andauernde Währungskrise, eine Staatsschuldenkrise infolge laxer Moral und enormer Faulheit. Die Wahrheit ist einfach Staatsversagen in der Finanzaufsicht, aber sagen Sie das bitte mal einem deutschen Politiker und Juristen. Die hatten das auch Ende 2015 noch nicht begriffen Am 23. November 2015 schrieb der Economist „A disagreement in Europe":

„Their explanation, which strikes me as the right one, is that the euro-area crisis was not a sovereign-debt crisis. If it had been, one would have expected Belgium and Italy, which entered the crisis with extraordinarily high debts, to have landed in serious trouble. As it turned out, they made it through without troika programmes, while Ireland and Spain, which entered the crisis with low levels of sovereign debt, needed bail-outs. The problem, instead, was one of massive capital flows across borders, which encouraged high levels of private borrowing in the economies that eventually got into trouble."

So hatten ja die faulen Griechen auch mit der Austerität geheilt werden sollen – anstatt dass die Deutschen von ihrer Hypermoral kuriert werden. Was beides auch Ende 2016 immer noch nicht funktionierte. Für all diejenigen, die Volkswirtschaft als Sozialwissenschaft verstehen und nicht als angewandte Mathematik; es stellte sich leider Ende 2015 heraus: Hier haben Berlin und Frankfurt danebengelegen. Wir haben eine ewige Bankenkrise parallel zur ewigen Kanzlerin – nicht nur an dem westlichsten Punkt der EU auch in Italien oder Griechenland. Es gibt einfach zu viele faule Kredite und wo kamen die her? Ganz simpel: Vor 2008 wurden einfach viel zu viele Schulden aufgenommen, von privaten Haushalten. Die FT meldet am 28. Dezember 2015 auf Seite 2 „Banif rescue tests Portugals PM´s austerity pledge" von Peter Wise. Fällt dem Leser langsam etwas auf?

„Speaking to journalists in Portugal Antonio Horta-Osoria the Portuguese banker who runs Britain's Lloyds Banking Group, described the Banif case as "shocking", saying an independent audit should be carried out to determine

exactly what had happened to land taxpayers with a bill of "more than a thousand Euros for every family".

Denn in der Banif, der Banco International de Funchal, einer Bank auf Madeira, fehlen ganz plötzlich, Ende 2015, rund 3 Milliarden Euro Eigenkapital – und Portugal ist nicht riesig. Doch ich kann mich erinnern, bereits um das Jahr 2000 war Madeira ein beliebter Steuerspar-Standort. Wohin auch aus Frankfurt viel Geld floss, um nicht in den Koffern des deutschen Staatschatzes zu landen. Und es zwingt klar zu sagen: Ganze Banken-Hochhäuser voll von sehr gut bezahlten Mitarbeitern im Private Banking rechtfertigen ihre Existenz allein aus dem Versuch Steueroptimierung zu gestalten. Wer noch beim Untergang der größten portugiesischen Bank, der Banco Espirito Santo (BES), an ein singuläres Missmanagement dachte, wird eines Besseren belehrt. Der ganze Bankensektor in Portugal ist marode. Doch dies wurde bisher verdeckt durch die künstlichen „Markt"-Maßnahmen wie OMT und den ganzen anderen Aktionismus der ECB, der die Aufmerksamkeit weg von den wirklichen Problemen lenkte. Und hier zeigt sich somit in ganzer Brutalität: Schäuble und Draghi haben das falsche Medikament verschrieben: QE und Negativzinsen verschlimmern die Probleme, denn ohne gesunde Banken stellt sich die Frage, wo denn das Wirtschaftswachstum finanziert werden kann. Der Zustand des Patienten Europa hat sich in der Substanz seit 2008 verschlechtert. Die Bankenkrise hat sich nur nach außen hin verbessert, nur an der Fassade kam es zu einer Linderung. Innen, in den internen Bilanzen häuften sich die faulen Kredite an. Wie hätte es auch besser werden können ohne Strategie und ohne Realitätssinn? Übertriebene Austerität ist Verhungern und keine Diät.

9.11 Spanien

Die FT vom 10. November 2015 meldet auf Seite 1 den ersten ernstzunehmenden Versuch einer Sezession Kataloniens. Diese spanische Region, an der Grenze zu Frankreich am Mittelmeer gelegen und mit Barcelona weltbekannt, nicht nur im Fußball, hat keine Lust mehr ein Teil Spaniens zu sein. Tobias Buck schreibt daher auf Seite 1 im Artikel „Catalan Parliament´s declaration raises stakes in push to break from Spain":

*„The Catalan parliament declared yesterday that the region was no longer
subject to Spain and its institutions, dramatically raising the stakes in the long
running struggle over Catalonia's political future."*

Die 7,5 Millionen Einwohner wollen wohl mehrheitlich nicht mehr ein Teil
Spaniens sein. Und hier wird deutlich: Wohlstand ist heute der entscheidende
Punkt des neoliberalen Gesamtsystems Europa. Niemand ist bereit, für Europa
den eigenen Wohlstand zu gefährden – und wenn doch, dann nur, weil man es
von Deutschland oder besser vom austeritären GROKO-Deutschland im Verein
mit Brüssel in Form von institutionalisierten Rettungspaketen aufgezwungen
bekommt. Doch wehe, wenn die Schrauben dabei zu fest angezogen werden.
Dann spaltet sich eben die Gesellschaft – ganz schnell aber irreversibel. Dann
verlieren die etablierten Parteien Stimmen, wie es nicht anders sein kann und
natürlich verlieren die Sozialisten und die Sozialdemokraten (wahlweise) die
meisten Stimmen. Was auch logisch ist! Deren Wählerschaft hat einfach nicht so
viel „Speck auf den Rippen" wie die der konservativen Konkurrenz. Das ist bei
einer tiefergreifenden und länger anhaltenden Krise eben die Wasserscheide!
Und so hat sich das politische Regime Spaniens Ende 2015 neu gruppiert – vier
Parteien sitzen im nationalen Parlament. Zwei alte Parteien: die Sozialisten
PSOE, mit 90 Sitzen; die Konservativen, PP, mit 123 Sitzen. Und zwei neue
Parteien: die Podemos, 69 Sitze und die Ciudadanos mit 40 Sitzen. Gut, die
anderen 28 Sitze sind zu zersplittert. So die TAZ „Das Spanische Labyrinth"
von Reiner Wandler am 22. Februar 2016 – Kulturell leidet Spanien, die
Gesellschaft wird auf Linie gebracht: mit Druck, mehr Druck und noch mehr
Druck. Die Methode heißt Austerität, der Dank geht ans Kanzleramt in Berlin:

*„Wer gegen Sparpolitik demonstriert, wird von Politikern der regierenden
Partido Popular (PP) gern als ETA-Freund beschimpft; die linke Podemos wird
oft in diese Ecke gerückt. Als am 11. März 2004 Bomben in Nahverkehrszügen
von Madrid explodierten, wurde der islamistische Anschlag von dem damaligen
PP-Premier José María Aznar als ETA-Anschlag verkauft, um so Kapital aus
der Tragödie bei den wenige Tage später stattfindenden Wahlen zu schlagen.
Ebendiese Szene sei „Verherrlichung des Terrorismus", erklärt der zuständige
Ermittlungsrichter jetzt." ... „Nicht nur der Richterverband kritisiert die
Strafrechtsreform aus dem Jahr 2015, die auf den „Pakt gegen den
Dschihadismus" der beiden großen Parteien PP und der sozialistischen PSOE
zurückgeht. „Das Gesetz enthält eine so offene und weite Definition dessen, was
Terrorismus ist, dass es die Meinungsfreiheit einschränkt", urteilt auch AI. „Es
ist verrückt. ETA hat vor über vier Jahren die Waffen niedergelegt. Doch*

werden mittlerweile mehr Menschen wegen, Verherrlichung des Terrorismus'
verfolgt denn je", beschwert sich auch César Strawberry. "

Berlin ist insgesamt ziemlich aktiv, in Ländern, aus denen Deutschland doch vielleicht besser in historische Demut seine Finger heraushalten sollte. Denn Hitler war auch in Spanien aktiv gewesen – mit der Legion Condor. Kurz zum teutonischen Neo-Imperialismus, der Melange aus Angst und Druck. Und was eignet sich dafür besser als eine gemeinsame Währung?

„„„Es geht darum, Angst zu verbreiten", ist sich Strawberry sicher. Er selbst
wurde fünf Tage vor den Kommunalwahlen vergangenen Mai festgenommen.
Die PP verlor damals mehrere Großstädte an Podemos-nahe Bürgerbündnisse,
darunter Strawberry's Heimatstadt Madrid. Der Innenminister verfolge gezielt
Künstler, die den politischen Wandel unterstützt, sagt Strawberry. Minister
Fernandez Díaz sei ultrareligiös und gehöre zum katholischen Geheimbund
Opus Dei. "

Am 26. Juni 2016 wurde dann erneut in Spanien gewählt, direkt nach dem BREXIT. In den sechs Monaten zuvor, nach den Parlamentswahlen im Dezember 2015, war es zu einer totalen politischen Blockade gekommen – gibt es doch die typische EU-Lösung, wählen lassen bis die „Richtigen" siegen, auch in Spanien umzusetzen. Und dabei wird Russland kritisiert, lächerlich! Die Konservativen der Regierung Rajol, die ja weiterregierten, wenn auch nur „kommissarisch", wollen das Problem aussitzen. Denn so postulierten sie, sie hätten „ein Recht zu regieren." So schreibt „Der Standard"-online schriebt am 27. Juni 2016 über Spanien: „Konservative legen bei Wahl überraschend zu, Sozialdemokraten Zweite":

„Rajoy meldete in der Wahlnacht den Regierungsanspruch an. „Als stärkste
Partei haben wir das Recht, zu regieren", sagte der amtierende
Ministerpräsident vor tausenden jubelnden Anhängern in Madrid. „Dieser Sieg
gehört euch", betonte der von vielen Beobachtern bereits abgeschriebene
Ministerpräsident. Bei der Parlamentswahl im Dezember hatte seine PP die
*absolute Mehrheit verloren. **Wegen der ablehnenden Haltung der anderen***
***Parteien versuchte Rajoy nicht einmal, eine Regierung zu bilden.** "* [eigene
Hervorhebung]

Nach Auszählung der Stimmen kam die PP des konservativen Juristen Rajoy auf 137 der 350 Mandate, 14 Sitze mehr als im Dezember 2015. Die Sozialisten kamen auf 85 Sitze (minus 5), blieben aber klar vor dem Podemos-Linksbündnis mit 71 Mandaten (plus 2). Der europaweit zu befürchtende Niedergang der sozialdemokratischen Idee – er ist unaufhaltsam, aber leider absolut selbstverschuldet. Wie soll denn die eigene Kernwählerschaft die Dekade der Merkel-Schäuble-Austerität überstehen? Das hat mir noch kein Sozialdemokrat beantworten können. Wer Zweifel hat, möge Bloomberg.com lesen, dort ist der beispiellose Erfolg Berlins über die spanische Arbeiterschaft dokumentiert. So stehe es am 01. Juli 2016 im Artikel „Spain Runs Out of Workers With Almost 5 Million Unemployed" von Maria Tadeo und Esteban Duarte:

„ "It's a paradox," said Valentin Bote, head of research in Spain at Randstad, a recruitment agency. "The unemployment rate is too high. Yet we're seeing some tension in the labor market because unemployed people don't have the skills employers demand." "... „ "The workforce does not have the qualifications the market needs," he [according to Sandalio Gomez, emeritus professor at the IESE Business School in Madrid.] said . "That's a real problem." ..."Education and work exist in two alternative worlds that don't really connect," Gomez said. "While in other nations, like the U.S., college education is designed to get you a job, that's not the case in Spain." "

Das Ergebnis des Euros: Die sinkenden Zinsen führten zu einer gigantische Investitions-Blase in Betongold – bis zum Knall 2008. Dort fanden alle jungen Männer Arbeit, egal wie das mit der Schule oder der Ausbildung eben war. Heute, im Jahr 2016 sind das Sparen und das Leugnen des Keynesianismus keine Lösung mehr! Heute investieren die Deutschen in das Betongold der Loft oder in Oldtimer... doch das Geld fehlt im Bereich der Investitionen – von Schulen über Kindergärten und Autobahnbrücken... überall fehlen die Bauarbeiter....

9.12. Griechenland

„About half of the loans on its [Piraeus Bank] balance sheet are non-performing."

FT, 16./17. Januar 2016, Kerin Hope, Piraeus Bank Chief resigns amid state preasure

Und wieder gibt es Streit, was auch nicht anders zu erwarten war! Denn leider wurde mal wieder vergessen die Lage in Griechenland gründlich zu analysieren.

Da die deutschen Medien aber gerne synchron arbeiten und auch synchron schweigen, fiel es nicht so wirklich auf. Denn bereits am 10. November 2015 hatte sich erneut die Regierung unter Premier Alexis Tsipras in Athen mit Berlin und Brüssel, dort mit den europäischen Finanzministern, am Hals. Diesmal geht es um den Schutz vor Zwangsversteigerungen, der die Auszahlung einer Tranche von 2 Mrd. Euro als Teil des 86 Mrd. Euro umfassenden aktuellen Hilfspaketes verhindert. Griechenland ist das Automobile unter den Wirtschaftskrisen, auch in 100 Jahren werden Wirtschaftshistoriker noch hieran ihre Freude haben. Allerdings nur die! Auch Anfang Februar 2016 gibt es wieder einen Generalstreik – dieses Mal gegen die Regierung Tsipras. Welch Wunder bei den makroökonomischen Daten, der Armut, der Arbeitslosigkeit und der massiven von Merkel wohlwollend sanktionierten, andere meinen und schreiben wohlwollend provozierten, Flüchtlingswelle – die damit Griechenland und die Griechen aus den Schlagzeilen der globalen Medien und auch der deutschen Presse entfernt hat.

In Athen und Städten wie Iraklion, Patras, Thessaloniki und Volos sind aus Protest gegen die geplante Rentenreform und gegen weitere Steuererhöhungen der Regierung Tsipras hunderttausende Griechen auf die Straßen gegangen. Die griechischen Medien berichteten übereinstimmend: Es ist eine der größten Protestaktion seit Jahren. Fast alle Berufsgruppen waren am 4. Februar 2016 am Ausstand beteiligt. Doch was kann eine Lösung sein? Es gibt keine innere Lösung mehr, und damit ist gemeint keine Lösung innerhalb des Euros… Oder ist man bereit, Freiherr von Münchhausen als Troika-Beauftragten nach Athen zu senden?

Sehr präzise ist die Situation bei „Telepolis" am 05. Februar 2016 wiedergegeben in „Generalstreik, Rentenchaos, Flüchtlinge: Tsipras in Schwierigkeiten" von Wassilis Aswestopoulos. Und es wird keine Gefangenen geben in diesem zentralen Machtkampf, denn Griechenland ist die Brücke zwischen Asien und Europa – Griechenland ist ein echtes Grenzland! Die reale Grenze zwischen Frieden und Krieg. Das folgende Deutsch ist anders im Duktus, aber lassen wir es so stehen, denn ich finde darin sehr klar die Emotion, die Wut und die Frustration und das Elend wie es nicht mehr in Texten deutscher Journalisten zu lesen ist:

„Ganz Griechenland streikte am Donnerstag. Es rumort im Land, nicht nur weil die erneut Troika genannten Kreditgeber in Athen weilen, und während ihrer ersten Prüfung des dritten griechischen Austeritätsprogramms weitere

Maßnahmen verlangen. Dass in naher Zukunft weitere Kürzungen erforderlich sind, bestätigt zudem ein Bericht der EU über die Wirtschaftsaussichten Europas. Der Bericht besagt, dass Griechenland die wegen der Bankenschließung und der Kapitalverkehrskontrollen erlittenen Wirtschaftsschäden gut überstanden hat, aber wegen der Rekapitalisierung der Banken im November ein erhöhtes Defizit und daher offensichtlich einen Bedarf an weiteren Einschnitten hat." [...]

„Der Streik findet auch nicht statt, weil die Troika einen Spitzensteuersatz von 50 Prozent für Einkommen über 42.000 Euro bei Freiberuflern, Bauern und Selbstständigen, sowie für Einkommen über 50.000 Euro bei Angestellten fordert. Dazu kommt für die nicht abhängig Beschäftigten eine Vorauszahlung von 100 Prozent für das Folgejahr, sowie für alle eine Solidaritätsabgabe, deren Spitzensatz bei acht Prozent liegt. **Mathematisch gesehen macht es bei solchen Eckdaten keinen Sinn, in seine eigene Arbeit zu investieren und einen Betrieb aufzubauen.** *Denn zunächst einmal streiken die Griechen wegen der Rentenreform, wie sie von Arbeitsminister Giorgos Katrougalos vorgeschlagen wurde. Die Reform, die für Bauern unter anderem eine Verdreifachung ihrer Beiträge vorsieht und künftigen Rentnern erhebliche Beschneidungen der Altersbezüge beschert, scheint jedoch bereits Makulatur zu sein. Die Troika fordert noch mehr..."...* **„Denn daraus würde für alle ersichtlich hervorgehen, dass die Rentenreform auch in ihrer bestehenden Form die nächste, je nach Zählweise 12. oder 13. Rentenkürzung seit 2010 bedeutet. ...Für Katrougalos ist dies ein Akt der sozialen Gerechtigkeit und Umverteilung. Für die Betroffenen ein Aufruf zum Schließen ihrer Betriebe und zum Auswandern. "** [eigene Hervorhebung]

Es ist einfach genial, diese vor der ganzen Weltöffentlichkeit praktizierte und versteckt praktizierte neue Vorstellung europäischer Gerechtigkeit und Solidarität! Ja, die Griechen sind weniger wert als Flüchtlinge.... Doch mal ganz nebenbei gefragt: Wie kommt Europa denn damit im nicht-europäischen, im nicht-EU Ausland an? Wer ist da Opfer und wer Täter? Könnte es sein, dass da der Wunsch nach engerem Kontakt nach Europa und seinen Werten – ich möchte mal ganz vorsichtig sagen „gebremst" wird? Sorry, für mich, als Ökonom, sieht das fast schon nach einer vorsätzlichen Exekution eines Sozialwesens, eines Staates, einer Gesellschaft aus. Achtung – ich rede nicht von der juristischen Betrachtungsseite. Ich meine da das Gerechtigkeitsempfinden für Fortgeschrittene - Ethik. Niemand macht eine solch grausame Wirtschaftspolitik ohne das Ziel der Macht – der absoluten Macht.

„Schließlich müssen zum Beispiel heutige Assistenzärzte nach dem Entwurf von Katrougalos für ihre pensionierten Kollegen Renten aufbringen, die höher sind als der Monatslohn der Beitragszahler. Grob geschätzt bedeutet dies im Extremfall dreifach höhere Beiträge, verglichen zu dem, was der Rentner zahlte, aber nur die Hälfte von dessen Altersbezug."

Das ist ein klarer Vorschlag zur künftigen Besserstellung der deutschen und vielleicht auch schwedischen und schweizer Rentner. Denn dorthin oder in die USA wird jeder Grieche, der nur irgendwie kann, bald auswandern. Die, die zurückbleiben, werden vielleicht das schleichende Entstehen eines Failed States erleben. Damit wird sich dann die ISIS oder andere radikal islamische Gruppen ihren ersten Brückenkopf in Europa sichern. Oder die Türkei expandiert à la Krim – oder wie damals auf Zypern.

9.13. Italien

„If you go back to 2010, the mantra in Italy was that our banks are fine – and that continues to be the mantra", says a senior Italian banking executive. "There is always a problem in Italy of not … recognizing reality. There is this dissonance."

FT, 9. Februar 2016, James Politi, Critics turn up heat on Bank of Italy

„My impression is, that the problems of Italian banks run deeper",says Nicolas Veron, senior fellow at Bruegel, the think-tank. Even if there is a government stamp [on the loans] there will be a risk. **I don´t think a government guarantee can really replace a mechanism to settle debts when companies fail**. Mr Serra at Algebris added: "…"**The biggest obstacles of the NPL value in Italy is the slowness of the court process**. It takes three years or more to recoup the asset, so it is worth 30 per cent less than other countries. "

FT, 28. Januar 2016, Martin Arnold and James Politi, Investors cool on Italy´s bad loans accord

Die italienische Wirtschaft leidet, nicht nur unter der steigenden Arbeitslosigkeit und im Jahr 2015 unter der explodierenden Jugendarbeitslosigkeit. Sie leidet im Jahr 2016 unter dem Wiederaufflammen der ungelösten Bankenkrise. Doch wenn die italienischen Banken leiden, während in der ECB Präsident Mario

Draghi, der erste Italiener, der diese Position verantwortet, keine Möglichkeit zusammenbauen kann, diese Banken zu heilen, na dann gute Nacht Europa. Mehr pro-italienische Geldpolitik könnte doch gar nicht machbar sein. Denkt man...! Doch es geht ganz anders, denn die ECB hat seit Oktober 2015 eine Arbeitsgruppe zum Thema Kreditausfälle. Warum eigentlich erst jetzt? Doch genau zu diesem Zeitpunkt mussten in Italien vier kleinere Regionalbanken reorganisiert werden, der Freitod eines Rentners hatte die Situation angeheizt. „Italy's Bank crisis is a 'follow-up' of ECB bad loan task force", so die FT am 22. Januar 2016 auf Seite 26 im Kommentar von Dan McCrum:

*„Our story starts in October [2015], when a part of the European Central Bank charged with overseeing banks announced it would look at the question of bad loans. A working group was established, attracting little notice for its worthy intention to find best practices to reduce piles of these unpaid debts at some institutions. The following month, Italian authorities pushed through the reorganisation of four small lenders, using a controversial state guarantee to help recapitalise failed banks. **Italy had to act in haste because new European rules were due to come into force designed to stop government bailouts.**" [...]*
„But while the Italian action came ahead of the new regime, it was notable for imposing losses on retail investors who bought an investment product which turned out to be bank debt. One hard-hit pensioner committed suicide." [Eigene Hervorhebung]

Es ist kein Zufall, genau aus demselben Grunde hat auch Portugal zur gleichen Zeit eine Bankenkrise. Da könnte man auch an ein systematisches, europäisches Problem glauben! Und wollen wir wirklich die Frage nach den Bilanzen der griechischen Banken stellen? Nein, lieber Leser, diese Frage blieb im vorigen Kapitel aus gutem Grund unbeantwortet. Sie selbst wissen: Griechenland ist pleite, war pleite und wird pleite sein, bis es den Euroraum endlich verlassen kann... (was eben für Italien nicht gilt, Italien kann innerhalb des Euros saniert werden, aber niemals bei einer Fortschreibung der 2015 gestarteten Flüchtlingsfokussierung).

Doch das Kernproblem ist in Italien ein anderes: Das Jahr 2016 begann nervös an den Finanzmärkten. Alle begannen nach Risiken zu suchen, die sie bisher übersehen hatten oder übersehen wollten. Und die waren ja eigentlich altbekannt. Banken schieben gerne Verluste vor sich her. Es gibt oft keinen steuerlichen Anreiz, die bekannten Verluste zu realisieren und der Insolvenzprozess kann sich Jahre hinziehen. Da sieht man nun „plötzlich" ein vollkommen altbekanntes Phänomen: Kreditausfälle akkumulieren sich. Jeder Vorstand erbt diese Altlasten eben von seinen Vorgängern und versucht sie weiterzuvererben, ein wenig, wie es auch der Finanzminister mit seinen Staatschulden tut. Bei Banken geht das aber unglaublich elegant bei einer Fusion. Denn geht es einer Bank schlecht, regiert Prinzip Hoffnung und das Letzte, was eine Bank in der Krise braucht, sind jetzt Abschreibungen auf diese alten, miesen Kredite. Egal, die Rechnung ging 2016 nicht mehr auf: Denn Arbeitsgruppe ist Arbeitsgruppe und ECB ist ECB.

Doch noch schlimmer ist es, wenn zeitgleich die Regierung – von Premierminister Matteo Renzi – versucht, die Wirtschaft anzukurbeln, was erstmal nur durch Kredit funktioniert. Was allerdings wirklich nur zuverlässig funktioniert, bis man übertreibt – allerdings ist die Genese des unweigerlichen Zusammenbruchs völlig offen und somit nahezu unkontrollierbar. Besonders in einer Währungsunion kommen hier noch unbeeinflussbare politische Risiken dazu. Und dann kam zusammen, was zusammenkommen musste: durch die alte Krankheit der EU, durch unkoordinierte Aktion, fehlende schnelle Entscheidungsprozesse und Realitätsferne. All das kam ohne wirklich nachzudenken, in welchem Umfang die Politik agieren muss, kann oder will. Also die ECB-Arbeitsgruppe brauchte italienische Banken, die mitmachen, um eine Art europäische Best Practice in der Banksanierung zu entwickeln. Diese haben sich auch brav und artig der Aufforderung der ECB gefügt und mitgearbeitet. Dann hat die italienische Aufsichtsbehörde über Aktienmärkte verlangt, dass die beteiligten Banken Flagge zeigen (am Montag, den 18. Januar 2016). Das haben sechs Banken getan. Panik brach aus, weshalb? Die bisherigen Investoren erwarteten „all action – no talk" von der ECB und damit auch zwingend eine kräftige Kapitalerhöhung, eben wegen der vielen versteckten Kreditausfälle, die als Verluste oder Rückstellungen in die Bankbilanzen durchschlagen. Eine Kapitalerhöhung hätte die bisherigen Anteile der Investoren aber massiv entwertet und verwässert. Die Investoren verkauften, was zu verkaufen war. Die Kurse von Aktien und Bonds fielen. Die einfachen Leute bekamen Angst und hoben Geld von ihren Sparbüchern ab, alles vor dem BREXIT. Oder anders gesagt, die ECB verursacht mal eben so eine Bankenkrise in Italien – nicht gut für das Wachstum! Und so kommt eins zum Anderen. Europa läuft im Kreis, wird dabei immer moralisch bekennender und polarisierender und vertieft die Krise, aus der es sich befreien möchte:

„Italian bank stock prices have collapsed; some bank bonds have traded for fewer cents on the euro than during the darkest moments of the 2011; and the

*chief executive of Italy's oldest lender has spoken openly of savers withdrawing deposits. **Yet there was no need for this crisis.** "* [Eigene Hervorhebung]

Italien hat prinzipiell ein massives Problem: Es ist seine exponierte Lage im Mittelmeer. Und im Gegensatz zu Deutschland kann es fast alle seine Grenzprobleme nicht anderen Nationen und vor allen Dingen schwächeren Nationen aufs Auge drücken (genannt Dublin-Verfahren). Nur, bei den umfangreichen Staatsschulden, der immer älter werdenden Bevölkerung und der einfach für die heutige Zeit schlechte Lage zwischen Bergen und Meer, ist die Perspektive einfach mau. Denn die Infrastruktur ist teuer – man ist nicht die Schweiz, doch es gibt einen Trost. Nach dem Zusammenbruch der Urlaubsfreude von Dubai über Ägypten, von der Türkei bis Tunesien und Marokko gibt es für die nordeuropäischen Sonnenhungrigen eine Alternative – der Urlaub in Italien ist wieder ganz groß am Kommen, schon bald! Da ist es sehr günstig, dass Italien sich von dem moralinsauren Image Deutschlands doch entscheidend abhebt, traditionell. Und dann, im Februar 2016 kam es ganz dicke für Italien. Online auf www.euractiv.com am 25. Januar 2016 in „Beware of Italy's banking crisis" warnt, Jacob Shapiro, vor den in den Bilanzen schlummernden Kreditausfällen. Dabei ist die 1472 gegründete Banca Monte dei Paschi di Siena, das älteste heute noch tätige Kreditinstitut, ziemlich überschuldet. Dessen Börsenwert am 18. Februar 2016, rund 1,5 Milliarden Euro. Doch die faulen Kredite in der Bilanz des Traditionsinstitutes werden auf rund 45 Milliarden Euro geschätzt, nicht gut, gar nicht gut. Vor allem: Was ist denn seit 2008 getan oder unterlassen worden? Wozu gibt es überhaupt eine Bankenaufsicht in der EU?

„ Unlike the concern sparked in November, when four small Italian banks were bailed out, concern over NPLs is now focused on Italy's largest banking institutions. In the spotlight today is Monte dei Paschi. Monte dei Paschi has a reputation for being troubled, having been bailed out twice by the Italian government since 2009. According to the European Banking Authority, approximately 17% of all Italian loans are non-performing. For Monte dei Paschi, this figure is closer to 22%. NPLs and doubtful loans held by the bank total roughly €45 billion, according to Italy24. "

Und damit wird verständlich, weshalb am 10. Februar 2016 der Chef von Italiens größter Bank, Unicredit mit 150.000 Beschäftigte und eine Bilanzsumme von 950 Milliarden Euro, Federico Ghizzoni öffentlich feststellte:

„Für italienische Banken ist die Lage noch schwieriger als in anderen Ländern, aber derzeit stehen alle Banken in Europa und den USA unter Druck", so Ghizzoni weiter; in einem Ferninterview von Vorabend."

So schreibt am 10. Februar 2016 das Handelsblatt in „ Banker rufen Zentralbanken zu Hilfe". Nur, was tun die Deutschen? – Aaah, die Deutschen: Sie lassen Italien wieder einmal hängen. Und das hatte Folgen: Wie war das gerade in Italien so verdammt deutlich zu spüren! Und es wäre förderlich, falls Deutschland wenigstens einmal die Realität zur Kenntnis nehmen würde, die ist schließlich dann auch Ende Juli 2016 endlich in Zeitungen wie „Die Welt" zu finden! Alternativ im Artikel des „The Economist": „High-five Italy's Five Star Movement has taken Rome, and Turin too" online am 20. Juni 2016 – und wie üblich ohne Autor:

„She had been widely predicted to win after topping the first-round ballot. But as Ms Raggi remarked, the size of her victory was "beyond all expectations". She took more than two-thirds of the vote, trouncing her centre-left opponent. In Turin, an even younger female candidate caused an even bigger upset: Chiara Appendino, a 32-year-old company executive. Ms Appendino, who had finished second in the opening round, ousted a former leader of Italy's centre-left, Piero Fassino, by a margin of almost 10 percentage points"

In den Bürgermeisterwahlen in Italien gewinnen zwei Frauen die Metropolen Rom und Turin in den Wahlen vom 19. Juni 2016: Jeweils gegen die etablierten Parteien siegten in Rom die 37-jährige Juristin Virginia Raggi und in Turin die 32-jährige Betriebswirtin Chiara Appendino, eine – beides Kandidatinnen der 5 Sterne-Bewegung von Beppe Grillo. Was könnte mehr zum Ausdruck bringen, dass das alte Europa gescheitert ist? Erstickt an der deutschen Hypermoral. Denn die deutsche Austerität ist die ewige Bankenkrise. Sie produziert genau jene „populistischen" Politiker, die gegen die deutsche Hegemonie (Austerität) schimpfen. Für diese Kritik an der Heiligen Angela Merkel werden sie dann von den Deutschen als „Rechte", „Europa-Gegner" oder „Euro-Hasser" beschimpft und bekämpft. Deutschland wollte den europäischen Kulturkampf, jetzt brennt der Kontinent – warum nur?

9.14. Brasilien

Auch hier ist die Wirtschaft Ende 2015 und Anfang 2016 endgültig in eine Phase der Stagflation eingetreten. Während die Wirtschaftsleistung 2015 geschrumpft ist und es auch keinerlei Aussicht gibt, dass die Wirtschaft 2016 wachsen wird, explodiert die Inflation. Ein solches Szenario gab es zuletzt in den 70er Jahren. Es war eine Krise, welche sich fast über zwei Dekaden hinzog. Erst in der Inflation der 70er und danach in der Rezession der 80er Jahre des vergangen Jahrhunderts. Die FT vom 09. Januar 2016 schreibt auf Seite zwei im Artikel von Samantha Pearson mit dem Titel „Brazil crisis deepens as inflation rate misses target". Brasiliens Krise verschärft sich, die Inflation schießt nach oben. Und 10,67 Prozent Inflation pro Jahr sind heute schon eine massive Ansage, die auch Folgen hat:

„The IPCA consumer price index finished last year at 10.67 per cent – more than 4 points higher than the 6.5 per cent limit of the central bank's target rate and the highest year end rate since 2002."

Natürlich hat das Ganze eine Erklärung, die im politischen Bereich liegt. Es ist eine Zeit der Selbstüberschätzung vorausgegangen. Eine Zeit der BRIC, in der das erste B für Brasilien stand. Und dann wurde ohne Ende ein Fehler nach dem anderen gemacht. Selbstüberschätzung, in Hybris übergehende Korruption und natürlich die massive Verschuldung in US Dollar, immer ein sicherer Hinweis auf den kommenden wirtschaftlichen Genickbruch. Siehe Venezuela. Ja, das Menetekel an der Wand, für alle Ministerpräsidenten und Kanzler, die sich zu sicher sind. Denn wer versteht 2016 wirklich noch den Machtkampf? Alles easy going, nur zu große Sparsamkeit tut das Gleiche wie zu große Verschwendung. Sie führt in den Untergang. Entweder wird in das Falsche investiert, oder eben gar nicht – beides wirkt ruinös. Auch bei der Infrastruktur, aber das muss Deutschland auch wohl noch lernen.

„After years of lavish and stimulus packages Mr. Levy, a former banker, was brought in early last year to get Brazil's finances back on track but met tough resistance from a rebellious Congress. A corruption scandal at state-controlled oil company Petrobras has led a bitter infighting among the coalition of President Dilma Rouseff, who faces impeachment proceedings for allegedly disguising the deficit with accounting tricks. Standard & Poors downgraded Brazil's credit rating to junk in December [2015]."

Durch diesen politischen Machtkampf wird das Wirtschaftswachstum natürlich ruiniert. Denn wer sieht in diesem Umfeld noch die nötige Planungssicherheit für größere Investitionen? Denn nachdem das Land in dem Bereich der Junk Bonds herabgestuft worden war, wird es schwierig werden mit der hohen internationalen Verschuldung, besonders in Fremdwährung. Allein der halbstaatliche Ölkonzern Petrobras ist mit 101 Milliarden in US-Dollar hochverschuldet (weltweit der am höchsten verschuldete Energiekonzern). Dass der größte Telefonkonzern des Landes Oi, im Juni 2016 seine Schulden nicht mehr bedienen kann, mag ein weiteres umfassendes Warnsignal sein. Doch es kommt nicht unerwartet. Eine exzellente Analyse aus der FT vom 16. März 2016, Seite 8 als Leserbrief von Paul Temperton, das unglückliche Brasilien leidet heute zugleich an drei verschiedenen Typen der Rezession: Eine verursacht durch nachhaltig gestiegene Zentralbankzinsen, eine Bilanz-Rezession durch eine zum falschen Zeitpunkt erzwungenen Schuldenabbau und schlicßlich eine infolge eines Handelsschocks, der durch die drastisch fallenden Rohstoffpreise verursacht wurde.

*„Sir, Your Big Read on Brazil ("Caught up in a scandal", March 15) comments on the sharp decline in real gross domestic product growth in Brazil during Dilma Rousseff's term of office and questions whether her "weakened government has the ability to carry out the reforms needed to rescue the economy". Reforms are clearly needed, but Brazil's extreme recession cannot be explained by corruption and a bloated state. These are problems of a structural nature. **Brazil's misfortune is to have experienced, simultaneously, all of the three main types of recession that have been seen in the postwar global economy.***

The first type**, typical of the developed economies until the global financial crisis, is a recession induced by higher policy interest rates. The trigger for such tightening is typically rising inflation and the increase in interest rates is normally excessive, leading to a recession before inflation is brought under control ("stagflation"). Brazil clearly fits that model. Inflation in Brazil has risen steadily from 6.5 per cent when President Rousseff first came to office in January 2011. **The central bank, independent and with a 6.5 per cent inflation target, has increased its policy rate 17 times since early 2013, taking it to 14.15 per cent. Yet inflation has continued to rise, to 10.4 per cent in February.

***The second type**, seen in many developed economies during and after the global financial crisis, is a balance sheet recession triggered by attempts to reduce* *debt after a credit boom. Household debt in Brazil has increased rapidly in recent years, rising by 14 percentage points in the last seven years to 41 per cent of household disposable income. Although not as high as in many developed economies, increased debt coupled with high interest rates have pushed the debt servicing burden up sharply. Government debt levels have also risen sharply. Attempts to stabilise debt levels have proved unsuccessful and will surely remain so. While outright deleveraging of the type seen, for example, in the US and UK private sector in recent years is not likely, the ability and appetite to take on more debt across all sectors of the Brazilian economy is now severely constrained.*

***The third type**, a terms of trade shock, occurs when a country's export prices fall relative to its import prices. That was the type of shock that hit the developed economies during the two oil shocks of the 1970s. **Brazil, along with other commodity-dependent economies, is seeing that type of recession as well as the prices of its commodity exports slump**. Few economies are unlucky enough to have three types of recession all at the same time.*

Paul Temperton" [Eigene Hervorhebung]

Dieser Ausführung ist an dieser Stelle nichts hinzuzufügen, mehr im Kapitel Wasser. Doch ein derart unglücklicher Niedergang muss immer die Mächtigen aus den Stühlen schütteln, denn es müssen Schuldige her, egal ob jetzt die aktuelle Präsidentin, ihr Vorgänger oder ihre Finanziers. Korruption gibt es immer und so lässt sich auch immer die Gunst der Stunde nutzen und die gewünschten Personen kaltzustellen. Denn jede Rezession ist eine Stunde des Machtkampfes! Und nicht selten wechselt dann auch die Gruppe von Menschen, die die Macht über einen Staat in Händen hält. Jetzt wird klar, warum es für den Exportweltmeister Deutschland das ultimative Spiel ist, sich aus der Rezession herauszuhalten, aber zugleich in allen Krisenländern, die in einer Rezession erleiden subtil medial mitzumischen... Lang lebe die Propaganda! Ihre Macht ist umfassend! Derweil ruht das Amt der Kanzlerin in der gefühlten „force tranquille", energetisch geschlossen in ihrer Raute, während ein feiner Geruch nach Rauch und Feuer, der immer stärker wird, durch die Welt zieht. Trotz der Vermarktung der Olympischen Spiele für Flüchtlinge, für Frauen, gegen Russland und gegen, ja, gegen die Realität des globalen Krieges. Es wird eng in Brasilien und natürlich auch in Europa, etwa bei Daimler, Fiat und VW, die in der Krise kaum noch Autos und Trucks in Brasilien verkaufen – die Welt ist keine Scheibe.

9.15. Luxemburg

Das zentral in Europa gelegene Großherzogtum mit seinen etwa 563.000 Einwohnern zählt rund 45 Prozent Ausländer. Den rund nativen 305.000 „Bio"-Einwohnern geht es in der Regel finanziell mehr als gut – was an deren Fuhrpark sofort zu erkennen ist. Gerade auch wegen der astronomisch hohen Immobilienpreise im Großherzogtum und der absolut wie insbesondere relativ hohen Anzahl von wirklich gut bezahlten Arbeitsplätzen in diversen EU-Behörden bzw. dem zuarbeitenden Finanz- und insbesondere Rechtssektor. Die Arbeitslosenquote lag 2015 bei 5,7 Prozent, die Jugendarbeitslosigkeit bei 14,7 Prozent. Das Pro-Kopf-Einkommen lag 2013 weltweit vorne mit über 110.000 USD und die Steuersätze sind niedrig. Hier reden wir vom wirklichen Gewinner der EU-Osterweiterung! Erde an Luxemburg? Luxemburg ist von Brüssel zur EU-Kommission 170 km Luftlinie, von Frankfurt zur ECB 190 km und von Straßburg zum Europäischen Parlament 180 km entfernt und hat im Gegensatz zu diesen beiden Städten kein Problem mit muslimischen Migranten. Die Migranten in Luxemburg sind hauptsächlich friedliche Portugiesen, Franzosen, Italiener oder Banker. Erde an Luxemburg? Bitte in der Realität melden! Die Realität ist nicht TTIP, auch wenn es manchen Juristen als „Cash Cow" erscheint – Die Realität ist die gelebte systematische Steuerverkürzung – umgangssprachlich manchmal auch Steuerbetrug genannt. The Guardian, online am 18. Februar 2016 im Artikel „Revealed: how Project Goldcrest helped Amazon avoid huge sums in tax" von Harry Davis und Simon Marks:

„Amazon is facing a landmark court ruling in the US that could prise open its obscure tax structure in Luxembourg, after a high-stakes legal battle that has shed unprecedented light on the technology giant's labyrinthine tax affairs. The case, which is quietly coming to a head as Amazon's Luxembourg arrangements face intense scrutiny from European authorities, has revealed new details of an elaborate avoidance scheme it devised and codenamed Project Goldcrest." [...]
„Newly emerged documents seen by the Guardian show precisely how Amazon embarked on a complex 28-step scheme, which took more than two years to

complete, and fundamentally reordered its global business in Europe using a
maze of offshore entities and intercompany agreements. "

Hier wird dann klar, woher entscheidende Teile des hohen Pro-Kopf-Einkommens stammen, was zentraler Teil der Wirtschaftsleistung des Landes ist und wer letztlich der Verlierer ist: Die breite Masse der Bürger der EU – denn in vielen Ländern fehlt das Geld in den eh schon sehr knappen nationalen Staatshaushalten für dringend notwendig Sozialausgaben – das ist keine Solidarität im Jahr 2016:

"Think of small and medium-sized businesses that are being displaced by
Amazon," said Philippe Lamberts, a prominent Green party member of the
European parliament from Belgium. Speaking to the Guardian, Lamberts
highlighted what he saw as Amazon's "determined will to construct the
company in a way that optimises tax breaks". „It has nothing to do with
creating advantages for society. It is exploiting the numerous gaps in the system,
and that's what makes it outrageous," he added. "

Die Frage ist, welche Eigendynamik in den Strukturen des Großherzogtums Luxemburg vorhanden ist. Und welche Form die Finanzwirtschaft, die Rechts-, Beratungs- und Steuervermeidungsindustrie und die Lobbywirtschaft angenommen haben und ob irgendwo noch eine EU-„Gemeinwohl"-Orientierung vorhanden ist. Die sich beständig verschärfenden Konflikte zwischen armer Peripherie und reichem Zentrum haben schon manche Union und manches stabile „Reich" gesprengt. Verträge sind relativ – Armut ist absolut, auch wenn der deutsche Jurist noch nicht bereit ist dies zu akzeptieren, er lebt in einer Welt, die es bald nicht mehr gibt. Allein schon das im Kern luxemburgische Projekt der „Großregion". Ebenfalls mit dem Zentrum Luxemburg, zeigt die totale Fehlentwicklung und Entfremdung einer ausschließlich juristisch geprägten EU auf – unerbittlich. Denn Luxemburg hat eine eigene Ministerin, die nichts tut außer Großregion. Egal doch die Großregion hat keine Wähler, kein Parlament und – genau – ist keine Demokratie. Da kann der Politiker endlich unter sich bleiben. Ja, er braucht dort noch nicht einmal mehr die Journalisten. Kultur, Militär und Religion sind dort auch nicht präsent. Genau wie jeder andere Verbund hat sie keine demokratische Struktur, es ist und bleibt ein bürokratischer Wasserkopf, ein Top-Down-Projekt des Wunschdenkens. Stetig näher am ideologischen Despotismus, sogar noch „progressiver" als die post-demokratischen Ordnung der EU. Fast schon prädespotisch. Ja, man will sogar die Bürger gar nicht erst einbeziehen…! Die stören nämlich mit ihren Wünschen und Vorstellungen.

10. Die hässliche Welt außerhalb der EU

Der Meister sprach: << Wenn ein tüchtiger Mann ein Volk sieben Jahre lang erzieht, so mag er es auch benutzen, um die Waffen zu führen.>>

Der Meister sprach: << Ein Volk ohne Erziehung in den Krieg zu führen, das heißt es dem Untergang zu weihen.>>

Konfuzius: „Gespräche" XIII, No. 29 und 30

Doch das ist genau das, was Merkel täglich tut. Denn die hässliche Welt außerhalb der EU, ja, sie ist das genaue Gegenteil von – Luxemburg! Oha, Luxemburg, viele Deutsche vergessen, dass von hier aus Europa gelenkt wird. Alles, was Rang und Namen hat, ist hier präsent, nicht nur der EuGH. Aber viele Luxemburger vergessen, wer die Welt wirklich lenkt. Denn hier ist man von der Allmachtfantasie der neoliberalen Ideologie und dem generierten Cash-Flow kritiklos hinweggerissen. Am 31. März 2015 war auf „Russia Today" von Sharmine Narwani sehr klar zu lesen:

„No, it isn't a battle between Shia and Sunni, Iranian and Arab or the much-ballyhooed Iran-Saudi stand-off. Yes, these narratives have played a part in defining 'sides,' but often only in the most simplistic fashion, to rally constituencies behind a policy objective. And they do often reflect some truth."
... „But the 'sides' demarcated for our consumption do not explain, for instance, why Oman or Algeria refuse to participate, why Turkey is where it is, why Russia, China and the BRICS are participants, why the US is so conflicted in its direction – and why, in a number of regional conflicts, Sunni, Shia, Islamist, secularist, liberal, conservative, Christian, Muslim, Arab and Iranian sometimes find themselves on the same side."[...]

„This is not just a regional fight – it is a global one with ramifications that go well beyond the Middle East. *The region is quite simply the theatre where it is coming to a head.* ***And Yemen, Syria and Iraq are merely the tinderboxes that may or may not set off the conflagration. The battle, at its very essence, in its lowest common denominator, is a war between a colonial past and a post-colonial future. For the sake of clarity, let's call these two axes the Neo-Colonial Axis and the Post-Colonial Axis. "*** [eigene Hervorhebung]

Nur, diese Ansicht ist in Luxemburg – das nun einmal der totale Gegensatz zu Russland ist –noch nicht wirklich angekommen. Vielleicht, weil es dort, in den Zeiten der neoliberalen Osterweiterung, selbst neokoloniale Motive gab. Konnte und durfte auch nicht diskutiert werden im Zeitalter einer ebenso neoliberalen Medienlenkung. Denn über eine koloniale Vergangenheit Luxemburgs ist zumindest mir nichts bekannt. Doch abgesehen von der unfassbaren Stärke Luxemburgs in der EU gilt weltweit eher ein „Where the fuck is Luxemburg?". Nur, Russland hat eine sehr, sehr eigene koloniale Geschichte und hatte ganz übel 1905 gegen Japan und 1914 gegen Deutschland auf die Fresse gekriegt bzw. in einer Dekade also zwei entscheidende Kriege verloren. Und es hätte auch nicht viel gefehlt und auch der Russlandfeldzug Hitlers wäre erfolgreich gewesen. Seine Abwehr kostete mindestens 23 Mio. Russen das Leben. Und ohne den amerikanischen Kriegseintritt wäre es noch viel schlimmer gekommen. Nur, das hat sich in Luxemburg oder auch sonst in der um Luxemburg entstandenen „Großregion" nirgends herumgesprochen. So wird die russische Sichtweise der Welt auch völlig missverstanden: Bei den Kämpfen auf der arabischen Halbinsel handelt es sich nicht um einen regionalen Konflikt – es tobt ein globaler Machtkampf, der zufällig dort gerade „lokal" mit militärischen Mitteln ausgetragen wird. Und Jemen, Syrien und der Irak sind nicht anders als Streichholzschachteln. Oder eben der gerade aktive Kriegsschauplatz „theatre" genannt – der einen Flächenbrand auszulösen imstande ist. In einem Satz: Es geht um den Kampf zwischen der kolonialen Vergangenheit und der postkolonialen Zukunft. Oder auch den Kampf zwischen einer neokolonialen Achse und der postkolonialen Achse. Haben manche Entscheider schon einmal durchdacht, welche Länder zu welcher Achse gehören könnten und ob oder wann sich Saudi-Arabien gegen die Obama-USA gewandt und die Fronten gewechselt hatte? Oder ob der Ölpreis-Schock 2016 nur der erste Betriebsunfall einer neuen Weltordnung war? Ein neues Gleichgewicht muss her.

Das war historisch jedoch nie Thema in Luxemburg, dem hoch vernetzen und dauer-unterschätzen Kernland der EU. Nein! Nicht Deutschland ist das Kernland der EU. Egal, was deutsche Medien sagen, die richtige Antwort ist Luxemburg, es steht hinter dem Mantel der unantastbaren deutsch-französischen Freundschaft mehr als vorteilhaft in der Achsenmitte. Nicht zufällig wurde schließlich Jean-Claude Junker, der fast 20 Jahre als Ministerpräsident im Großherzogtum regierte, Präsident der Europäischen Kommission. Und das trotz wirklich vieler Widerstände, etwa von David Cameron – was kein Zufall sein dürfte, der ist nach dem BREXIT aus dem politischen Leben verschwunden.

Doch bitte, was soll Junker beitragen zu den Konflikten, die tausende Kilometer vor den Landesgrenzen seiner Heimat ausgetragen werden und er doch kein Militär hat und gar nicht weiß, wie damit umzugehen wäre? Die Antwort kann nicht lauten: Schengen. Hier wird einfach vergessen, dass Europa im Krieg gegen ISIS und im völlig kontraproduktiven Wirtschaftskrieg gegen Russland ist. Es wird vergessen, dass der ganze arabische Halbmond brennt und dass China nicht das China der niedergehenden Qing-Zeit ist. Auch kulturell ist Luxemburg nicht mehr integriert in Europa! Kultur ist einfach für die Mittelschicht zu teuer geworden! Und in Luxemburg gibt es keine global relevanten Events außer der Steuervermeidung (gut der EuGH, aber der ist - sorry - eine reine EU-Veranstaltung). Und die Steuer ist entscheidend – vor allem im globalen Krieg: Reich gegen Mittelschicht, der wird in der EU von Luxemburg aus geführt, doch das soll bitte niemand merken. Wirklich entscheidend sind die großräumige Zentralbankpolitik und die Steuervermeidungsstrategie. Es ist Kapital gegen Arbeit oder in heutigen Worten: Elite gegen Mittelschicht. Mit einem Durchschnittseinkommen(!) von über 100.000 Euro kann es in Luxemburg auch nicht so viel Mittelschicht geben. Für Sozialdemokraten ist da wenig Platz, aber für Neoliberale und Banker! Kennen Sie „die Schuld der anderen" von Gina Lustiger?

Doch die heutigen Ereignisse finden geographisch weit jenseits dessen statt, was im Hinterzimmer noch vor kurzem dominante Juristen aus Europas Zentrum noch zu bewirken vermögen: Hier und heute spielt für EU-Präsident Junker die Musik, auch wenn das in der Avenue John F. Kennedy noch nicht so richtig zu hören ist, ganz wo anders. Die FT vom 26. Mai 2014 auf Seite 7 in dem Artikel, „Modi´s existential challenge to Obama":

„Whatever you might think of him, Narendra Modi´s victory is a global event. Nobody knows wether Mr. Modi will embrace the US-India relationship or walk the multipolar way. His swearing in today as India´s prime minister coincides with Vladimir Putin´s "pivot to Asia" with the 30-year China-Russian gas deal."

Nationalismus heißt die neue globale Ode! Auch wenn sich die Neoliberalen ärgern, der Machtkampf findet zwischen China und den USA statt, bald schon wird Indien dazustoßen. Die EU? Randfigur! Luxemburg hat weltweit wirklich nichts beizutragen, ohne Seezugang, ohne Marine, ohne Luftwaffe, Religion oder adäquate Ideologie. Heute ist Europa genauso hilflos wie Luxemburg. Damit ist die Kernschwäche der EU auch sicher direkt identifiziert – es ist das

Zentrum. Sie stammt vom Festklammern an den Gewinnen aus dem Zerfall einer Ordnung, einer Zeit, die 1989 endete und welche aus der Schwäche der zusammenbrechenden Oststaaten dann eine institutionalisierte neoliberale Erweiterungsmaschinerie und -bürokratie gebar – oder in „plain talking" eine juristisch garantierte Gelddruckmaschine!

Größer, schneller, weiter

Expansion, Erweiterung statt Vertiefung wurde vom Credo zum Kernproblem der EU im Zeichen der neoliberalen Hybris. Denn sie führte die EU in geografische Räume, die sie durch keinen stabilen Politikmix mehr bedienen konnte: Zu groß wurden die Unterschiede im Pro-Kopf-Einkommen. Zu elementar die Konflikte zwischen dem, was optimal für Luxemburg als sehr kleines Binnenland war und dem, was eine immer größere EU benötigte. Neoliberal hilft niemandem, neoliberal schadet 2016! Doch die Liebe der Herzen, wo ist diese hin? Die Brüderlichkeit zwischen den Völkern. Ist das nicht genau jene Völkerverständigung, die sukzessive von der EU durch eine Elitenverständigung mit Maastricht, Amsterdam und Nizza substituiert worden war? „E pluribus unum" wurde zu einem Motto der Dummen, der als rückständig Belächelten, heute auch der in den Medien beschimpften. Stattdessen formte sich aus nationalen Eliten eine transnationale Superelite. So transnational, dass die nach dem Jahr 2000 sukzessive die Bodenhaftung verlor. Distanz Luxemburg – Nikosia 2739 km. Doch die Distanz zwischen einem Investmentbanker in Luxemburg und einem Hartz IV-Empfänger in der römischen Kaiserstadt Trier, …. die ist größer!

Für einen einfachen Vergleich der Machtverhältnisse: Luxemburg hat 4 Stimmen im Ministerrat, Deutschland hat 29 Stimmen im Ministerrat. Ob ein System, das 80.000 Luxemburgern das gleiche Stimmgewicht zumisst, wie 2,8 Millionen Deutschen auf Dauer gute Entscheidungen sicherstellt? Denn hier werden die Binneneuropäer jenseits aller Erfahrungen in einem maritimen Kontinent übergewichtet. Luxemburg ist eines der fünf global völlig unbedeutenden Binnenländer neben Tschechien, der Slowakei, Ungarn und Österreich. Alle anderen 24 Staaten haben zumindest ein Stück Küste – vier sind Inseln. Präludium eines globalen Untergangs in die Bedeutungslosigkeit mit doppelter Ansage. Aus der heutigen EU-Desorientierung heraus können, müssen fast mit 100 prozentiger Sicherheit nur strategische Fehlentscheidungen resultieren. Doch die hat die EU auf der Nord-Süd-Achse von Brüssel, Luxemburg und Straßburg leider nicht mehr im Blick – Binneneuropa in

Reinform ohne jede Ost-West-Achse. Doch was tun, wenn die wahren Bedrohungen jenseits des Meeres in globalen Überkapazitäten, im Kampf der Kulturen und im Cyberspace liegen? Der Jurist ist hilflos, ja, es gelingt ihm meist ja noch nicht einmal die Definition von Kultur. Die optimale Strategie ist für das Zentrum Luxemburg die eines strategischen Trittbrettfahrers. Eine seriöse spieltheoretische Analyse kann kaum zu einem anderen Ergebnis kommen. Ansonsten hätten nach 2000 die Institutionen vom Rhein weiter nach Osten verlagert werden müssen, so wie in Deutschland als das Machtzentrum von Bonn nach Berlin wanderte – mitten ins deutsche Armenhaus. In Europa ist leider der Gravitationspunkt bei der Osterweiterung genau Null gewandert, keine elementar wichtige Institution hat ihren Sitz nach Osten verlegt. Auch die „deutschen" Atomwaffen stehen noch zusammen mit den uralten Tornado Jagdbombern in der Eifel – direkt neben Luxemburg(!). Und Luxemburg sitzt über die EU, die Nato und die Großregion mit am Drücker! Faszinierend, welche Macht in den Händen so weniger Entscheider liegt…! Aber demokratisch – demokratisch ist all das nicht. Es ist postdemokratischer Müll (in der Presse als „post-faktisch" bezeichnet). Staatlicher Müll, der nach innen, nach außen und auch kulturell und spirituell wehrlos ist und fast darauf wartet, vom Islam entsorgt zu werden. Was kommt nach der ISIS, ihr lieben Strategen? Frieden? Gepriesen seien die ehrlichen Worte von Houellebecq zur Verleihung des Frank-Schirrmacher-Preises 2016. Ein Deutscher hätte dafür den Staatsschutz an der Backe – sicher und auch lang! Allein wegen seiner Ausführungen zu Tocquevilles, zu Infantilisierung, Entmännlichung, den Tod des Vaterlandes…

Am besten also aufgeben?! Ja, das ist die 2016er CDU-Linie, back to the roots, zurück ins Analoge. So wie es auch keine eigene europäische Suchmaschine gibt. Aber es gibt eine nationale marktführende in China (Baidu.com), Russland (yandex.ru), Korea (naver.com) oder Japan (goo.ne.jp) – eben dort wo Wirtschaftspolitik noch Strategie und Vision hat und eben nicht neoliberal ist. Mit Innovation geht es nicht gut voran in Europa und das dot.eu ist eine Fehlgeburt. Damit ist die EU im Cyberspace miserabel positioniert und wird wohl auch in der „zweiten Halbzeit" nichts mehr herausholen können. Doch wer im Cyberspace versagt, der ist am Ende des 21. Jahrhunderts am Ende. Und ehrlich – wie soll ein kleines Binnenland wie Luxemburg, an dem weltweit wohl lediglich für Rieslingliebhaber bekannten Fluss Mosel gelegen, auch eine sinnvolle, digitale Strategie haben? Hand aufs Herz, auch wenn es schwerfällt…! Eine digitale Strategie braucht einen globalen Börsenplatz mit vor Ort präsenten globalen IT und Telekom-Konzernen. Und – ich bitte die direkte Ansprache zu entschuldigen – eine eigene Suchmaschine ist notwendig und eben keine digitale Strategie eines Staates wie Portugal. Ich konnte am 2. März 2016 auf Wikipedia in Englisch, der Weltsprache, von 18 aktuellen portugiesischen Ministern gerade einmal 4 – in Worten vier – mit einem eigenen englischsprachigen Eintrag aufrufen. Luxemburg hat hier nicht im Ansatz eine kritische Masse beim Thema Innovation – aber das Land ist ein Handelsraum und kein Produktionsraum.

Europa ist eine digitale Bananen-Union geworden – eine politisch stets korrekte, feministische, prä-digitale Bananenrepublik. Alles dank der Austerität und der Auswanderung der jungen Elite. Auch ich würde heute meine Kinder in die USA schicken, zum Studium, sobald ich es bezahlen könnte – und dann dort von der Uni am besten direkt ab nach Silicon Valley. Ja, die Kinder der Mittelschicht, die den globalen europäischen Aufstieg geschafft hätten..., sie sind nie geboren worden – Fluch der Austerität. Jetzt will Deutschland diese Lücke mit Migranten, sorry Flüchtlingen, füllen. Merkel hat sich entschieden, Schicksal zu spielen, knapp unterhalb von Gott. Lang lebe der Feminismus und das Gendermainstreaming Es gibt keinen Grund anzunehmen, dass es 2005 besser ausgehen könnte als zuvor, als 1888 oder 1933. 2015 wird schließlich klar, dass es kein Zufall war, sondern die Grundproblematik Deutschlands ist, gegenüber den Nachbarstaaten grenzenlos übergriffig zu werden.

Es wird in Europa nichts mehr geben als Vertragswerke. Vertragswerke, die niemand will, und an die sich zunehmend auch niemand mehr halten wird – außer es ist geradezu seinem direkten Vorteil (Deutschland gegenüber Dublin und Maastricht, etc.). Auch gibt es kaum einen rechtsfreieren Raum als das digitale Internet. In den Worten des Historikers Philipp Blom Autor des Buches „Der taumelnde Kontinent", im Dezember 2015, auf Seite 108 des Cicero in „Wir sind allein auf hoher See". Hier liegt eine düstere Vorwarnung:

„Niemand dachte im Mai oder Juni 1914 an einen Weltkrieg. In unserer gegenwärtigen Konstellation kann so ziemlich alles passieren. Die Zeit von zwei Generationen Wohlstand ist auf jeden Fall vorbei. Es kann in den nächsten Jahrzehnten zu einem Bürgerkrieg inmitten Europas kommen." !

Denn ja, es wird Krieg geben. Auch 2016 bomben dänische F 16 in Syrien. Aber 2014 wollte niemand in Europa einen Weltkrieg Der ist auch heute demographisch, organisatorisch, ideologisch und technologisch gar nicht zu leisten. Aber die Entwicklungen des Jahres 2016 haben zwangsweise dann die

Frage nach der Ursache zur Folge! Warum hat niemand auf die Warnungen gehört? Warum haben wir uns nicht vorbereitet auf das, was kommen wird? Auch zwingend: Wer denn schlussendlich Europa verraten hat? Also wer hat die Menschen in Europa verraten? Es waren die personifizierte Hybris, Geiz und Gier! Denn Europa war immer Zielort von Völkerwanderungen. Immer, immer wenn es innen schwach war. Doch weiter zu der Wechselwirkung zwischen dem Wasser und dem Recht. Terje Tvedt in „Wasser - Eine Reise in die Zukunft", dort auf S. 107:

„Da es immer schwieriger wird bindende internationale Gesetze für diese Regionen zu verabschieden, weil die tonangebenden Länder unterschiedliche und wechselnde Interessen haben, wird das Recht des Stärkeren maßgeblich für den jeweils größeren Spielraum an den betroffenen Wasserläufen sorgen. [...] Es bleibt nur zu hoffen, dass diese [multinationale Organe] eine hydrologische Anarchie und Konflikte zwischen den zehn [Nil] Anrainerstaaten verhindern können."

Die Welt wird chaotisch und instabil werden, kein schöner Platz für Juristen. Verträge zählen bald nicht mehr als das Papier, auf dem sie stehen. Sie bleiben so lange gültig, wie es für die stärkere Seite opportun erscheint, den internationalen Schein zu wahren – sie sind nur ein Teil im beginnenden Krieg aller gegen alle… ohne Fronten. Ein Paradies für Geheimdienste. Denn ohne Wasser geht gar nichts auf dieser Welt! Schon Laotse im „Tao Te King" sagte:

„Auf der ganzen Welt

Gibt es nichts Weicheres und Schwächeres als Wasser.

Und doch in der Art, wie es dem Harten zusetzt, kommt nichts ihm gleich.

Es kann durch nichts verändert werden

Dass Schwaches das Starke besiegt und Weiches das Harte besiegt

Weiß jedermann auf Erden, aber niemand vermag danach zu handeln.

...

Wahre Worte sind wie umgekehrt."

11. Wasser

Wasser ist zu dem global entscheidenden Faktor geworden. Doch zentral ist wieder einmal das globale Versagen Europas oder besser der zentristischen EU, die wieder einmal nicht die Realitäten außerhalb der EU-Mitgliedsstaaten zur Kenntnis nehmen will. Der Mensch hat auf der Erde weit über seine Verhältnisse gelebt. Er hat den Planeten unwiderruflich geschadet – einfach aus Bequemlichkeit, denn Sparsamkeit ist vor allem angebracht beim Wasser. Der sparsame Umgang mit der Zeit ist Thema der Philosophen.

Beginnen wir mit der **USA**: Es ist nicht das Problem, wenn ein Einzelner Unmengen von Wasser verbraucht. Doch es beginnt sich dann der Zorn der Gesellschaft einen Fokus zu formen. Denn plötzlich gibt es Wasser-Armut und Wasser-Reichtum. So berichtet etwa Tim Walker für die britische Zeitung „The Independent" am Samstag, den 3. Oktober 2015 online im Artikel „As California prepares for fifth year of drought, wealthy Bel Air neighbourhood splashes out on water" über die sozialen Problem in Los Angeles. Dort in Bel Air, wo die sagenhaft Reichen und Schönen wohnen, wird auch sagenhaft viel Wasser verbraucht. 2015, im fünften Dürrejahr, lagen die Nerven der Bevölkerung blank. Und die Behörden halten die Namen der Haushalte geheim (!), die Spitzenverbraucher von Wasser sind. Rekordhalter ist ein Haushalt (nein, keine Firma) mit 11,8 Mio. Gallonen Jahresverbrauch, umgerechnet 44.667.859 Liter. Die Rechnung hätte nach dem Regelsatz bei 90.000 Dollar gelegen, also rund zwei Cent der Liter. Doch noch hat niemand wohl begriffen, dass hier der Wasserverbrauch zwingend zu verteuern ist. Am besten mit kontinuierlich steigenden Literpreisen bei wachsendem Verbrauch. Doch der US-Staat hat wohl bisher nichts von Bedeutung getan. Die Sorglosigkeit hält an – noch.

„Despite official targets designed to cut urban water use in California, few local water agencies have done anything to restrict the inordinate usage of individual

residents, as long as they pay their bills and follow certain simple drought guidelines."

Nur: Solange die Anwohner ihre Rechnung begleichen und sich an einfache Vorschriften halten, werden sie von den Wasserwerken nicht behelligt. Eine groteske Sorglosigkeit nach vier Jahren Dürre. Trotz der erreichten Sparziele beim Wasserverbrauch von fast 30 Prozent. Eine zwangsweise Senkung des städtischen Wasserverbrauchs um ein Viertel war von Jerry Brown, dem Gouverneur des Staates Kalifornien, im April 2015, angeordnet worden:

"In April, the state's governor, Jerry Brown, ordered a mandatory 25 per cent cut in urban water use across California. Residents were urged to minimise their lawn-watering, car-washing and toilet flushing, and water agencies penalised hundreds who were caught wasting water. So far, the state has managed to surpass that 25 per cent goal, [...] In July, urban areas cut consumption by 31 per cent."

Nur, es beginnt der soziale Neid, ein sicheres Zeichen dafür, dass sauberes Trinkwasser dabei ist, zu einem Statussymbol zu werden. Eine globale Entwicklung, die sich bei steigenden Wasserpreisen in der gesellschaftlichen Struktur manifestieren wird, ja muss. Die einzige mir bekannte Gesellschaft mit Wasser als Währung wird von Frank Herbert in seinem Science-Fiction Roman „Dune" beschrieben. Hoffentlich bleibt dies Utopie. Für uns in Mitteleuropa im kalten und verregneten Sommer 2016 liegt die Wüste aber genauso unvorstellbar fern, wie die vorige Eiszeit. Doch das Wasserdesaster ist keine Utopie, sondern eine konkrete Folge der menschlichen Sorglosigkeit. Wie das Jahr 2015 und die Wasserkatastrophe in der 100.000-Einwohner-Stadt Flint, im US-Staat Michigan, zeigt. Zum dem giftigen Schwermetall Blei im US-Trinkwasser schreibt die Huffington Post vom 20. Januar 2016 mit der Analyse Nick Visser in „Obama Calls Flint Water Crisis 'Inexplicable And Inexcusable":

"President Barack Obama on Wednesday called the ongoing municipal water crisis in Flint, Michigan, "inexplicable and inexcusable" and said government "broke down" in its responsibility to protect public health." ... *„What is inexplicable and inexcusable is once people figured out that there was a problem there, and that there was lead in the water, the notion that immediately families weren't notified, things weren't shut down," Obama said. "That shouldn't happen anywhere".*"

Doch was war nun die Politik in reichen Wohlstandsgesellschaften – der totale CO_2-Fokus der globalen Agenda von Merkel und Obama. Gerade in armen Ländern mit extremem Bevölkerungswachstum sind die Wirkungen der Wasserkrise viel fundamentaler: Dort treffen eine massive Bevölkerungsdichte und -zunahme auf extreme Wasserprobleme: Etwa in Bangladesch mit über 160 Millionen Einwohnern, in Indien mit seinen über 1.400 Millionen Menschen oder in Pakistan mit seinen fast 190 Millionen Bewohnern (Zahlen aus 2015). Wir reden hier über Dimensionen, die weit über das europäische und insbesondere jedes Luxemburger Verständnis hinausgehen. Viele dieser Menschen sind von Armut bedroht und noch mehr von ihren haben schlicht und einfach keine Perspektive. Die Geburtenziffern sind dabei hoch und stabil, gerade in den muslimischen Ländern. Kommende und auf den Wassermangel zurückzuführende Kriege und Wanderungsbewegungen sind unprognostizierbar im Umfang, im Zeitfenster und bezüglich des Zielortes. Damit wird das Grundrecht auf Asyl in Deutschland zwangsläufig von einem absoluten Grundrecht zu einem relativen. Vier Milliarden Menschen stehen vor einem globalen Krieg und Deutschland muss sich der Kapazitätsgrenze der EU bewusst werden. Was jetzt zwar dem Gutmenschentum in Deutschland ein Dorn im Auge sein mag, doch was einfach ein Gesetz der Mathematik der Quantität und der Kostenrechnung ist. Denn es wird zusammen mit der Umweltzerstörung, dem Verschwinden der jahrtausendealten Grundwasservorräte und dem rasanten Bevölkerungswachstum zwingend zu Kriegen kommen. Zu Kriegen um Wasser und damit werden Flüchtlingsströme entstehen. Diese wollen dorthin, wo ihr Mangel am Augenscheinlichsten ausgeglichen werden kann - ins grüne und friedliche Europa ohne alle Grenzen. Russland ist zu wehrhaft und zaristisch. Doch diese grausame Realität will die Kanzlerin nicht wirklich sehen. Und an genau dieser Stelle hört dann auch jede sinnvolle staatsrechtliche Argumentation auf, denn sie läuft in eine konstruierte Scheinrealität hinein. Das und die anhaltende Gegenwartsverweigerung bezeugt nicht nur der § 80 StGB – Angriffkrieg, das ganze Rechtssystem ist geprägt von einer Idee, die von der Realität vollkommen überholt wird. Wie etwa will ich einen Selbstmordattentäter bestrafen?

Die Realität – sie sieht anders aus. Wohlbehütet und infantilisiert „wartet" der Deutsche darauf, seine Schuldgefühle geordnet kompensieren zu dürfen. Nach dem Export-Weltmeister, dem Fußball-Weltmeister und dem Umwelt-Weltmeister nun der moralische Weltmeister? Was wenig bis nichts nutzt, denn es schafft lediglich eine neue Ausgrenzung. Es herrscht Krieg an den Rändern

Europas. Ob in Algerien, Libyen, Ägypten, Syrien, im Libanon, im Irak, in Jemen oder in Afghanistan und gar erst in Palästina. Es wird gekämpft und zwar ohne Rücksicht auf zivile Verluste. Direkt in die Kampfhandlungen involviert sind dabei: Russland, die USA, Frankreich, Großbritannien, die Türkei, der Iran, Saudi-Arabien oder die Vereinigten Arabischen Emirate. Indirekt oder im Hintergrund noch viele andere wie Australien, Canada und auch Deutschland. Und diese muslimischen Länder, in denen eine hybride Form aus Krieg (auch wenn die NATO diesen Begriff nicht gerne gebraucht) und Bürgerkrieg tobt, sind sehr bevölkerungsreich: Zusammen leben heute in Algerien (40 Mio.), Libyen (6 Mio.), Ägypten (80 Mio.), Syrien (ehemals 22 Mio.), Libanon (5 Mio.), im Irak (37 Mio.), in Jemen (25 Mio.) und in Afghanistan (30 Mio.) über 250 Millionen Menschen. Da es sich in der Regel um Muslime handelt, kommt es gerade wegen der extrem jungen Bevölkerung und der sehr hohen Geburtenziffer zu einer weiteren stetigen Bevölkerungszunahme, und damit zu einer überproportional wachsenden Wassernachfrage – und einer überproportionalen Verschärfung des Problems.

Die Bevölkerung des Westjordanlandes und des Gazastreifens habe ich hier noch nicht mitgezählt. Für die 4,6 Millionen Palästinenser gelten trauriger Weise besondere Betrachtungsregeln – wegen des steten, Dekade langen unter- und oberschwellig geführten Konfliktes zwischen Israel und der dortigen Bevölkerung. Mehr als die Hälfte dieser Menschen hat bereits aus heutiger Sicht heraus, allein wegen der Armut und Umweltverschmutzung, jeden Grund ihre Heimat zu verlassen und junge Menschen sind extrem mobil. Einfach wegen der Gefahr für das eigene Leben und das der Angehörigen. Nur, egal ob offener Krieg, Bürgerkrieg, Glaubenskrieg oder einfach „nur" eine massive terroristische Aktivität in diesen Ländern herrscht, fundamental bleibt letztlich: Es gibt dort bald kein Wasser mehr (!). Die alten, in Persien bis zu 3000 oder gar 4000 Jahre alten Bewässerungssysteme sind am Ende. Das Grundwasser wurde in den vergangenen Jahren aufgebraucht – mit Tiefbrunnen gefördert und verwendet und allzu oft vergeudet. In diesen Ländern wird Wasser oft im LKW oder mit Pipelines über hunderte von Kilometern transportiert und Häuser haben ihre eigenen Wassertanks, manchmal auf dem Dach, manchmal im Keller. Nur, die Schere zwischen Wohlstand und Armut hat sich existentiell geöffnet. Ein Gleichgewicht ist nicht mehr herstellbar zwischen der jungen und expandierenden Bevölkerung und den verfügbaren Ressourcen an Wasser. Zwingend werden Millionen Menschen entweder ihre Heimat verlassen müssen oder zu Grunde gehen. Das wird dann ökologische Migration sein, das sind dann keine Flüchtlinge oder Wirtschaftsmigranten.

Nur, wie soll Europa mit dieser Problematik umgehen? Was ist mit dem Nahen Osten, etwa mit **Saudi-Arabien**? Immerhin war sich Europa Anfang 2016 überhaupt bewusst geworden, dass es neben dem Öl auch noch ein Problem mit dem Wasser im Nahen Osten gibt. „Die Welt" machte darauf aufmerksam „Wie Saudi-Arabiens Wassermangel auch Europa bedroht", von Gil Yaron am 4. Januar 2016; doch nahm es der Deutsche auch zur Kenntnis?

„Jahrtausendelang labten Menschen sich an den Quellen von Tayma im Nordosten Saudi-Arabiens. Dank des Wassers entstanden hier mitten in der Wüste stolze Städte, über die die Assyrer schon im achten Jahrhundert v. Chr. schrieben und die dem Propheten Jeremias bedeutend genug waren, um sie in seinen apokalyptischen Drohungen zu erwähnen. Doch erst 2500 Jahre später wird dessen Weissagung wahr – mithilfe der Regierung Saudi-Arabiens.

Kein Wasser rauscht mehr zwischen den Palmen, die meisten Quellen Taymas sind versiegt. Nicht nur hier, allen Oasen der arabischen Halbinsel droht dieses Schicksal. Schuld daran hat die verheerende Politik des Königshauses, das seine wichtigsten Naturschätze jahrzehntelang verschwendete. Deswegen steuert das Land auf eine gewaltige Krise zu. Die könnte für die Region und die Weltsicherheit verheerende Konsequenzen haben. "

Natürlich hat jede Regierung ein Recht auf eine eigene Landwirtschaftspolitik – aber doch bitte nicht so. Da zweifelt man teilweise auch am Verstand der westlichen Handelspartner:

„Im arabischen Aquifer, der in der letzten Eiszeit (!) entstand, dümpelte so viel Wasser wie in Lake Erie, dem fünftgrößten See Nordamerikas. Und so gelang Saudi-Arabien in den Achtzigerjahren die Metamorphose vom Wüstenstaat zum zehntgrößten Weizenexporteur der Welt. Man schenkte Bauern Strom und Wasser, zahlte ein Vielfaches des internationalen Preises für die Ernte und erhob keine Steuern. Im Spitzenjahr 1992 sprossen hier mehr als 4,1 Millionen Tonnen Weizen – fünf Mal mehr, als man verzehrte. Den Rest verschenkte man an Kuwait, die Vereinigten Arabischen Emirate, Qatar, Bahrain, Jemen und Oman, oder er verrottete einfach. Die Felder sind nicht das einzige Landwirtschaftsprojekt der Superlative. Knapp 150 Kilometer südöstlich von Riad steht der größte Kuhstall der Welt. In sechs vollklimatisierten Ställen der

Al-Safi-Farm geben mehr als 40.000 friesische Kühe täglich mehr als 700.000 Liter Milch."

Das muss dann bereits mittelfristig scheitern, dazu braucht man nicht Geographie, Geologie oder Volkswirtschaft studiert zu haben. Aber auch der Erzfeind – Iran ist gleichermaßen von der Dürre betroffen. Aus der FT vom 21. August 2014, online, 7:17 pm „Der Iran: ausgetrocknet" – „Iran: Dried out" von Najmeh Bozorgmehr. Denn im Iran herrscht Dürre und das seit 14 Jahren! Das schwächte das Land mehr, weit mehr als alle westlichen Sanktionen zusammen. Was allerdings in der Presse weitgehend vergessen wurde zu erwähnen: Dürre ist kein Thema – Die „Erfolge" werden der Politik zugeschrieben:

„ "No water in this river means I had to leave my farmlands in the town of Varzaneh and work for the Isfahan municipality for 15,000 tomans [$5.6] per day," says Afshin as he cuts weeds on the riverbed. The drying out of the river means about 2m people – 40 per cent of the population – in the Zayandeh Roud basin who depend on agriculture have lost their income, says Mostafa Hajjeh-Foroush, head of the agriculture committee of the Isfahan Chamber of Commerce. "If this situation continues they should think of changing jobs," he adds. ...
*"But Isfahan's plight is just one example of a water crisis in a country gripped by 14 successive years of drought. Iran is hardly alone in facing a water shortage but its problems are acute. A growing population and shrinking economy make the situation difficult, **but its position at the center of a politically unstable region where competition for water is intense makes it dangerously volatile.**"* [eigene Hervorhebung]

Und die 75 Millionen Menschen im Iran oder in der Türkei haben heute nun einfach einmal einen exponentiell höheren Wasserverbrauch als vor 50 Jahren noch die 15 oder 20 Millionen meist bäuerlich lebenden Menschen. Allein Nomaden gingen extrem nachhaltig mit den Wasservorräten in der Steppe um. Nur die Nationalstaaten machten die Nomaden sesshaft – zwangsweise. Doch das Wasser der in der letzten Eiszeit entstandenen Grundwasser-Reservoires oder Grundwasserträger, „aquifier" ist jetzt weg. Wie sollen die sich in absehbarer Zeit wieder auffüllen können? Sollen wir bis zur nächsten Eiszeit warten? Viele im Westen lebende Menschen übersehen schlechthin die Tatsache, dass der moderne Mensch einen enormen Wasserverbrauch hat. Gerade auch der Tourist, im scharfen Kontrast zum Gotteskrieger. Und am übelsten für jeden Wasserverbrauch ist dabei der in der Wüste Golf spielende

Tourist. Und das Trockengebiet beginnt schon südlich der Pyrenäen. Wenige von uns haben je in ariden Klimaten einen Ökotouristen gesehen, der auf einem nachhaltigen Golfplatz spielte. Trotzdem pumpt Nestlé jetzt aus der amerikanischen Wüste in Arizona Grundwasser und verkauft es als Mineralwasser in Flaschen. So Bloomberg online in dem Artikel von Eric Roston am 29. Juni 2016: „Nestlé Discovers Water in the Arizona Desert, and Bottles It - Despite a 17-year drought, Phoenix has welcomed the sale of its water as a consumer product—but for how long?" Wasser, das mitten aus der Wüste gefördert wird, das macht mich misstrauisch. Behörden, die so etwas genehmigen, noch mehr! Aber nichts gegen Golfspieler (auch wenn Barack Obama maßlos übertreibt, es sind meist wirklich nette Leute! Die meisten von Ihnen wissen, ihr Sport gehört doch besser ins regnerische Schottland und zu einem guten 18-jährigen Whisky im 19. Loch. Wie etwa Donald Trump mit seinen Golf-Investments in Schottland nahelegt – und nicht in die Wüste. Leute, jetzt doch mal ehrlich, Golf in der Wüste ist genau so sinnlos wie Golf, wenn der Schnappi-Schappi-Alligator am vierten Grün lauert. (Viel Spaß beim googeln: Kroboth alligator golf)

Nein, die Trends des Wasserverbrauchs sind unumkehrbar – jedenfalls vor der nächsten Eiszeit. Das bedeutet: Die in Deutschland angekommenen Flüchtlinge werden nie wieder in ihre Heimatländer zurückgebracht werden können. Schlicht und einfach, weil an vielen Stellen dort kein Trinkwasser mehr für sie da sein wird – über Frieden möchte ich an dieser Stelle dann gar nicht mehr sprechen. Kein Wasser heißt zwingend Flucht und/oder Bürgerkrieg. Nun zu den Fakten: Besonders betroffen sind natürlich die islamische Welt und Indien - beides Regionen mit extremem Bevölkerungswachstum...

Indien ist – auch wegen des Hinduismus, und der Kolonialzeit, sorry – eines der schmutzigsten Länder der Welt. Es gibt einfach auf diesem Subkontinent keine der heutigen Umwelttechnik entsprechende Industrie und insbesondere kein der industriellen und Bevölkerungsdichte angemessenes Wassermanagement. In den dortigen Hauptwasseradern, wie dem Ganges, ist der Grad der Verschmutzung kritisch. Neben Schwermetallen tummeln sich in dem Wasser oft Bakterien jeder Art und leider zunehmend multiresistente Stämme. Also Bakterien gegen die fast jede Art von Antibiotika wirkungslos ist und das in einem Land in dem 400 Millionen Menschen unterhalb der Armutsgrenze leben – egal ob als Bauer oder gar im Slum (auf 40 Mio. Menschen geschätzt). Doch sauberes Trinkwasser ist knapp und wird knapper! Seine Nutzung ist selten wirklich nachhaltig. Die Verschwendung weltweit unfassbar. Von Kalifornien über den

Nahen Osten bis China! Bei den heutigen Preisen war Trinkwasser auch nie ein ökonomisches Gut. Es war halt da, und wenn es nicht mehr da war, dann wurde eben noch tiefer gebohrt. Die Technik ersetzte Ethik – langfristig ein tödliches Konzept –, Sparsamkeit und auch jede Verantwortung. Doch Wasser ist neben der Zeit das einzige Gut, bei dem Sparsamkeit und im Ansatz sogar Geiz gerechtfertigt ist.

Die Problematik des von den Monsunregen gespeisten Ganges: Die jahreszeitlichen Schwankungen sind extrem. Dies muss für Europäer veranschaulicht werden: Während des Jahres schwankt der Wasserdurchfluss in Farakka (auf der indischen Seite der Grenze zu Bangladesch gelegen) um mehr als das Dreißigfache. Von durchschnittlich 1.750 Kubikmetern im April zu 43.000 Kubikmetern pro Sekunde (!) im August. Dummerweise bleibt die Abwasserbelastung fast gleich, so dass es nicht übertrieben ist, im Frühjahr von einer für die Wasserversorgung nur schwer verwertbaren Flüssigkeit zu sprechen, die sich in Richtung Meer schiebt. Doch wer in dieser meist ungebildeten Armut lebt, meist weit unterhalb der Mittelschicht, hat schon den „Luxus" sich hiermit zu beschäftigen? Das Problem ist bekannt, wird jedoch von den CO_2-fixierten Politikern schlichtweg vergessen. In ihren Ländern, den G-7 Staaten, stellen sich diese Probleme aktuell nicht. Doch damit wird es ihnen wie bei der CO_2-Problematik ergehen. Sie werden sich um dieses existentielle Problem erst kümmern, wenn es zu spät ist. Victor Mallet schreibt in der FT am 10. November 2015 auf Seite vier „Modi lands in hot water over Ganges pollution":

„ – while the vital work of treating sewage and purifying the toxic industrial waste that poisons the river [Ganges] has not began. "

Das Zeitfenster schließt sich, von einer kritisch schlechten Wasserqualität betroffen sind viele der rund 1.400 Millionen Menschen in Indien. Und das Projekt sauberes Trinkwasser ist ja noch nicht einmal richtig in Angriff genommen worden. Doch das Phänomen ist keinesfalls ein Problem der Demokratien, es trifft den Kommunismus und Diktaturen gleichermaßen. Wie sonst hätte etwa der Aralsee in wenigen Jahrzehnten fast völlig verschwinden können? Und die globale Wirtschaft spürt die Folgen täglich stärker. Der Artikel aus der FT „India pulls plug on Coca Cola bottling plant over water worries" stammt von Avantika Chilkoti, 20. Juni 2014, Seite 1. Der Weltkonzern Coca Cola unterliegt im Konflikt mit indischen Bauern, die bekommen das Wasser für sich und Coca Cola muss einen Abfüllbetrieb stilllegen.

„A Coca Cola bottling plant has been ordered to close in northern India after local farmers blamed it for using too much water, creating fresh headaches for the worlds biggest soft drink maker in one of its most important markets."

Auch **China** leidet unter Wassermangel. „The Economist" berichtet in „A canal too far" von der dramatischen Lage in der Volksrepublik. Es gibt also ein grundsätzliches Problem des Menschen im Umgang mit seiner Umwelt, das völlig vom politischen System unabhängig ist. Der moderne Mensch ist zentral darin gescheitert für das Wasser und seine Nutzung ein sinnvolles Wirtschaftssystem zu errichten. Egal ob im Kapitalismus durch einen fehlerhaften, da lächerlich geringen Preis oder durch eine zu große Verbrauchsmenge im Kommunismus. Der Mensch hat die Knappheit des Gutes Wasser nicht sehen wollen. Jetzt wird es eng – wirklich sehr eng werden. In China etwa liegen zwei Drittel des landwirtschaftlich genutzten Lands im Norden, jedoch sind dort nur 20 Prozent des verfügbaren Frischwassers vorhanden. Ergebnis – eine chronische Knappheit. Das Oberflächenwasser ist zunehmend stark verschmutzt, auch durch den massiven Einsatz der Chemie in der Landwirtschaft und ist immer weniger für den Menschen verwendbar. Die unvermeidbare Folge ist ein massiv zunehmender Konsum von Grundwasser.

*„This is designed to solve an age-old imbalance. The north of China has only a fifth of the country's naturally available fresh water but two-thirds of the farmland. The problem has grown in recent decades because of rapid urban growth and heavy pollution of scarce water supplies. [...] The result is a chronic shortage. The World Bank defines water scarcity as less than 1,000 cubic meters (35,300 cubic feet) of fresh water per person per year. Eleven of China's 31 provinces are dryer than this. Each Beijing resident has only 145 cubic meters a year of available fresh water. **In 2009 the government said that nearly half the water in seven main rivers in China was unfit for human consumption. All this has encouraged ever greater use of groundwater. Much of this is now polluted too.** "* [Eigene Hervorhebung]

So am 27. September 2014 im globalen Wochenmagazin „The Economist". Die Flüsse sind verschmutzt und bereits 2009 war mehr als die Hälfte des Wassers in den sieben größten Flussläufen nicht mehr als Trinkwasser geeignet. Ein anderes Land aus der Reihe der BRIC-Staaten ist **Brasilien**. „The Economist" hierzu in der Ausgabe vom 20. Dezember 2014 auf Seite 65 im Artikel „Rervoir hogs". Dort wird die Versorgungsproblematik der 20 Millionen Stadt São Paulo dargestellt und die Konsequenzen werden angedeutet. Die reichen bis hin zu dem drohenden Zusammenbruch der Stromversorgung, denn in Brasilien werden fast 80 Prozent des Stroms aus Wasserkraft gewonnen:

*„Could São Paulo run out of water? The idea of South America's biggest metropolis, home to 20m people, lacking something so basic seems fanciful. Yet shortages this year have forced schools to suspend classes and restaurants to shut in smaller towns across São Paulo state, where a fifth of Brazilians live and a third of GDP is produced. For months taps in some neighborhoods of the state capital itself have run dry, especially in the small hours. Unless the rains are unusually bountiful, a disaster looms in 2015. ... Precipitation in 2014 was the lowest on record (see chart). In October, when rains normally resume, it was just a third of the normal amount. Things have improved since, but rainfall remains well below average. "Only a deluge can save São Paulo," says Vicente Andreu, the chief of Brazil's National Water Agency (ANA). ... **The main risk is that the drought will bring about rationing of electricity, 80% of which is generated by hydropower**. During the drought in 2001 the government ordered a 20% cut in electricity consumption... . "* [Eigene Hervorherbung]

Doch das Thema war für die europäischen Medien einfach nicht spannend genug. Erst am 13. Oktober 2015 wurde es von Jon Gerberg in TIME international erneut aufgegriffen: unter der Überschrift Dürre und Missmanagement lassen in Sao Paulo das Wasser versiegen - „Drought and bad management mean São Paulo is running out of water". Die Krise war nicht im Ansatz besser geworden. Stattdessen ist die soziale Staffelung des Problems gewachsen. Die armen und höher gelegenen Stadtviertel leiden jetzt noch stärker am Wassermangel. Das Cantareira Wasserreservoir arbeitet jetzt mit 12 Prozent seiner Füllleistung. Für Schulen und Krankenhäuser wurden Notfallwasserspeicher eingerichtet:

„The crisis is most acutely felt in the Periferia — the generally poorer districts on the outskirts of the city. These often neglected neighborhoods, many of which sit at higher altitudes in the hills around the city, require more water pressure to reach their tanks. And even on days when it is raining outside, the pipes in the Periferia are often dry. On top of it all, São Paulo has now suffered two of the driest seasons on record, ... The Cantareira reservoirs, which supply water to over 9 million residents, were operating at 12% capacity in October. The water level has fallen so low that large parts of the surface of the reservoirs are dried mud. "This is what we would call a real emergency," said Paulo Dallari, deputy secretary for the São Paulo mayor's office. "The reservoirs are much lower

*than they used to be. It is raining much lower than the average. So we might
have some difficult situations in the near future. ... Dallari is now working to
expand the emergency water reserves around São Paulo – especially in facilities
like hospitals and schools, which he points out are particularly vulnerable in
situations of extreme water shortage." "*

Und der Zusammenhang Wasser und Energie ist extrem eng in der Welt der
Emerging Markets. Und deren wirtschaftliche Entwicklung ist total von der
Versorgungssicherheit mit Strom abhängig. Nie war man in der Produktion
abhängiger von der Elektrizität, als seit der vollständigen Digitalisierung.
Brasilien erzeugt jedoch – sehr umweltfreundlich – 70 Prozent seines Stroms
aus Wasserkraft, doch, wie lange noch?

*„... part of a drought, that is drying up hydropower dams. In a country that
depends on hydropower for about **70 per cent** of its electricity this is threatening
to create an even bigger problem for Brazil's economy – energy rationing."*
[eigene Hervorhebung]

FT vom 12. Januar 2015, Seite 5, „Drought sparks fear of energy shortage -
Brazil, Dry spell" von Joe Leahy. Wir wollen uns bitte nicht an den 70% oder
80% stören. Denn welcher Großinvestor will schon Milliarden auf den Tisch
legen, wenn er nicht absolut sicher sein kann, dass in den nächsten Jahren
schwankungsfreier Strom verfügbar sein wird, 365 Tage an 24 Stunden. Hier
wird Regen und damit Wasser direkt und unmittelbar zum Flaschenhals für
Wirtschaftswachstum und Wohlstand. Wenn auch viele Länder nicht so extrem
betroffen sind wie Brasilien. Und jetzt wollen wir Wirtschafts- und
Regierungskrise in Brasilien (9.14) einmal unter genau dem Aspekt der Wasser-
und Elektrizitätskrise betrachten: Was ist die wahre Ursache der ökonomischen
Implosion. Die Problematik des Zika-Virus in Brasilien kann nicht betrachtet
werden, auch nicht dessen Wirkung die auf die Weltgesundheit durch die
Besucher und Athleten der Olympischen Spiele 2016 in Rio de Janeiro. Die
Medien schweigen – wie so oft bei den wichtigsten Entwicklungen!

Wasser hat die Qualität zugleich zu einem wirtschaftlichen und sozialen
Problem zu werden. In dramatischer Schnelligkeit wird es zu einem Problem des
inneren Friedens und dann der Migration und in der Summe ist Wasser natürlich
ein Grund Krieg zu führen. Nur Wasserprobleme sind abgesehen von
Überschwemmungen an der Elbe eher langweilige mediale Ereignisse. Einfach
schlecht für das TV oder YouTube geeignet. Da geht alles so furchtbar langsam.
Denn Dürren sind langsam im Kommen und ihre Folgen sind eher in der

Zeitlupe erkennbar, als „coole" schlagzeilen-konforme, aufmerksamkeitshaschende, globale Ereignisse. Da bekommen sieben Terror-Tote in Jakarta mehr Aufmerksamkeit als 7.000 Menschen, deren Vieh verdurstet und die danach verhungern müssen. Die Dürre ist für die Presse auch morgen noch da, in 999 von 1000 Fällen und dann rücken kurzlebigere Nachrichten nach vorne. Meist bleiben dann Dürre und medienloses Leid für die Armen zurück. Die Wohlhabenden, die Mitglieder der Elite sind heute in der Regel global mobil. Nur es gilt, kaum ein anderes essentielles Lebensmittel ist auf der Erde derart ungleich verteilt wie etwa zwischen Kanada und dem Iran. Während beide mit Erdölexporten viel Geld verdienen können, wird das Wasser über das Wohl und Wehe der Nationen entscheiden. Und letztlich vermag es in brutalster Konsequenz über das Schicksal der dortigen Mittelschicht über Völker, Nationen und vielleicht sogar über das Schicksal der globalen Mittelschicht zu bestimmen. Denn Wassermangel und Völkerwanderung sind zwei Seiten der gleichen Münze.

12. Der Untergang der globalen Mittelschicht

When people think their concerns are being ignored — and worse, that they are also being belittled — they lash out. Hell hath no fury like an angry electorate.

FT, 14. März 2016, Troubling warnings from the 1930s

Die Mittelschicht definiert sich in einer globalen Welt anders und neu. Die Mobilität ist zu dem Entscheidungskriterium geworden, das in der Demokratie maßgeblich formt. Die Elite ist unbegrenzt mobil – und unbegrenzt ignorant. Die Masse, das Volk ist unbegrenzt wütend. So auch Bloomberg am 22. März 2016: „Why voters will stay angry." von Andre Tartar, Mira Rojanasakul, Jeremy Diamond and John Fraher:

„From the supporters of Donald Trump to the street protesters of southern Europe, *voters around the world are mad as hell*. Inequality, immigration, and the establishment's perceived indifference are firing up electorates in a way that's rarely been seen before."

Die neue weltweit jüngst entstandene Mittelschicht steht vor einer extrem gefährlichen Phase eines Rückfalls in die Verarmung – mit allen gesellschaftlichen Konsequenzen. Bereits 2014 war das Thema aktuell, wurde aber eher als exotische Randnotiz in Deutschland behandelt – verwunderlich für einen Export-Weltmeister, dem doch das Wohl und Wehe seiner weltweiten Kunden (etwa von PKW-Käufern) am Herzen liegen sollte. Die Financial Times vom 14. April 2014 macht auf mit der Story „Wachstumsabschwächung gefährdet 1 Milliarde Menschen in der neuen Mittelschicht" auf.

„Almost a billion people in the developing world are at risk of slipping out of the ranks of a nascent middle class, according to FT analysis, raising questions about the durability of the past 30 years' remarkable march out of poverty."

Diese Aussage ist genau das Problem der Jahre nach 2008: Das zu langsame Wachstum und die steigende Ungleichheit haben massive, globale Konsequenzen.

„Rising inequity and slower global growth have major implications for businesses that have been investing heavily in emerging markets. One of the biggest questions confronting governments is what slower growth will mean for the creation of a solid middle class in countries such as China and India, which many are counting on to drive the global economy in the 21st century."

Schwächt sich das globale Wirtschaftswachstum ab, wird die Ungleichheit in den Vermögen und den Einkommen in vielen Ländern der Welt massiv steigen, denn die Mittelschicht ist primär betroffen von den globalen Schwankungen. Gerade weil sie ihr Vermögen meist wenig streuen kann und zusätzlich recht oft hohe Bankverbindlichkeiten besitzt, die in langandauernden Wirtschaftskrisen schnell zur Insolvenz führen können. Und das ist genau das Problem, Grundvoraussetzungen für diesen Anfang 2016 zu Ende gegangenen Aufschwung waren die lange Zeit hohen Rohstoffpreise und insbesondere die hohen Preise für Energie wie Öl, Kohle und Gas. Diese sorgten für einen umfassenden Geld- und Kapitalfluss in die EM-Länder und natürlich insbesondere in die BRICS-Staaten. Diese Kapitalflüsse kehren sich Anfang 2016 um. Doch was wird, wenn das globale Kapital geht? Dann gehen auch viele der mit diesem ausländischen Kapital zuvor geschaffenen Arbeitsplätze verloren. Spätestens der nächste Rationalisierungsschub im Rahmen von Maßnahmen zur Produktivitätssteigerung eines jeden Großkonzerns werden dafür sorgen, dass die Arbeitsplätze für immer verschwinden! Doch über die Bedeutung dieser globalen Gesellschaftsschicht macht man sich in Europa zu wenig Gedanken, da man zu sehr abgelenkt ist, von hausgemachten Problemen, wie der Osterweiterung, dem Euro, Griechenland oder CO_2 und ganz besonders von der Moral und jetzt neuerdings auch den Migranten. Die Politik hat ganz und gar vergessen, die Arbeitslosigkeit zu bekämpfen, denn das geht nur mit Wirtschaftswachstum. Doch es gilt: Wir reden von 2,8 Milliarden Menschen, einer Mittelschicht, die zwischen zwei und 10 Dollar täglich zum Leben oder zum Überleben hat:

„There were 2.8bn people – or 40 per cent of the world's population – living on between $2 und $10 per day in the developing world in 2010, the most recent year available. That makes the fragile middle the world's biggest income group."

Aus der FT in dem Artikel „Slowdown puts 1bn middle class at risk" online am 13. April 2014 von Shawn Donnan und John Burn-Murdoch. Doch Europa sollte dieses Problem kennen, und gerade Deutschland sollte daran arbeiten. Wenn da doch nur nicht die Moral so im Wege stünde. Denn in Griechenland ist die Mittelschicht weggebrochen, wie ich in meinem Buch „Der verratene Kontinent" dargestellt habe. Und in anderen Ländern mit einer massiven Wirtschaftskrise kann es leicht und schnell ähnlich gehen. Brasilien ist da der nächste Kandidat. Gerade die Arbeitslosigkeit ist ja in den EM das Hauptproblem der Verarmung! Im Gegensatz zur ersten Welt, dort ist das Kernproblem der Verarmung meist die Scheidung, die wiederum in den EM und insbesondere dort im Islam kaum eine Rolle spielt. Deren Familienstrukturen sind völlig anders gestaltet als bei vielen westlichen atheistischen Zweckgemeinschaften.

Nur – mit auf der Kippe stehen dabei aber grundsätzliche Werte wie die demokratische Ordnung und die grundsätzliche Ordnung der Wirtschaftssysteme. Ohne eine globale Mittelschicht ist schlicht und einfach die Welt im Bereich einer 15 zu 85 Gesellschaft zu sehen. Und die Perspektive ist, dass ein Land nach dem anderen aus der heutigen Lage durch eine Krise einfach dorthin zurückfällt, in eine Gesellschaftsordnung aus der Zeit des Imperialismus. Mit den digitalen Fürsten als neuer Monarchie, wie sie es heute bereits sind. Lang leben die FANG-Aktien der globalen digitalen Wirtschaft: Facebook, Amazon, Netflix und Google. Auch wenn es besser zu sagen wäre, die AAA oder 3A Aktien: Alphabet, Amazon, Apple. Oder, mit ein wenig Spielerei, doch mit Facebook, Netflix und Tesla: NATAFA! Wer braucht da noch einen Investmentbanker oder Anlageberater, wenn er NATAFA haben kann! Adieu ihr Banken, Volksbanken und Sparkassen!

Und wer sich das nicht leisten kann, der sucht sein Heil in Drogen. Das Ergebnis eines beispiellosen Niedergangs, der sich in einem Desaster aus sinkenden Reallöhnen und einer sinkenden Arbeitsmarktpartizipation von weißen Männern und in steigenden Selbstmordziffern manifestiert. Männer, die sich immer stärker aus der Wirklichkeit zurückzogen haben und den Weg bereiteten zu einer historisch beispiellosen Drogen-Epidemie in der weißen Mittelschicht der USA. Hierzu der Artikel von Peter Winkler in der NZZ vom 9. Januar 2016: „Amerikas Herz im Würgegriff des Drogenkonsums":

„Der jahrelange, unbekümmerte Konsum von opiathaltigen Schmerzmitteln hat direkt in eine neue Heroin-Epidemie geführt. Sie trifft ländliche Gegenden besonders hart.".

Drogen waren früher immer ein städtisches Problem, auch und vor allem der farbigen Minderheiten. Da hätte Präsident Obama ja eigentlich genug zu tun gehabt, doch vergebens: Junkies reagieren nicht auf ein „Yes we can". Und immer jünger werden die Süchtigen. Denn neben Drogen sind Spielsucht und Pornosucht zentrale Elemente der sozialen Desintegration der Männer. Ganz genial beschrieben in „Gaming And Porn Are Changing Men's Brains" von Alinda Small online auf „The Huffington Post" am 02. September 2016:

„One in three boys are considered "heavy porn users". The average boy in the UK watches a minimum of two hours porn per week. (3) What makes this so alarming is that many of these young boys are having their first sexual experience to online porn well before a real life sex experience. This can manifest itself as confusion for men who may never know the difference between making love and re-enacting porn. They often develop unrealistic attitudes and expectations about sex [...] Even without excessive use the stats estimate that with 2-4 hours of porn per week from the age of 15 years and by 17 (average age to have sex for the first time) a young man has already had 1400-plus porn sessions (4) without real life sex, and his ideas are a skewed version of normality." [Eigene Hervorhebung]

Diese Männer beten nicht mehr, sie sind Opfer einer digitalen, vollglobalen Welt. Das Internet bietet alles, nun ja fast alles, ob Pornographie oder die Radikalisierung zum Djihad. Egal ob nach deutschen Gesetzen legal, grenzwertig, illegal oder klar terroristisch. Und im Deutschland mit Turboabitur – G8 – ist das Thema Medienerziehung in der Schule, ja selbst im Gymnasium eine verlorene Schlacht der Eltern gegen eine kinderlose CDU-Kanzlerin.

13. Eine digital entfremdete, verarmte Jugend –
Pussy Generation

Scott Eastwood: It's an interesting time. My father's definitely old-school. And he raised me with integrity—to be places on time, show up, and work hard.

ESQ: Your characters have become touchstones in the culture, whether it's Reagan invoking "Make my day" or now Trump … I swear he's even practiced your scowl.

Clint Eastwood: Maybe. But he's onto something, because secretly everybody's getting tired of political correctness, kissing up. That's the kiss-ass generation we're in right now. We're really in a pussy generation. Everybody's walking on eggshells. We see people accusing people of being racist and all kinds of stuff. When I grew up, those things weren't called racist. And then when I did Gran Torino, even my associate said, "This is a really good script, but it's politically incorrect." And I said, "Good. Let me read it tonight." The next morning, I came in and I threw it on his desk and I said, "We're starting this immediately."

www.esquire.com, AUG 3, 2016,Clint and Scott Eastwood: No Holds Barred in Their First Interview Together von MICHAEL HAINEY

Heute ist die digitale Anonymität des World Wide Web allgegenwärtig. Zum Ersten hat die Technik und ihre omnipräsente Verfügbarkeit das menschliche Zusammenleben grundliegend geändert. Die Geschwindigkeit ist zu einem Faktor des totalen Erfolgs geworden. Damit hat sich die Qualität des menschlichen Kontakts verändert. Denn nirgends sonst als in der digitalen Welt lässt sich die Political Correctness besser kontrollieren und zensieren. Viele kleine Informationsfragmente, ob gezwitschert bei Twitter, gepostet bei Facebook oder klassisch gesendet in dem Posteingang der Mailprogramme überfordern den Menschen. Der allgegenwärtige Informationsmüll erschlägt ihn – das „Informationsrauschen" ist ein tosender Lärm geworden, in dem man sein eigenes Wort nicht mehr versteht. Doch es vermittelt uns die Illusion dabei zu sein. Nur, wer nach einem Urlaub 600 Mails im seinem dienstlichen Posteingang findet, der fragt sich nicht mehr, „weniger ist mehr", er weiß es. Und die digitale Anonymität ist allgegenwärtig, denn das Gesicht des Menschen, seine Einzigartigkeit oder gar sein Glaube haben „hier" keinen Platz mehr. Außer eine grenzenlose Selbstdisziplin ist dein Eigen. Damit hat sich die Qualität des Kontaktes gewandelt. Anstelle eines Menschen lächelt mich ein Icon an. Die unbegrenzte Duplizierbarkeit digitaler Inhalte hat die

Produktionsstruktur der Gesellschaft massiv geändert. Und damit auch die volkswirtschaftliche Struktur von Allokation (der Zuteilung der Ressourcen) und Distribution (der Verteilung der erzeugten Güter).

Ein klares Beispiel ist immer die Prostitution, denn sie wird in der Masse von sozial schwachen Randgruppen ausgeübt, als Wirtschaftstätigkeit. Sie wird meist gezwungenermaßen als Einkommenserwerb praktiziert. Auch sie ist digitalisiert worden – also anonymisiert und entmenschlicht. Spielsucht im Onlinecasino – kein Einzelfall. Pornosucht – auch bei Frauen ein immer häufiger zu findendes Phänomen (außer in Deutschland(!)). Der Kick ist rasch und kommt oft mit immer extremeren Bildern und Motiven. Der Zugang ist recht einfach und das passende Endgerät (Smartphone, Tablet) haben heute auch viele Kinder und Jugendliche. Und die vernetzen sich und probieren aus! Heute ist das Leben für Kinder sehr teuer geworden - ihre digitale Existenz kostet Geld, Energie und Zeit. Und für Kinder bzw. Jugendliche gibt es im Großen und Ganzen drei Wege sich Geld zu beschaffen, falls sie nicht aus einem wohlhabenden und generösen Elternhaus stammen: Drogenhandel, die Arbeit als Hacker oder eben Prostitution – und die Versuchung heute ist groß, größer als früher, weil eben die digitale Welt unerschöpflich ist. Und heute im Zeitalter der Ubiquität der Chemie braucht man keine klassischen Drogen mehr, die aus Pflanzen hergestellt werden: Alkohol – Trauben(etc.), Nikotin – Tabak, Coffein – Kaffee und dann natürlich Kokain, Opium, Heroin oder Cannabis, die Betel-Nuss und so weiter. Doch das alles ist begrenzt im klimatischen Landbau, zeitintensiv und teuer. Somit gilt: Lang lebe die moderne Chemie, denn hier ist der globale Trip schon für wenige Cent zu haben. „The Economist" am 18. April 2015, S. 35 „A pill for work and play. Drug abuse in Egypt":

„Until recently, Tramadol was selling for one or two Egyptian pounds a pill ($0,15 - $ 0,30) It offers an affordable Buzz in a country where average household income is less than $ 4.000 a year. "There was no social stigma attached to Tramadol" says Hisham Mamdouh who heads a Cairo rehabilitation center. "

Somit wird zwar in den Ländern des muslimischen Glaubens wenig Alkohol konsumiert, doch zu denken, es gäbe dort kein Drogenproblem, ist völlig falsch. Und Probleme des Missbrauchs von sehr günstig verfügbaren synthetischen Schmerzmitteln bringen die Migranten und Flüchtlinge natürlich auch mit nach Europa. Und dann greifen die Gesetze des Marktes ganz erbarmungslos: Die

Drogen werden teurer, die Sucht wird immer schwieriger finanzierbar, und dann folgt der klassische Weg: Kriminalität oder Entzug.

„The price of Tramadol has risen sharply, at one point reaching $1 - $2 a pill. "Since then we have seen a flood of people seeking help, says Mr. Kharrat. ""

Das strukturkonservative Element der deutschen Gesellschaft ist gedanklich fast stehengeblieben. Also etliche Betonköpfe, die ihr Denken seit dem Jahr 1998, dem Jahr in dem Google gegründet worden war, nicht mehr modifiziert haben. Und die leider manchmal viel zu viel Moral inhaliert haben, um global noch realitäts- und ebenso handlungsfähig zu sein. Sie sind fokussiert auf den Fortschritt in der Medizin und ignorieren leider technische wie gesellschaftliche Entwicklungen oder betrachten deren Wirkungen sogar mit einem gewissen, heimlichen Wohlwollen. Ihre Beteiligung im Bereich Social Media zu gering, ihr Wissen um geschlossene Usergruppen bei Facebook oder bei WhatsApp mag da sein (etwa in der AFD), doch das Wissen über Facebook bei der CDU existiert es erst gar nicht. Doch dort spielt die Musik. Denn gerade die Jugend, die knapp bei Kasse ist, bezieht sich ihren Kick aus optimaler Werthaltigkeit – und die wird gegoogelt und gepostet. Verborgen hinter einer für einen gläubigen Christen unfassbaren Scheinheiligkeit und Gleichgültigkeit begrüßen manche die Entstehung eines neuen Proletariats. Und werfen zugleich der von ihnen mit eigenen Händen erfolgreich deformierten Linken gefährliche Schwäche vor. Was ist ihr Ziel? Sehen sie nicht die potentielle Abfolge von Proletariat 2.0, Kassenkampf 3.0 und Ministry of Love 4.0 (in Fusion von George Orwell mit Big Data und einer Gedankenpolizei 5.0 wie in „Minority Report" von Steven Spielberg)? Aber bitte alles ohne EU-Binnengrenze, ohne Kinder und ohne Zinsen, aber mit umfassenden Sonderrechten für Geheimdienst und Polizei? Das geht schon, aber dann fallen Portugal und Spanien wieder unter muslimische Herrschaft.

Das ist eine üble, grenzwertige und tendenziell präfaschistische Steuerung der Gesellschaft, die man nur übersehen kann, wenn man sie übersehen will. Ich plädiere trotzdem noch auf grobe Fahrlässigkeit. Nur, die Folgen werden massiv sein, wie bereits nach 1919. Denn wir gehen zurück in eine Gesellschaft mit Klassenkampf und mit synchronem Glaubenskrieg. Denn es gibt fast schon kein christliches Abendland mehr – und ich bin mir sicher, dies wird in eine für den Staatsschutz extrem unangenehme Situation führen, nahe dem Kontrollverlust. Dies wird heute bereits für Schweden befürchtet. Denn Schweden hat schlicht nicht genügend Polizei für die Flüchtlingsströme: Die Welt, am 17. Februar

2016: „Schwedische Polizei fürchtet Kollaps des Rechtssystems". Der Rechtsstaat hat einfach nicht genügend Personal für die aktuelle Situation. NUR: in einem Kalifat wäre kein Platz mehr für den deutschen Staatsschutz. Auch nicht für Juden, Freimaurer, Zeugen Jehovas, Buddhisten oder Homosexuelle, etc. . Die kamen alle schon einmal unter Hitler unter die Räder, doch heute kann man sich nicht sicher sein, ob die Elite ihre Lektion gelernt hat. Freimaurertum und Faschismus schließen sich aus und am Ende des Tages war der Faschismus 1933 stärker.

Die Prostitution von Kindern ist, zusammen mit der Auflösung der Mittelschicht ein Synonym des irreversiblen Untergangs einer Hochkultur. Und die Sexualität der Kinder heute hat sich grundliegend verändert, sie ist digitalisiert. Anders als es bei den üblichen sozialwissenschaftlichen Methoden der Feldforschung – etwa in Clauß Ebner, Statistik für Soziologen, Pädagogen, Psychologen und Mediziner geschildet wird. Heute im Zeitalter der Cloud und damit von Big Data ist oft der bessere Programmierer der bessere Statistiker – etwa in SQL. Wir brauchen heute meist keine Stichproben und Fragebögen mehr, wie in diesem Klassiker von 1989 ab Seite 176 beschrieben. Denn uns liegen alle Daten vor – Wir leben digital! Und die Auswertung der totalen Daten, für die Geheimdienste eine alltägliche Standardaufgabe, ist noch nicht einmal anspruchsvoll. Jeder fähige Werkstudent kann heute in einem Datawarehouse mit graphischen Tools die schönsten Abfragen mit Drag and Drop zusammenklicken. Er muss nur exakt wissen, wonach er suchen soll (!). Hierin liegt die Kunst und in der wertfreien(!) Interpretation der generierten Auswertungen. Eine arbeitsintensive Aufgabe, welche Anforderungen an die Intuition stellt. Eine Kunst, die früher Volkswirte, als sie noch Sozialwissenschaftler waren und keine Mathematiker, beherrschten. Eine Kunst, die aber leider in Deutschland selten nachgefragt wird. Und sie droht in Vergessenheit zu geraten. Denn hier steht die Moral vor den Fakten – leider allzu oft im Zeichen der Political Correctness. Dieser verdanken wir schließlich ja auch die ewige Eurokrise. Und wegen dieser pervertierten, politischen Kultur gibt es auch so wenige Kinder von Deutschen. Aber nicht wegen eines fehlenden Kinderwunsches, sondern wegen der verkrusteten CDU-Gesellschaftsstruktur. Wie sagte Papst Franziskus laut „Die Welt" vom 9. Februar 2016 :

„In vielen Bereichen haben wir heute den Eindruck von Verzagtheit und Alterung, von einem Europa, das wie eine 'Großmutter' wirkt, nicht länger fruchtbar und vital."

Dass Sex mit Kindern und Jugendlichen in jeder Form mehr als gerne im Internet getauscht wird, das ist bekannt. Dass die Grenze fließend ist und immer fließender war, ist, nicht nur seit Nabokov´s Lolita bekannt. Auch Internet-Dating-Plattformen bieten alles was, man sich so vorstellen kann. Jede Form der Pornographie ist ideal in der Anonymität des Netzes zu vermarkten. Sehr schlecht für die CDU war dann die Meldung der BILD-Zeitung und im Focus Mitte Januar 2016, ein 30-Jahre alter Karriere-Jurist und Kommunalpolitiker soll eine 14-jährige für „SM-Sex" bezahlt haben. „Der Focus" am 15. Januar 2016:

„So soll der CDUler das Mädchen missbraucht und für SM-Sex bezahlt haben. Auch berichtet die ‚Bild‘, dass er die Minderjährige mit Nacktfotos erpresst haben soll, nachdem sie keine Lust mehr hatte, sich weiter mit ihm zu treffen".

Das tut schon weh. Anonymisiert und nach Altersgruppen klassifiziert kann der Einsatz von Medikamenten- und Medikamentengruppen frühzeitig erstklassischen Aufschluss über die gesellschaftliche Grunddynamik geben. Der Blick auf Zahlen der Abtreibungen von Minderjährigen ist heute eine irrelevante Größe. Heute ist doch die „Pille danach" rezeptfrei, wie gegoogelt werden kann – und wer sich nicht traut, schickt die Ältere in die Apotheke. Rund 60.000 Packungen gehen jeden Monat über die Schalter der Apotheken, rund 700.000 im Jahr. Die Presse führt ihre Leser nicht auf die richtige Spur, etwa BILD, am 9. März 2016:

„Im vergangenen Jahr seien rund 99 200 Schwangerschaftsabbrüche gemeldet worden und damit 0,5 Prozent weniger als ein Jahr zuvor, berichtete das Statistische Bundesamt in Wiesbaden. Damit setze sich ein jahrelanger Trend fort – seit 2004 gehe die Zahl kontinuierlich zurück, erläuterte ein Sprecher."

So kann eine einfache ökonomische Ansicht das Ausmaß dieser Problematik verdeutlichen: Der Umfang, in dem bereits Mädchen ab 13 oder 14 Jahren von Gynäkologen „Hammerpräparate" verschrieben werden, um sexuell übertragene Krankheiten zu behandeln. Da sie nach Geschlechtsverkehr mit wechselnden Partnern einfach zu einem Hotel von Keimen geworden sind. Unter Pharmazeuten und Gynäkologinnen ist dies natürlich bekannt – für Journalisten gilt der Maulkorberlass. Eine einfache Datenbankabfrage bei den großen Krankenkassen können, falls gewollt, die Hardfacts ans Tageslicht befördern. Doch das wird totgeschwiegen – aus reinstem Karrierebewusstsein. Auch über Selbstmorde wird nicht berichtet, nein, nicht wegen angeblicher Nachahmungstäter! Es könnte schließlich die allmächtige und allgegenwärtige Merkel-CDU verärgert reagieren und damit „das Ganze" nach hinten losgehen und äußerst karriereschädlich sein. Und wer möchte schon die „force tranquille" CDU dahingehend verärgern, dass diese Partei mit ihrer „Es geht uns gut"-Semantik an seine Grenzen kommt. An die Grenze, dort wo Moral und Realität disjunkt werden. Juristen mögen dieses Disjunkte nicht. Denn es ist die Dualität des Urteils, die die Schwammigkeit des heute infolge der hohen Arbeitsbelastung präferierten gerichtlichen Vergleichs kontrastiert. Und festlegen, festlegen möchte man sich in der CDU schon gar nicht mehr seit dem Abgang von Friedrich Merz oder Norbert Röttgen und vielen anderen.

Und die Grenze ist heute dort, wo sie in den USA in der Reagan-Ära ihren merkwürdigen Anfang formte um unter der „Yes We Can"-Kultur ihren Höhepunkt zu erleben. Diese „Yes We Can"-Kultur ist in Deutschland unter einem anderen Namen bekannt, sie lautet bei uns „Willkommenskultur". Die Struktur der internen Verlogenheit, Political Correctness oder Scheinheiligkeit hat jedoch leider die gleiche Grundlage, die Realitätsverneinung. Und Fakt ist, Kinder sind heute sozial abhängig von der, von ihrer steten, digitalen Vernetzung. Es muss kein iPhone sein (Apple sei Respekt gezollt: es ist ein innovatives und erstklassisches Produkt), doch ein hippes Smartphone gehört heute dazu, wie auch eine entsprechende Kleidung. Doch hier treffen in D-Land historisch einmalig hohe Kinderarmut und historisch nie dagewesener Reichtum im Alter aufeinander. Vorsätzlich von CDU und SPD herbeigeführt. Denn alleine die Idee, Alleinerziehenden für die ersten beiden Kinder ein doppeltes Kindergeld zu zahlen - diese Idee ist so „abwegig", dass sie im CDU-Deutschland erst gar nicht diskutiert wird. Doch dem digitalen Kosten- und Leistungsdruck können viele Kinder nicht standhalten. Berichte über psychische Erkrankungen häufen sich – und werden ignoriert. All das passt nicht in die gelebte CDU-Kultur der weltweit führenden Helfernation. Totschweigen in den Medien hilft – außer in Sachsen. Dort begeht im Oktober 2016 ein inhaftierter ISIS Kämpfer Selbstmord und der globale „Shitstorm" folgt. Die Folge: Keine! Rücktritte Fehlanzeige!

Eltern, Helikoptereltern, die nur das Beste für ihr Kind wollen, nämlich ein Abitur mit lauter Einsen geben den Druck der Gesellschaft an die Kinder weiter. Eine Industrie, für die diese Kinder kleine Konsumenten sind, ein Schulsystem, das mit G8 zum Turboabitur sprinten möchte – im falschen Namen des neoliberalen Produktivitätswachstums der Volkswirtschaft (Kindheit abgeschafft). Und natürlich eine Gesellschaft, in der Pornographie allgegenwärtig geworden ist. Es gibt keine Willkommenskultur für Kinder in

Deutschland. Was weiß denn nach 10 Jahren im Amt die „perfekte", mächtige Kanzlerin von Kindern?

Das ist der blinde Fleck der CDU-Elite und man kann in einem sicher sein: Das Kanzleramt ist leider kaum ein Ort für Kinder – das Kinderfest im Kanzleramt hat wenig in den Köpfen bewirkt. Bilder der Kanzlerin oder des Kanzleramtsministers in Kindergärten sind Mangelware. Das Kanzleramt ist eher ein kalter, moralinsaurer und ziemlich kinderloser, imperialistischer Betonbunker – mich erinnert er vom Design und Ausmaß immer an die deutschen U-Boot-Bunker von La Rochelle und Lorient: flach, lang, in freundlichem, deutschen Betongrau, direkt am Wasser gelegen. Man vermutet dort fast auch, perfekt getarnt wie in James Bond Filmen, den U-Boot-Hafen tief unter der Spree, streng bewacht … natürlich. Dummerweise ist das Dach nicht bewacht und eine Einladung für Spionage mit Drohnen, aber das ist eine andere Geschichte.

Wie dem auch sei, die systemimmanente Prostitution wird das strukturkonservative Element von innen unterhöhlen. Nein, nicht stürzen, es ist einfach nur, dass hier Menschen aufwachsen, die voller Gleichgültigkeit und Zynismus sind und deren Glaube an Gott einfach nirgendwo Wurzeln fassen wird – Schaum in den Mühlen der Zeit. Diese Generation hat statt des Glaubens ein Loch in der Brust, und in diesem wird sich der Hass akkumulieren – frei nach Salman Rushdie. Diese Generation hat muslimischen Zuwanderern, die nichts zu verlieren haben – männlich, jung und „konfliktfähig"– aus den arabischen Ländern wenig entgegenzusetzen. Nein, noch schlimmer die anerzogenen Schuldgefühle infolge der gesellschaftlichen Fokussierung auf die Barbarei des 80 Jahre zurückliegenden Hitlerregimes führen zu einem singulären Lösungsvektor: Kopftuch anziehen und in falsch verstandener Anpassung und Toleranz dann die Beine spreizen. Denn dann gilt es wie bei den Mensch-Maschine-Wesen der Borg (Raumschiff Enterprise) „Widerstand ist zwecklos" Im Original:

„We are the Borg. Lower your shields and surrender your ships. We will add your biological and technological distinctiveness to our own. Your culture will adapt to service us. Resistance is futile."

Was auch eine Form der Willkommenskultur darstellt! Ähnlich der einer vorrückenden deutschen Panzerdivision in Russlands? Es scheint Element des deutschen Nationalcharakters zu sein – andere erziehen zu müssen – ja eine

Zwangshandlung! Deshalb ist der Lehrerberuf auch so beliebt und so gut dotiert. Das europäische Projekt wird der Vorhof zur Hölle!

Deutschland und Europa sind bereits heute fast Geschichte: Beide verdanken dieses einer Kanzlerin, die sehr wohlmeinend aus der EU eine Art große, protestantische und CO_2-freie DDR minus die NVA, gemacht hat. Also ein großer Konsens in der großen Koalition, die gelebt wird in Brüssel (Junker – Schulz), in Berlin (CDU – SPD), auch im Saarland (CDU – SPD), dort allerdings in der feministischen Erscheinungsform. Denn ihr Sparkurs liegt direkt in Frontalkollision mit dem Eisberg des neuen, großen arabischen Halbmondes – von Marrakesch bis Kabul. Ihr leider miserabler Umgang mit Teilen des männlichen Geschlechts und der Abgang unzähliger männlicher Politiktalente (zu Gutenberg, Merz, Mißfelder, Röttgen bis hin zu Christan Wulff und Horst Köhler) wird diesen Staat einen Preis kosten, den es womöglich gar nicht bezahlen kann. Alle ausgeklammert von der Kanzlerin. Doch diesen Niedergang werden weder der Staatsschutz und eine mit GEZ-Geldern „gekaufte" oder finanzierte Presse verhindern können. Nein, es ist keine Lügenpresse, doch die hyperkonformen, hypermoralischen Chefredakteure gehören einfach rausgeworfen.

Wir brauchen an diesen Stellen unbequeme Menschen mit mehr Rückgrat! Persönlichkeiten, die zu Werten stehen, wie ein Fels in der Brandung und die auch bereit sind, in den Knast zu gehen, genau wie damals Rudolf Karl Augstein. Der saß ab Oktober 1962 103 Tage in Untersuchungshaft. Heute knicken die meisten Redakteure ja schon ein, wenn ihre Facebook-Freunde sich „entfreunden", von dem Druck auf „freie" Mitarbeiter durch karrieregeile Aufsteiger-Redakteure will ich erst gar nicht sprechen. Könnten diese Leute noch einen Tag Trommelfeuer vor Verdun oder Monte Casino überstehen? – Nein, ich glaube es nicht mehr.

Europa kann 2016 keinen Krieg, und wenn doch einer käme, wäre es nach 7 Tagen ohne Strom, erledigt – neoliberal halt, also substanzlos – aber im Kern kulturell aggressiv?

Sichtbar wird die fragwürdige Moral der Merkel-CDU darin, dass plötzlich Mitte Oktober 2015 der EU-Beitritt der Türkei als ernstes und realistisches Thema diskutiert werden konnte. Es ist einfach nur lachhaft, mit welcher Geschwindigkeit die Regierung Merkel-Gabriel-Schäuble jeden Wert, den das Grundgesetz respektiert, bei Seite zu werfen bereit geworden war. Wer braucht denn noch Tradition, wenn man doch Moral hat? Doch alles darf nur noch gesichtswahrend sein – Durchhalteparolen der Elite, um abzulenken eben. Ein selbst geschaffenes Problem („Dann ist dies nicht mehr mein Land"), wenn die Wirklichkeit verschwindet, hinter dem Vorhang der eigenen – zugegeben genialen – Mediensteuerung. Aber bitte, man beachte vor allem das Possessivpronomen, da hat die Kanzlerin etwas falsch verstanden. Sie besitzt es nicht, sie hat dafür Sorge zu tragen. Heute gilt: Tertium non datur – Merkel- und GROKO-konform oder kein Job im Medien-Komplex? Kann das die Lösung sein für ein innovations-, wettbewerbs- und kinderarmes Europa? Doch die Armut der deutschen Kinder ist für Kanzlerin Merkel irgendwie kein Thema. Man muss sich fragen, was von den christlichen Werten übriggeblieben ist, die manche noch gegen den Islam verteidigen wollen! Sind zentrale Teile des neuen Testamentes in der DDR vergessen worden, in die dortigen Bibelausgaben zu drucken? Dort steht nichts von Gender – aber von Liebe und Herzen (also Liebe, nicht ficken nur so zur Präzisierung)!

„Und er wird vor ihm her gehen im Geist und Kraft des Elia, zu bekehren die Herzen der Väter zu den Kindern und die Ungläubigen zu der Klugheit der Gerechten, zuzurichten dem Herrn ein bereitet Volk." (in Lukas 1.17)

Nein! Kein infantilisiertes, verdummtes und adipöses Volk, das Antidepressiva schluckt oder hinter dem Rollator herschwankt. Nein, betrunken und auf Opiaten, nicht wegen des Alters! Etwa da der deutsche Sparer nichts mehr hasst, als die Nullzinswelt und wirklich Angst hat. Angst, was die Merkel-Zukunft noch alles an neuartigem Wahn bringen könnte. Und das hat Merkel geschafft, den deutschen Mann, den Europäer in Angst zu lähmen.

Warum werden wohl immer noch unzählige 1.000 DM-Scheine gehortet? Aus nackter Angst! Unzählige Menschen in diesem Land haben wirkliche Angst – und die Pharmabranche, Psychotherapeuten und allen anderen „Dealer" der Beruhigungskultur freuen sich auf ihren Besuch und über den guten Umsatz. Bitte wählen Sie bloß nur legale Drogen. Sonst geht es Ihnen wie Volker Beck am 3. März 2016. BILD Schlagzeile: „Grüner mit Hitler-Droge erwischt", darunter: „Volker Beck hatte Chrystal Meth bei sich". Das ist nicht mein Land - Nein, es ist nicht mein Land, wenn immer mehr Menschen und immer jüngere Menschen zum Schönheitschirurgen laufen, da sie verzweifelt versuchen, einem in den Medien konstruierten Bild gerecht zu werden oder es sogar „überzuerfüllen". Ein Bild, das auf reiner Optik, auf Kosmetik beruht. Auf Facebook oder Instagram herrscht ein Wettbewerb schon unter jungen Mädchen, wer denn jetzt die Schönste im ganzen Land sei. Und die Antwort gibt der

Spiegel 7.0: das Smartphone Galaxy S7 oder das iPhone 7s oder egal wie das Gerät der Zukunft heißen mag. „7 lein, 7 lein in der Hand, wer ist die Schönste im ganzen Land." Frei nach – Schneewittchen. Und Schneewittchen hatte wirklich keine schöne Kindheit... und seine mörderische Stiefmutter keinen schönen Tod. Doch eine global wettbewerbsfähige, innovative Marktwirtschaft braucht in jeder Generation unzählige Unternehmer und die werden in Europa immer knapper – auch weil es sich nicht mehr lohnt. Der Nobelpreisträger Edmund Phelps 2014 am 14. Juni, Seite 3 in Lunch with the FT:

„I was appalled by this. So I started to think about what drives innovation and what its social significance might be. The next step was to think: innovators are taking a leap in to the unknown. That led me to the thought that it is also a source of fun and employee engagement."

Und ohne Unternehmer keine Innovation und damit hat es sich erledigt mit Wohlstand, Freiheit und auch mit anderen Werten. An ihre Stelle treten jetzt die Top-down verordneten 17 SDG, der UN für sustainable development goal (nachhaltige Entwicklungsziele). Für ehemals führende Industriestaaten, das totale nivellierende Downgrade. Doch für die zu entwickelnden armen Länder ein totaler Witz, denn das sparsame oder gar geizige Deutschland gab im Jahr 2016 gerade einmal 7,4 Milliarden Euro für Entwicklungshilfe aus. Das Bruttoinlandsprodukt lag 2015 bei über 3.000 Milliarden. Kein Geld, aber tolle Ziele, das klingt vielversprechend. Das klingt sehr nach Kanzlerin Merkel. Das klingt nach Moral und schwarzer Null, klingt nach Dr. Wolfgang Schäubles Fixstern. Doch gerade in dem feministischen Merkel-Europa gibt es mit der Zukunftsfähigkeit zentrale Probleme! Kein Geld heißt: Kein Wachstum, keine Innovation und hohe Jugendarbeitslosigkeit. Für Unternehmer ist hier kein Platz mehr, wie sollen die gründen?

*„**Europe's culture is deeply inhospitable to entrepreneurs**; wanting to grow a start-up into a behemoth is quite as countercultural as piercings and performance art." [...] „It is an enticing place to begin a business. Which is all to the good, because Berlin's fresh-faced hopefuls will get little enough enticement and encouragement elsewhere. They will struggle to hire professional managers to help their firms grow, because European executives are extremely risk-averse. Their young firms will quickly find that established European companies tend not to like dealing with tiny ones. Most sources of capital will shun them. Regulations will shackle them. **And when they fail, as most are sure to do**, they will not be allowed just to dust themselves off and start*

*all over again. **In Europe, a business blow-up leaves a lasting stain, akin to a moral failure.*** " [eigene Hervorhebung]

So im globalen Wochenmagazin „The Economist" vom 28. Juli 2012, Seite 17, in „Les misérables." Womit wir dann wieder einmal bei Schuld und „Schulden" und bei der „gott-verdammten", deutschen Moral wären – sorry, an all die lesenden Christen. Einer Moral, bei der sich Max Weber im Grab herumdrehen würde, wenn er die heutige Ansammlung hoch bezahlter risikoscheuer Manager sehen könnte. Nur wozu werden diese dann mit Millionenbeträgen bezahlt? Und Menschen, die mit Veränderungen, mit Innovationen Kritik am herrschenden Standard üben – weil sie als Unternehmer Visionen haben. Ja, das sind Querdenker, „Autisten" – oder wenn man auch so will Erfinder, Verbitterte, Depressive und Nörgler. Und in Deutschland auch oft und schnell euphemistisch im Synonym Querulanten. Also ganz bösartige Menschen, so wie damals Bill Gates, der mit DOS und Windows IBM kritisierte und aus dem Markt boxte. Oder Steve Jobs, Mark Zuckerberg oder Larry Page und Sergey Brin oder gerne auch Pierre Omidyar, wie natürlich auch Jeff Bezos oder Elon Musk.

Und wie vor 150 Jahren Deutschland: Preußen und die anderen deutschen Länder hatten in ihrer Pluralität Persönlichkeiten wie Werner von Siemens (1816 - 1892) oder Gottlieb Daimler, Nicolaus Otto, Rudolf Diesel oder Heinrich Hertz... und so weiter. Doch Deutschland hat heute - die Samwer Brüder und Zalando, nichts dagegen zu sagen, erfolgreiches Marketing. Doch gesamtwirtschaftlich innovativ? Genau: das ist exakt das, was Juristen nicht können, – Innovation! Beginnt es dem Leser im Kopf zu k l i c k e n? Wo liegt das Problem? Kennen Sie einen Juristen der Erfinder ist oder der mit Zahlen spielen kann?

*„For all this, Europe produces plenty of corner shops, hairdressers and so on. **What it doesn't produce enough of is innovative companies that grow quickly and end up big.** In 2003, analysing Europe's entrepreneurial gap, the European Commission cited a study which showed that during the 1990s, **19% of mid-sized firms in America were classified as fast-growers, compared with an average of just 4% in six European Union countries.***" [eigene Hervorhebung]

Doppelt schlecht für geschiedene, unterhaltspflichtige Akademiker, Väter, die dazu noch ihre Kinder lieben. Denn – doppelte, deutsche Gleichung: keine Familie gleich keine Kinder. Keine Kinder gleich keine Innovation. Und aus diesen Vätern sollen auch keine Unternehmer mehr werden. Der Staat, der Gesetzgeber will diese Väter primär als Unterhaltszahler – das ist eine pervertierte, da absolute Besitzstandswahrung. Und das mit der grotesken Steuerklasse eins, des Unverheirateten. Und leider gibt: Immigration mag vielleicht Arbeitskräfte bringen, nur leider Innovation, das ist eine Sache der Kultur und die kommt selten im Schlauchboot. Innovation wird gelebt – oder auch nicht, wie Kultur eben! Schlimmer noch: für den EU-Europäer – Innovation ist nach diesen Analysen sogar ein rein nationales Phänomen. Noch viel schlimmer: Die Wachstumsschwäche Europas würde sich jetzt ganz anders als im Rahmen der herrschenden Political Correctness erklären: nämlich als direkte Folge der Entnationalisierung und der damit verbundenen harmonisierenden Herrschaft der EU-Juristen mit der von ihnen verursachten, **totalen, europäischen Innovationskrise**. In einem Raum der vom Handel lebt – nicht von Innovation! Das hochheiligste Schengen, dem Trägerpunkt der EU, die dort verankerte Abkehr von den Staatsgrenzen hat nichts mit Innovation zu tun, es begünstigt nur den Handel. Was in der EU – hat überhaupt mit Innovation, zu tun? Denn es gibt in der EU keine Kultur der Innovation, es gibt eine Kultur der Fördermittel und –töpfe.

„Some people argue that if there were enough ambitious entrepreneurs with brilliant ideas in Europe, the money would come from America and elsewhere. There is some truth in this. But investors who put money into very young firms tend to prefer operating in their own language and culture, so start-ups depend mostly on backers from their own country."

Damit könnten wir dann das Projekt EU beenden. Wer regt sich in Deutschland noch über Kinder auf, die in ärmlichsten Vermögensverhältnissen aufwachsen. Schaut doch hin, den Menschen in Syrien geht es doch viel schlechter... Ein mediales Ablenkungsmanöver, um wegzuführen von der Rente ab 63 und der Rentenerhöhung 2016 um 5 Prozentpunkte. Genau dahin schaut die Politik! Doch seit 2010 hat sie keine Innovation mehr, sondern Krise: Eurokrise, Griechenlandkrise, Ukrainekrise, Terrorkrise, Flüchtlingskrise! Dauerkrise eben, da bleibt für eine Innovationskrise ja nun wirklich keine Zeit mehr – das können sie (nicht) – googeln... [„Innovationskrise" brachte am 22. März 2016 genau 2260 Treffer] Und auf die Innovationskrise folgt die Produktivitätskrise und darauf die Wettbewerbskrise.

Der deutsche Staat tut wirklich alles, um die Familiengründung prohibitiv zu erschweren. Unter Kanzlerin Merkel schießt er den Vogel ab, in jeder Form der Übertreibung. Denn er schafft primär Ungleichheit und Ungerechtigkeit. Deutscher Kinderarmut steht der Kinderreichtum der Migranten gegenüber.

Doch viele deutsche Kinder leiden, weil die Eltern dem gesellschaftlichen Druck nicht standhalten können – oder ihn 1:1 an die Kinder weitergeben. Am 16. Oktober 2015 war in der TAZ online zu lesen „Kein Herz für Kinder" von Johanna Roth: „Am Ende trifft es immer die Schwachen. Und die Politik schaut weg". Diesen Vorwurf erhebt die Nationale Armutskonferenz (NAK), ein Zusammenschluss unterschiedlicher Wohlfahrtsverbände wie Caritas und der Arbeiterwohlfahrt, in einem neuen Bericht zur Armut in Deutschland. Er trägt den Titel „Zehn Jahre Hartz IV – zehn verlorene Jahre". Und wer ist besonders schwach? – Die Kinder! Nur, Frau Merkel geht zusammen mit den Schwachen, den Kindern, denn das sind die Ausgegrenzten, unter. Merkels System hat seinen Zenit überschritten, genau wie die DDR, in der sie aufwuchs! Jetzt werden die Ausgrenzer in den Medien, die ständig auf der Suche nach dem nächsten Hassprediger (nein, nicht Donald Trump, wie im Spiegel angedeutet) sind, in genau diesen Strudel mit hineingezogen –genau wie in Weimar. Und ihre selektive Berichterstattung tut ein unseliges Werk, denn die Kanzlerin steuert Deutschland zu schnell in die Kurve, ohne Kenntnis der schlechten Nachrichten – in der optimistischen Annahme von viel Bodenhaftung. De Marco schreibt in dem Klassiker des Projektmanagements: „Der Termin" auf Seite 71:

„Oder noch schlimmer, dass Sie den Fluss der schlechten Nachrichten durch eine Kultur der Furcht behindert haben, dass die Leute Angst davor hatten, Sie über das zu informieren, was Sie so offensichtlich nicht hören wollten."

Das ist zu dem zentralen Punkt des deutschen Problems geworden. In der zynischen Arithmetik des Jahres 2016: Zwei ISIS-Attentate kosten die SPD-CDU Moral-GROKO mehr Wählerstimmen, als sie sich mit einer 5-prozentigen Rentenerhöhung erkaufen könnte? Hätte unsere Kanzlerin doch bloß das Geld sinnvoll verwendet und es in die Bundeswehr investiert oder die Steuern gesenkt! Die Wähler, ja, sie würden jubeln – aber Merkel denkt leider planwirtschaftlich. Und die Generation, die in dieser verlogenen und zugleich scheinheiligen Welt der CDU-SPD-GROKO-Fassaden aufwächst, sie gibt innerlich auf. Sie verliert nach dem VW-Skandal, den Skandalen des NSU-Prozesses, dem gekauften Sommermärchen 2006 und der täglichen Erfahrung: mit lügenden Behörden und Staatsmedien, die wichtige und im Internet präsente, ja dominante Themen, verschweigen. Mit all den unfertigen Bauwerken wie der Elbphilharmonie (seit 2007) oder dem Berliner Flughafen (seit 2006) fehlt jeder Antrieb Ingenieur zu werden – die jungen Männer, gerade sie kapitulieren zuerst. Ob der Berliner Flughafen oder die maroden Rheinbrücken, zusammen mit der täglich vor Augen geführten eigenen Mangelhaftigkeit, trifft es besonders die jungen Männer. Die vernichtet der moralische Doppelschlag: dem falschen Geschlecht und dem falschen Volk anzugehören. (Also direkt schon ab Geburt alles falsch gemacht – in Merkel Deutschland)! Sie verdeutlichen leider genau das, was Julia Klöckner am 18. Januar 2016 in einem anderen Kontext zusammenfasste: „Einfach mal die Klappe halten". Den Mund aufmachen bringt nichts, außer dem Tod in den Lanzen des festgefügten weiblichen CDU-Phalanx (auch Frauen Union genannt). So wie es Norbert Rötten, Friedrich Merz, zu Gutenberg, oder den Bundespräsidenten Horst Köhler und Christian Wulff erging. Um es einfach zu übersetzen: „Habt ihr Idioten immer noch nicht begriffen, wozu die große Koalition erfunden worden ist?" <<Da hätten die linken Medien, einfach mal zuschauen sollen, wie wir von der CDU, die FDP und die Piratenpartei so richtig fertiggemacht haben. Den Piraten haben wir sogar die Farben Blau Orange geklaut und der FDP das Blau>> Sieh da, im Marketing ist die ultimativ positive Wirkung Blau… Nix da, mit männlich, innovativ und erfolgreich im Bereich der Politik, also doch besser auswandern? Oh, nichts gegen die CDU, die Partei ist sehr inklusiv, wenn Merkel es will. Nur, vom Bauen, da versteht sie gar nichts– Wie es anders geht, zeigt der Post Tower in Bonn, 2 Jahre Bauzeit, 78 Millionen teuer und 162 Meter hoch. Kurz mal nachgefragt, weshalb genau brauche ich im sturmumwehten Hamburg eine Philharmonie mit 113 Metern Höhe direkt am Wasser? Das Bundeskanzleramt ist übrigens nur 36 Meter hoch. Und apropos, unser deutscher Rechtstaat. Der Lackmus-Test im NSU-Prozess sieht 2016 in etwa so aus:

„Es zählt zu den größten Peinlichkeiten und Niederlagen deutscher Ermittler nach dem Krieg, dass die NSU-Zelle ein Jahrzehnt lang unerkannt morden konnte. Trotz dieser Schmach sind ebendiese Ermittler nun überraschend willig bereit, sehr schnell vom "natürlichen" oder selbst gewollten Tod potenzieller Zeugen zu sprechen. Im jüngsten Fall, bekannt geworden in der vergangenen Woche, wird als Beleg für den Selbstmord eines Mannes, der früher der rechten Szene angehörte, folgender schöne Beweis genannt: Der Tote habe kurz vor dem Suizid noch eine "digitale Nachricht" versandt. Also ein Abschiedsbrief per SMS, wenn das mal nicht hieb- und stichfest ist! Undenkbar, dass da jemand anderes die Finger im Spiel, sprich auf den Tasten gehabt haben soll."[…] **„Höchstpersönlich hat Angela Merkel den Hinterbliebenen der NSU-Opfer die vollständige und bedingungslose Aufklärung des NSU-Komplexes zugesichert.** *Das war, wie sich zeigt, ein ehrgeiziges Versprechen. Allerdings: Wenn es so weitergeht mit dem NSU-Prozess, dann ist Merkel sowieso schon nicht mehr Bundeskanzlerin, wenn das Urteil fällt."* [eigene Hervorhebung]

In „Die Welt" am 23. Februar 2016 einer der wenigen deutschen Zeitungen mit Rückgrat, fragt Hannelore Crolly „Warum sterben so viele NSU-Zeugen auf dubiose Art?". Daraus lernt die Generation Y, die Millennials! Sie wollen nur noch ihren Frieden haben und eine ruhige Stelle im öffentlichen Dienst: „Die Welt" berichtet darüber online „Warum die Cleveren doch lieber Beamte werden" von Susanne Gaschke Stand: 12. September 2016. Warum? Weil sie aus eigener Erfahrung wissen, dass sie nicht zu gewinnen imstande sind, es sei denn – sie wandern aus! Weshalb also sollte sich der Heranwachsende dann anstrengen? In der Regel sind es die Männer, die nach der Pubertät diese Erfahrung zuerst sammeln. Doch die jungen Frauen werden in das Messer der Realität laufen: Denn für Familie und Beruf ist selten Platz in Deutschland! Und das heißt dann, auch der Partner verdient zu wenig, als dass sie nach der Geburt der Kinder so lange wie gewünscht zuhause bleiben können. So liegt die Lösung darin, Eltern besserzustellen. Rentner um 5 Prozent besserzustellen – Nein! Nein, das ist nur die Lösung für die Wiederwahl – vielleicht... aber nur vielleicht. Nur, das versteht Peter Altmaier, das versteht die CDU nicht.

Oder dass Mutti sein auch heißen kann, sich um die Flüchtlingskinder der Kanzlerin zu kümmern, statt um eigene Kinder. Viele Frauen mit hohem Potential werden sich gegen Kinder und für eine planbare, selbstkontrollierte Karriere entscheiden oder im Zweifel für irgendeine Karriere im öffentlichen Dienst, denn mit Männern „ist ja nichts mehr los". Und als ein eigenes Selbstschutz-Alibi können sie dann ihre Eizellen einfrieren lassen, wie etwa bei Facebook oder Apple. Wobei wir wieder bei den NATAFA-Aktien wären. Es fehlt dort nur noch ein Buchstabe, der Buchstabe für einen globalen US-Weltmarktführer in der Genetik, doch das Feld scheint Alphabet Inc. besetzen zu wollen. Und tut es auch. Aus der FT vom 01. August 2016, die eine Kooperation zwischen dem Pharmariesen Glaxo Smith Kline (GSK) und Alphabeth Inc. bei der Entwicklung der Bioelektronik vermeldet.

Im Kontrast will Alphabet Inc. seine Robotersparte abgeben, da die Waffentechnologie und all die damit verbundenen Beschränkungen nicht in den Konzern passen. – Denn die Rechenleistung ist für Google kein Thema, wenn man doch das digitale Monopol hat. Oder? Und heute ist Medizin Rechenleistung. Wer das noch nicht verstanden hat, der lebt im ewigen damals. Bald schon wird die DANN-Analyse passgenaue Medikamente liefern können, für denjenigen, der das passende Kleingeld hat. Wer das nicht sieht, kann keine 15 Jahre nach vorne sehen. Damit verdient man in Zukunft Geld, nicht mit dem iPod, iTunes oder mit Autos (iCar). Denn diese Firma der totalen Buchstaben möchte ihrem globalen und allumfassenden Anspruch gerecht werden – sie will ALLE DEINE DATEN.

Fast möchte man sagen: Neo-Faschisten, bornierte Atheisten aus Mountain View, US. Ich möchte nicht, dass ihr ALLE die Daten eines Menschen habt. Das geht nicht, GOOGLE ist nicht Gott! Sonst kommt ihr in Versuchung ein KI-Computermodell aus mir anzufertigen! – nur so zu eurem Spaß! Und Hitler, Mussolini, Kim Jong Un, Merkel, nachgebaut, es wird einfach möglich. Also eine Art ewig jungen, zeitlosen Computer-Avatar, perfekt für die postdemokratische Zeit. Ein Kunstkörper, der dann auch noch in 200 Jahren genau wie heute handelt – nur eben ohne Seele, dafür aber mit periodisch neu produzierten Organen. Ein gesellschaftlicher Alptraum und ein Affront gegen Gott.

Die Raumfahrt kommt klasse ohne diese Möglichkeit und ohne Adroiden aus. Außer bei Schildbürgermeldungen wie Luxemburg wolle zukünftig auf Asteroiden Bergbau betreiben. Für den Roboter gibt es ganz genau speziell eine Verwendung, die Zukunft hat: Krieg! Gerade in einer Welt, die in der kommenden Überbevölkerung im Krieg versinken wird … (leider ein realistisches Szenario) So als Idee: 5 Milliarden Menschen töten zu lassen, um die Welt zu retten? Einfach die brutalere Variante des von Dan Brown skizzierten „Inferno". Was wäre das für ein moralischer Fortschritt, wenn diese ganze Kapazität unserer Physik einfach einmal mit der Profanität der Zerstörung der Ozeane beschäftigte? Wäre doch eine Leistung, die Wetterdaten für ein Jahr mit El Nino dem globalen extremen Wetterphänomen zu erstellen? Fehlanzeige ist schon die verlässliche Wettervorhersage für 2-3 Wochen, diese erstellen wir trotz der heutigen Rechenleistung nicht. Nur Volkswirte und Nationalökonomen sollen Wunder vollbringen. Es wird ernsthaft erwartet, dass sie auf Monate oder gar Jahre hinaus die Entwicklung der Wirtschaftsleistung beschreiben und prognostizieren können. Das geht genauso wenig wie beim Wetter, wegen der nichtlinearen zugrundeliegenden Wirklichkeit.

Wir, der heutige Westen, kümmern uns nicht um die globale Ernährungssicherheit im Jahr 2045; aber dafür arbeiten wir (im Kern die USA und Russland) hart daran, im Jahr 2030 Kampfroboter aus Flugzeugen über islamischen Krisengebieten abwerfen zu können – Neokolonialismus durch Roboterhand im Krieg 5.5? Doch die globale Ernährungssicherheit hängt vom Wasser und von den Ozeanen ab. Rund drei Milliarden Menschen wohnen in den Küstengebieten, in Großstädten direkt am Meer. Nach UN-Werten gilt:

„Presently about 40% of the world's population lives within 100 kilometers of the coast."

Und das Meer leidet unter dem Menschen. Nur es ist groß, weit entfernt und leidet still, denn es hat außer dem Wind keine Stimme. Der Guardian berichtet von einem Rückgang der Zahl der im Wasser lebenden Tiere seit 1970 um 49 Prozent. Denn es ist nicht von Belang, ob der Meeresspiegel um 50 oder 80 Zentimeter steigt, sondern ob es noch Tiere darin geben wird.,

„It is as much a humanitarian issue and one with profound implications for food security as demand for seafood grows and the world's population marches towards 9 billion by 2050."

[...] "This is not just a problem for the Pacific either, as WWF's Living Blue Planet report revealed last year. It showed a decline of 49% in the size of marine populations globally over the course of a single generation, largely as a result of overfishing and destructive fishing practices."

So Dermot O´Gorman, CEO von WWF Australia, am 15. Februar 2016. Nur es kümmert sich niemand. Weshalb? Weil es dort keine Grenzen gibt auf dem Meer und kein Eigentum. Und weil es der Stolz keiner Marine der Welt zulässt „Polizeiarbeit" zu leisten. Warum auch? Wäre doch schade, wenn die milliardenschwere Investition in Kriegsschiffe einen direkten Return of Investment hätte. Ok, ich bräuchte vielleicht andere Schiffe, aber die hätten auch einen echten Nutzen, national und global. Gut, dass es CO_2 gibt, dann kann man hier von den anderen, den echten Problem, wie Wasser oder Überbevölkerung oder Krieg ablenken. Dann hätten wir sie ja, die schöne neue Welt! Die globale Null-Zins-Welt in der Europa seinen Platz an der wirtschaftlichen Spitze einer selbstgefälligen Moral zuliebe erst riskiert und dann – beim globalen Sprung von analog zu digital – bereit war den Anschluss zu verlieren.

Statt schnellen Internets haben weite Landstriche in Deutschland – von Berlin und Bonn aus – viele Flüchtlinge bekommen. Anstelle des „Great digital leap forward 4.0", den die USA macht, machte Europa „The great childless leap eastward 1.51". Auf gut Deutsch, der Versuch, das deutsche Modell auf Europa und vor allem das Luxemburger Model auf Deutschland zu duplizieren. Es konnte nicht in ein neues Gleichgewicht führen. Das hat dann doch die Visionsfähigkeit und Phantasie der meisten Konstruktivisten überfordert. In den Worten des schwarzen Sängers Gnarls Barkley *„Ha ha ha bless your soul You really think you're in control".* Na, die Kontrolle liegt heute wohl eher in

Moskau, Neu-Dehli oder Peking (Achtung, das ist die neue Hauptachse in Eurasien 3.0 und nicht mehr wie früher Paris-Berlin-Moskau). Nein, ich werde und möchte die Achse New-York, Washington und Mountain View natrürlich nicht vergessen, aber das ist Thema eines zukünftigen Buchs.

Doch zentral gilt: Jeder Umbau eines Wirtschaftssystems wird sinnvollerweise in Zeiten einer Schuldenaufnahme vollbracht, um den Anpassungspielraum zu erweitern und unnötigen schädlichen Druck, Stress und Überforderungen zu vermeiden. Ein wenig wie bei Wassergymnastik – mehr Auftrieb und damit weniger Gewicht sind notwendig. Für Kanzlerin Merkel undenkbar, die verharmlost den Krieg gegen ISIS und hat bei gleichzeitiger Flüchtlingskrise den Wahn der totalen, absoluten, schwarzen Null – eines Nirvanas des ausgeglichenen Haushalt. Eine Idee, welche sich heute aber nur das „Großbürgertum" leisten kann – und auch nur so lange, wie die USA die Verteidigung Europas gratis durchführen. Für wie blöde hält man in Europa die Amerikaner eigentlich? Ganz so, als hätten die keine anderen Sorgen, wie Rekordschulden, eine Drogenepidemie oder eine radikalisierte Mittelschicht, was Donald Trump im Verbund mit Ted Cruz, aber auch Bernie Sanders so ziemlich deutlich belegen. So ist die Frage nach dem Spielraum aktueller denn je. Und eine fast schon krankhafte Ablehnung von Schulden in der CDU-Spitze aufgrund der falsch verstandenen, religiös, untermauerten ökonomischen Weltsicht ruiniert Europa. Das ist nicht anderes als ein Luxusphänomen der Nullzins-Obama-Ära?! Nein! Nein! Im Krieg Post-Kolonial gegen Neo-Kolonial, da ist das Spiel ein anderes, ein wirklich anders! Wir sind da in einem Krieg, der einfach nur noch für Juristen wie Frieden aussieht! Und die Printausgabe der BILD erklärt am 23. März 2016, dem Tag nach den Brüssel Attentaten, mit dem Titel „Wir sind im Krieg" endlich alle Denkverbote als beendet – das K-Wort, es darf verwendet werden. Und noch viel mehr: Plötzlich füllt eine ganz andere Bildersprache die Zeitung. Die Bundesregierung hatte es verstanden, endgültig nach dem BREXIT – Hatte sie es wirklich?

Denn der gestresste school-run der Mutter mit Kindern mit dem Chealsea tractor (etwa ein Range Rover Sport) ist ein Status, den nicht jede erreichen wird und kann. Die gut verdienenden Männer, sie werden immer knapper – wirklich, immer knapper! Und dazu kommt noch: Viele davon sind heute auch schwul. Andere haben schlicht und einfach Angst, denn bei der aktuellen deutschen Gesetzeslage reicht ein Kind aus, um einem Mann und Vater das Leben wirklich zur Hölle zu machen. Im Kanzleramt wurden so viele wohldokumentierte Fehler gemacht. Ein Blick auf den Trümmerhaufen der EU hilft zu verstehen, was alles schief gelaufen war! Ein persönlicher Angriff auf die GROKO-Kanzlerin ist gar nicht von Nöten. Ihre Fehlleistungen sind doch auf groteske Weise jedem bekannt. Beim Buchstaben B: BREXIT und BER. Ein großer Politiker sollte wissen, wann er zu gehen hat. Um Politiker dabei zu unterstützen, legt die USA die maximale Amtszeit des Präsidenten auf zwei Perioden fest. Doch war das auch in Deutschland den CDU-Kanzlern Adenauer und Kohl klar? Nein, die beiden sabotierten ihre Nachfolger. Adenauer sabotierte Erhard, den Wirtschaftswundermann, Kohl sabotierte Schäuble, den Kanzleramts- und Einheitsgenie.

In dieser Welt des Jahres 2016 ist für Produkte „Made in Germany" immer weniger Platz. Und auch für Werte „Made in Germany", falls es für diese jenseits der veganen Überzeugung überhaupt noch einen demokratischen Raum geben sollte. Sie bzw. die deutsche Kultur und Tradition erlebt und überlebt keinen Transfer ins Digitale, außer auf YouTube, mit blechernem Laptopklang. YouTube ist übrigens das Y im Alphabet von Alphabet. Und dort tut Alphabet sogar etwas wirklich Gutes. Es macht auch Kultur nahezu frei zugänglich: Etwa in den Klavierkonzerten von Jozef Wladyslaw Krogulski, Sigismond Thalberg und Norbert Bürgmüller. Es wird aber auch als Archiv sonst vergessener Kunst genutzt. Und natürlich auch missbraucht, was jedoch kein so großes Thema ist – aus Faulheit. Ein einfacher SPENDEN (donate) Button am Video wäre schon die globale Lösung viele Copyright-probleme. Und die Kultur könnte eine neue Blüte erleben – ja eine neue Aufklärung wird möglich. Da bald jeder youtube-Nutzer ein Paypal-Konto oder gern auch mit Apple-Pay dabei ist. Nur die Banken, die werden natürlich in Zahlungsverkehr überflüssig, wenn sie nicht endlich schnell und innovativ werden. Die digitale Grundstruktur der Persönlichkeit, des eigenen Lebens ist transnational geworden. So ist Googles Unternehmens-Leitmotiv „Don´t be evil" zu wenig - zu passiv, zu pfui. Hier muss eine Bejahung her, eine Bejahung der neuen postdigitalen Aufklärung. Eine neue Bejahung der Kultur, des Künstlers – und seiner Werke!

No-Mobile-Phone-Phobia – seit 2008 gibt es dieses Wort und nichts beschreibt dessen Realität besser als die Schilderung einer deutschen Schulleiterin. Was geschah also, als das Smartphone eines Schülers (natürlich männlich) im Unterricht vom Pädagogen konfisziert worden war? Er erlitt einen Nervenzusammenbruch, rastete in Panik gegenüber seinem Lehrer und seiner Direktorin so sehr aus, dass er einen Schulverweis bekam. Dumm nur für ihn, dass er damit selbst doppelt zum Opfer wurde – Opfer der neuen Abhängigkeiten der digitalen Welt und Opfer der verständnislosen und den

Wandel nicht verstehenden wollenden, alten analogen Welt – wer braucht schon das Fach Medienerziehung? Die SPD nicht, die CDU nicht und das Kanzleramt auch nicht. Laut TAZ vom 18. Oktober 2015 waren bereits 2012 fast 80 Prozent aller Jugendlichen „nomophob" – haben also Angst, ohne Smartphone zu sein und es sind seitdem sicher nicht weniger geworden. Mal einen Tipp: Nehmen Sie einfach mal einem Investmentbanker oder ihrem Geschäftsführer sein iPhone 7 weg. Mal sehen, wie die Chancen stehen, dass der einen Nervenzusammenbruch oder Sie Ihre Kündigung bekommen.

Männliche Jugendliche bleiben nur allzu häufig in der virtuellen Welt stecken. Sei es, wie vor zehn Jahren in World of Warcraft oder in anderen Spielen oder bei Pornos. Der Realitätsverlust kann vollständig werden, die Hilfe der Gesellschaft geht an den betroffenen Eltern vorbei und gegen Null. Und Geld wird leider unter Frau Merkel und ihrem inzwischen 73-jährigen Finanzminister Schäuble sehr, sehr ungern für Jugendliche und Kinder oder sozial Schwache ausgegeben – auch nicht für Künstler. Für die gibt es Druck. Warum nur dieser Geiz, dieser zeitlich deplatzierte und damit völlig verfehlte und überzogene Ehrgeiz? Nur für die Banken, da, ach da, ist kein Euro zu schade. Oder für den Euro, die einzige Brücke in das „Milch und Honig"-Europa eines Kanzleramtsministers Peter Altmaier? Aber für jene „unproduktiven" Deutschen, die in einer neoliberalen Gesellschaft nun mal eben nicht, noch nicht oder nicht mehr produktiv sein können bzw. dürfen – oder etwa wegen Überforderung an der digitalen Welt krank wurden. Für sie sind keine Mittel vorhanden. Egal ob Familien zerbrechen oder Mütter bei dem Versuch verprügelt werden, dem spielsüchtigen Sohn das Gaming-Notebook wegzunehmen. Was in Deutschland zählt, ist das Steueraufkommen. Sozial und familienfreundlich, so stellen sich viele zertifizierte Organisationen und Unternehmen dar. Manche, wenige sind es sogar wirklich. Doch was nicht familienfreundlich ist, ist der deutsche Staat und es ist sein Steuersystem. Besonders das Hartz-IV-Denken schadet jeder Gerechtigkeit, jeder Motivation, der Innovation und der christlichen Religion. Denn diese vertragen sich wirklich schlecht mit Armut und Angst. Das ist 2016 Männerthema, nicht bei Homosexuellen, also der Lieblingsmännergruppe der feministischen Kanzlerin. Aber bei den Anderen – heterosexuellen Männern – da sieht Merkel das manifestierte Böse – und das schreibt dann auch die Presse! Schon in deutschen Kinderbüchern ist zu finden, wie dumm Väter sind und wie schlau Mutti ist. Und mit der in den Medien propagierten Scheidung kommt unweigerlich dann die gesellschaftliche Sollbruchstelle und der finanzielle Ruin – des Mannes, der seinen Kindern Unterhalt zahlt.

So wird in Deutschland beständig Angst in die Herzen der Menschen hineingeflüstert. Selbst in der Werbung setzt man immer stärker auf Angst – etwa im Dezember 2016 in der Kampagne des Mobilfunkanbieters O_2. Anstelle des Gottvertrauens sitzt jetzt die Furcht im Herzen – Furcht vor dem Abrutschen in die Armut, vor der Einsamkeit. Es ist nicht mehr weit bis zum Frühkapitalismus und bis zur Revolution. Warum zählt Geiz wohl zu den Todsünden? Weil der Geiz die Herzen zerfrisst. Weil er keinen Platz mehr für die Liebe lässt. Stattdessen kommt aus den Herzen die Angst im Endstadium, sauber destilliert zu Hass.

Mit diesem Ansichten wird klar, 2015 konnte Merkels „Wir schaffen das" niemals gelingen. Außer sie hätte 10 Millionen rüstige Rentner zwangsrekrutieren und an die Flüchtlingsfront werfen können. Die im Kampf gegen die Verarmung stehende Mittelschicht hatte erwartungsgemäß kein Interesse daran, den massiven Konkurrenzdruck weiter zu forcieren. Ist dem Kanzleramt überhaupt bewusst, wie viel Zeit und Energie die Sandwich-Generation damit verbringt, ihre eigenen Eltern im Alter zu pflegen, bei gleichzeitiger Belastung durch die eigenen Kinder? Wer soll das liegenlassen wegen der Migranten? Der Rest der Bevölkerung ist in großen Teilen ziemlich bedient vom täglichen Wahnsinn. Etwa zwei Stunden im Stau bei Leverkusen sind kein Zuckerschlecken, alles wegen der defekten Autobahnbrücken. Und ich möchte in diesem Buch nicht auch noch die Wunde der unter Merkel gescheiterten Bahn- und Heeresreformen öffnen? Wann ist sie zuletzt im ICE gesehen worden? Ich könnte so manchen Schwank über das Bahnfahren in Deutschland erzählen!

Und somit gibt es für die Jugendlichen heute nichts mehr, was es irgendwie an Demokratie zu erlernen gibt. Denn ein politischer Diskurs findet nicht mehr statt im Merkel-Land. Junge Demokraten, Fehlanzeige, die Generation-Y möchte in Ruhe gelassen werden – resigniert, denn ändern kann sie eh nichts und sie hat sich daran gewöhnt als faul betrachtet zu werden. So hat es Frau Merkel einer ganzen Generation beigebracht, den Mund zu halten – ein interessantes Kuppelprodukt der feministisch grenzenlos überhöhten Frauenförderung der CDU. Meist wird die Generation Y von älteren Männern, die ihre Karriere gemacht hatten, bevor das Wort „digital" den täglichen Lauf der Dinge zu dominieren begann, als faul beschimpft. Ja und das sind dann die üblichen

Worte der alten Generation, dem Stabilitätsanker der Merkelwählerschaft. Für sie gibt es 2016 eine Rentenanpassung von fast PLUS 5 Prozent. Eine Art Sonderausschüttung in Hinsicht auf die 2017 anstehende Bundestagswahl und natürlich in die 2016 anstehenden Landtagswahlen. Bezahlen tun die Machtsicherung der CDU die künftigen Generationen - mit ihrer Gesundheit und Freiheit. Also faul, genau, das ist die Jugend von heute? Nein, sie ist einfach chancenlos. Nachdem sie den Druck der ersten 20 Jahre durchstanden hat, ohne dabei zugrunde zu gehen, sehen die habilitierten Berater der CDU eine Lösung in – noch mehr Druck! Ganz klar doch, wie damals in der DDR. Aus der Sicht der strukturkonservativen Elite ist es daher unabdingbar durch Zuwanderung der faulen und uneinsichtigen Jugend passend mehr Druck zu machen, den diese eben braucht. Da Druck nichts gebracht hat, hilft mehr Druck. Die sollen sich bloß nicht auf ihrem unverdienten Erbreichtum ausruhen – entsprechend steigt die Zahl der psychisch kranken Kinder und Jugendlichen an. Sie sind bereits in der Schule diesem Druck nicht mehr gewachsen waren. Kinder, die nach dem Abitur bereits den ersten Burnout haben.

Doch die Generation der Millenials ist für Konrad Adenauer Stiftung im Jahr 2016 nicht mehr wirklich adressierbar. Allein schon beim Namen Donald Trump wird dort der Telefonhörer aufgehängt. Dessen Wähler sie sollen still schweigen – so wie bisher. Mir gegenüber wurde aus der Generation 66Plus sogar bestritten, dass China von Kommunisten regiert wird. Das geht also in Deutschland: Demenz und Wahlrecht – aber nur solange es der CDU zum Vorteil gereicht! Es macht keinen Sinn mit diesen Menschen zu reden…. Doch dieses Problem wird in den nächsten 20 Jahren ein Ende finden – und Deutschland gleich mit.

In China herrscht die KP, die kommunistische Partei, die Zentralbank ist die PBOC, die Peoples Bank of China und die Exekutive besteht aus Politbüro und Zentralkomitee. Daneben verdienen führende Manager in global tätigen chinesischen Großbanken rund 90.000 bis 150.000 US Dollar – im Jahr, nicht in der Woche, auch nicht im Monat. Der jugendliche Deutsche hat also ein massives Problem: Seine digital entstandene Weltsicht mit der global entstandenen Realität und die von den deutschen Medien gesteuerte EU-„Wirklichkeit" sind schlicht und einfach zu oft erschreckend wesensfremd – also postfaktisch. Dass sich dieser Konflikt nicht auflösen lässt, ohne in ein vollständig lähmendes Double Bind zu fallen, ignoriert dann lieber die Politik – eine für sie vernünftige Lösung. Und das findet auch die CDU. Dummerweise hat sie bei dieser Aktion die intelligentesten und kreativsten Köpfe verloren –

die, die Deutschland zukunftsfähig hätten machen können. Wo sind sie hin? Die männlichen Jugendlichen erfreuen sich derweil der Ablenkung und schauen Pornos. Echten Sex mit Frauen haben sie immer weniger. Denn im Vergleich zum Porno schneidet die Realität meist schlecht ab – „kickt nicht so richtig". Also wird die Dualität aus Porno und Selbstbefriedigung zu einer oft praktizierten Randlösung. Bei Frauen hilft dann der Vibrator, die partielle und temporäre Bi- oder Pansexualität oder die Flucht in die Arbeit. Dass die jungen „Männer", gern ab 13 oder 14 heute schon in der Schule Pornos auf ihrem Smartphone oder in ihrer iCloud haben, geschenkt, alle wissen es, keiner tut etwas. Damit wird jedoch eine lebenslange Konditionierung implementiert, in der das reduzierte visuelle „Element" alle anderen, eigenen Eindrücke und Erfahrungen wie Haptik, Olfaktorik oder Akustik überlagert.

Damit hat sich die Atomisierung der jüngeren Generation vervollständigt. Diese Generation war während ihrer unter massivem Druck, G8, und unter den medial allumfassenden Einfluss der wertmäßigen feministischen Integrität erfolgten Sozialisation keine Chance gegeben worden, Persönlichkeit und Charakter zu entwickeln, also ein Individuum zu werden. Notwendigkeiten, die eine Demokratie tragen. Macht erst einmal nichts, denn das strukturkonservative Element wähnt sich gestärkt. Noch am 19. Oktober 2015 postuliert die BILD wie verfassungsfeindlich nun doch ein auf einen C-Klasse Mercedes – einem gerne vom Staatsschutz gefahrenem Modell – geschmiertes Hackenkreuz sei. Der ISIS Terrorist freut sich über solchen – sorry – Unsinn und die so gebundenen Kapazitäten der deutschen Polizei. Verfassungsfeindlich sieht 2016 nun doch sehr anders aus. Allein in Berlin beobachtet der Verfassungsschutz wohl bereits über 700 Salafisten. Und es werden täglich mehr, die der ISIS rekrutiert, 24 Stunden an 7 Tagen die Woche im WWW. Die Antwort der deutschen Presse, Phrasen wie: Roland Nelles im Spiegel im Artikel „Terroristen: Sie werden diesen Kampf verlieren". Er überträgt sein Denken an Psycho-Floskeln wie „Das macht traurig und, ja, es macht auch wütend." Heute treffe ich in Deutschland, allzu oft auf die Vogel-Strauß-Taktik: „EIN ISIS VIDEO", das schaue ich mir nicht an! Also: Verdrängen, Verleugnen, Weglaufen? – Und parallel alle, die auf Probleme aufmerksam machen, ausgrenzen. Das ist das Kompetenz-Profil der post-demokratischen Gesellschaft!

„Europa und Frankreich müssen Schritt für Schritt vorgehen. Dazu gehört, einen Friedensplan für Syrien voranzutreiben, um gemeinsam mit den anderen beteiligten Parteien (Russland, Iran, Saudi-Arabien) den "Islamischen Staat"

weiter zu isolieren. Es beinhaltet eine bessere Zusammenarbeit der
Sicherheitsbehörden in Europa, eine schärfere Verfolgung von islamistischen
Netzwerken bei uns. [...] Die viel beschworene Einheit Europas - jetzt ist sie
wirklich gefordert. Und die Islamisten sollten die Entschlossenheit der
Demokraten nicht unterschätzen."

Nur Geld ausgeben, das, dürfen und werden diese entschlossenen Demokraten (!
Sorry, ich denke da mehr an Molière, der Geizige) natürlich auf keinen Fall. Nur
die ISIS hat sich extrem erfolgreich international festgesetzt und dies sehr
kostengünstig. Nur leider dank vieler junger Männer, deren Kreativität und
Leistungsvermögen im Westen nicht integrierbar war oder die keine Arbeit
fanden – die Todsünde und Achillessehne der EU, die Jugendarbeitslosigkeit.
Wie war es im Cicero online zu lesen am 23. März 2016:

„Hier [in Belgien, im Problemviertel Molenbeek im Westen von Brüssel] liegt
das Durchschnittseinkommen im Jahr bei gerade mal 14.579 Euro, wie die
belgische Tageszeitung „Le Soir" berichtet. Die Jugendarbeitslosigkeit erreicht
Spitzenwerte von bis zu 60 Prozent – fast dreimal so viel wie im übrigen Brüssel.
Damit ist der „arme Halbmond" der ideale Nährboden für Ausgrenzung und
Radikalisierung. Es kommt allerdings noch ein zweiter wichtiger Aspekt hinzu.
In den 70er Jahren hatte der belgische Staat die fatale Idee, den islamischen
Religionsunterricht und den Bau von Moscheen für die vorwiegend
marokkanischen Einwanderer ausgerechnet Saudi-Arabien anzuvertrauen –..."

Von Eric Bonse in „Wo man Saudi-Arabien den Islamunterricht anvertraute".
Entschuldigung, an welche Redaktion darf ich ein Geschichtsbuch senden? Etwa
das von Eric Hobsbawn, Zeitalter der Extreme. Im Spiegel besprochen am 01.
Oktober 1995, von Hans-Ulrich Wehler unter dem Titel „Vor uns die Finsternis
–Der britische Historiker Eric Hobsbawm analysiert "ein kurzes Jahrhundert"".
Dort verstaubt es wohl in der Bibliothek. Derweil erfahren wir sehr schmerzhaft:
Gotteskrieger, taktisch und strategisch gut aufgestellt, lassen sich nicht mit QE
und Ankündigungen à la ECB mit Mario Draghi „what ever it takes"
beeindrucken. Bei denen zählen Taten, nicht Worte, um präzise zu sein, außer
dem Koran zählen wohl sehr wenige Worte. Denn wer den Koran zitieren kann,
den richtet die ISIS bei ihren Geiselnahmen auch nicht hin. Taten, ja, die könnte
jetzt auch Nelles fordern, tut er aber nicht. Er könnte die Wiedereinführung der
Wehrpflicht, die Anschaffung von Panzern, Hubschraubern und Flugzeugen
fordern, Grenzkontrollen oder die Entsendung tausender Bundeswehrsoldaten in
die Gegenden zwischen Mali und Afghanistan – tut er aber nicht. Auch massive

Ausgaben um Jugendliche in Jobs und weg von ISIS zu bringen, wären doch im offiziell linken Wochenmagazin „Der Spiegel" sicher gut platziert – doch nichts…! Auf gut Deutsch: Er will den ISIS mit der moralischen Keule treffen – funktionierte aber nicht. Sozial isolieren, die bekannte Methode, das macht der Staatsschutz in Deutschland, wo er so mit einigen zu harmonisierenden Objekten – sorry, Staatsbürgern – verfährt. Na ja, dann versucht doch mal ISIS-Kämpfer moralisch zu isolieren, die gerade von einer Massenhinrichtung von 200 Kindern kommen. Etwa in der Breaking911.com von Robert Walker: „ISIS Executes 200 Syrian Children In Horrific New Video", 09. November 2015:

"In the new Islamic State video, children are bound, lined up and forced to lie face down in the dirt before the barbaric killers open fire with automatic rifles. The video has been circulated online by a Yemen-based anti-ISIS activist. It is currently not known what the children had done in order to be sentenced to death."

ISIS bekämpfen mit der Moralkeule (loser)? Ein Synonym für die realitätsfernen Lösungsvektoren der feministischen, deutschen Politik der Jahre 2014, 2015 und 2016. Offenbar war der fallende Ölpreis so sedierend, dass alles um das CO_2 und TTIP herum seine Eigenschaft verlor. Kern der harten Realpolitik sein zu können, das war nicht mehr Ziel des Kanzleramtes, das machte jetzt Mitte 2016 die AFD. Der europäische und insbesondere der deutsche Staatsschutzansatz, gelebt von Helmut Schmidt im Kampf gegen die RAF, er scheitert. Es handelt sich bei ISIS nicht um nationale, rationale Terroristen – es sind globale, religiöse Fanatiker, Gotteskrieger, deren Kriegshandwerk dem der deutschen Faschisten vor 1945 aufs Äußerste ähnelt. Die SS verfuhr so ähnlich mit Juden. Nur wird das von den deutschen Medien vollständig falsch dargestellt. Seit dem für den deutschen Journalismus sehr bedauernswerten Tod von Peter Scholl-Latour, mit dem ich, wenn auch entfernt verwandt sein durfte, gibt es nichts mehr Sinnvolles über wichtige Regionen und Entwicklungen in der Welt zu lesen. Lenor-Journalismus, Bertelsmann-Auftragsarbeiten, alles recht schön europäisch und politisch korrekt, neoliberal, fast wertfrei haben dessen Platz eingenommen. CDU- und insbesondere merkel-konform wurde bis 2015 zur Regel. Nur: Betroffenheitssemantik, die Merkel'sche Paradedisziplin, hilft seit 2015 nicht mehr weiter.

Der deutsche Journalismus, eine Schönwetterveranstaltung von Chefredakteuren, deren Macht zwar ausreicht Bundespräsidenten zu Fall zu bringen, aber darüber hinaus leider nichts als Schaden anrichtet – für

Deutschland und für Europa. Noch hält Präsident Obama seine Hände schützend über Frau Merkel, unsere heilige Angela des CO_2. Nur wenn man mir den Hals abschneiden möchte, dann ist Umweltschutz für mich plötzlich ein vollständig verzichtbares Gut. Schengen ist leider genauso tot wie Dublin (nicht die Städte, sondern die EU-Abkommen) – nur möchte niemand in Deutschland mal aussprechen, wie es mit der EU wirklich weitergehen soll. Und jetzt wird plötzlich klar, dass das heillos zerstrittene Europa nichts Substanzielles mehr zu bieten hat – außer Moral. Nur, unter Merkel darf es keine Helden mehr geben. Und das war so gewollt… Männer verachtet sie. Denn eines fehlt im Jahr 2016 in der EU, die Vorbilder und die Helden. Für die Medien, kein Thema: Medien erschaffen sie – doch wir verlieren diesen Krieg, wenn sich nichts ändert. Und die deutsche Gesellschaft zerreißt wegen der offenkundigen Bevorzugung der Rentner und Migranten. Dem allzu offenkundig von der Kanzlerin innen- und europapolitisch verordneten Kontrast zur sonstigen Austerität. Ist das immer noch die alte CDU-Doktrin Adenauers, nichts für die eigenen Leute, in der Version 3.0?

Doch die heutige Jugend hat eine Alternative – weltweit und die heißt Djihad.

Und wer denkt, es sei noch ganz entspannt zu handeln, so wie unser Kanzleramts-Paar Altmaier und Merkel, d er könnte irren. Der Zug ist abgefahren, nicht nur für die Kanzlerin bei der Landtagswahl in Mecklenburg-Vorpommern am 04. September 2016. Nein, auch die Generation der Millenials ist verloren. Das wird nirgendwo deutlicher als in den USA: Dort befürworten 58 Prozent dieser Generation den Sozialismus:

„Addressing the South Carolina delegation, Luntz attributed the Democratic Party's hold on younger adults to colleges and universities that he said are leading them toward socialism."

*[...] „**We have lost. It's not like we are losing, we have lost that generation.** And I don't care if you are a Democrat, Republican, independent, none of the above. **The fact that 58 percent [of millennials] say socialism is the better form of economics, that is the damage of academia," he said at a breakfast event here."* …

„The No. 1 priority to me is what happens at universities. And yes, Capitol Hill matters, yes politics matter, but a whole generation is being taught by professors who voted for Bernie Sanders. That's a problem that begs for a solution."

Sanders, a Democratic presidential candidate, identifies as a democratic socialist. As Luntz spoke, one delegate muttered under his breath, "We are screwed." " [Eigene Hervorhebung]

So auf der republikanischen National Convention in Cleveland am 19. Juli 2016 im Artikel von The Hill, Ben Kamisar in dem Artikel „Pollster Frank Luntz: GOP has 'lost' the millennial generation". Der Wahlforscher, das konservative Wahlorakel Frank Luntz. Er geht davon aus, dass sich eine ganze Generation von Amerikanern auf dem Campus der Hochschulen dem Sozialismus zugewandt hat. Schließlich wären dort alle Professoren Anhänger des knapp unterlegenen Bernie Sanders, eines selbstbekennenden, demokratischen Sozialisten! Luntz geht davon aus, dass diese Generation für den konservativen Flügel, den die Republikaner zweifelsfrei darstellen, vollständig verloren ist, dass dieser Prozess abgeschlossen ist. Alles das Werk des bekennenden Feministen Barack Obama. Kein Wunder, dass die ganze arabische Welt Obama hasst, und das ist nur die Spitze des Eisbergs. Und die EU-Spitze ist noch der Annahme von diesen Entwicklungen nicht betroffen zu sein? Auch in Europa gilt:

Der andere, der mehrheitliche Teil dieser jungen Generation hat sich also auch schon entschieden! Systemwandel gegen die EU – Sozialismus oder steinharter Nationalismus!

Die CDU hat sich auch entschieden – totaler Opportunismus, Homosexualität, Gender, Feminismus, Linksruck und Einwanderung.

14. Ein Hoch auf die unbegrenzte Einwanderung – weg mit allen überflüssigen Europäern (den Arbeitslosen)

Doch die CDU tut erst einmal nichts, völlig absorbiert von der selbst verursachten Flüchtlingskrise! Sehr schön wird dies in dem Interview des konservativen (!) Außenministers von Österreich Sebastian Kurz in der Financial Times vom 04. November 2015 beschrieben im Artikel: „EU Referee policy helps people smugglers, says Austria" von Ralph Atkins and James Shotter:

„There is a massive overburdening, not only in Austria but in other countries such as Germany and Sweden," he said. "It cannot continue as it is. "

In Cicero zum Vergleich, in der Oktoberausgabe 2015, Seite 27: Japan hatte 2014 lediglich 14 Asylbewerber anerkannt. Doch moralische Supermacht sein zu wollen, das ist nicht einfach für die Kanzerin, dazu muss frau schon bereit sein, über die Leichen der eigenen (der europäischen) Jugend zu gehen. Perspektivlos ist zu schwach, um auszudrücken, was sich parallel zu diesem europäischen Leuchtturmprojekt der Flüchtlinge an einem grenzenlosen, sozialen Niedergang in Europa abspielt. Und irgendwie will es in Deutschland niemand sehen oder wahrhaben, welchen totalen Hass die pure merkelsche Machtpolitik erzeugt. Die Gesellschaft reißt irreversibel. Nur, im Kanzleramt sieht das keiner, der Kanzleramtsminister ist ja auch kinderlos, hier trifft sich eine gemeinsame Wellenlänge mit fatalen Folgen! Da kann man sich ja gleich um die wichtigsten Dinge kümmern, wie etwa CO_2. Eine viel moralisch höherstehende Sache, als die profane Tatsache Verarmung einer ganzen europäischen Generation: In „The Conversation", online am 20. Juli 2016, in dem Artikel „How poverty has radically shifted across Europe in the lastdecade" von Rod Hick:

„So intense has been the crisis in Greece that, by 2013, it experienced a higher level of poverty than any other EU member state. Indeed, in my recent research, I've found that the impoverishment of Greece, Italy, Cyprus, Spain and Portugal has been so severe that these southern European countries, taken together, had higher levels of poverty and deprivation than many of the former Communist nations that joined the European Union in 2004. Specifically, they have been greater than the average of Slovenia, Slovakia, Czech Republic, Poland and Hungary. "

Griechen, die sind unfähig? Zu dumm das Gleiche zu tun wie Spanier, Iren, Portugiesen oder Italiener?! Ein funktionierendes Europa hat eine andere Solidarität. Denn so wird kein Schuh daraus. Und die besten Spanier, Griechen, Iren und Portugiesen programmieren inzwischen eh in Berlin, Hamburg und Frankfurt oder arbeiten dort erfolgreich als Arzt. Eine teutonisch geile Art von neokolonialer, innereuropäischer, deutscher, hegemonialer Machtpolitik. Eine europäische Idee – ausgehend von der empfundenen teutonischen moralischen Superiorität, wird scheitern, da sie keine kulturelle, sondern nur (!) eine moralische und monetäre (Euro und ECB) Untermauerung entwickeln kann. Die immer stärker werdende Konkurrenz durch real expandierende Herrschaftssysteme wird einfach – als nichtexistent – abgetan. Dabei wird die EU auf allen Gebieten attackiert, von Russland militärisch, von China wirtschaftlich, von der ISIS spirituell und räumlich und von Saudi-Arabien energetisch. Dieser unangenehmen Wahrheit will sich aber eine moralisch superiore „europäische Elite" nicht stellen. Durch „sparen" lässt sich kein Krieg gewinnen. Natürlich funktioniert das nicht, deshalb sollte und muss es auch verschwiegen werden, dass es Krieg gibt! Genauso wie die deutsche Presse das Thema Jugendarbeitslosigkeit verschweigt. 2015 in Griechenland bei gut 50 Prozent, in Spanien rund 48 Prozent und in Italien 45 Prozent:

„Italy's jobless rate unexpectedly rose in June as businesses continue to dismiss workers amid concerns that the country's exit from recession may not be sustainable. Youth unemployment jumped to a record-high 44.2 percent. Unemployment increased to 12.7 percent from a revised 12.5 percent in May, statistics agency Istat said in a preliminary report in Rome on Friday. The median estimate in a survey of nine analysts called for a rate of 12.3 percent."

Gemeldet in Bloomberg online am 31. Juli 2015 im Artikel von Lorenzo Totaro and Chiara Vasarri „Italian youth unemployment rises to highest level ever". Im Mai lag die Jugendarbeitslosigkeit dort bei 44 Prozent und fiel dann auf 37 Prozent im Dezember 2015. Da wäre genug Empörung zu holen für die deutschen und europäischen Sozialdemokraten. Nur – Fehlanzeige. Mann kann nicht alles haben: vor unserer Kanzlerin Merkel auf den Knien herumzurutschen und zugleich die eigene Zukunft gestalten! Die Wähler, besonders die Kinder zu verraten, sie in Armut aufwachsen lassen hat zwingende Konsequenz. So brennt es dann rechts und da kann der normale LBGT-Politiker sehr nervös werden. Was hingegen funktioniert, das ist ein massiver moralischer Druck. Ja, Merkel kann Medien und das ist nicht ohne, denn irgendwann beugen sich dann fast alle dem sozialen Druck. Und dann kam der Druck des alternativlosen

Flüchtlingsstromes. Hätte klappen können – fast. Das Feld war bestellt; der Plan ambitioniert, das Team, die Medien eingespielt. Die Homosexuellen in allen Schlüsselpositionen. Nur sah die Kanzlerin in ihrer Verblendung nicht die bösen Geister – ISIS – das war und ist zu viel für Europa. Denn Austerität, Krieg und deutscher Größenwahn, das hält kein Land in Europa durch, egal wie groß der Druck aus der Achse Berlin-Köln-Brüssel-Luxemburg wird. Egal Frau Merkel macht, was ihr gefällt! Nur die Anderen seit Neustem auch: Polen etwa und kündigt am 23. März 2016 nach den Attentaten in Brüssel an – nein, unter diesen Bedingungen nehmen wir keine Flüchtlinge auf. Aus Al Jazeera in dem Artikel „Poland refuses to accept refugees after Brussels attack":

„Poland's prime minister says his country is no longer prepared to take the 7,000 refugees it agreed to accept in negotiations with the European Union because of the deadly Brussels attacks. Beata Szydlo said on Wednesday that she does "not see any possibility for the refugees to come to Poland" after explosions rocked the Belgian capital a day earlier, according to Polish broadcaster Superstacja."

Kann die Kanzlerin „die Schmerzgrenze" oder kann sie sich einfach nicht in ihrem historisch sehr engen Wissen von Westeuropa vorstellen, dass Bürgerkrieg (Klassenkampf) zu einer echten Option werden kann für die definitiv ausgegrenzten Bevölkerungsteile. Ja, sogar für die Mittelschicht, denn die hat noch richtig etwas zu verlieren. Denn gerade sie, als frühere Ostdeutsche, sollte doch wissen, wie schnell aus verbrannten Feldern leicht Gräben werden - und in Gräben wachsen nur noch Disteln. Doch es ist offensichtlich, wer im Kanzleramt die Macht hat. Europa ist am Ende, ein Luxemburger steht an der Spitze – wo will Junker jetzt noch hin? In Griechenland, Italien und Spanien gibt es jeweils mehr jugendliche Arbeitslose, als sein Heimatland Einwohner hat. Der Beitrag Luxemburgs zur EU? Er ist neoliberal, er kann lediglich neoliberal sein, bei dem maßlosen Machtanspruch – auch Schengen genannt. Die bisherige EU wird nicht, kann nicht, funktionieren! Aber egal, Hauptsache alle warnenden Ökonomen wurden mundtot gemacht. Und in der Presse wurde bis zur Vergasung – oh sorry – wiederholt: „Migranten sind hoch motiviert". Wen wundert es da noch, wenn die Menschen sich vom System abwenden und ein brutales 15 / 85 Verhältnis in der Gesellschaft entsteht? Mit einem Wall dazwischen, denn man hat sich nichts mehr zu sagen. Ja, Frau Merkel, die Schmerzen waren doch zu viel, das kann der Kontinent nicht ertragen: ihren De-Konstruktivismus, Feminismus und Re-Konstruktivismus! Es hätte funktionieren können – nur, wer keine Arbeit und keine Familie hat, braucht keine EU! Und 2016 ist nichts mehr alternativlos. Dank Djihad und BREXIT ist plötzlich alles möglich, alles offen. Ursachen sind Armut und soziale Abstiegsangst nicht aber der sogenannte „Rechtspopulismus".

15. Ausgrenzung durch Arbeitslosigkeit

Der „Rechtsruck" in Europa, er erfolgt mit Ansage. Mann(!) fragt sich ja inzwischen wirklich, ob es die völlige Unfähigkeit oder das totale Fehlen an Empathie sein könnte, mit der von Berlin aus der europäische Kontinent in den Bankrott getrieben wird. Etwa in Polen wird deutlich, dass jeder Mensch eine Schmerzgrenze hat. Das kommt im Bundesfinanzministerium in Berlin aber genauso wenig an, wie im Kanzleramt – oder bei der auf Frauenförderung programmierten („Mann")schaft. Die Kanzlerin hatte das wahre Problem schlicht nicht auf dem Radar. Und so radikalisiert und polarisiert die europäische Jugend, durch eine langfristig irrsinnige volkswirtschaftliche Politik, die nicht durchhaltbar ist. Und es Verarmen und Radikalisieren zuallererst die jungen Männer – ein unglücklicher Zweitrundeneffekt? Mit der Financial Times etwa berichtet ein global renommiertes Medium (das sich inzwischen mehrheitlich in asiatischem Besitz befindet): am 20. Oktober 2015: „Disgruntled young Poles in lurch to right" von Henry Foy und Zosia Wasik, auf Seite 4:

„Feeling ignored by the government and betrayed by its broken promises, he is most upset by its failure to improve job prospects for young people, a gripe that sees thousands like him leave the country every week. " [eigene Hervorhebung]

Um es klar zu sagen, diese Völkerwanderung geht klar auf ein weibliches deutsches Kanzlerinnen-Konto. Egal ob Griechen, Portugiesen, Iren, Italiener oder Spanier, und natürlich Polen, die aus ihrer Heimat vertrieben werden. Die Ursache liegt in Berlin – und hat eine falsche, primär feministische, CO_2 neutrale und vegane Perspektive zur Ursache. Doch das ist Luxus, für die meisten Menschen in der Welt. Hauptsache der für Austerität bzw. Geiz zuständige, deutsche Finanzminister, sprich Dr. Wolfgang Schäuble, kann weiterhin seine Austeritäts-Politik erzwingen – fast wie im Saturn Elektromarkt: „Geiz ist geil".. Oder weigert er sich die Zusammenhänge zu sehen? Wir leben in einer globalen Wirtschaft und Deutschland ist der wirtschaftliche Anker der EU. Damit hat das Land eine Verantwortung, der es augenblicklich nicht gewachsen scheint. Denn Deutschland scheitert strategisch auf ganzer Linie. Warum? Weil etwa die Konrad-Adenauer-Stiftung in ihrer Verblendung die falschen Leute fördert? Béni-Oui-Oui´s und LBGT stehen zur Zeit im Kanzleramt hoch im Kurs. Strategen und Visionäre hat man hinausgeworfen – und durchmisst dort geistig das Tal der Ahnungslosen. In „Die Zeit" von Michal

Kokot, in dem Artikel „Radikal ist in Polen zum Mainstream geworden" vom 11. November 2015. Hier gilt die Aussage der gesellschaftlichen Spaltung und Radikalisierung jener Gruppen, denen die deutsche Austeritäts- und Osterweiterungspolitik der EU am stärksten die Zukunftsperspektiven verhagelt:

„Besonders die Jungen sind gegen Ausländer. Laut einer Umfrage des polnischen Instituts CBOS wünschen sich 69 Prozent der Polen zwischen 18 und 24 Jahren, unter keinen Umständen Flüchtlinge aus Kriegsgebieten in ihrem Land zu haben. In der Altersgruppe von 25 bis 34 sind es 51 Prozent." [...]

„In den polnischen Medien war davon an diesem Mittwoch kaum die Rede. "Na ja, die Jugend widersetzt sich vielen Dingen, so ist sie nun mal", verharmloste ein Soziologe die nationalistischen Parolen, als er im Fernsehen gefragt wurde, ob der Extremismus bei den Jungen nicht gefährlich sei. Ein anderer Experte, Sławomir Sowiński von der Warschauer Wyszyński-Universität, meinte: "Es mag für uns offensichtlich klingen, aber junge Polen wissen einfach nicht, warum die Mitgliedschaft Polens in der Europäischen Union gut für ihr Land ist."

Sind die jungen Polen wirklich so dumm? Etwa zu dumm zum googeln? Der Import hunderttausender Muslime, den Angela Merkel herbeiführt, ist volkswirtschaftlich ein Desaster und militärisch der zweite Schritt zum Untergang. Geiz ist keine Sparsamkeit. Der Verrat an der Mehrzeit der europäischen Jugend ist aber ein Verrat an der europäischen Idee! Der Vorsatz eins ist hier die Negation des Christentums. Nach Wikipedia gilt: „Im (katholischen) Christentum gehört die Avaritia, der Geiz, die Habsucht, als zweite zu den sieben Hauptlastern oder -sünden, die als die Wurzeln von Todsünden betrachtet werden." Lassen wir diese unpräzise Formulierung stehen, der „Entenklemmer" hat das Maß verloren. Um es präziser herauszuarbeiten: Papst Johannes Paul II. konkretisierte den Begriff Todsünde im Apostolischen Schreiben über Versöhnung und Buße in der Kirche Reconciliatio et paenitentia aus dem Jahre 1984. Die Lehre der Kirche nennt:

„denjenigen Akt eine Todsünde, durch den ein Mensch bewusst und frei Gott und sein Gesetz sowie den Bund der Liebe, den dieser ihm anbietet, zurückweist, indem er es vorzieht, sich sich selbst zuzuwenden oder irgendeiner geschaffenen und endlichen Wirklichkeit, irgendeiner Sache, die im Widerspruch zum göttlichen Willen steht".

Und genau das tut der Geizige – er durchtrennt den Bund der Liebe – und zwar zu Gott und zu den Menschen. Das gibt selbst Protestanten zu denken… Hartz

IV ist ein Verbrechen. Und eine solche Politikerin handelt damit gegen jedes Element der Staatsräson, denn damit erzwingt sie eine höchstwahrscheinlich tödliche Transformation der Gesellschaft, die die Aufklärung rückabwickelt. Mit allen Konsequenzen. Nur sie wird nie erhalten, was er sich wünscht, nämlich Frieden. Damit schließt sich der Kreis. Anstelle des Krieges zwischen Völkern in Europa ist das heutige EU-Europa wieder in den bereits überwunden geglaubten Klassenkampf eingestiegen. Und die Sozialdemokraten wollen diesen Händel nicht ausfechten für die unzufriedenen oder verängstigten Wähler, dafür ist sich die SPD zu fein, sorry, noch zu „staatstragend". Oder um es auf den Punkt zu bringen, die SPD ist seit Schröder, seit Hartz IV, einfach unten durch bei etlichen Gesellschaftsgruppen – diskreditiert wäre zu schwach: das Wort „korrupt" fällt zu oft. Der Klassenkampf geht einher mit einer Polarisierung der Gesellschaft in jedem einzelnen europäischen Land. Und der Klassenkampf ist zwangsweise national. Dass aus dem Klassenkampf zwangsweise ein neuer Nationalismus entstehen muss, zeigt allein der BREXIT. Den Gegner hat Angela Merkel „praktischerweise" ab Sommer 2015 importiert, um ein wenig abzulenken. Das hat nicht funktioniert. Mittendrin dann Feministinnen aller Couleur, deren einziges Ziel es ist möglichst viele Männer durch Frauen zu ersetzen. Naja, das wird der Islam schon rückabwickeln. Damit ist klar: Es wird wie in Polen extrem, allein aus der ökonomischen Mechanik kann es nur ganz stark polarisierend werden. FT am 19. Oktober 2015 von Henry Foy und Zsia Wasik in dem Artikel: „Disgruntled Polish youth lurch to the right":

„"Mr. Pallodo is voting for a far-right fringe party. **Political change is rumbling in Europe´s sixt-largest economy largely born out of anger and disillusionment among young people who feel they not benefited from the past decade´s economic boom.** *Nearly 30 per cent of the population is under 25 at 24 per cent, youth unemployment is more than double the country´s overall unemployment rate of 9 per cent. And well above the OECD average of 15 per cent."* [eigene Hervorhebung]

Nun, offenbar ist es nicht mehr im Ansatz erkennbar, woraus jetzt Europa seine moralische Superiorität herleiten will - und damit den Respekt der restlichen Welt (der sich in fünf Jahrhunderten erarbeitet worden war). Das Einzige, was gilt: Europa ist das Paradies für die Generation der heutigen deutschen Pensionäre und Rentner. Diese Herrschaftsschicht – es tut mir sehr leid, das feststellen zu müssen – bekommt eine fünfprozentige Rentenerhöhung, bei einer Inflation von NULL Prozent. Also real mehr Einkommen mitten im Krieg.

„Après moi la déluge", denn dieses Geld stammt aus der Arbeitskraft, dem Blut der Kinder und der europäischen Jugendlichen, deren Zukunft in Berlin zu verraten unterwegs ist. Weshalb eigentlich? Aber die sind eh weniger Wert als syrische Flüchtlinge, jedenfalls in der Beachtung, die ihnen Medien und Politik bisher schenkten. Doch das Zauberwort ist leider Wachstum. Wenn die Weltbevölkerung wächst, dann müssen auch die Volkswirtschaften wachsen. Wachsen geht nur mit Innovation – wachsen geht nicht mit Planwirtschaft, Verteilung oder Rekordsteuereinnahmen. Sonst verarmen sukzessive einzelne Bevölkerungsgruppen. Dieser Gedanke ist in Europa Fehlanzeige. Die Elite hat hier keinen global erkennbaren Biss mehr – der Wille zu siegen ist verschwunden. Nur UK hebt sich erstaunlich ab und heraus. Nach dem BREXIT ein wahrer Medaillenregen in Rio bei der Olympiade 2016 in Gold, Silber und Bronze. Wachstum war, ist in der EU zu einem Fremdwort geworden, ebenso wie Wohlstand – außerhalb des kinderarmen Deutschland. Martin Wolf schreibt in „In the long shadow of the Great Recession" deutlich über die Misere in der FT vom 11. November 2015: Es gab ein neues Gleichgewicht – im Stillstand.

*„But GDP remains far below what might have been expected from pre-crisis trends. **In most cases, growth has not recovered mainly because of declines in productivity growth. In the Eurozone, GDP was still below pre-crisis levels in the second quarter of 2015.** In crisis hit members, a return to pre-crisis output is still far away. **They will suffer lost decades.** For a Sample of 23 high-income countries, Professor Laurence Ball of John Hopkins University concludes that **losses of potential output ranged from zero in Switzerland to more than 30 per cent in Greece, Hungary and Ireland.** [...] This suggests that "hysteresis" – the impact of past experience on subsequent performace – is very powerful. Possible causes of hysteresis include the effect on prolonged joblessness on employability; slowdowns in investment; declines in the capacity of the financial sector to support innovation and a pervasive loss of animal spirit."* [eigene Hervorhebung]

Kern der falschen Wirtschaftspolitik ist Deutschland und ist das Werk Dr. Schäubles, der seit seinem Treffen im Herbst 2012 mit Tim Geithner einfach keinen sinnvollen Wirtschaftsplan für den Großraum EU mehr hat. Keine Strategie, die heute noch in die globale Landschaft passt. Man muss sich fragen, welche irrsinnigen Agreements dort beim Hummer auf Sylt abgesteckt worden waren. Die Resultate jedoch zählen. Europa und die USA zersetzen sich sozial an der zentralen Achse der Gesellschaft, der Mittelschicht, doch die revoltiert – und wählt radikal gegen die ihr zugedachte Rolle als Opfer einer verwirrten neoliberalen Eliten-Diktatur! Der Unternehmergeist ist dauerhaft und irreversibel gebrochen im kontinentalen Europa – das potentielle zukünftige Wachstum nicht mehr von globaler Bedeutung.

16. Krieg 3.0 und Krieg 4.0

A 'NON-LINEAR'war, explains Natan Dubovitsky, a writer, is **how states are likely to fight each other in future—if they do not already.** Individual regions or cities will form temporary coalitions, only to split apart in mid-fighting and find new allies. Each force has its own aims, and these too can be fluid. The war has many components, of which battle is only one element. "Most understood the war to be part of a process," writes Mr Dubovitsky, and "not necessarily its most important part." [Hervorhebung durch den Autor]

The Economist, 20. September 2014, Seite 25, War by any other name

Die völlig unvorbereitete EU ist, wie es auch nicht anders sein könnte, mit ihrer neo-imperialistischen Moral in zwei Schwerter gelaufen. Heute hat sie einen „frozen conflict" in der Ukraine, der in der heißen Phase zu einem Krieg 4.0 oder auch hybriden Krieg mutiert. In dem Wettstreit mit dem Kalifat (ISIS) kämpft sie einen Krieg 3.0 und ist, wie es nicht anders sein kann, in dem Zweifrontenkrieg völlig überfordert. Denn sie stellt völlig perplex eine vollständige Abwehr und Negation ihrer Werte – ja sogar ihrer Prozeduren fest! Und der äußere Stress ist der schlechteste Zeitpunkt für einen erfolgreichen inneren Systemumbau – und den stellt der BREXIT da. Zugleich kämpft Russland einen Krieg 2.0 in Syrien, zusammen mit den USA, die im Irak in einem Krieg 3.0 aktiv sind. Die deutsche Regierung ist exakt NULL vorbereitet auf irgendeinen bewaffneten Großkonflikt. Die Bildzeitung meldet direkt nach den Attentaten in Paris: „**Pannenserie nimmt kein Ende** Bundeswehr hat zu wenig Raketen für den Eurofighter – Im Ernstfall kann nicht jeder Kampfjet bewaffnet werden" [Hervorhebung der Verfasser] am 15. November 2015.

„Die Luftwaffe hat für die Verteidigung des Luftraums 109 Eurofighter – aber viel zu wenig Bewaffnung. Mangelware sind die radargelenkten Mittelstreckenraketen AMRAAM für den Luftkampf gegen feindliche Jet [...] die Bundeswehr hat aber nur 82 Stück davon!"

Doch Deutschland kann keinen Bündnispartner pflichtgemäß verteidigen – weder in der NATO noch in der EU (außer Luxemburg). Diese Fähigkeit ist verloren gegangen. Reinhard Sprenger warnt in „Cicero" Oktober 2015 auf S. 96 im Artikel „Wollen Sie Kreative oder Ausführungsaffen" zum realen Fähigkeitsraum des von Frau Merkel geführten Deutschlands. Der ist der

Tendenz nach weiter fallend. Es mangelt immer stärker an Innovatoren, an Unternehmern als Führungspersönlichkeiten, an Erfindern und auch an tauglichen Offizieren.

„Und weil die Erfahrungen am Arbeitsplatz Inkubatoren für gesamtwirtschaftliche Entwicklungen sind, führt es auch gesamtgesellschaftlich zu einer fundamentalen Infantilisierung. FRAGE: Übertreiben Sie jetzt nicht etwas? ANTWORT: Ich denke Nein. Wenn ich mir angucke, welches Maß an Überwachung, Bevormundung und aufdringlicher Fürsorge in Unternehmen realisiert wird, dann spiegelt das die Mutti-Merkel Republik im Großen.
Offenbar haben wir das Leitbild des Menschen als Freiheitswesen historisch verabschiedet.“ [Eigene Hervorhebung]

Genau, wir sind in Merkel-Deutschland in einer degenerativen Gesellschaft gelandet. Was außer Lügen, Pofalla-Jobs und Überwachung gäbe es dort noch zu verteidigen? Also müssen die USA und Russland die ISIS Sache richten. Und dass junge Frauen diese Lücke füllen wollen, wer das erwartet, der kann selig dreinschauen, die Besten wandern in sichere Drittstaaten mit wohlhabenden Männern ab. Nur: der verbliebene und überangepasste Ausführungsaffe gewinnt keine Kriege, und schon gar nicht gegen den ISIS. „Deutschland hat sich selbst abgeschafft", formulierte Sarazzin. Doch nicht nur Deutschland ist in der Bedeutungslosigkeit verschwunden. Auch Europa, aber nicht UK, die wehren sich noch! Wie sagte noch Thomas Augustin Arne? „Britannia! Britannia rules the waves! Britons never will be slaves" in Rule Britannia. Das Land hatte aber, warum auch immer, seine Marine ruiniert!

„However, a fault in the engine design means that running all of the ships' power-hungry systems at once can cause generators to trip out, leaving the vessels without electricity and defenceless. The problem was identified several years ago shortly after HMS Daring became the first to enter service but was dismissed by the Ministry of Defence as a teething problem.“

Die Royal Navy hat viel zu wenige Schiffe und die sind nicht „optimal", ja ihre Stromversorgung und Elektronik bricht zusammen, sobald das Schiff unter Stress kommt, also im Ernstfall. So die FT am 29. Januar 2016 mit Sam Jones und Peggy Hollinger in "UK´s 1 bn destroyers need refit after engine trouble":

*„People with knowledge of the situation said there were many problems,
involving the turbines, components and ancillaries of several companies.
Moreover there were questions about the way in which the destroyers were
being used, said at least two people, which may not have been foreseen by the
initial requirements. The government originally planned to build 12 Type 45s,
but this was scaled back to six."*

Und der britischen, der traditionsreichsten und erfolgreichsten europäischen
Marine gehen einfach die Schiffe aus. Anstelle alte Schiffe sinnvoll zu
modernisieren, mussten es im nationalen Alleingang neue, extrem teure – 1
Milliarde Pfund das Schiff – state of the art Waffensysteme sein. Nur, es ist kein
Geld mehr da, diese dann auch in ausreichender Zahl zu beschaffen. Spätestens
daran merkt man, dass Europa bei öffentlichen Gütern, wie der Beschaffung von
Waffen und besonders der länderübergreifenden Beschaffung, nie wirklich
funktioniert hat – und auch nie funktionieren wird. So hat Deutschland zu viele
U-Boote und viel zu wenige Fregatten oder Zerstörer! Dafür gibt es Schiffe, die
nicht funktionieren und Großbritannien hat viel zu wenig Zerstörer, die dann
auch nicht richtig funktionieren.

*„Under government plans, the Royal Navy is to operate just 14 principal
surface combat ships. In 2010 the number was 23, and in 2000, 32."*

Wer wundert sich da noch über den BREXIT? UK hat 2016 zum ersten Mal seit
400 Jahren keine funktionierende Marine mehr. Und schuldig ist die EU-
Austerität und die EU-Migration. Viele Briten können das auch klar
personifizieren. Und es trifft Kanzlerin Merkel an erster Stelle – sie war ja mit
ihrer „historischen" Aufgabe beschäftigt. Früher war man ja in Europa versucht
zu denken, diese Aufgabe wäre der Euro oder die EU oder der Frieden und nicht
eine eigene Flüchtlingswelle. Auf Deutsch: Europa hat zwar 70.000 Kilometer
Küstenlinie, aber kein Land, außer vielleicht Frankreich, hat noch eine
funktionsfähige Marine. Was auch an den nationalen Egoismen liegt.
Gemeinsame Entwicklung von Waffensystemen, also Schiffen, Fehlanzeige.
Nehmen wir die Fregatte, heute rund 150 Meter lang und oft auch intern als
Zerstörer definiert. Da gibt es vier Hauptmodelle in Europa, die etwa das
Gleiche können und diverse Untermodelle. Nur Frankreich und Italien (CNGF)
haben neben dem Trio Spanien, den Niederlanden und Deutschland (TFC) eine
lebensfähige Kooperation zustande gebracht. Soviel zur NATO und so viel zu
der EU. Dann bleiben eine überteuerte, nationale Rüstungsindustrie und viel zu
hohe Entwicklungskosten, zu hohe Stückkosten und bei Sparhaushalten eine

erschreckend niedrige Anzahl an verfügbaren Schiffen. Und genauso verliert Europa die globale Seeherrschaft bis auf das Mittelmeer, zwangsläufig! Einfach aufgrund fehlender, finanzieller Anstrengung und als Folge des Mangels an Kriegsschiffen. Und Versorger, Tender, das sind keine Kriegsschiffe, das sind bewaffnete Handelsschiffe... Es ist ein Akt purer Verzweiflung diese mitzuzählen. Europa könnte sich etwa doppelt so viele Fregatten leisten, wenn es einen Standardtyp produzieren würde. Europa bräuchte jedoch viermal so viele Kriegsschiffe, wie es hat. Die Schiffe können dann auch besser zusammen eingesetzt werden, ja sogar unter den Staaten verliehen und verleast werden. Etwa bei solchen exotischen Fällen wie dem Falklandkrieg – man weiß in der Welt von 2016 nie – etc. . Sogar mit Russland hätte man gemeinsam Schiffe bauen können, man schwebte ja auch zusammen friedlich durchs All. Bis eben die EU-Wirtschaftssanktionen nach der Ukraine-Krise griffen und der Graben von Ost bis West immer tiefer wurde. Das konnte nur teuer werden, der Streit mit Russland: Aber den Streit wollte die EU unbedingt haben – wegen Randgebieten, wegen Zypern, wegen der Ukraine – und damit resultierend aus ihrem expansiven Geschäftsmodell eines aus 6 Staaten mach 28.

Den Preis dafür zahlen, sollten jetzt andere, also die USA, deren Marine ist ja groß genug ist. Zur gleichen Zeit Zeit rüsten andere Staaten, wie Russland, Indien oder China maritim drastisch auf und modernisieren ihr Militär vollständig. Und haben damit natürlich auf den Exportmärkten alle Trümpfe in der Hand. Die halboffizielle, russische Webseite „Russia Today" präsentierte am 19. Oktober 2015 folgenden Stand der russischen Wehrtechnik im Artikel: „Russian 'Skynet' to lead military robots on the battlefield". Genau wie von mir 2014 beschrieben, hatte die Entwicklung schon den Durchbruch geschafft:

„ "In a step towards creating independent artificial intelligence comparable to Skynet from the 'Terminator' franchise, a Russian company has successfully tested software capable of undertaking decisions and carrying them out without any human intervention. The United Instrument Manufacturing Corporation (OPK), an integral part of the Rostec arms corporation, says it has developed the Unicum (Latin for 'the only one') software package that gives military or civilian robots enough artificial intelligence to perform complicated tasks completely on their own. Powering a group of up to 10 robotic complexes, the Unicum artificial intelligence (AI) communicates and distributes 'roles' among the robots, chooses the 'commander' of the robotic task force and assigns combat mission to each individual machine. [...]"

Die Produkte nähern sich der Serienreife, die Kampfroboter sind nicht mehr so offenherzig auf youtube in Videos zu finden. Eine apokalyptische Landschaft ist am Entstehen. Man kann sich vorstellen, dass technologisch – waffentechnisch, nicht moralisch – führende Nationen einfach in 15 oder 30 Jahren ihre Kampfroboter aus Flugzeugen über anderen Nationen abwerfen – einfach mit der Begründung, man gehe gegen Terroristen vor. Ein rechtsfreier Raum des Gemetzels von Maschinen an Menschen wird geschaffen, welchem insbesondere die USA mit ihrem Drohnenkrieg unter Barack Obama – einem Friedensnobelpreisträger – leider den Weg bereitet haben. Internationale Verträge werden hier kaum erfolgreich sein können. Die finanzielle und technologische „Markteintrittsschranke" liegt weit unter der von atomaren, chemischen oder biologischen Waffen. Galt es bisher „We kill people based on Metadata", so wird die Aussage der Zukunft sein: „Our machines kill based on their source code". Einsatzgebiet die failed states zweier Kontinente: Afghanistan, Jemen, Syrien, Irak, Libyen, Somalia und natürlich auch benachbarte Regionen wie Pakistan, Mali, etc. . Und sicher ist: Es werden sehr bald noch weitere Staaten hinzukommen. Doch die zentrale Aufgabe des Militärs bleibt die Sicherung der nationalen Grenze, auch der nationalen Grenze neoliberaler Staaten und Staatengebilde. Man verteidigt die Grenze nicht, indem man den Euro verteidigt. Das ist nur die Idee des Wirtschaftskrieges, und das ist heute nicht mehr als ein Teilaspekt! Der ISIS führt keinen Krieg gegen den Euro. Es wäre überraschend, wenn der ISIS überhaupt jemals eine einzige Bank-Filiale attackieren würde!

Und noch überraschender wäre, es zöge Frieden ein in die Länder des arabischen Halbmondes. Denn man hat es ja noch nicht einmal geschafft bei diesem faschistischen Feind des ISIS ein gemeinsames, offizielles Bündnis zu errichten. Ein Bündnis, das später die Plattform des Friedens hätte werden können. Ach, haben sie Plattform gelesen – den Roman von Michel Houellebecq? Denn genau: Wir haben keine globale Plattformen mehr aber einen Portugiesen an der Spitze der UN… Ein Euro-Mann ohne Charisma und Hausmacht, ein Junker 2.0 – António Guterres. Seine Befähigung? – 10 Jahre Flüchtlingskommissar der UN!

17. Bells for her

Entwicklungen und Prozesse entstehen nicht im Nichts und verschwinden eher selten dorthin. Sie sind in der Regel, egal ob klimatische, wirtschaftliche oder gesellschaftliche Prozesse, lange unterhalb der Wahrnehmungsschwelle der medial geprägten Öffentlichkeit aktiv und heben sich in der Regel erst durch eine Sondersituation in das mediale Bewusstsein. Besonders bei langsamen, aber grundliegenden Veränderungen gibt es auch in den heutigen Medien kaum Möglichkeiten einer sinnvollen Berichterstattung. Viele Themen bleiben nicht „aufmacherfähig", eignen sich also nicht als Titelgeschichte oder Schlagzeile. Wasser ist heute das zentrale, unterbewertete Thema. Wer kennt schon einen Mitteleuropäer, der aus tiefstem Herzen ein einfaches Gefühl beschreiben kann – Durst? Denn Wasser ist in Mitteleuropa omnipräsent. Bis auf wenige Landstriche in Südeuropa gilt dies sogar auf dem ganzen europäischen Kontinent. Global lässt sich sagen: Wir verbrauchen weit mehr Wasser, als wir es uns erlauben können. Dies wird uns unvermittelt und hart treffen. Und zwar in einer nicht kontrollierbaren Flüchtlingsbewegung. Denn Deutschland ist attraktiv, hier ist noch niemand verdurstet und auf absehbare Zeit wird hier niemand verdursten.

Kernproblem des europäischen Projektes sind jedoch die Kommunen, unterhalb des Radarschirmes der Kanzlerin, diese bürgerfernen Städtepartnerschaften – denn hier kommt es nicht zu dem, was der europäische Gedanke ist. Anstelle der Vernetzung der Bürger kommt es zur Vernetzung der Funktionäre. Ein Europa der Staaten statt ein Europa der Menschen entsteht – und die Elite versteht gar nicht so recht, was schiefläuft. Sie bekommt doch immer gespiegelt, dass alles wunderbar ist... Wehe, jemand wagt das Wort „Lügenpresse"!

Die Idee des europäischen Projektes 0.99 war die Vernetzung der Grenzregionen. Dabei spielten Dreiländerecke, besonders Benelux und besonders die europäische, institutionelle Verdichtung in Brüssel, Luxemburg und Straßburg eine zentrale Rolle. Doch die Menschen werden sich im dritten Jahrtausend ganz schnell fremd, gerade weil alles digital wird. Die grenzüberschreitende Sprachkompetenz sinkt rapide ab, trotz der konstruktivistischen Förderung der Mehrsprachigkeit in der EU hat sich letztlich nur die Elite vernetzt und dabei abgekapselt. Das Verständnis der Völker reißt auseinander. Doch es gilt wohl leider schmerzhaft zu erfahren, dass so keine sinnvolle globale Vernetzung deutscher Städte entstand. Bereits die US-

Partnerschaften zeigen, hier stimmt die Balance nicht! Das Saarland hat dorthin vier Städtepartnerschaften, Schleswig-Holstein dagegen nur zwei – Brandenburg sechs mit den USA. Doch andere Bundesländer – Fehlanzeige! Dafür ist Luxemburg in jedem Bundesland dabei – warum? Und dies führt zu einer völligen Verzerrung der Wahrnehmung. Und diese ist in Deutschland nicht mehr therapierbar. Köln (1.024.000 Einwohner) macht dies deutlich, als Partnerstadt von Peking (11.000.000 Einwohner) und Esch-Sur-Alzette (33.000 Einwohner). Luxemburg ist der Vernetzungsweltmeister. Nur ich bin nicht bereit, dies zu finanzieren! Denn das ist die gravitationsartige Kraft, die die EU zerreißt. Dafür ist die Fraktur institutionell verankert – was die Krankheit kaum mehr therapierbar macht.

Das Kennenlernen im Urlaub können sich die ärmeren Schichten und Scheidungskinder nicht leisten. Deglobalisierung und Verlust der Sprachkompetenz – alles wider den europäischen Gedanken, alles wegen der Fokussierung der Vernetzung auf Luxemburg, alles im Namen der schwarzen Null. So bildet sich hier eine Elite heraus, eine Elite, die sich abkoppelt, abkoppeln muss von jeder Realität. Eine Elite, die eben ein Durchschnittseinkommen hat, das über 100.000 Euro liegt. Ein Elite, die unter sich bleibt und die sich dann bei jeder Wahl fragt, warum die Bürger spinnen, verbittert, depressiv oder wütend sind und bitterlich enttäuscht sind sie – die Elite – hat doch ihr Bestes getan. Es bleibt ein Austausch der Funktionäre stehen und an genau dieser Stelle begann sich die Elite vom Volk zu entkoppeln. Die Masse war im Pauschalurlaub, etwa in Thailand… Der Elite war das recht, Brot und Spiel, das Volk sollte schön ruhig bleiben. Bis, ja bis ein Tropfen das Fass zum Überlaufen brachte. Denn die Elite, die Aktien besitzt wird von negativen Zinsen nicht so sehr getroffen, wie der durchschnittliche Bürger, das Sparen muss für Alter und Immobilien. Stattdessen gewinnt sie hinzu. 2016 war dann die Schmerzgrenze erreicht. Der BREXIT traf die Elite unvorbereitet. Schon bei der Einführung der negativen Zinsen dachte die Elite der Bürger sei Knetmasse.

18. Negative Zinsen – Kein Geld für gar nichts oder die Kabale von Sylt

Negative interest rates are a sign of desperation, a signal that traditional policy options have proved ineffective and new limits need to be explored.

Bloomberg, online

Of cause nobody should be surprised when markets behave unpredictably. That is their prerogative, especially when they are being extensively rigged by the central bank.... The sainted Mario Draghi, of the European Central Bank has also indicated, not before time, that policy loosening is in prospect.

FT fm, 26. Mai 2014, Seite 13, Investors jinxed by quirky market logic

Negative Zinsen sind ein künstliches Phänomen. Es ist eine Logik der Planwirtschaft, die sich hier manifestiert. Planwirtschaft, wie damals in der DDR und der CCCP. Doch heute gibt es eine extrem fortschrittliche Planwirtschaft in China. Nennen wir diese Wirtschaftsform Chinas im Jahre 2015 mit Bedacht Planwirtschaft 4.0. Und parallel dazu gibt es in Europa eine rückschrittliche Planwirtschaft, nennen wir sie einfach: „Schengen der negativen Zinssätze". Das Ergebnis der Planwirtschaft 4.0 unter Xi Jinping, dem Generalsekretär der Kommunistischen Partei in China, ist beeindruckend. „Der Standard" am 05. März 2016 zum aktuellen 5-Jahres Plan „China verschuldet sich bis zur Drei-Prozent-Grenze" von Johnny Erling:

„China muss sich anders als bisher entwickeln, aber es muss auch wachsen. Das war immer wieder die Botschaft, die am Samstagmorgen 5000 Abgeordnete und Delegierte aus den beiden Kammern des Parlaments zu hören bekamen. Gemeinsam strömten sie in die Große Halle des Volkes zur Eröffnung des elf Tage dauernden Volkskongress. Neben den Regierungs- und Haushaltsberichten bekamen sie einen 147 Seiten-Entwurf zum neuen Fünfjahresplan 2016 bis 2020. Dazu gab es ein sechsseitiges Faltblatt, ..."

Auch wenn es in den deutschsprachigen Medien oft falsch dargestellt wird: Das ist kein Parlament, es ist eine Versammlung, der Nationale Volkskongress (NPC).

„ Under China's current Constitution, the NPC is structured as a unicameral legislature, with the power to legislate, the power to oversee the operations of the government, and the power to elect the major officers of state. The NPC and the National Committee of the People's Political Consultative Conference (CPPCC), a consultative body whose members represent various social groups, are the main deliberative bodies of China, and are often referred to as the Lianghui (Two Assemblies). "

So Wikipedia, auf der englischsprachigen Seite. Wollen wir uns jetzt dem Kernproblem der negativen Zinsen widmen, ihrem Zusammenspiel mit dem NPL (Non performing loans) – also faulen Krediten der Banken. In der EU lag das Volumen der faulen Bankkredite 2013 bei über 1.000 Milliarden Euro, so meldete die FT in Anlehnung an die Rating Agentur Fitch am 14. Mai 2014 Seite 22. „European bank's bad loans hit € 1 tn." Anfang 2016 sind es natürlich nicht weniger geworden, entgegen anders lautenden Meldungen. Um NPL abzubauen hätte die europäische Wirtschaft stärker wachsen müssen. Diese Frage ist „kriegs"entscheidend – für die weitere Entwicklung der Weltwirtschaft. Und genau hier spalten sich die Methoden. China setzt auf Wachstum. Europa setzt auf Austerität, auf Sparen. China schaut in die Zukunft, Europa schaut in die Vergangenheit. Eine detaillierte Analyse finden Sie hier nicht, auf Wunsch können Sie diese separat bei mir bestellen! Hier wird es nur verifiziert: FT 10. März 2016, als Aufmacher, „Senior bankers warn ECB over perils of negative interest rates":

„José Carcia Cantera, Santander's chief financial officer, warned that the banks that would take the biggest hit of their profits if rates were cut again were those least able to bear it. "

„ [...] Sergio Emotti, UBS chief executive, last week warned, that excessively low rates were prompting banks to extend too many risky loans, because they "don't know what to do" with deposits. "

China gewinnt – Europa verliert!

Dort, am 39. Breitengrad, arbeiten zwar Kommunisten, aber eben keine Idioten oder „Heilige der Großmarkthalle", die mit negativen Zinsen meinen klüger zu sein als alle Ökonomen von Adam Smith über Karl Marx bis Milton Friedmann zusammen. Denn negative Zinsen sind in allererster Linie im technischen Sinne eine Gebühr und im wirtschaftlichen Sinn eine Preisansage, die zu tödlichen Fehlanreizen führt. Zinsen sind der Preis für Geld, sei es als Kapital auf Seiten der Anleger oder als Kredit auf Seiten der Schuldner. Negative Zinsen haben die Aussage, Kapital hat keinen Wert – es verzinst sich nicht. Das mag jetzt mathematisch inkorrekt erscheinen – das Kapital ist ja noch da, auch ohne Zinsen – aber was bleibt, wenn der Tag zu Ende geht, ist die Risikofunktion. Wenn ein Investor schon keine Zinsen mehr so wie früher bekommen kann, dann möchte er wenigstens keinerlei Risiko eingehen. Und diese Abneigung dem Risiko gegenüber führt jetzt zu einer Randlösung entweder in High Yield Bonds – oder in illiquide Anlagen wie Münzen, Oldtimer, Ackerland oder Betongold. Also entweder volles Risiko oder minimales Risiko bei minimaler Liquidität. Der traditionelle und gesunde Umgang mit Geld und Kapital geht verloren – und besonders der Gedanke an die Notwendigkeit und die Vorteile des Sparens. Gerade in Europa mit dem ganzen GREXIT-Gerede sinkt das Vertrauen in die Währung – stetig und gefühlt mit jedem Krisengipfel. Und Risiken sind ganz klar alle Formen der Inflation, in Form eines von außen kommenden Inflationsschocks, etwa bei Rohstoffen oder eines Auseinanderbrechens des Euros – allen Beteuerungen zu trotz. Das lassen sich weite Kreise der Bevölkerung nicht ausreden, egal, was die Medien sagen. Negative Zinsen auf „Sparguthaben" sind in einer kapitalistischen Wirtschaft nicht darstellbar, es sei denn, man kehrt binnen Monaten diese systemwidrige Phasenverdrehung um. Das tun die ECB und auch andere Notenbanken nicht. Daraus resultieren primär Probleme im Kapitalverkehr. Denn negative Zinsen greifen zu allererst auf die Währung. Die FT vom 22. Februar 2016, „Negative rates lose their potency":

„The idea is that NIRP (negative interest rate policy) and or quantitative easing easing should depreciate currencies as it drives investors to seek out better-yielding assets elsewhere."

Die Wirkung negativer Zinsen ist eine Abwertung – im Hinterkopf ist das Ziel dabei, eine strukturell schwache Wirtschaft wettbewerbsfähiger zu machen. Nur, dass negative Zinsen dem Kapitalismus fremd sind, so wie negative Gravitation dem Physiker! Es folgt auf die Erwartung negativer Zinsen automatisch die Erwartung einer Abwertung. Dies generiert massive Anreize, auf eine fallende Währung zu spekulieren – es entsteht eine Art selbst erfüllende Prophezeiung, einfach da der Markt jetzt ein neues Gleichgewicht sucht. Nur, es gibt heute kein „Markt"gleichgewicht mehr. Es ist ein Deal zwischen Politik und Zentralbanken an seine Stelle getreten – in aller Stille. Also wird es attraktiv, gegen die eigene Währung eine Position einzunehmen. Eine sich potentiell – bei weiteren Politikfehlern – verheerend verstärkende Kapitalflucht wird möglich, da die

Abwertung ja kommen muss. Schließlich will jeder inländische Anleger dieser Vermögens- und Liquiditätsbesteuerung ausweichen – eben, soweit er es kann. Nichts lockt globale Spekulanten mehr an als eine fundamental zwingende Abwertung. Nur ist es wirklich fast unmöglich prognostizierbar, wann jetzt eine Währung plötzlich kollabiert, etwa der Yen, der Euro oder das Pfund. Da sind mit Investoren, Spekulanten und Zentralbanken viele Kräfte am Werk, deren Kräfte-Parallelogramm langfristig niemand vorhersehen kann. Gerade die Kursentwicklung des Yen ist mehr als spannend für Volkswirte. Die Währung muss irgendwann zusammenbrechen, doch niemand weiß wirklich wann – außer der Zusammenbruch wird willentlich herbeigeführt. Die interne Todesspirale der negativen Zinsen kann hier aus der Nähe betrachtet werden, die FT vom 9. März 2016 beschreibt sie für das niedergehende Japan:

„For the first time in three years, workers at the country's megabanks Sumitomo Mutsui, Mizuho and Bank of Tokyo-Mitsubishi UFJ are not requesting an increase in basic pay, according to union officials and local media. ... Negative rates are backfiring, in this sense", said a senior trade union official. "Our real worry is that all their small business customers in the regions will use the example of the megabanks as an excuse to avoid the wage hikes themselves. Negative rates have hit the banks' profits by narrowing the margins they can earn on lending. An official at one of the bank unions confirmed this was the reason for caution on wages, along with a general slowing of banking profits and low inflation – running at zero."

Erstmalig verzichten also die Angestellten der japanischen Großbanken auf Gehaltserhöhungen, denn den Banken geht es nicht gut! Ihre Ertragskraft leidet unter den negativen Zinsen, die Zinsmargen sind am Sinken. Die Bankangestellten und die Vertreter ihrer Gewerkschaften sind in Sorge und verzichten auf Lohnerhöhungen, um den Druck zu nehmen und einem Abbau von Arbeitsplätzen zuvorzukommen. Doch damit wird ein Präzedenzfall geschaffen für weitere, kleinere Unternehmen ebenfalls Lohnerhöhungen in eine unendliche Zukunft zu verschieben. Letztendlich haben dann negativen Zinsen dazu geführt, dass sich die Deflation vollständig in Japan manifestiert. Die Wirkung von sinkenden Zinsen im positiven Bereich ist eine andere als das Senken von Zinsen auf Null oder gar in den negativen Bereich. Negative Zinsen sind bei einer überalterten Bevölkerung keine Lösung für gar nichts. Hier werden lediglich ganz fundamentale Strukturveränderungen von der Politik nicht angepackt, da sie als zu riskant für die eigene Wiederwahl betrachtet werden.

Achtung(!) die Schweiz ist ein Sonderfall, dort will man mit negativen Zinsen den Zustrom weiten Kapitals (es kann als Flucht- und Spekulationskapital bezeichnet werden) vermeiden. Denn diese Investoren setzen ja auf die weitere Stärkung des Schweizer Frankens gegenüber ihrer Heimatwährung. Und so macht es dann Sinn – völlig paradoxer Weise aus den negativen Zinsen Deutschlands in die noch negativeren Zinsen der Schweiz zu wechseln. Dies lohnt, solange der Schweizer Franken im Zeitraum der Anlage massiv aufwertet. Also wir kommen aus der Anlage in die Spekulation weitester Bevölkerungskreise. Alles dank der Nullzinsen, an welche sich dann ab 2014 die negativen Zinsen anschlossen.

Nur das Problem ist ja ein ganz Anderes. Es sind die Banken, ihre faulen Kredite bei gleichzeitig schwachem Wachstum, multinationale Konzerne wie Apple, die in Geld schwimmen aber damit weder Steuern zahlen noch es investieren und natürlich die überalterte Bevölkerung – als gesättigter Konsument. Der Zusammenbruch erfolgt über die Demographie. Dazu Rick Rieder von Black Rock, dem weltgrößten Vermögensverwalter in, er ist Chief Investment Officer of Global Fixed Income, online am 22. Februar 2016:

„But in my opinion, pressing policy forward into negative rate territory is like offering economies a third sundae. In other words, the negative rates—or high rental costs for money storage—are excessive and more likely to hurt, rather than help, economic and financial stability. Here are a few reasons why: One of these headwinds is an aging population, which is likely to lower the corridor of potential economic growth for many years, especially in developed markets."

Also kein Wachstum, immer weiter negative Zinsen und das bei einer immer älteren Bevölkerung, die eh schon aus sich heraus kein Wachstum generiert. Wie nun wirklich jeder weiß, der auf der Suche nach einem Geschenk zum 66. Geburtstag seines Vaters oder seiner Mutter ist. Dafür aber singuläre und unkalkulierbare Risiken ohne historische Parallele. Doch um Probleme im Bereich Kredit lösen zu können, bedarf es Kapital und keinesfalls weiterer Kredits. Nicht unverzüglich, aber doch mittelfristig. Denn Kredit ist ja nie das Thema in unserer Zentralbankpolitik – der unbegrenzten Liquidität sei Dank. Aber negative Zinsen vergrault eben das Kapital, anstatt es anzulocken. Aber bei negativen Zinsen haben also die Banken massive NPL-Probleme, doch das Kapital wandert ins Ausland – auf der Suche nach einer positiven Rendite. Und niemand hat Interesse freiwillig in Banken zu investieren, etwa in Form von höherem Eigenkapital, sprich mit neu ausgegebenen Aktien. Maximal wandert das Geld in ausländische Aktien oder Bankaktien. Und weiterhin fehlt den inländischen Banken das Kapital, um ihre Bilanzen von faulen Krediten zu säubern, denn bereits jetzt stehen ihre Aktien unter Verkaufsdruck – allein wegen der faulen Kredite und der erwarteten Abwertung. Doch noch viel schlimmer ist das in der Nullzins-Welt fehlende Geschäftsmodell. Es greifen negative Zinsen auf die Bilanzen aller Finanzinstitute, die ihnen nicht ausweichen können. Allein wegen regulatorischer Vorschriften müssen die Banken etwa Titel mit negativen Zinsen kaufen. Halten Sie diese Titel, etwa Bundesanleihen zum Laufzeit-Ende, so entspricht das einer zu zahlenden Steuer oder Sonderabgabe – an den Staat. Es ist jedoch möglich, Gewinn zu erzielen, sogar mit Papieren, die negative Zinsen haben. Durch den Verkauf des Papieres vor Laufzeitende. Um dabei einen Kursgewinn zu erzielen, müssen einfach die Zinsen noch kontinuierlich weiter sinken, bzw. muss der Markt erwarten, dass die Zinsen noch weiter sinken.

Ein Prozess ist entstanden, der pseudostabil ist. Er ist solange stabil, wie die Zinsen fallen. Führt aber zu einem Desaster, sobald die Zinsen steigen und zu einer Krise, sobald die Zinsen gleich bleiben. Dabei liegt das Problem der faulen Kredite an einer ganz anderen Stelle. Lesen wir da mal an anderer Stelle nach, etwa bei Joe Zhang in seinem fundamental wichtigen Buch „Inside China's Shadow Banking" aus 2014 auf den Seiten 35 und 36: Eine dieser chinesischen Bad Banks, war Oriental, also genau die „China Oriental Asset Management Group". Denn während Europa 2016 noch seine Best-Practice sucht, da man dem schwedischen Vorbild in den Jahren nach 2008 nicht folgen wollte, hat China es bereits vorgemacht, wie so etwas am besten funktioniert. Notwendige Bedingung: Wirtschaftswachstum. Hier waren Milliarden an faulen Krediten aus den regulären Bankbilanzen entfernt und in Chinas Bad Banks und zusammengefasst worden. So auch in Oriental – und hier wird dann das „Geheimnis" verraten, wie das geht: Wirtschaftswachstum, Produktivitäts- und Löhnzuwächse und dazu natürlich ein gesundes (!) Maß an Inflation.

Und durch Wachstum konnten die ehemals insolventen Investments meist doch noch saniert und gewinnbringend verkauft werden – Oriental schwamm im Geld, das es anlegen wollte, etwa in Krediten, so auch im Bereich Micro-Credit. Doch das führte zu unlösbaren, strukturellen Problemen.

*„How would Oriental remunerate Wansui? Easy: fixed commissions, plus performance incentives above a certain profit threshold. **It sounded easy but it***

was unworkable, because it could encourage Wansui´s managers to hide nonperforming and even dead loans." [Eigene Hervorhebung]

Also liegt das Problem der faulen Kredite im Kern an der Vergütung der Bankmanager. Dem wird sicher der eine oder andere westliche Experte zustimmen können. Also wer wirklich an die Wurzel will, um das Bankensystem Europas zu gesunden, muss:

- Die negativen Zinsen abschaffen, hier für die Problemlösung der faulen Kredite (NPL) eine reine Nebelkerze und für den Kapitalismus das Schlimmste.

- Alle „performane incentives" Verkaufs- und Provisionsvergütungen für Banker im Bereich Kredit auf Null setzen, solange, bis das NPL-Problem gelöst ist!

- Gnadenlos aufräumen, im staatlichen, doch hochgradig fragmentierten deutschen Sparkassensystem oder europaweit notfalls mit staatlichen Zwangsbeteiligungen am Kapital einer Bank oder eines Finanzinstitutes – etwa der Deutschen Bank im Herbst 2016 – um eine Kapitalausstattung zu schaffen, die die Sanierung direkt und schonungslos ermöglicht.

- Ein flankierendes Konjunkturprogramm, bevorzugt in Form von forcierten Baumaßnahmen in der maroden deutschen Infrastruktur.

- Denn ohne gesunde Banken keine gesunde Volkswirtschaft und kein Wachstum!

Bankenvolkswirte stellen dies natürlich öfters ganz anders da. Nur da ist klar, dass niemand es im Bankensektor wagen sollte, ein schlechtes Wort über die europäische Zentralbank oder das Bundesfinanzministerium zu sagen. Soweit ist die Freiheit der öffentlichen Diskussion noch nicht. Da wird der Druck im Job dann sprunghaft groß. Denn es gibt da eine zentrale Friktion:

„The key exception in terms of transmission has been banks' reluctance to pass negative rates through to retail depositors. "

So schreibt die BIS, die Bank for International Settlement, in Basel in ihrem Quartalsbericht „BIS Quarterly Review March 2016", Seite 43. Also, es gibt im Bankensystem einen Engpass. Das können lediglich die Kunden auf der Passivseite sein, die Anleger. Die können unruhig werden und ihr Kapital, ihr Geld von der Bank abheben. Weshalb? Sie rechnen mit Kursgewinnen im

Bereich Betongold oder Goldmünzen, klar, denn historisch gab es immer zu Zeiten von Kriegen im arabischen Raum Preisschocks im Öl und damit massive Inflation – das haben die Anleger aber 2016 vergessen. Aus Anlegern werden durch Nullzinsen Spekulanten. Und die Ausweichreaktion ist nicht in Art und Umfang prognostizierbar. Und davor haben die Geschäftsbanken Angst – vor dem Kontrollverlust über ihre Kunden – zurecht! Hier in Worten von Rick Rieder:

„In an environment of negative rates, instead of being charged for saving, savers may attempt to hold their wealth in hard assets such as gold or in large bills in vaults (or under their mattress). Such hoarding, protection and insurance dynamics could create an escalation of black markets and illicit behavior."

Das ist in den Bankbilanzen sichtbar, diese schrumpfen, ja sie müssen schrumpfen in Europa – wegen der Austerität. Und die Folge – wer aufmerksam gelesen hat, sieht: der Anteil der NPL in den Bankbilanzen steigt, erstens prozentual und zweitens, weil er jetzt nicht mehr versteckt werden kann und drittens, weil es kein Wirtschaftswachstum gibt. Hier die Grundeinschätzung, auch von Black Rock „How do I get out of negative yields" von Michael Krautzberger, Stephen Cohen und Ahmed Talhaqui:

*„European Central Bank data shows that over €8.25 trillion was held on deposit at financial institutions in the euro area as at September 2014. The persistence of a low/ negative yield environment will mean that households and companies that have deposited these funds will have to employ more creative fixed income approaches to prevent the value of their wealth from being eroded, **potentially resulting in a huge amount of capital being redeployed.**"* [Eigene Hervorhebung]

Also die Banken in Europa, sie brauchen dringend mehr Eigenkapital, also neue Investoren und neue Aktionäre – doch sie haben aktuell kein valides Geschäftsmodell. Daher leidet auch die Deutsche Bank so sehr im Oktober 2016. Sie sehen sich zudem dem Risiko einer plötzlichen unkalkulierbaren Kapitalflucht gegenüber... Denn den Investoren in Finanzaktien fehlt in einer Nullzins-Welt genau das zukunftssichere Geschäftsmodell, in welches sie Vertrauen haben können, ja müssen. Doch die Grundlage aller Banktätigkeit ist die Bodensatztheorie, dass sich die Zahlungseingänge und Zahlungsausgänge am Ende des Tages nahezu ausgeglichen und die Mehrzahl der Anleger die

Gelder auf ihren Konten ruhen lassen. Und niemand weiß, was kommt, wenn die Anleger in Panik handeln werden:

- Wieder steigende Zinsen.

- Zu hohe negative Zinssätzen oder zu lange Zeit negative Zinsen, die dann doch irgendwann den Retailbereich und damit die Endkunden treffen.

Denn die Grundlage aller Bankgeschäfte ist Vertrauen. Doch wir begeben uns auf Neuland. Und noch ein wenig heftiger in den seherischen Worten von Dostojewski aus „Der Idiot":

„Erfinder und Genies wurden am Anfang ihrer Laufbahn (...) von der Gesellschaft fast immer für Narren gehalten – das ist nicht mehr als eine Allerweltsweisheit, jedermann sattsam bekannt. Gesetzt der Fall, alle hätten jahrzehntelang ihr Geld zum Lombard [dem Zentralbankzinssatz, der Verfasser] getragen und dort mit vier Prozent Milliarden gehortet, dann müsste, sobald es keinen Lombard mehr gäbe und alle auf eigene Initiative angewiesen wären, der größte Teil dieser Millionen im Aktienfieber und in den Händen von Schwindlern sich unweigerlich in nichts auflösen – allein schon des Anstands und der guten Sitten willen."

Fjodor Dostojewskij, „Der Idiot", S. 472, Ammann

Denn während die Banken beständig einen immer höheren Anteil an faulen Krediten in der Bilanz akkumulieren und damit ihre reale Risikotragfähigkeit sinkt, verändert sich auch gerade in Deutschland die restliche Finanzierungsstruktur des Staates und der Gesellschaft: Früher kaufte der vermögende und sparende Bürger Staatsschulden in Form von Bundesschatzbriefen, Bundesschatzanweisungen oder Bundesanleihen. Heute „investiert" die Europäische Zentralbank in die deutschen Staatsschulden. Der deutsche Bürger legt sein Vermögen in Betongold an. Bei steigenden Zinsen droht ein Desaster in nahezu allen Bereichen der deutschen Volkswirtschaft – und natürlich auch europa- oder EURO-weit. Doch Mitte 2016 wird die Kritik immer deutlicher: In der FT vom 29. Juli 2016 in „Weak Italian Banks are a symptom of deeper problems", schreibt William Rhodes auf Seite 9:

„Negative interest rates are taking the world of finance into uncharted waters. The impact will be damaging for most economies, especially the 19 member countries of the Eurozone."

Auch die Sparkassen und ihre Verbände sind ganz langsam wach geworden und beginnen zu begreifen, dass sie über kein funktionierendes Geschäftsmodell mehr verfügen. Aber noch schlimmer, sie beginnen zu verstehen, dass ihnen die Politik in ihrer Not nicht helfen will und wird. Nur kaum jemand in den Medien berichtet über diesen „Weg in die Knechtschaft" der negativen Zinsen, der in die Planwirtschaft führen muss. Stattdessen läuft der Machtkampf weiter und Deutschland droht – wieder einmal seinen Partnern. In derselben Ausgabe auf Seite 3 in „IMF report questions its role in Greece" von Arthur Beesley:

„At issue is an IMF decision expected this autumn on whether to take part in an third bailout of Greece, which has been under international tutelage for six years. Germany has threatened to stop lending to Athens if the fund pulls out."

So kann das mit Europa nichts mehr werden: negative Zinsen und deutsche Drohungen…

19. Bells for her (Tori Amos) you can´t stop what is coming

A key exception is retail deposit rates, which have remained insulated so far, and some mortgage rates, which have perversely increased. Looking ahead, there is great uncertainty about the behavior of individuals and institutions if rates were to decline further into negative territory or remain negative for a prolonged period.

BIS, Seite 31, März 2016, BIS Quarterly review

There is danger, after the threats to Europe have been neglected for so long, of throwing up our hands in despair and **accepting with resignation its future role as a museum of world history and civilization parching the importance of morality in world affairs to a nonexistent audience.** [eigene Hervorhebung]

Walter Laqueur „Last days of Europe", Seite 225, in 2007

HIER warne ich. Lesen Sie diese Buch keinesfalls von hinten nach vorne. So wie es häufig die Angewohnheit des gelangweilten Lesers ist. Er macht den Fehler, von der letzten Seite oder dem letzten Kapitel auf ein davorliegendes Sujet zu schließen. Doch sie gehen hier auf eine Gedankenreise. in der Sie einen Fuß vor den anderen setzen. Dieses Buch ist nicht linear geschrieben. Es ist ein Puzzle, eine Rundreise, kein Metermaß!

Sie hatte es nicht mitbekommen, na ja war wohl nicht auf ihrem Radar… Und es hat leider auch keiner gewagt festzustellen, dass mit Einführung der negativen Zinsen zeitgleich auch fast zwangsläufig eine paralysierte Planwirtschaft ohne Produktivitätswachstum eingeführt wird (Die Welt, am 12. Oktober 2016, Die rätselhafte Stagnation der deutschen Wirtschaft von Tobias Kaiser). Statt gewagter Innovation geht es jetzt um Vermeidungsstrategien, ganz analog zu denen einer Steuervermeidung versuchen die Wohlhabenden, die Gebühr der negativen Zinsen zu umgehen. Was der Elite auch gelingt, das kann der Mittelschicht nicht gelingen. Und da niemand wagte es zu sagen, was dieses Experiment auf den Märkten für Devisen und Anlagen bewirken wird oder welch Chaos dort entstehen könnte – kam es, wie es kommen musste. „Enfeebled renminibi puts stability in peril" in dem Artikel von Roger Blitz in der FT am 11. Dezember 2015 auf Seite 24. Man merkt, hier beginnt das Problem:

„Nothing shocked investors in 2015 as much as the August devaluation of the renminbi. It was enough to halt the dollar bull run and scupper the Federal Reserve's rate rise hopes."

Aber das geht erst einmal vorbei an Frau Merkel, an den Herren Junker, Draghi, Schäuble, an Halb-Europa…Und die Zentralbanken haben inzwischen keine wirkliche Vorstellung mehr von dem, was gerade in den Volkswirtschaften vor sich geht. Denn ihre Metrik war ja auf eine Wirtschaft mit positiven Zinsstrukturen hin entwickelt und geeicht worden. Offiziell kann man im November 2015 feststellen, dass die Reputation der Zentralbanken, wie der US Zentralbank FED oder die der EURO-Zentralbank ECB, massiv Schaden genommen haben. Sie sind beide bewegungsunfähig. Da bleiben nur noch warme Worte für die Investoren insbesondere in Europa. Doch davon hatten die Märkte inzwischen wohl schon zu viele: In der FT vom 25. November 2015 auf Seite 24 von John Plender – „QE has clouded investors'vision of what is normal":

„Yes, but the blame for miscommunication, in this case should surely be shared. The central bankers refrain that their actions are "data dependent" is a euphemistic way of saying that since the financial crisis they have had precious little gasp of how the economy actually works."

Während Merkel sich um die Flüchtlinge kümmert, geht der Bär ab – 2016 Januar Crash an den Börsen. Und man stellte fest: Hier und heute bewegt der Ölpreis mehr die Märkte, als es die Zentralbankentscheidungen noch tun. Plötzlich ist Saudi-Arabien mächtiger als die FED, die ECB oder die Bank of Japan, die BOJ. Die Welt steht Kopf. Ihr Machtzentrum wandert von Washington, Frankfurt oder Tokyo nach Riyad. Denn die Rohstoffpreise brachen weg. Tödlich in einer Welt der verschwundenen Zinsen. Der Handelskrieg tobte und Frau Merkel machte eine neue Front auf. Sie hielt die Zeit für gekommen, zum globalen Samariter zu werden, die Zeit für gekommen, um sich die deutsche Schuld von den Händen zu waschen. Natürlich ein weltbester Samariter, wo kämen wir sonst hin? Ganz so wie Deutschland die weltbesten Fußballer hat. Wohin kämen wir sonst hin, bei den Ansprüchen und Erwartungen einer Kanzlerin, die in aller Hybris am 27. September 2012 antworten konnte:

„Weil ich damals noch nicht so perfekt war wie heute."

Die perfekte Kanzlerin eben. Das zwingt alle anderen dazu inferior zu sein, unperfekt, unfertig, eigentlich mit erkennbaren Mängeln ausgestattet, also tendenziell beliebig und wohl auch austauchbar, typisch maskulin eben. Doch bei Frau Merkel gibt es entschuldbare Mängel – ja sogar für sie vorteilhafte Mängel. Wer sich anstrengt, der vermag manchmal hinter ihrer Raute sogar noch ein Stückchen Mensch zu finden. Das kommt spät in diesem Buch voller Angriffe auf ihre Arbeitsleistung – doch sorry: für alle „Perfekten" liegt die Latte nun einfach ein Stück höher. Aber es steht explizit hier! Doch egal, Deutschlands Samariterin suchte nach einer neuen, moralischen Aufgabe jenseits den Klimas und fand eine ihrer Perfektion angemessene Aufgabe. Daran ist eigentlich nichts Verwerfliches zu finden. Nur Demut kann ich hier nicht mehr finden. Hat sie wirklich gedacht, sie hätte keine Gegner mehr? Es gibt einfach unglaublich viele Menschen, die wollen ganz anders leben, als es Angela Merkel tut. Und sie müssen es auch, denn es gibt nur einen Bundeskanzler. Und gerade eine aktive Feministin muss unzählige Feinde haben, denn diese macht sie sich zwangsweise täglich!

Und was geschickt für Merkel war: auf dem Weg diese historische Aufgabe zu meistern, konnten wieder eine Menge Männer aus dem Weg geräumt werden. Sie wurden neutralisiert, harmonisiert und durch Frauen ersetzt wie eben auch David Cammeron der ehemalige britische Premierminister durch Theresa Mary May. Das Prinzip Merkel hat leider das Leitmotiv einer steten, allumfassenden Männerfeindlichkeit. Ihr Umfeld ist auf eigenartige Art frei von Männern – heterosexueller Männer; insbesondere frei von allen Alpha-Tieren. Diese verträgt die arbeitswütige und kinderlose Feministin Merkel nun aber auch gar nicht.

Es ist ihre subtile, beständige Art dieses mangelhafte, maskuline Geschlechts auf den Platz zu verweisen. Doch, die Männer, von Merkel ihres Platzes verwiesen, wählen jetzt AFD. Schlimmer noch, die Männer die AFD wählen, teilen dieselben konservativen Werte wie die Flüchtlinge selber. Vergleiche die Berichterstattung von Cicero am 15. August 2016 von Petra Sorge (wie passend) „Das falsche Feindbild", es beschreibt Merkels fatalen Politikfehler:

„Eine Umfrage in Berliner Notunterkünften zeigt: Flüchtlinge haben ähnliche Wertvorstellungen wie Anhänger der AFD und Pegida. So zeigen sich Parallelen beim Demokratieverständnis, bei den Geschlechterrollen und der Einstellung zur Homosexualität. "

Und so hörte die Feministin Merkel auch nicht mehr zu, wenn Männer reden. Donald Trump wird Feindschaft geschworen. Der nigerianische Präsident Muhammadu Buhari wird in Berlin auf einem Staatsbesuch am 15. Oktober 2016 öffentlich vorgeführt ... Sie respektiert keine Männer, es sei denn, sie muss! Müssen tut sie aber nur noch bei Obama, Putin, Xi und Modi. Alle anderen hat sie unter Kontrolle, und die müssen ihr zuhören. Das bereitet dann die Presse vor und das machen die Facebook-Blockwarte, die aus welchem Grund alle gefühlt aus der SPD kommen, auf besondere „Anordnung" des Bundespräsidenten hin – sie isolieren Menschen, Bürger ... sind das Demokraten? – Der Spiegel online „Joachim Gauck: ‚Isoliert die Hetzer, Gewalttäter und Brandstifter' " am 26. Februar 2016 von „brk". Offenbar haben diese „Wohlgesinnten" ein Problem damit Geschichtsbücher zu lesen und zu verstehen. Oder noch schlimmer, sie dokumentieren das völlige Versagen des Geschichtsunterrichts in der BRD. Nicht der Stammtisch versagt in Deutschland, die Schule tut es. In Cicero online am 14. August 2016 in dem Online-Artikel von „Dumm geht ins Netz" von Butzko, HG:

„Oder um es auf den Punkt zu bringen: Liebe Große Koalition, eure Politik, die es seit 20 Jahren nicht geschafft hat, effektiv etwas gegen die Bildungsmisere in unserem Land zu unternehmen, eine Politik, die zwar Multimilliarden aktivierte, um Banken zu retten, aber jeden Euro für Lehrkräfte, Unterricht, Aus- und Fortbildung zweimal umgedreht hat, eine solche Politik hat es doch nicht besser verdient, als jetzt dabei zukucken zu müssen, wie die Blödbirnen der Nation scharenweise den etablierten Parteien die Gefolgschaft verweigern. "

Na, egal als Volkswirt mit Prädikatsexamen, reihe ich mich hier ein und sage es mit Butzko:

„In diesem Sinne: Wir sehen uns bei der nächsten Wahl. "

Mann möchte der Kanzlerin die alten Worte von Lao Tse zurufen: Hier – die Realität!

> *„Waffen sind unheilvolle Geräte,*
> *alle Wesen hassen sie wohl.*
> *Darum will der, der den rechten SINN hat,*
> *nichts von ihnen wissen.*
> *Der Edle in seinem gewöhnlichen Leben*
> *achtet die Linke als Ehrenplatz.*
> *Beim Waffenhandwerk*
> *ist die Rechte der Ehrenplatz.*

Die Wagen sind unheilvolle Geräte,
nicht Geräte für den Edlen.
Nur wenn er nicht anders kann, gebraucht er sie.
Ruhe und Frieden sind ihm das Höchste.
Er siegt, aber er freut sich nicht daran.
Wer sich daran freuen wollte,
würde sich ja des Menschenmordes freuen."

Das Fertigmachen und Isolieren in Deutschland geht 2016 recht einfach, der Mitbürger wird ständig provoziert oder sonstig manipuliert, bis er irgendeine „Tat" aus Wut und Frustration begeht –irgendeine „Äußerung" oder irgendeine unbedachte „Handlung". Eine Handlung, die es ermöglicht ihn in die Nähe von Rechts, als offenkundig Rechtsgesinnten, also als Nazi zu brandmarken: die Folge – der schnelle gesellschaftliche Tod! Und es reiben sich die Gutmenschen in großer Zufriedenheit ihre kleinen Hände! Ha, bei Ihnen, da wäre so etwas, wie damals 1933 bei Adolf Hitler, nicht passiert. Dann können sie all ihren niederen Instinkten freien Lauf lassen – edlere Motive konnte ich bisher nicht feststellen. Feststellen konnte ich hingegen die Totalverweigerung der „Wohlgesinnten", sich zu erklären oder gar zu rechtfertigen. Doch was stellte Konfuzius 500 vor Christus fest? Armut führt zu Aufruhr und Umsturz – Aus! Das gibt auch noch 2500 Jahre später. Die KP in China weiß das, der Neoliberale hatte es vergessen! Konfuzius, im 8. Buch „Gründe des Umsturzes:

„Der Meister sprach: »Wenn einer Mut liebt und die Armut hasst, so macht er Aufruhr; wenn ein Mensch nicht sittlich ist und man hasst ihn zu sehr, so macht er Aufruhr.«"

Zur Liquidierung Linker oder Sozialdemokraten schmuggelt man Kinderpornos oder anderen Schmutz auf deren PC oder benutzt Drogen. Nur, diese „Lumpen-SPD", die kam dann auch unter die Guillotine – der Guillotine des Wählers! Am 13. März 2016 in Baden-Württemberg und in Sachsen-Anhalt. Offenkundig ist der Krieg Elite – Volk aus dem Startblock. Wer hat angefangen? Die Elite – aus reiner Arroganz heraus! Und das kommt zurück siehe Sarazins Kommentar in „Die Welt" zur Essener SPD Lügenabgeordneten Petra Hinz.

Es gab für die SPD keinen Anlass, die untere Mittelschicht zu verarmen. Dies wurde nicht fahrlässig in Kauf genommen – nein, es wurde vorsätzlich betrieben. Diese Arroganz kann man sich nur leisten, wenn man der Volkswirtschaftslehre jeden Erkenntnischarakter abstreitet. Gewaltmonopol und Rechtsstaat werden fraglich, degenerieren und dienen teils nur noch zur Fassade

– also die postdemokratische Gesellschaft. Gutmenschen, die aber nicht verstanden haben, dass sie dabei sind mittels des Einsatzes krimineller Mittel ganz schnell zum real existierenden, deutschen Hegemon zu werden. Zur neuen Diktatur aus Cicero im Dezember 2015 mit Ulrichs Vosger´s „Herrschaft des Unrechts", Seite 98:

„Jeden Tag, jede Nacht lassen die österreichischen Behörden Bus um Bus ausfahren, sie halten 500 Meter von der deutschen Grenze, damit die Fahrer keine Schlepperei begehen – das müssen dann die deutschen Polizisten machen. Bürger, die das Agieren der Bundesregierung sehen als das, was es ist und wie es teilweise im europäischen Ausland wahrgenommen wird – nämlich als staatspolitischer Wahnsinn, – werden zunehmend kriminalisiert. Die Medien bezeichnen Kritiker und Dissidenten (...) umstandslos als „Nazis" – dies gilt dann als Grundrechtsgebrauch in einer Demokratie. Die Kritik an der Flüchtlingspolitik der Regierung jedoch nicht. Und unwillkürlich fragt man sich: Welche Gesetze, welche Verfassungsbestimmungen wird die Bundesregierung in nächster Zeit wohl noch ignorieren, wenn die Lage sich weiter zuspitzt. "

Es ist gekommen, wie ich in meinem ersten Buch „Der verratene Kontinent" dargestellt hatte. Doch noch ist die Elite mächtig genug, die öffentliche Meinung zu unterdrücken. Nur in den Social Media, da verliert sie, dort wird die Dynamik der Position der 15 Prozent gegen die 85 Prozent deutlich. Zuerst nach der Parlamentswahl in Polen im Oktober 2015 wurde es offenbar: Es gibt ein Problem zwischen Weltbild und REALITÄT. Ende Juli 2016 zeigt sich, die Realität ist immer noch Wunschdenken: Denn Merkels angekündigter Neun-Punkte-Plan, ja, wo soll er hinführen? Nach der Bildzeitung vom 29. Juli 2016 zeigen sich die Spannungen sehr deutlich innerhalb der Union: „CSU Attacke auf Merkel" so der Artikel ohne Autor:

„Zudem forderte sie die Umsetzung eines Neun-Punkte-Plans:

- *1. bessere Frühwarnung*
- *2. Personal und technische Maßnahmen verstärken, heißt: mehr Geld für Polizei*
- *3. eine neue Sonderbehörde gegen Internetkriminalität (Zitas)*
- *4. Bundeswehr stärker einbinden*
- *5. Terrorismusforschung weiterentwickeln*
- *6. Europäische Zusammenarbeit verbessern*

- *7. Schnellstmögliche Verschärfung des Waffenrechts, gemeinsam in Europa den illegalen Waffenhandel unterbinden*
- *8. Geheimdienstkooperation verbessern, auch mit den USA*
- *9. Mehr Rückführungen abgelehnter Asylbewerber"*

Doch bereits Punkt Eins dieser Liste ist in der Genese gescheitert: Die Geheimdienstzusammenarbeit zwischen den USA und der Türkei liegt in Trümmern, seit dem missglückten Militärputschs gegen Präsident Recep Tayyip Erdogan Mitte Juli 2016. Es ist nicht absehbar, wann es hier besser werden könnte. So die TRTWORLD online in „Top US generals' coup remarks hamper relations with Turkey" am 29. Juli 2016 von Talha Emre Iren:

„Gen. Joseph Votel [US Central Command Commander] speaking at the Aspen Security Forum, a Colorado-based think tank, said some officers whom the US had relationships with have been imprisoned for their role in the coup attempt and added, "We have certainly had relationships with a lot of Turkish leaders -- military leaders in particular. I am concerned about what the impact is on those relationships as we continue." Director of National Intelligence James Clapper echoed Gen. Votel's .... Mr Clapper said the failed coup and the government's response to it have "affected all segments of the national security apparatus in Turkey," and "Many of our interlocutors have been purged or arrested. There's no question that this is going to set back and make more difficult the US's Middle East strategy."

Die Verhaftungswelle nach dem Putsch hatte viele Kontaktoffiziere des US-Militärs, die bei der NATO Dienst taten, hinter Gitter gebracht. Die Glücklichen wurden aus dem Dienst entlassen. Aber bereits diese Kommentare kommen in der Türkei ganz schlecht an:

„ [...] Ankara responded to the comments made by Gen, Joseph Votel. "A high-ranking US general has said 'our top close allies in the Turkish military have been placed in jail'. One should be more sensitive, the decision to make this type of comment is above you, know your place, who do you think you are? Instead of congratulating and thanking our government for preventing this coup, you choose to stand with the putschist."

Doch für EU-Abwehrmaßnahmen ist es zu spät, insbesondere da sich Deutschland unter der Ägide der Kanzlerin jetzt der Lösung des globalen Flüchtlingsproblems verschrieben hat.

„Ich bin heute wie damals davon überzeugt, dass wir es schaffen, unserer historischen Aufgabe - und dies ist eine historische Bewährungsaufgabe in Zeiten der Globalisierung - gerecht zu werden. Wir schaffen das."

So der Spiegel, ohne Autorennennung am 28. Juli 2016, in dem Onlineartikel „Angela Merkel: „Die Täter verhöhnen das Land, das sie aufgenommen hat". Das kommt spät. Vor allem kommt es zu spät nach dem unnötigen Konflikt mit der Atommacht Russland. Denn die Türkei ist im August 2016 plötzlich der neue beste Freund Russlands – Hä, das steht doch in keinem NATO-Vertrag, denkt sich da der promovierte Jurist oder Politologe? Ja, die FT meldet diese neue Allianz global als Aufmacher, am 10. August 2016! „Putin and Erdogan pledge to end stand-off and restore friendship" von Katherine Hille – Mosvow (Moskau):

„Ties, are a lot more robust than ever, and they will heop us resit any potential crisis", Mr Erdogan added, addressing his Russian counterpart as "my dear friend" three times in as many minutes."

Die Kanzlerin hatte sich falsch, total falsch positioniert, denn mit dieser selbstgewählten Aufgabe der Flüchtlinge ist die Kanzlerin auf Jahre hinaus im Mikromanagement derart beschäftigt und verheddert, dass allen anderen Projekte dahinter zurückstehen müssen. Und den Rest, soll das die staatstragende Kombination aus Presse, Justiz und Staatschutz regeln, die jede ernste Kritik an der Herrschaft der Großen Koalition und insbesondere der CDU lange Jahre in die extremistische Ecke rückte? Doch damit bedeutet Europäisierung dann auch exakt das Gegenteil einer Globalisierung, wenn man von dem zweiten Prestigeprojekt des Engagements für das Klima einmal absieht. Beides lässt sich auf Konferenzen wirklich feiern, dem Existenzkampf derer, die unterhalb der Armutsgrenze perspektivlos dahinvegetieren müssen, ja auch in Deutschland in einer Art „Neuen Armut", ist eben ganz so glanzvoll und mit insbesondere der medialen Omnipotenz-Keule eines Gipfels nicht so gut beizukommen. In meinen Augen kommt Cop21 genau 12 Jahre zu spät, leider! Die viel wichtigeren Themen Wasser und Überbevölkerung sind nicht präsent bzw: durch den moralischen und allzu oft leider kinderlosen Imperativ desaströs realitätsfern. Die Welt hat ein Problem mit der Jugend, Deutschland hat ein Problem mit dem Alter. Das klappt so nicht wirklich, und schon gar nicht in irgendeiner Form mit erhobenem Zeigefinger.

Die EU erleidet das Schicksal der DDR – Aus der Traum

Der Meister sprach: „Wenn ein tüchtiger Mann ein Volk sieben Jahre lang erzieht, so mag er es auch benutzen, um die Waffen zu führen." Der Meister sprach: „Ein Volk ohne Erziehung in den Krieg führen, das heißt, es dem Untergang weihen."
Konfuzius 29 und 30 Buch XIII

Zu spät, es nutzt auch nichts mehr… Laut Bild vom 23. März 2016 gilt „Wir sind im Krieg", früher hätte es geheißen „Deutschland ist im Krieg". Denn wir, das sind alle und das ist leider zugleich auch keiner (wir Bild-Leser, wir Deutschen, wir Europäer, wir Christen, wir Homosexuelle, wir Reiche, … Wer jetzt?). Doch das ist das geringere Problem - das wahre Problem ist: Wir sind völlig unvorbereitet im Krieg, dank unserer Kanzlerin. Die Welt ist aus den Fugen geraten. Die Mittelschicht ist unter dem wirtschaftlichen, sozialen und politischen Druck nicht mehr in der Lage, sich in den alten, etablierten Hierarchien Gehör zu verschaffen. Während in den USA der Republikaner Donald Trump die Wähler begeistert, ist es in Deutschland Frauke Petry von der AFD. Und die etablierten Parteien sind selber schuld. Denn der American Dream ist für die Mittelschicht gestorben und es gibt an seiner Stelle eine Drogenepidimie in den USA. In Europa legt eine „Schwemme" an neuen „rechten" Parteien Zeugnis ab von einer Mittelschicht, die sich gegen das „business as usual" wehrt!

Da werden historische Schmerzgrenzen unter dem Druck der Presse überschritten, wie bei der Einführung der anti-kapitalistischen negativen Zinsen, und das Erstaunen ist groß, wenn sich die revoltierenden **Bürger** nicht länger als Nazis beschimpfen lassen wollen. Doch die EU ist unter Merkel nicht mehr reformierbar – Da sind die Gräben inzwischen recht groß. Denn: 25 Länder haben zugeschaut von David Cameron von Merkel und Junker absenviert wurde. Zwischen Elite und Volk hat eine Abkopplung stattgefunden, die lediglich noch bei den Wahlen durchbrochen wird. Die klare Richtung lautet Klassenkampf. Daher auch der raue Ton der früher stummen Mehrheit, der die Propaganda der Medien attackiert – Machtkampf!

Dabei ist der defekte Punkt die Orientierung der EU an ihrer Genese. Diese Entstehung in einem „Nie-wieder-Krieg" – und die Überwindung des Nationalismus, als dessen Ursache, war bis 1955 sicher ein hehres Ziel. Nur passt es 2016 nicht mehr in die politische Landschaft. Das Ziel „Nie-wieder-Krieg" und das Mittel Überwindung des Nationalismus haben begonnen, sich in Kerneuropa zu mutieren. Es ist eine verzerrte und gefährliche Binnensicht entstanden. Dies hat mit niemand anderem zu tun als mit Angela Merkel. Dort im Kanzleramt spürt man dies einfach fast omnipräsent. Es ist die Sicht der DDR, angewandt auf die ganze EU. Doch die DDR hatte drei Probleme nicht: Krieg, den Euro und die Verbrechen der Vergangenheit. So sind es jetzt die Entwicklungen, deren Grundlagen in der kolonialen Vergangenheit liegen oder in der Sühne für die Verbrechen der Nationalsozialisten bis 1945, die uns einholen. Doch das kann die erste Bundeskanzlerin nicht managen. Sie kann es nicht managen, weil sie nicht in der Lage ist, mit der Kanzler Raute eine Vision aufzuzeigen. Diese geschlossene, der DDR ähnliche Form, die eine Art geschlossene Volkswirtschaft symbolisiert. Wird sie den Untergang der Europäer als Macht von Bedeutung zur Folge haben? Die Kanzlerin regiert über eine Bevölkerung, die ein Medianalter von über 45 Jahren hat. Also mehr als 50 Prozent der Bevölkerung sind über 45 Jahre alt. Hier fehlt jede Vision, die Dynamik und die Bereitschaft zum Wandel. Der Staat sieht in der Welt von 2016 immer mehr wie ein Opfer aus – die Rekordsteuereinahmen und Kinderlosigkeit bestätigen bereits den Verdacht, dass das Volk ein Opfer der eigenen Elite geworden ist. Nur die Elite sieht das gar nicht als Problem – denn die Lösung ist greifbar: neoliberal. Es gibt letztendlich doch genügend Menschen auf der Welt, da liegt die viel zu einfache Idee nah, die Lücken durch Migration zu füllen. Den Zika-Virus bekämpft Deutschland 2016 schließlich auch nicht.

Doch wir brauchen kein vernetztes Europa, wir brauchen in der Welt vernetzte Europäer. Und die haben heute lediglich noch die Franzosen. Die global vorzüglich vernetzen Briten sind nach dem BREXIT Votum schon auf dem Sprung. Die Deutschen haben vernetzte, aber wenig innovative Automobilbauer und Chemiewerker. Jean Claude Junker – ohne Hausmacht – ist hilflos und ideenlos, in der Krise, für die es keine supranationale Lösung geben kann, ist Präsident der EU-Kommission. Die EU ist zu einem Vakuum mutiert. Nur der Polizeistaat wächst noch, doch anders als bei Orwell ist es nicht der „Große Bruder" „Big Brother", sondern die allmächtige Mutter, die über uns wacht und weiß, was gut für uns ist. Und es ist schon klar, dass Mutti nicht irren kann, ist sie nicht perfekt? Auch Houellebecq warnt! Nein, „Big Mama" kann sich nicht irren! Am 28. Juli 2016, nach den vier Attentaten von Würzburg, München, Reutlingen und Ansbach – endlich stellte sich Angela Merkel nach vorn: In der „BZ" vom 28. Juli 2016 „Merkel: Wir sind im Krieg gegen „ISIS". Nur, warum schießen „wir" dann nicht?

„Ich glaube dass wir in einem Kampf oder meinetwegen auch in einem Krieg gegen "ISIS" sind", so Merkel. "

Doch das Schlimme ist, ihr Festhalten an der empfundenen „historischen Aufgabe", für immer unwiderruflich definiert in der Präambel des Grundgesetzes.. Denn dazu sind SPD und CDU wirklich bereit alles zu opfern, was Deutschland vor dem Jahr 2008 ausmachte. Seien die Zusammenfassung von Polizei und Militär, im obigen Artikel:

„Dazu zählen gemeinsame Übungen von Bundeswehr und Polizei für den Anti-Terror-Fall. "

Oder eben die totale Überwachung, – 2016 „Beobachtung" oder „Video-Technik" genannt – des offenen Raums, den SPD und CDU auf lokaler Ebene gemeinsam forcieren. Etwa in Mönchengladbach, so RP Online am 21. und 22. Juli 2016 berichten. Fast zeitgleich in vielen Städten Deutschlands zur Jahresmitte 2016. Nur: Deutschland hat keine Vision mehr! Europa hat keine Vision mehr! Was folgt ist Armut. Doch Armut ist immer ein Schritt auf dem Weg zum Krieg. Willkommen in einer Welt, deren Vision ist, aus einem niedergehenden Europa die Filetstücke rauszuschneiden gedenkt, wie etwa China bei Volvo. Oder wie es VW und BMW in UK machten bei Mini Rolls Royce und Bentley.

Diese Staatslenker haben Visionen und setzen diese um, sie gestalten den Wandel und es sind Nationalisten: Es sind Männer wie Xi, Putin oder Modi. Und dagegen ist unsere im Mikromanagement gefangene Kanzlerin einfach wie die Titanic gegen den Eisberg geprallt. Entweder die Elite schaltet Europa auf das Geschäftsmodell 4.0 oder es geht unter. Die Folgen werden erkennbar – langsam sogar für deutsche Wohlgesinnte. Mit Moral geht im globalen Kapitalismus nichts und „Die Welt" vermeldete in „Standort D wird von der Weltspitze verdrängt" am 27. Mai 2015 mit Anja Ettel das Abrutschen Deutschlands um vier Plätze auf Platz 10. Auch Schweden ist heftig abgerutscht, auf Platz 9. Und die Verbesserung der Kleinstaaten Luxemburg und Dänemark können dem nicht entgegenwirken – vor allem nicht in Anbetracht der massiven

Steuerspardeals von Luxemburg. Das heutige Personal kann kein Europa 4.0. Nur, sie wollen es nicht einsehen und so lebt die EU wie einst die DDR aus der Substanz. Kein Vorstoß der europäischen Elite geht in diese Richtung. Das zentrale Land, Deutschland ist in einen Krieg um Werte, Frauen, Homosexualität, Gender und über das Richtig und Falsch geraten. Ein Krieg um Moral, Hypermoral und Feminismus tobt. Deutschland spaltet sich, die EU spaltet sich und damit ist der Kontinent handlungsunfähig. Handlungsunfähig in der schlimmsten Krise seit 1931 – ein sicherer Weg in die globale Bedeutungslosigkeit ist auch der Verzicht auf ein state-of-the-art Militär. Der kann das nicht auffangen. Immer mehr Staaten verlassen 2016 den Court international de Justice in Den Haag – diese arrogante Institution der Globalisierung ist nicht mehr das Non plus Ultra für Südafrika, Russland, Gambia und Burundi.

Der zentrale Baustein eines prosperierenden Europas kann nur in dem zunehmenden Wohlstand der Mittelschicht liegen. Hinter diesem Ziel muss die Elite zurückstecken, um nicht alles zu riskieren, was in Europa seit 1. Januar 1958 aufgebaut worden war. Man wird sich an alte Konzepte und Kompetenzträger erinnern müssen, die zu Unrecht diskreditiert worden waren: Ludwig Erhard, von Hayek oder John Maynard Keynes, müssen wieder Leitfiguren der Politik werden. Ja, Juristen haben die meisten der heutigen Probleme Europas verursacht. Es wäre ein Wunder, wenn sie diese lösen könnten – denn sie haben keine Vision der Innovation, des Fortschritts, des Wohlstands und der Sicherheit. Aber sie werden nicht freiwillig ihren Platz räumen – nicht bevor dieser Kontinent den Niedergang in allen Phasen durchlitten hat – Die Aufklärung wurde dann vollständig rückabgewickelt!

WARNUNG!

Lesen Sie dieses Buch keinesfalls von hinten nach vorne.

Literaturverzeichnis

Dostojewskij Fjodoar: Der Idiot, Ammann, 1996

Konfuzius: Gespräche, dtv C.H. Beck, 2. Auflage 2006

Laqueur, Walter: The last days of Europe, Thomas Duune Books, 2007

Laotse: Tao te king, dtv C.H. Beck, 2005

Sun Tsu: Wahrhaftig siegt, wer nicht kämpft, Piper, 2. Auflage 2007